ሓንሳእ ድሒንካ፣ ኩሉ ሳዕ ድሒንካ፣

ሓንሳእ ድሒንካ፡ ኩሉ ሳዕ ድሒንካ፧

ትምህርቲ ብዛዕባ ትዕግስትን ምውራስ ግደ ቅዱሳንን

ደራሲ፡ ዴቪድ ፓውሶን

ANCHOR

Copyright © 2023 David Pawson Ministry CIO
መሰል ዴቪድ ፓውሶን፡ ከም ደራሲ ናይዚ መጽሓፍ፡ ብመሰረት ሕጊ መሰል ደራሲ፡ ንድፍን ዋንነትን ናይ 1988፡ ዝተሓለወ እዩ።

ብመጀመርታ፡ ኣብ ዓባይ ብሪጣንያ፡ ኣብ 1996 ተሓቲሙ።

እዚ ቅዳሕ ኣብ 2023 ብ

ኣንከር፡ ንግዳዊ ሰም፡ ናይ ዴቪድ ፓውሶን ኣሕታሚ ትካል፡
Synegis House, 21 Crockhamwell Road,
Woodley, Reading RG5 3LE
ተሓቲሙ።

ንዝኾነ ክፋል ናይዚ መጽሓፍ፡ ኣባዚሕካ፡ ብዝኾነ መልክዕ ወይ ብዝኾነ መንገዲ፡ ብኤለክትሮኒካዊ ይኹን ብመካኒካዊ ኣገባብ፡ እንተላይ ብቅዳሕ ወረቐት ወይ ብድምጺ፡ ወይ ብመንገዲ ዝኾነ ናይ ሓበሬታ መዕቆርን መውጽእን ሜላ፡ ብዘይ፡ ካብ ኣሕታሚ፡ ብጽሑፍ መልክዕ ኣቐዲሙ ዝተዋህበ ፍቓድ፡ ምዝርጋሕ ኣይፍቀድን እዩ።

ኩሉ፡ ኣብዛ መጽሓፍ ዘሎ ጥቕስታት ቃል ኣምላኽ፡ ካብ መጽሓፍ ቅዱስ ብትግርኛ (Copyright - Bible Society of Ethiopia and Eritrea. Code licensed under CC BY 3.0) ዝተወሰደ እዩ።

ትርጉም - Amanuel Betsuamlak

ትምህርታት ዴቪድ ፓውሶን፡ እንተላይ ብመልክዕ ዲቪዲን ሲዲን ንምርካብ፡ ኣብዛ መርበብ ሓበሬታ ተወከሱ።
www.davidpawson.com

ትምህርታት ዴቪድ ፓውሶን ብነጻ ንምርጋፍ፡ ነዛ ትሰዕብ መርበብ ሓበሬታ ተወከሱ።
www.davidpawson.org

ዝያዳ ሓበሬታ ንምርካብ፡ ናብዛ ኢ-መይል ተወከሱ። 1
info@davidpawsonministry.org

ISBN 978-1-913472-82-5

ብ ኢንግራም ዝተሓትመ

ትሕዝቶ መጽሓፍ

ምስጋና **7**
መቕድም **9**
መእተዊ **11**

ምዕራፍ ሓደ
መሰረታውያን ፍልልያት ብዛዕባ ምድሓን **19**
ርድኢት ኣልፋ 20
ርድኢት ኦሜጋ 21

ምዕራፍ ክልተ
መሰረታውያን ሓሳባት ወንጌል **25**
ምድሓን 25
እምነት 28
ሕድገት ሓጢኣት 35
ሕድገት ሓጢኣት ንመቕጻዕቲ/ዓሰቢ ሓጢኣት እምበር፡ ንሳዕቤናት ሓጢኣት ኣይኮነን 36
ሕድገት ሓጢኣት፡ ይቕረ ንኽበሃሎ ዝኽእል ሓጢኣት ጥራሕ እዩ፣ 38
ዘልኣለማዊ ህይወት 42
መንግስቲ ኣምላኽ 46

ምዕራፍ ሰለስተ
ምልክታት ካብ መጽሓፍ ቅዱስ **51**
ብሉይ ኪዳን 51
መጽሓፍ ህይወት 56
ሓድሽ ኪዳን 60
ወንጌል ማቴዎስ 61
ወንጌል ማርቆስ 66
ወንጌል ሉቃስ 68
ግብሪ ሃዋርያት 70
ወንጌል ዮሃንስ 71
1ይ ዮሃንስ 74
2ይ ዮሃንስ 76
መልእኽትታት ጳውሎስ 77
መልእኽቲ ጳውሎስ፡ ናብ ሰብ ሮሜ 78
1ይ ቆሮንቶስ 84
2ይ ቆሮንቶስ 88
ገላትያ 91
ኤፌሶን 93
ፊሊጲ 93
ቈሎሴ 98
ተሰሎንቄ 101
1ይ ጢሞቴዎስ 101
2ይ ጢሞቴዎስ 104
ቲቶስን ፊልሞንን 106
እብራውያን 106

ያእቆብ	118
1ይ ጴጥሮስ	120
2ይ ጴጥሮስ	120
ይሁዳ	123
ራኣይ ዮሃንስ	124

ምዕራፍ ራብዓይ
ታሪኻዊ ልምምዳት ቤተክርስትያን — 133

ኣውጉስቲነን ፐላጅየሰን	136
ማርቲን ሉተርን ኤራስሙሰን	142
ካልቪነን ኣርሚንየሰን	144
ዋይትፊልድን ዊስሊን	150

ምዕራፍ ሓሙሽተ
ሰነ-መለኮታዊ መገታታት — 157

ንጸጋ ኣምላኽ የነኣሱ፣	157
ንቅድመ-ምደባ ይነጽጉ፣	163
ንምልዋጥ ሰብ የቁናጽቡ፣	168
ንውሕስነት ምድሓን የጥፍኡ፣	172
ከመይ ኢልና ርግጸኛታት ንኸውን፣	173
ብዘዕባ እንታይ ኢና ርግጸኛታት ክንከውን ንኽእል፣	177
ግብሪ ሰብ ይጠልቡ፣	179

ምዕራፍ ሽዱሽተ
መሰረታውያን ፍልልያት ብዘዕባ ባህሪ ኣምላኽን ኩነታት ሰብን — 183

ኣምብዛ ትሑት ርድኢት ብዘዕባ ኩነታት ሰብ	184
ኣምብዛ ዝተጋነነ ርድኢት ብዘዕባ ኣምላኽ	189

ምዕራፍ ሾውዓተ
ግብራዊ ሳዕቤናት — 199

ግዴኻ ኣብ ርሰቲ ቅዱሳን ምስኣን	184
ርስትኻ ኣጺናዒካ ምሓዝ	189

ምዕራፍ ሾሞንተ
ንምድሓንና ዝተዋህቡ መለኮታውያን ውህበታት — 205

ፍቓድ ናይ ኣቦ	206
ህይወት ወዱ	208
ሓይሊ መንፈስ-ቅዱስ	211
ፍቅሪ ኣሕዋት	212
ድኻም ሰይጣን	213

መመለእታ ሓደ — 217
ኣደናገርቲ መስጥቲ ጽሑፋት

መመለእታ ክልተ — 227
እቲ ክሓዲ ወደ-መዝሙር

ኣፍልጦ ምሃብ

ነቲ: ብመንገዲ ኣምላኽ ዘዕበየኒ፡ ፍርሃት ኣምላኽ ብህይወቱ ቀጺሉ ዘርእየኒ፡ ብትሕትና፡ ርእሰይ ንኣምላኽ እንዳግዛእኩ፡ ካብ ዓለም እንዳተሓለኹ፡ ክመላለስ ዝምዕደንን፡ ብጸሎቱ ድማ ዝድግፈንን ኣቦይ።

ተርጓሚ።

መቕድም

ኣገዳስነት ናይዛ መጽሓፍ ኣብ ዘመንና ኣጋኒንካ ክትርእዮ ዝከኣል ኣይኮነን። እዛ መጽሓፍ፡ ነቲ ኣብ ዘመንና ብዙሕ ግዜ ክሰበኽ ንሰምዖ ዘይ-ቃል ኣምላኻውን ዝተደናገረን ርድኢት ብዛዕባ ምድሓንን ሓጢኣትን፡ እንዳነጸረት፡ ተረድእ።

ነቶም ኣብ ታሪኽ ቤተክርስትያን፡ ብፍሉጣት መምሃራን ዝተጀመሩ ዶክትሪናት ብዛዕባ ምድሓን፡ ንቃል ኣምላኽ ብዕምቆት እንዳመርመረት፡ ብሜላ ትብድህ መጽሓፍ እያ።

እዚ ዘለናዮ ዘመን፡ ክርስትና፡ ካብቲ ቃል ኣምላኽ ዝምህር 'መንገዲ ክርስትና' ኣዝዩ ዝረሓቐሉን ዝተቐየረሉን እዩ። ቤተክርስትያን፡ ካብ ምህሮ ክርስቶስን ሃዋርያትን ኣዝዮም ብዝረሓቑ ልምዳውያን ዶክትሪናትን ሰርዓታትን ተዓብሊላ ትርከብ።

ወንጌል ሃዋርያት፡ ካብቲ እዛ ናይ ሎሚ ቤተክርስትያን ትምህሮ ልምዳዊ ወንጌል፡ ብኸመይ ይፍለ፧

ቃል ኣምላኽ ብዛዕባ ምድሓን እንታይ ይብል፧

ነፍሲ ወከፍ ናብ መንግስቲ ኣምላኽ ዝኣቱ፡ ኣብ ምፍጻም እታ መንግስቲ፡ ከም ዝወርሰ ውሕስነት ኣለዎ'ዶ፧

ሰብ፡ ኣብ ምፍጻም ምድሓኑ ዝጻወቶ ተራ ኣለዎ ድዩ፧

ሓደ እኳ ከይምካሕሲ፡ ብጸጋ ብእምነት እምበር፡ ብግብሪ ከም ዘይደሓንና ተማሂርና ኣለና። ይኹን እምበር፡ እምነት፡ ወይ ከኣ፡ እሙንነት፡ ኣብ ጉዕዞ ምድሓንና እንታይ ተራ ኣለዋ፧

እዛ መጽሓፍ፡ ንመጽሓፍ ቅዱስ ብዕምቆትን፡ ብጥንቃቐን ብምርማር፡ ምድሓን እንታይ ምዃኑ ተጽንዕ። ሓደ ሰብ፡ ምድሓኑ ክውሰድ፡ ወይ ክጠፍኡ

ይኽእል'ዶ፧

እዛ መጽሓፍ፡ ነዞም ሕቶታት፡ ብንጹርን ብዘየወላውልን መንገዲ፡ ትድህሰስ። ኣብ ታሪኽ ቤተክርስትያን፡ ብዙሓት ዘይኣምላኻውያን ልምድታትን ዶክትሪናትን ከም ዘለዉ እንዳርኣየት፡ ናብቲ ምህሮ ናይ ሃዋርያት እትመልስ መጽሓፍ እያ።

ናብቲ ትኽክል ሓቂ ቃል ኣምላኽ እንዳመለሰት፡ ነቶም ብልምዲ ዝሓዝናዮም ግጉያት እምነታትን ርድኢታትን ብዛዕባ ምድሓንን ክርስትናዊ ህይወትን፡ እትብድህ መጽሓፍ እያ።

ልምድታትን እምነታትን፡ ካብ ብንእስነትና ካብ ልምድታት ቤተክርስትያን ዝተማሃርናዮም ነገራት፡ ክትቅይሮም ቀሊል ኣይኮነን።

ይኹን እምበር፡ ዝኾነ፡ ነዞም ሕቶታት ንምርዳእን ንምምላስን፡ ብመርማርን ክፉትን ልብን፡ ከምኡ ውን፡ ብኽቱር ድሌት ምንባር ኣብቲ ቃል ኣምላኽ ዝምህሮ ሓቅን፡ ዝብገስ ሰብ፡ ካብዛ መጽሓፍ ኣዝዩ ክረብሕ ከም ዝኽእል ጥርጥር የብለይን።

ተርጓሚ።

መእተዊ

ነዛ መጽሓፍ ክጽሕፋ ከለኹ፡ ናብ ኣሕታሚ እዛ መጽሓፍ፡ ናብ ለንደን፡ ንምኻድ ባቡር ተሰቒለ ክኸይድ ጀመርኩ። ኣብ ክላፕሃም ጃንክሽን ኣብ ዝርከብ ናይ መወዳእታ ፊርማታ ምስ በጻሕና፡ ሓደ ሰብኣይ፡ ናብታ ዝነበርክዋ ባጎኒ፡ በቲ ሓደ ጫፍ ድሕሪ ምስቃሉ፡ ንቑሩብ ደቓይቕ ናባይ ኣተኲሩ እንዳጠመተ፡ ናብቲ ዝነበርክዋ ብምምጻእ፡ ኣብ ፊተይ ኮፍ በለ። ከም ዝዝክረኒ ዝቐጸለ ዕላላና ከምዚ ዝሰዕብ ኔሩ።

ዝፈልጠካ ይመስለኒ፡ ሰባኻይ ዲኻ፧
እወ። ኣበይ ርኢኻኒ ትኸውን፧
ቅድሚ 15 ዓመት፡ ሓደ ሰብ፡ ንሓደ ሰባኻይ ክሰምዕ ናብ ጊልፎርድ ወሲዱኒ ኔሩ። እቲ ሰባኻይ ንስኻ ኢኻ ኔርካ መሰለኒ።
እወ፡ ኣነ እየ። ክርስትያን ዲኻ፧
እወ።
(ጽንሕ ኢሉ) ሓደ ሕቶ'ዶ ክሓተካ፧ በለኒ።
መልሲ ብርግጽ ኣለኒ ኣይብለካን፡ ሕቶኻ ግና እንታይ እዩ፧
ሕቶይ እዚ እዩ፡ ሰበይተይ ገዲፈያ እየ። ሕጂ ምስ ካልእ ሰበይቲ እየ ዝነብር ዘለኹ።
ስለምንታይ ንሰበይትኻ ገዲፍካያ፧
ነዛ ካልኣይቲ ሰበይቲ ምስ ረኺብኩ፡ ኣብ ፍቕራ ወዲቐ።
እሞ ሕጂ እንታይ ክትፈልጥ ደሊኻ፧
ንሰበይተይ ብግቡእ ፈቲሐ፡ ምስዛ ካልኣይቲ ሰበይቲ እንተድኣ ተመሪዐ፡ ኣብ ቅድሚ ኣምላኽ ነገረይ ይዕረ'ዶ ይኸውን፧

ኖእ፡ ኣይዕረን እምበር።
እሞ፡ እንታይ ተገበርኩ ደኣ ይሓይሽ፧
ነዛ ካልኣይቲ ሰበይቲ ገዲፍካ፡ ናብታ ቀዳመይቲ ሰበይትኻ ተመለስ።
ከምኡ ከም ትብል ተረዲኡኒ ጸኒሑ።
ንየሱስ እንተትሓቶ ከምዚ ዝመኸርኩኻ ምበለካ ኔሩ፡ ኢለ ይኣምን።

ብድሕርዚ ኣብ መንጎና ጸጥታ ኾነ። እታ ባቡር ኣብ ዋተርሉ ደው ንምባል ቀስ ክትብል ምስ ጀመረት፡ ሓንቲ ወይ ክልተ ደቓይቕ ከም ዘለዋኒ ፈሊጠ፡ ነታ መጀመርታ ጥበብ ዝኾነት ፍርሃት ኣምላኽ ኣብ ልቡ ንምዝራእ፡ ክጥቀመለን ደለኹ። ክዛረብ ድማ ጀመርኩ።
ከቢድ ምርጫ ክትገብር ከድልየካ እዩ።
እንታይ እዩ እቲ ምርጫ፧
ወይ ዝተረፈ ህይወትካ ኣብዛ ምድሪ ምስታ ካልኣይቲ ሰበይቲ ምንባር፡ ወይ ድማ ዝመጽእ ህይወትካ ምስ ክርስቶስ ምንባር እዩ። ክልቲኡ ክትገብር ግና ኣይትኽእልን ኢኻ።

እዚ ምስ በልክዎ፡ ኣዒንቱ ንብዓት ቆጺረን፡ ካብታ ባቡር ወጺኡ ምስቲ ህዝቢ ተሓዊሱ ካብ ቅድመይ ተኸወለ።
እቲ ሽዑ ዝተሰምዓኒ ስምዒት፡ ከምቲ የሱስ፡ እቲ ሃብታም መንእሰይ ገዲፍዎ ምስ ከደ፡ ዝተሰምዖ፡ ይመስለኒ። ነቲ ኣብ መወዳእታ ዝበልክዎ ቃል፡ ብንስሓ ክሳዕ ዝምለስ፡ ፈጺሙ ንኸይርስዖ ድማ ጸለኹ።
እዚ ነዚ ሰብኣይ ዝሃብክዎ መልሲ ሓቂ ድዩ፧ ወይስ፡ ብሓሶት እየ ከፈራርሖ ዝፍትን ኔረ፧ ብርግጽ፡ እቲ ሰብኣይ ካባይ ዝደለዮ፡ ነታ ዝተመርዓዋ ሰበይቱ ገዲፉ ካልኣይቲ ሰበይቲ ብምእታው ዝገበሮ ሓጢኣት፡ ንምድሓኑ ከም ዘየጥፍእ ውሕስነት ዝህብ መልሲ ክህቦ እዩ። ነዚ ክህቦ ግን ኣይከኣልኩን።
ካልእ ተመሳሳሊ ፍጻሜ፡ ኣቐዲሙ፡ ቅድሚ ወርሒ ወይ ክልተ ወርሒ ኣቢሉ፡ ኣጋጢሙኒ ኔሩ። እዚ ፍጻሜ ምስ ሓደ ሰብኣይ ዘይኮነስ፡ ምስ ኣሸሓት ሰባት እዩ ኔሩ። ኣብ ማይንሄድ፡ ዓዲ እንግሊዝ፡ ኣብ ዝርከብ ስፕሪንግ ሃርቬስት ዝበሃል ሕብረት ኣብ ዝካየድ ዝነበረ ናይ ምሸት ፕሮግራማት ከም ሰባኻይ፡ ብዛዕባ መልእኽቲ ጳውሎስ ናብ ሰብ ፊልጲ ክምህር፡ ተዓዲመ ነበርኩ። ኣብ ጥቕሲ 11 ናይ ፊልጲ ምዕራፍ 3 (‘ብዝኾነ ኾይኑ ናብ ትንሳኤ ምውታን እንተ ኣርከብኩ ኢለ’) ዝብል ቃል ምስ በጻሕኩ፡ ጳውሎስ ከይተረፈ ንዝመጽእ ምድሓኑ ከም ዉዱእ ይቖጽሮ ከም ዘይነበረን፡ ብኣንጻሩ፡ ተሪፋ ከይድርበ ይፈርሕ (1 ቆሮ 9.27) ከም ዝነበረ፡ ተዛረብኩ። ነዚ መልእኽቲ

ብቓል ኣምላኽ ንምድጋፍ ድማ ብዙሕ ጥቕስታት ካብ ዝተፈላለዩ ክፋላት ሓድሽ ኪዳን ጠቒስኩ (ኣብ ምዕራፍ 3 ዘርዚረዮ ኣለኹ) ።

ቀጺሉ፡ ብዛዕባ እቶም ‘ምድሓነይ ኣብ ቅድሚ ኣምላኽ ውሑስ እዩ፡ ናብ ሰማይ ዘእቱ ቲኬት ድማ ድሮ ተዋሂቡኒ እዩ’ ኢሎም፡ ኣብ ቅድሚ ኣምላኽ ኣሸካዕላል ዝጸወቱ ኣመልኪተ ድሕሪ ምዝራብ፡ ከም ኣብነት፡ ንዝተመርዓውዋ ሰበይቲ ብፍትሕ ገዲፎም ይኹን ወይ ምስኣ እንከለዉ፡ ናብ ካልእ ሰበይቲ ዝኣትዉ፡ ጠቒስኩ። ብዙሓት ከምዚኣቶም ዝኣመስሉ ናብ ሕብረት ይኸዱ፡ ኣምላኽ ነቲ ሓድሽ ዝምድናኦም ምስ ካልእ ሰበይቲ ይባርኽ ከም ዘሎ ይዛረቡ፡ ናብ መንግስቲ ኣምላኽ ክኣትዉ ድማ ይጽበዩ። ሓጢኣት ግና ሓጢኣት እዩ፡ ኣብ ኣመንቲ ይኹን፡ ኣብ ዘይኣመንቲ። ኣብ ኣምላኽ ኣድልዎ የለን። ብእምነት ኢና ጸዲቕና፡ ብግብርና ኢና ግን እንፍረድ፡ ድማ በልኩ።

እዛ ሓጸር መልእኽቲ ምስ ተዛረብኩ፡ ብዙሕ ናዕቢ ኮነ። ሓደ ካብቶም ኣእንገድቲ እቲ መደብ፡ መልእኽተይ ምስ ወዳእኩ ደዉ ኢሉ፡ ብተደጋጋሚ ‘ካብታ ፍቕሪ ኣምላኽ ክፈልየና ዝኽእል ወልሓንቲ የለን’ ኢሉ ዓው ኢሉ ድሕሪ ምጭዳር፡ ነቶም ሙዚቀኛታት ከምኡ ኢሎም ከዘምሩና ጸውዖም። ጸኒሑ ሓደ ካብቶም ኣዳለውቲ ናይቲ መደብ፡ ሰለይን ሰለ ሰበይተይን ኣመልኪቱ፡ ‘ዴቪድ ኩሉ ሳዕ ቅኑዕ ኣይኮነን’ እንዳበለ፡ ጸሎት ክመርሕ ጀመረ። ብድሕሪኡ፡ ሮጀር ፎርስተር ዝበሃል፡ ማይክሮፎን ኣልዒሉ፡ ‘ብዛዕባ እቲ ዴቪድ ዝሰበኾ መልእኽቲ ንሕሰብ እምበር፡ ኣብቲ መልእኽተኛ ኣይነተኩር፡’ ብምባል ነቲ ጉባኤ ተማሕጸና። እዚ ምስ በለ፡ እቲ ጉባኤ፡ ብሸውዓተ ዝነብዑ ዝነበሩ ሰባት ተመሪሑ፡ ኣብ ከቢድ ንስሓ ኣተወ። ምኽሪ ዝህቡን፡ ዝድግፉን ክሳዕ ዝውሕዱ ድማ ከቢድ ንስሓ ኮነ። ጸኒሑ፡ ሓላፊ ናይቶም ምኽርን ማዕዳን ዝህቡ ጉጅለ፡ ኣብቲ ምኽሪ ዝወሃቦ ክፍሊ፡ ከምኡ ዝኣመሰለ ናይ ብሓቂ ንስሓ ርእዩ ከም ዘይፈልጥ ነገረኒ።

ቅዳሕ ናይቲ ሽው ዝሰበኽክዎ፡ ንኸይዝርጋሕ ተኸልኪሉ ኔሩ እዩ። ድሕሪ ብዙሕ ተቓውሞ ግና ከም ዝዝርጋሕ ተጌሩ። ነቲ ካሴት ክዝርግሕዎ ከለዉ፡ እቲ ዝሰበኽክዎ ሰብከት ብሰንኪ ሕጽረት ግዜ፡ ጽቡቕ ጌረ ቃል ኣምላኻዊ ድጋፍ ክህቦ ከም ዘይከኣልኩ፡ ምልክታ ለጠፍሉ። እዚ ግን ዉጹእ ሓሶት እዩ።

ብኸምዚ ድማ፡ ግዜይ ኣብ ስፕሪንግ ሃርቬስት ኣብቂዑ። ን ‘ሓንሳእ ድሒንካ፡ ኩሉ ሳዕ ድሒንካ’ ምቅዋመይን፡ ነቶም ኣንስቶም ሓዲጎም ምስ ካልእ ሰበይቲ ዝኸዱ ክርስትያናት፡ ኣብ ሓጢኣት ከም ዘለዉ ምዝራበይን፡ ክጸወርዎ ኣይከኣሉን። ብድሕርዚ፡ ብዛዕባ እዘን ክልተ ኣርእስታት፡ ማለት እምነትን ባህርን፡ ኣመልኪተ ክልተ መጻሕፍቲ ክጽሕፍ ወሰንኩ። እታ ቀዳመይቲ መጽሓፍ እንሃ።

'ሓንሳእ ድሒንካ፡ ኩሉ ሳዕ ድሒንካ' ዝብል ትምህርቲ፡ ኣብ ዓንኬል ወንጌላውያን ግኑን እዩ። ኣርእስቲ ብዙሓት መጻሕፍትን ፓምፍሌታትን ኮይኑ ድማ ተሓቲሙ ኣሎ፡ እንተላይ ናይዛ መጽሓፍ። (ኣብዛ መጽሓፍ ግና ንመጀመርታ ግዜ ብምልክት ሕቶ ተሰንዩ ቀሪቡ ኣሎ) ።

እዚ ብዙሕ ዝጥቀሰ፡ 'ሓንሳእ ድሒንካ፡ ኩሉ ሳዕ ድሒንካ'፡ ዝብል ሓረግ፡ ኣብ ቃል ኣምላኽ ዘይንረኽቦ እኳ እንተኾነ፡ ብዙሓት ግን ኣብ ቃል ኣምላኽ ከም ዘሎ ጌርም እዮም ዝጠቕሰዎ። ካብ ብዝሒ ምጥቃሙ ዝተላዕለ፡ ከም ምሰላ ገይኑ ንረኽቦ። ከም፡ ብኹሉ ኣማኒ ተቐባልነት ክረክብ ዝግብኦ፡ ንኡስ ኣዋጅ እምነት (mini creed) ኮይኑ ኣሎ።

ይኹን እምበር፡ ኣብ መጽሓፍ ቅዱስ ስለ ዘይርከብ፡ ናይ ግድን ዘይቃል ኣምላኻዊ ወይ ኣንጻር ቃል ኣምላኽ ማለት ኣይኮነን። ቃል ኣምላኻዊ ሓሳብ ክኸውን ይኽእል እዩ። ቃል ሰብ እኳ እንተኾነ፡ መለኮታዊ ሓቂ ዘለዎ ክኸውን ይኽእል እዩ። ክንሓቶ ዝግበኣና ሕቶ፡ 'ሓንሳእ ድሒንካ፡ ኩሉ ሳዕ ድሒንካ'፡ ዝብል ትምህርቲ፡ ነቲ ቃል ኣምላኽ ብዛዕባ ምድሓን ዝምህሮ፡ ብትኽክል የንጸባርቖ ድዩ፧ ዝብል ሕቶ እዩ። ነዚ ሕቶ ንምምላስ ነቲ ዝምልከት ክፍልታት መጽሓፍ ቅዱስ፡ ብዘይ ኣድልዎን ብኽፉት ኣእምሮን ክንምርምሮ ይግበኣና። እዚ፡ ንምግባሩ ኣዝዩ ከቢድ እዩ። ምኽንያቱ ንሓሳብ፡ ልቢ፡ ፍቓድ ሰብ ዝትንክፍ ኣርእስቲ ስለ ዝኾነ።

ኣተሓሳስባና፡ ብ 'ዘልኣለማዊ ውሕስነት' ዝብል ርድኢት ዝመልአ እዩ። ወንጌላውያንን ብሰብከቶም፡ ሸማግለታት/ፓስተራት ብትምህርታቶም፡ ብዛዕባ መጻኢ ምድሓንና ጥርጥር ከም ዘይህልወና ጌሮም ኣእሚኖምና እዮም። 'ድሒኑ' ማለት 'ተዓቂቡ' ማለት ኮይኑ። ይኹን እምበር፡ ነዚ ዓብላሊ ኮይኑ ዝርከብ ርድኢት ብዛዕባ ምድሓን፡ ናብቲ ምንጪ፡ ማለት ቃል ኣምላኽ፡ ከይድና ክንምርምሮ ኣለና።

ኣብዘን ዝሓለፉ ዓመታት፡ ብዛዕባ እዚ ኣርእስቲ ምስ ብዙሓት ክርስትያናት ድሕሪ ምዝራብ ዝተመልከትክወን ክልተ ነገራት ክጠቕስ።

ቀዳማይ፡ ብዙሓት 'ሓንሳእ ድሒንካ፡ ኩሉ ሳዕ ድሒንካ' ዝኣምኑ፡ ባዕሎም ካብ ቃል ኣምላኽ መርሚሮም ስለ ዝረኸብዎ ዘይኮነስ፡ ካብ ካልኦት ዝተመሃርዎ እዮም። ስለዚ፡ ብኣተራጉማ ገለ ካብ ክፍልታት ቃል ኣምላኽ ዝተጸልዉ እምበር፡ ነቲ ጽሑፍ ባዕሎም መርሚሮም ዝረኸብዎ ኣይኮነን። ብኻልእ ኣዘራርባ፡ ንመጽሓፍ ቅዱስ፡ ነቲ ዝተማህርዎ ርድኢት ንምጽዳቕ እዮም ዝጥቀምሉ። ንኸማይ ሰበኽቲ፡ ሰለምንታይ ነዚ ርድኢት ይሰብኩ ምስ ሓተትኩ፡ ሓደ፡ 'ቃል ኣምላኽ ከምኡ ስለ ዝብል'፡ ኢሉ ዝመለሰለይ የለን። ነፍሲ-ወከፍ ዝሓተትክዎ ሰባኺ፡ 'ኣነ ሰዓቢ ካልቪን (ምንቅስቓስ ተሃድሶ)

እየ' ብምባል፡ እቲ ምርዳኡ ብዛዕባ እዚ ኣርእስቲ ካብ ሓድሽ ኪዳን ዘይኮነ፡ ካብቲ ዘመናት ዝገበረ ልምዲ ቤተክርስትያን ከም ዝምንጩ እዩ ዘርእየኒ።

ካልኣይ፡ ዝኾነ ብኣካል ዝረኸብክዎ፡ ባዕሉ፡ ንቃል ኣምላኽ መርሚሩ ዘጽንዖ ሰብ፡ እቲ ብዛዕባ ምድሓን ዝበጽሖ መደምደምታ፡ መንግስቲ ሰማይ ክወርስ እንተኾይኑ፡ ኣብታ መንገዲ ምድሓን ክጸንዕ ከም ዘለዎ፡ እዩ። እዚ ርድኢት፡ ንሓደስቲ ኣመንቲ፡ ነቲ ዝወሰድዎ ውሳኔ ክገብሩ ዓቕሚ ከም ዘይብሎም ፍርሓት የሕድረሎም እዩ። እቲ ዝረኸብዎ ምኽሪ ድማ መሊሱ ዘደናግር እዩ። ወይ ንኣምላኽ ሓንሳእ ሰለ ዝኣመኑ፡ ኣምላኽ ብርግጽ ክዕቅቦም ምኳኑ እዮም ዝንገሩ፡ ወይ ድማ፡ ክሳዕ መወዳእታ ኣብ እምነት እንተቐጺሎም፡ ኣምላኽ ከም ዝዕቅቦም እዮም ዝንገሩ። ኣብ መንጎ እዘም ክልተ ዓይነት ውሕስነታት ምድሓን ዘሎ ፍልልይ፡ ሰማይን ምድርን እዩ።

'ሓንሳእ ድሒንካ፡ ኩሉ ሳዕ ድሒንካ'፡ ዝብል ትምህርቲ፡ ኣብ ሓሳብና ኣዝዩ ዝሰረጸ ሓሳብ ካብ ምኳኑ ዝተላዕለ፡ ብዙሓት፡ ካብኡ ዝተፈልየ ምርዳእ ክቕበሉ የጸግሞም እዩ። ነቶም ነዛ መጽሓፍ፡ ጉድለት መታን ክረኽቡላ ጥራሕ ዘንብብዋ ሰባት ኣዝየ እየ ዝፈርሓሎም። ወላ ኣብ መወዳእታ ኣነ ከም ዝተጋገኹ እንተ ደምዲሞም፡ ንሶም ድማ ተጋግዮም ክኾኑ ከም ዝኽእሉ ቁሩብ ኣብ ግምት እንተ የእትዮሞ፡ ብዙሕ መተባባዒኒ። ኣብ ሓቂ ዘይተመርኮሰ ርድኢት፡ መወዳእታኡ ሞት ክኸውን ይኽእል እዩ።

ልብና ውን፡ ካብ ሓሳብና ንላዕሊ፡ ኣሸጋሪ ክኸውን ይኽእል እዩ። እዚ ኣርእስቲ፡ ዕሙቕ ዝበለ ስምዒት ከለዓዕል ዝኽእል ኣርእስቲ ሰለ ዝኾነ፡ ነዚ ኣርእስቲ፡ ካብ ሰምዒትና ፈሊና፡ ብዘይ ኣድልዎ ክንምርምሮ፡ ከቢድ ክኸውን ይኽእል እዩ።

ብመጀመርታ፡ ብዛዕባ ምድሓን ርእሶም ኣዝዮም ዝሻቐሉ፡ ብዛዕባ እዚ ኣርእስቲ ምዝራብ ድማ፡ ኣብ ምድሓኖም ጥርጥር ከየምጽኣሎምን ተስፋ ምቑራጽ ከይዘርኣሎምን፡ ዝፈርሑ ሰባት ኣለዉ። እቲ ዘለዎም ውሕስነት ብዛዕባ ምድሓን ኣዝዩ ተኣፋፊ ካብ ምኳኑ ዝተላዕለ፡ ነቲ ብዛዕባ ምድሓን ዘለዎም ርድኢት ዝብድህ ሓሳብ ክገጥሞም ኣይደልዩን እዮም። እቲ ሰምዒታዊ ውሕስነቶም ብዛዕባ ምድሓን፡ ብሰምዒት ፍርሒ ክትካእ ኣይደልዩን እዮም። እዞም ሰባት፡ እዛ መጽሓፍ ከንብብዋ እንተ ጀሚሮም፡ ክሳዕ መወዳእታ ምዕራፍ ከንብብዋ ይጽውዕ። ብተወሳኺ፡ ቃል ኣምላኽ፡ 'ብእምነት እንተ እሊኹም፡ ርእስኹም ፈትኑ፡ ርእስኹም መርምሩ' (2 ቆሮ 13.5) ከም ዝብል፡ ብፍቕሪ ከዘኻኽሮም ይፈቱ። ሃዋርያ ጳውሎስ፡ ነቲ ሰብ ቆረንቶስ ዝነበርዎ ኩነታትን ጥዕናን ኣብ ምልክት ሕቶ ካብ ምእታዉ ድሕር ኣይበለን።

ካልኣይ፡ ብዛዕባ ካልኦት ዝሓሰቡ ሰባት ኣለው። እዛ መጽሓፍ፡ ኣመንቲ ኄርም ንድሕሪት ንዝተመልሱ ሰባት ኣዝያ ተድልዮም እኳ እንተኾነት፡ ከንብብዋ ዘለዎም ተኽእሎ ግን ዉሑድ እዩ። ፈለጥቶምን የዕርኽቶምን ግና ነዛ መጽሓፍ ኣንቢቦም ብዛዕባኦም ክፈርሑ ይኽእሉ እዮም። ቤተክርስትያን ንባዕላ፡ ተሰካሚት ጾር ናይ ብዙሓት፡ ኣብ ሓደ እዋን ነቲ ዝሰምዕዎ ወንጌል ተቐቢሎም ኣባላታ ዝነበሩ፡ ደሓር ግና ንድሕሪት ዝተመልሱ ኣመንቲ፡ እያ። ኩሉ ዝደሓነ ክሳዕ መወዳእታ ተዝጸንሕ፡ ቁጽሪ ክርስትያናት ኣዝዩ ምበዝሐ ኔሩ። እቲ ‘ሕጂ ኣበይ ኣለዉ፧’ ዝብል ሕቶ፡ እቲ ‘ደሓር ኣበይ ክህልዉ እዮም’ ዝብል ሕቶ ከይተወሰኾ፡ ዘሰቅቕ እዩ። እቶም ኣብ ሓደ እዋን፡ በታ ጸባብ መንገዲ ዝኸዱ ዝነበሩ፡ ደሓር ርእሶም ኣብታ ገፋሕ መንገዲ ጥፍኣት ክረኽብዋ ከም ዝኽእሉ፡ ክንሓስብ ኣዝዩ እዩ ዝኸብደናን ሰምዒትና ክቆጻጸሮ ዘይክእልን።

ኣብ መወዳእታ፡ ፍቓድና ድማ ኣብ ግምት ክኣቱ ዘለዎ እዩ። ሰጋና፡ ብባህሪኡ ሃካይ እዩ። ትህኪት ቀታሊ ሓጢኣት እዩ። ንመንግስቲ ኣምላኽ፡ ከም ብነጻን ብማዕረን፡ ከይሰራሕካ ህያባት ትዕድል መንግስቲ ምድሪ፡ ጌርም ዝርእይዋ ብዙሓት እዮም። ንናይ ኣምላኽ ነጻ ውህበት ምድሓን፡ ካብቲ ክንቅደስ ከም ዘለና ዝእዝዘና ቃል ኣምላኽ ፈሊና ክንሰብኮ ይቐለና። ምድሓን፡ ካባና ዕዮ ዝሓትት ቀጻሊ መሰርሕ እዩ ኢልካ ምሕሳብ፡ ከም ምትእትታው ትምህርቲ ‘ምድሓን ብግብሪ’ እዩ ዝቑጸር። ነቲ ዝተዋህበካ ምድሓን ኣባኻ ምፍጻም *(working out our salvation)*፡ ምስ መታን ክትድሕን ዝግበር ግብሪ *(working for our salvation)* ከም ሓደ እዩ ዝቑጸር።

ሰባት፡ እቲ ተቕርበሎም ጭብጢ ብዘየገድስ፡ ነቲ ክኣምንዎ ዝደልዩ ከም ዝኣምኑ፡ ካብ ዝግምግም ነዊሕ ጌረ ኣለኹ። እዚ፡ ብፍላይ ብዛዕባ እዚ ኣርእስቲ ዝምልከት፡ ሓቂ እዩ። እሰከ ሕሰብ እሞ ንብሎ፡ ምስቲ ናይ ተፈጥሮ ባህሪና፡ ወላ ምስቲ ዝተሓደሰ ባህሪና፡ ዝምችእ ሓሳብ ኣየናይ እዩ፧ ሓንሳእ ብዝገበርናዮ ውሳኔ ምድሓንና ዉሑስ እዩ ምባል’ዶ፧ ወይስ፡ ንምድሓንና ውሑስ ዝገብሮ፡ እቲ ናይ ምሉእ ህይወት ጉዕዞ ኣብታ መንገዲ ምድሓን እዩ፡ ምባል፧

ስለዚ፡ ሓሳብናን፡ ልብናን፡ ፍቓድናን፡ ብዛዕባ እዚ ኣርእስቲ ብዘይ ኣድልዎን፡ ብኽፉት ኣእምሮን ንቓል ኣምላኽ ካብ ምምርማር ይዓግቱና እዮም።

ኣብ መወዳእታ፡ ብመሰረት መምርሒ ኣተራጉማ መጽሓፍ ቅዱስ፡ ቃል ኣምላኽ ዝብሎ ክንትርጉም ከለና፡ ብዝተኻእለ መጠን፡ ነቲ ዝቐለለን ግሁድን ትርጉሙ ክንወስዶ ኣለና። ኣብዛ መጽሓፍ፡ ነዚ ክንገብር ክንጽዕር ኢና። ነቲ ቃል ኣምላኽ ዝብሎ ከም ዘለዎን ምስቲ ድሕረ-ባይታኡ

ብዝኸይድ መንገዲ ክንትርግሞ ክንፍትን ኢና። ነቶም ምስ ሓሳብና ይጻረሩ እዮም ንብሎም ጥቕስታት ወይ ክፍልታት መጽሓፍ ቅዱስ ድማ፡ ‘ኣሸገርቲ ክፍልታት’፡ ኢልና ኣይክንሰግሮምን ኢና።

ቅድሚ ናብ መጽናዕትና ምኻድና፡ ክልተ መእተዊ ሓሳባት ክህብ።

ቀዳማይ፡ እቲ ‘ክርስትያን’ ዝብል ስም ብብዝሒ ኣይክንጥቀመሉን ኢና። ‘ክርስትያን’ ዝብል ስም፡ ነቶም ሰዓብቲ ክርስቶስ፡ ብደገ (ብዘይኣምኑ) ዝተዋህበ ስም እዩ (ግብ 11.26, 26.28) ። ኣብ 1 ጴጥ 4.16 ተጠቒምሉ ዘሎ ድማ፡ ድሕሪ ባይታኡ፡ ምጥቃም እቲ ቃል ብዘይኣመንቲ እዩ። ብኣንጻሩ፡ ዘመናዊ ኣጠቓቕማ ‘ክርስትያን’ ዝብል ስም፡ ን ‘ድሑናት’፡ ወይ ‘ነታ ሕንጻጽ ዝተሳገሩ’ ሰባት፡ ንምግላጽ እዩ። እዚ ስም ንቐዋሚ ነገር ዝገልጽ ስም እዩ። ክርስትና፡ ጉዕዞ ወይ ምንቅስቓስ ወይ መሰርሕ ከም ዘለዎ ዘየንጸባርቕ ስም ድማ እዩ።

ኣብ ቃል ኣምላኽ፡ (ግብሪ ሃዋርያት ርእ)፡ ብብዝሒ ንኣመንቲ ዝገልጽ ቃል፡ ‘ወደ-መዝሙር’፡ ዝብል እዩ። እዚ ‘ወደ መዝሙር’ ዝብል ቃል፡ ነቲ ናይ ክርስትና ጉዕዞ ዝገልጽ፡ ንኻብ መምህሮም ዝመሃሩን፡ ንመምህሮም ዝሰዕቡን ኣመንቲ ዝገልጽ ቃል እዩ። ኣብ ክንዲ ‘ነታ ሕንጻጽ ምስጋር’፡ ‘ኣብታ መንገዲ ምጉዓዝ’ ንዝብል ሓሳብ ዝገልጽ ቃል እዩ። ንክርስትናዊ እምነትን ባህርን ዝተዋህበ ቀዳማይ ስም፡ ‘እታ መንገዲ’፡ ዝብል እዩ (ግብሪ ሃዋርያት ርእ: 9.2; 19.9, 23; 22.4; 24.14, 22) ።

ንምኺኑ፡ ሰባት፡ ‘ሓንሳእ ድሒንካ፡ ኲሉ ሳዕ ድሒንካ’ ክብሉ ከለዉ፡ እንታይ ማለቶም እዩ፧ ነዚ ሕቶ ቀጺልና ክንርእዮ ኢና።

ምዕራፍ ሓደ

መሰረታውያን ፍልልያት ብዛዕባ ምድሓን

‘ሓንሳእ ድሒንካ፡ ኩሉ ሳዕ ድሒንካ’ ዝብል ትምህርቲ፡ ቀሊል ስለ ዝመሰል፡ ብዙሓት ሰባት ብዕምቆት ፈቲሾም ክርድእዎ ኣይፍትኑን እዮም። ብኣንጻሩ፡ ብዙሕ ከይሓሰብሉ እዮም ዝቕበልዎ ወይ ዝነጽግዎ። ሕቶ ብዙሓት ሰባት፡ ‘ምድሓን ይጠፍእ ድዩ ወይስ ኣይጠፍእን እዩ፡’ ካብ ምባል ብዙሕ ዝሓልፍ ኣይኮነን።

ብዕምቆት ክንርእዮ ምስ እንፍትን ግና፡ ዝተፈላለዩ ሰዓብቲ ናይቲ፡ ‘ሓንሳእ ድሒንካ፡ ኩሉ ሳዕ ድሒንካ’፡ ዝብል ርድኢት፡ ዝህብዎ ትርጉም በበይኑ እዩ። ስለዚ፡ ንኹሎም ጎድንታት ናይዚ ‘ሓንሳእ ምድሓን፡ ኩሉ ሳዕ ምድሓን፡ ዝብል ትምህርቲ፡ ብዘይ ኣድልዎ ኣቕሪብና፡ ብቓል ኣምላኽ ከም ዝግባእ ክንምርምሮም ይግባእ። ከምኡ እንተዘይጌርና፡ መልእኽቲ ናይዛ መጽሓፍ ምሉእ ክኸውን ኣይክእልን እዩ።

በዚ መሰረት፡ ዕላማ ናይዛ መጽሓፍ፡ ንኹሎም ርድኢታት ብዛዕባ እዚ ኣርእስቲ ከም ዝግባእ ብምትንታን፡ ብመንጽር ቃል ኣምላኽ ክንምርምሮም እዩ።

ቀጺልና፡ ክልተ መሰረታውያን ሕቶታት ብምቕራብ፡ ነቶም ዝተፈላለዩ ርድኢታት ብዛዕባ ‘ሓንሳእ ድሒንካ፡ ኩሉ ሳዕ ድሒንካ’ ክንርድኦም ክንፍትን ኢና፡፡

1. ሓደ ኣማኒ፡ ንሓጢኣት፡ ክሳዕ ክንደይ ኣኽቢዱ ይርእዮ፧
ሓደ ኣማኒ ንሓጢኣት ኣኽቢዱ ድዩ ወይስ ኣቃሊሉ እዩ ዝርእዮ፧ ንገለ፡ ሓጢኣት ንግዚኡ ዘጉሂ፡ ናይ ዘልኣለም ሳዕቤን ግና ዘይብሉ እዩ። ንኻልኦት ድማ፡ ሓጢኣት መንፈሳዊ ማህሰይቲ ዘምጽእ፡ ኣዕናዊን፡ ናይ ዘልኣለም ሳዕቤን ድማ ዘለዎን እዩ።

2. ሓደ ኣማኒ፡ ብዛዕባ ቅድስና ክሳዕ ክንደይ ይግደስ፧
ንገሊኦም፡ ኣገዳስነት ቅድስና ዓዚዙ ኣይረኣዮምን እዩ። እዚ ማለት፡ ሓደ ኣማኒ ቅድስና ክህልዎ ጽቡቕ እኳ እንተኾነ፡ ኣገዳሲ ግና ኣይኮነን።

ብሰንኪ ዘይምቕዳስ ዝመጽእ ሳዕቤን ብዙሕ ከተተኩረሉ ኣድላዪ ኣይኮነን። ዘይምህላው ቅድስና ካብ ምውራስ ግደ ርስቲ ቅዱሳን (መንግስቲ ሰማይ) ከትርፍ ኣይክእልን እዩ። ብኣንጻሩ፡ ንኻልኡት፡ ብዘይ ቅድስና መንግስቲ ኣምላኽ ክትወርስ ኣይከኣልን እዩ።

እዞም ክልተ ተጻረርቲ ሓሳባት፡ ነቶም ክልተ ጫፋት ናይ ርድኢት ብዛዕባ ምድሓን ዘንጸባርቑ ኮይኖም፡ ኣብ መንጉኦም፡ ብዙሓት ዝተዳቐሉ ሓሳባት ክህልዉ ይኽእሉ እዮም። በቲ ሓደ ጫፍ፡ ሓጢኣትን ቅድስናን ኣብ ሓደ ኣማኒ፡ ብኽብደት ይረኣይ፡ በቲ ካልኣይ ጫፍ ድማ፡ ሓጢኣትን ቅድስናን ኣብ ሓደ ኣማኒ ኣቃሊልካ ይረኣይ። ኣብዛ መጽሓፍ፡ ነቲ ቀዳማይ ጫፍ፡ ኣልፋ (ማለት፡ መጀመርታ)፡ ነቲ ካልኣይ ጫፍ ድማ፡ ኦሜጋ (ማለት መወዳእታ) ኢልና ክንጽውዖ ኢና።

ርድኢት ኣልፋ

እዚ 'ኣልፋ' ተባሂሉ ዘሎ ርድኢት፡ 'ሓንሳእ ድሒንካ፡ ኩሉ ሳዕ ድሒንካ'፡ ሓደ ሰብ ሓንሳእ ብምውሳን ኣብ ክርስቶስ ምስ ኣመነ፣ ብድሕሪኡ ዝገበረ ይግበር፡ ብዘየገድስ፡ ዘልኣለማዊ ውሕስነት ምድሓን ኣለዎ፡ ዝብል ትምህርቲእዩ። ሓደ ሰብ፡ ንኽድሕን ዘድልዮ፡ ብክርስቶስ ኣሚኑ ናይ ክርስትና ህይወት ምጅማር ጥራሕ እዩ። ምጅማር፡ ምውዳእ እዩ። ብክርስቶስ ሓንሳእ ምእማን፡ ውሑስ መእተዊ ትኬት ናብ መንግስተ ሰማይ ዘውህብ እዩ። ሰለዚ ኢና፡ ርድኢት 'ኣልፋ' ወይ 'መጀመርታ' ኢልና ጸዊዕናዮ ዘለና።

እዚ ርድኢት ኣልፋ ግኑን ዝኾነሉ ምኽንያት፡ ናይ ሎሚ ወንጌላውያንን ሰበኽትን መምሃራንን፡ ብክርስቶስ ምእማን፡ ኣብ ክንዲ ካብ ሓጢኣት ሓራ ትወጻሉ መንገዲ፡ ካብ ገሃነም እሳት እተምልጠሉን፡ መእተዊ ቲኬት ናብታ ትመጽእ ሓዳስ ዓለምን እትረኽበሉን፡ ጌሮም ሰለ ዘቕርብዎ እዩ። እቲ ዝነገር ወንጌል፡ ኣብ ክንዲ ኣብ ህይወት፡ ኣብ ሞት ዘተኮረ እዩ። ('ሎሚ ምስ ትመውት ናበይ ክትከይድ ኢኻ፤ ናብ ገሃነም ወይ ናብ መንግስተ ሰማይ፧' ኢሎም እዮም ዝሓቱኻ) ። ነተን ብወንጌላዊ ዝበሃላኻ ናይ ሰላሳ ካልኢት ጸሎት ብምድጋም፡ ኣብ ሰማይ ቦታኻ ከም ተወሕሰ ድማ ይነግሩኻ። እዚ ናይ ሳላሳ ሰከንድ ጸሎት፡ መብዛሕትኡ ግዜ፡ ብዛዕባ ግብሪ ንስሓ ኣብ ቅድሚ ኣምላኽ፡ ምቕባል መንፈስ ቅዱስ፡ ጥምቀት ዘጠቓልል ኣይኮነን። እዚ ኣገባብ ምስባኽ ወንጌል፡ ምስቲ ኣብ ሓድሽ ኪዳን ንርእዮ ናይ ሃዋርያት ወንጌል ክነጻጸር ከሎ፡ ተመሳሳልነት የብሉን።

ብሓጺር ኣዘራርባ፣ ሰብ ናብ መንግስቲ ሰማይ ክኣቱ ዘድልዮ፡ ሕድገት

ሓጢኣት'ምበር ቅድሰና ኣይኮነን። ብሰነ መለኮታዊ ኣዘራርባ ድማ፡ ጽድቂ ኣድላዪ እዩ፣ ቅድሰና ግና ኣድላዪ ኣይኮነን።

ብኸምዚ ዝበለ ሰብከት ናብ ክርስቶስ ዝመጹ ሰባት፡ ኣብ ሞራላውን መንፈሳውን ድኻም እንተወደቑ ዘገርም ኣይኮነን። ምኽንያቱ፡ ኣብ ሓጢኣት እንዳነበርካ፡ ብዛዕባ ምድሓንካ እንዳተሓጎስካ ከም ትነብር ዝገብር ትምህርቲ እዩ። ከምቲ ሓንቲ ኣሜርካዊት ኣደ፡ 'ጓለይ ኣመንዝራን ናይ ሓሽሽ ወልፊ ድማ ዘለዋን እያ። ግናኸ፡ ክብሪ ንኣምላኽ፡ ጓል 7 ዓመት እንከላ፡ ንጎይታ ክትሰዕቦ ወሲና እያ፡ ኣብቲ ዝመጽእ ክብሪ ክርእያ ድማ ብተሰፋ ይጽበ'፡ ክትብል ዝነገረትኒ፡ እዩ።

እዚ ርድኢት ኣልፋ፡ ኣብ ዘመንና ካብቲ ገኒኑ ዘሎ ርድኢት ብዛዕባ ምድሓን እዩ። ግብራዊ ውጽኢት ናይዚ ርድኢት፡ ኣመንቲ፡ ብዛዕባ ሓጢኣትን ሳዕቤናቱን ሸለልትነት ክህልዎም፡ ንኣገዳሰነት ቅድሰና ከም ዘቃልሉን፡ ሓጢኣትን ዘይቅድሰናን ድማ ካብ ምውራስ እቲ ናይ ዘልኣለም ተሰፋ ከም ዘየትርፍ ጌሮም ክርእዩ፡ ምግባር እዩ ። ብመሰረት ርድኢት ኣልፋ፡ ምጅማር እምነት እምበር፡ ምድምዳም እምነት ኣገዳሲ ኣይኮነን።

ከም ዝፍለጥ፡ ነዚ ርድኢት ኣልፋ፡ ኩሎም ተኸተልቲ ዶክትሪን 'ሓንሳእ ድሒንካ፡ ኩሉ ሳዕ ድሒንካ' ኣይኮኑን ዝቕበልዎ። ብኣንጻሩ፡ ብዙሓት ካብኣቶም፡ ነዚ ርድኢት ኣልፋ ይነጽግዎ ጥራሕ ዘይኮኑስ፡ ምስኡ ክተኣሳሰሩ ውን ኣይደልዩን እዮም። እዞም ነዚ ርድኢት 'ኣልፋ' ዝነጽጉ፡ ግን ከኣ፡ ነዚ 'ሓንሳእ ድሒንካ፡ ኩሉ ሳዕ ድሒንካ' ዝብል ትምህርቲ ዝኽተሉ፡ ኣብዚ ሰዒብና ንርእዮ፡ ርድኢት 'ኦሜጋ' (ማለት፡ መወዳእታ) ኢልና ሸይምናዮ ዘለና፡ ጨንፈር እዮም ዝኣትዉ።

ርድኢት ኦሜጋ

ተኸተልቲ ርድኢት ኦሜጋ፡ ንሓጢኣትን ቅድሰናን ኣብ ኣመንቲ፡ ከም ኣገደስቲ ሓሳባት ዝርእዩ እዮም። ኣብ ጎዕዞ ህይወት ክርስትና፡ ኣብ እምነትካ ክሳዕ መወዳእታ ምዕጋስ ኣገዳሲ ምኳኑ ይጸቕጥሉ። ቅድሰና፡ ከም ሕድገት ሓጢኣት ኣድላዪ ምኳኑ፡ ብሰነ መለኮታዊ ኣዘራርባ ድማ፡ ቅድሰና ልክዕ ከም ጽድቂ ኣገዳሲ ምኳኑን ይምህሩ። ሓደ ኣማኒ፡ ናብቲ ምልኣት ጽውዓኡ፣ ናብቲ ዓሰቢ ኣቢሉ፡ ቀጻሊ ክመጣጠር ኣለዎ። ነዚኦም፡ ምጅማር፡ ምውዳእ ማለት ኣይኮነን። ክሳዕ መወዳእታ ኣብ እምነት ብትዕግስቲ ጸኒዕካ ምዕባይን ጉዕዞኻ ምዝዛምን፡ ኣገዳሰነቱ ልክዕ ከም ምጅማር እዩ። ኣብዚ ካልኣይ ርድኢት፡ መወዳእታ ከም መጀመርታ ኣገዳሲ ሰለ ዝኾነ፡ ኦሜጋ (መወዳእታ) ኢልናዮ ኣለና። ኣብዚ ርድኢት ኦሜጋ፡ ሓጢኣት፡ ክሳዕ መወዳእታ ብትዕግስቲ

ኣብ እምነት ምጽናዕን ቅድስናን፡ መሰረታውያንን ኣገደስትን ሓሳባት እዮም።

ንርድኢት ኦሜጋ ዝምህሩ መምሃራን ተሓድሶ (Reformists ተባሂሎም ዝፍለጡ)፡ ኣብ ጉዕዞ ህይወት ክርስትና፡ መንፈሳዊ ዕቤት፡ ኣብ ሓደ ደረጃ ብጽሕና ደው ዘይምባል፡ እምነትካ ገዲፍካ ንድሕሪት ዘይምምላስ፡ ኣገደስቲ ምዃኖም ይምህሩ። እቲ ቀንዲ ፍልልዮም ምስ ተኸተልቲ ርድኢት ኣልፋ፡ መንግስቲ ሰማይ መታን ክትወርስ፡ ክሳዕ መወዳእታ ኣብ እምነት ክትጸንዕን ክትዕገስን ከም ዘለካ ስለ ዝምህሩ እዩ።

መምሃራን ኦሜጋ፡ እቶም ክሳዕ መወዳእታ ዝዕገሱ ጥራሕ ከም ዝድሕኑ፡ ክሳዕ መወዳእታ ዘይዕገሱ ድማ ከም ዘይድሕኑ ይምህሩ። ከምዚ እንዳመሃሩ ደኣ ስለምንታይ ምስቶም፡ ‘ሓንሳእ ድሒንካ፡ ኩሉ ሳዕ ድሒንካ’ ዝብሉ ንምድቦም፧

ምኽንያቱ፡ ገለ ካብኣቶም፡ ሳዕቤን ናይ እምነትካ ገዲፍካ ንድሕሪት ምምላስ፡ ኣብ ናይ ሕጂ ህይወት ወይ ኣብታ ትመጽእ፡ ዓሰቢ ወይ ፍሉይ በረኸት ምስኣን ጥራሕ እዩ እምበር፡ ምጥፋእ ምድሓን ኣይኮነን ስለ ዝብሉ። ስለዚ፡ ብናቶም ኣበሃህላ፡ ክሳዕ መወዳእታ ዘይምዕጋስ፡ ነቲ ብትዕግስቲ ዝርከብ ተወሳኺ ዓሰቢ ምስኣን እዩ ዘኸትል እምበር፡ ምድሓንካ ኣየጥፍኦን እዩ። ምውራስን እቲ ሰማያዊ ክብርን ግን ዝኾነ ይኹን ዉሑስ እዩ።

ገለ ካብ ተኸተልቲ ርድኢት ኦሜጋ ድማ፡ ናይ ብሓቂ ዝደሓነ ሰብ ኣብ ሓጢኣት ክወድቕ ኣይክእልን እዩ፡ ይብሉ። ማለት፡ እቶም ናይ ብሓቂ ዝደሓኑ ሰባት፡ ናይ ግድን ኣብ እምነቶም፡ ክሳዕ መወዳእታ፡ ብትዕግስቲ ክጸንዑ እዮም ጥራይ ዘይኮነ፤ ንድሕሪት ክምለሱ ውን ኣይክእሉን እዮም። ኣምላኽ፡ ከምቲ ዘጀመሮም ከምኡ ከወድኦም እዩ። ናቶም ምርጫ ነቲ ኣ

ምላኽ ኣብኦም ዝጀመሮ ስራሕ ፍጹም ከፍርሶ ኣይክእልን እዩ፡ ይብሉ። ክሳዕ መወዳእታ እሙን ንምዃን፡ ናይ ኣምላኽ መለኮታዊ ወህበት’ምበር፡ ካብ ሰብ ሓንቲ’ኳ ዝድለ የለን። ንሰብ፡ ኣብ ምድሓኑ ክሳዕ መወዳእታ ዝዕቅቦ፡ ኣምላኽ ጥራይ እዩ። ስለዚ፡ ኣብ እምነትካ ክሳዕ መወዳእታ ምዕጋስ፡ ካብ ኣምላኽ ዝወሃበካ ክትጻረሮ ዘይትኽእል ውህበት እዩ። ከምቲ ክጅምሩ ዝገበረ፡ ክውድኡ ዝገብር ድማ ኣምላኽ በይኑ ንሱ እዩ።

እሞ፡ ክሳዕ መወዳእታ ኣብ እምነትካ ጸኒዕካ ምዕጋስ፡ ምሉእ ብምሉእ ውህበት ናይ ኣምላኽ እንተኾይኑ፡ ናይ ሰብ ተራ ድማ ዘየድልዮ እንተኾይኑ፡ ስለምንታይ ትዕግስቲ ቅዱሳን *(perseverance of the saints)* ኢልና ንጽውዖ፧ ነዚ ተጋራጫዊ ሓሳብ ዝተረድኡ ተኸተልቲ ርድኢት ኦሜጋ፡ ኣብዚ ቀረባ እዋን፡ ነቲ ሓረግ፡ ካብ ‘ትዕግስቲ ቅዱሳን ክሳዕ መወዳእታ’ *(perseverance of the saints)* ናብ ‘ምዕቃብ ቅዱሳን ክሳዕ ምወዳእታ’ *(preservation of the saints)* ቀይሮሞ ኣለዉ።

ኣመንቲ፡ ናይ ግድን፡ ብኣምላኽ ክሳዕ መወዳእታ ክዕቀቡ እዮም እንተኢልና፡ መደምደምታና ብዛዕባ እቶም ካብ እምነት ኣብ ክርስቶስ ንድሕሪት ዝምለሱ *(backsliders)* ሰባት እንታይ እዩ ክኸውን፧ ማለት፡ እቶም ንድሕሪት ዝምለሱ፡ ካብ መጀመርታ'ውን፡ ናይ ብሓቂ ኣመንቲ ሰለ ዘይነበሩ ድዮም፧ ሸሕ'ኳ፡ ብክርስቶስ ኣሚንና እንተበሉ፡ ኣብ ቤት ኣምላኽ'ውን ምስ ቅዱሳን እንተሓበሩ፡ እምነቶም ንሸሙ እምበር ናይ ብሓቂ ኣይነበረን፡ ዲና ክንብል፧ በዚ ኣበሃህላ እንተኸይድና፡ መን፡ ናይ ብሓቂ ኣማኒ ምዃኑን ዘይምዃኑን ክንፈልጥ ከመይ ጌርና ንኽእል፧ ናይ ብሓቂ ኣማኒ፡ ከመይ ጌርካ ይፍለጥ፧ ካልእስ ይትረፍ፡ ንባዕለይ ከም ዝኣመንኩ'ኸ ብኸመይ ይፈልጥ፧ ውሕስነት እምነተይ'ከ ካበይ ይምጻእ፧

ከምዚ ዝረኣናዮ፡ ክልቲኦም ጫፋት ናይ ርድኢት 'ሓንሳእ ድሒንካ፡ ኩሉ ሳዕ ድሒንካ' (ማለት፡ ኣልፋን ኦሜጋን)፡ ምድሓን ናይቶም እምነቶም ገዲፎም ንድሕሪት ዝተመልሱ ሰባት ከም ዘይጠፍእ ይሰማማዑ። ብሓጺሩ፣ ሓንሳእ ምድሓን (ናይ ሓቂ ምድሓን) ንኹሉ ግዜ ምድሓን እዩ፡ ይብሉ። ክልቲኦም፡ ዝኾነ ዳግም ዝተወልደ ሰብ፡ ኣብ ጉዕዞ ህይወት ክርስትና ዘጋጥሞ ብዘየገድስ፡ መወዳእታኡ ክብሪ እዩ፡ ይብሉ።

ግናኸ፣ ቀጺልና ከም ንርእዮ፡ ሓድሽ ኪዳን፡ ንምድሓንን ጉዕዞ ህይወት ክርስትናን፡ ከም ቅድድም ጉያ፡ ከም ጉዕዞ ኣብ መንገዲ፡ ጌሩ እዩ ዝገልጾ። ጎያዪ ጉያኡ፡ ተጓዓዚ ድማ ጉዕዞኡ ከይዛዘመ ከቋርጽ ወይ'ውን ካብ'ቲ መገዲ ከላግስ ወይ ክዝምብል ከም ዝኽእል ኣጥቢቑ እዩ ዝነግረና።

ቅድሚ ነዞም ኣብ ላዕሊ ርኢናዮም ዘለና ክልተ ርድኢታት፡ ብመሰረት መጽሓፍ ቅዱስ ምፍታሽና፣ ንገለ ካብ ዓንድታት ሰረተ-እምነት ናይ ተኸተልቲ፡ 'ሓንሳእ ድሒንካ፡ ኩሉ ሳዕ ድሒንካ' ብዕምቆት ክንምርምሮ ኢና።

ሞዕራፍ ክልተ

መሰረታውያን ሓሳባት ወንጌል

ዝኾነ ዶክትሪን እምነት ክርስትና፡ ንበይኑ ነጺልና ክንርእዮ ግቡእ ኣይኮነን። ዝተፈላልዩ ዶክትሪናት እምነት ክርስትና፡ ኣብ ነንሓድሕዶም ምትእስሳር ኣለዎም፡ ንሓድሕዶም ድማ ይጸላለዉ እዮም።

ብተመሳሳሊ፡ ዶክትሪን 'ሓንሳእ ድሒንካ፡ ኩሉ ሳዕ ድሒንካ' ውን ብብዙሓት ተዛመድቲ ሓሳባት ዝቖመ እዩ።

ምስ 'ሓንሳእ ድሒንካ፡ ኩሉ ሳዕ ድሒንካ' ዝብል ትምህርቲ ብቐረባ ዝዛመድ ዶክትሪን፡ 'ካልቪኒዝም' ተባሂሉ ዝፍለጥ ስርዓተ ስነ-መለኮት እዩ። ካልቪኒዝም፡ ደድሕሪ ጆን ካልቪን ዝበሃል፡ ኣብ ከተማ ጀነቫ ዝነብር፡ ኣባል ምንቅስቓስ ተሃድሶ ከንሻ ዝነበረ መምህር ስነ-መለኮት ዝተሰምየ እዩ። ታሪኻዊ ኣመጻጽኣ ካልቪኒዝም ኣብ ዝቕጽል ምዕራፋት ብዝርዝር ክንርእዮ ኢና።

እቲ ሕጂ ክንርእዮ ደልየ ዘለኹ ሓፈሻዊ ድሕረ-ባይታ፡ ንካልቪኒዝም ዘጠቓልል፡ ኣሳብኻ ወንጌል እዩ። ሓፈሻዊ ርድኢት ብዛዕባ ምድሓን፡ እምነት፡ ሕድገት ሓጢኣት፡ ናይ ዘልኣለም ህይወትን መንግስቲ ኣምላኽን ክህልወና ኣገዳሲ እዩ። ነዞም ኣርባዕተ ሓሳባት፡ ንቓል ኣምላኽ እሙን ብዝኾነ መንገዲ ክንምርምሮምን ክንርድኦምን ድማ ጽቡቕ እዩ። ጥቕሲ ካብ ድሕረ-ባይታኡ ቆንጪልና ብምውሳድ ዘይኮነስ፡ ንምሉእ ሓሳባት ቃል ኣምላኽ ብምጽናዕ ክንርድኦም ክንፍትን ኣለና። ኣብዚ ዝቕጽል ክፍሊ፡ ነዚ እንዳገበርና፡ መሰረታውያን ድኻማት ናይቲ፡ 'ሓንሳእ ድሒንካ ኩሉ ሳዕ ድሒንካ'፡ ዝብል ዶክትሪን ክንርኢ ኢና።

ምድሓን

ኣገዳሲ ቃል፡ ናይቲ 'ሓንሳእ ድሒንካ፡ ኩሉ ሳዕ ድሒንካ' ዝብል ትምህርቲ፡ እቲ 'ድሒንካ' ዝብል ቃል እዩ። 'ድሒንካ' ዝብል ቃል፡ ብብዝሒ ዝዝውተር ቃል እኳ እንተኾነ፡ ምስ መልእኽቲ ሓድሽ ኪዳን ብዛዕባ ምድሓን ኣነጻጺርካ ክርአ እንከሎ ግን ብዙሕ ዝጎድሎ ቃል እዩ።

'ድሒንካ' ዝብል ቃል፡ ንድሮ ዝተወድአ ዝሓለፈ ተግባር ዝገልጽ፡ ናይ

ሕሉፍ ግሲ እዩ። ነዞም ዝሰዕቡ ዝውቱራት ቃላት ተመልከት፡
- 'ቅድሚ ዓሰርተ ዓመት ኣብ ናይ ቢሊ ግራሃም ኮንፈረንስ ድሒነ።'
- 'ዝሓለፈ ሰንበት፡ ሸውዓተ ሰባት ድሒኖም።'
- 'ሓወይ፡ ድሒንካ ዲኻ፧'

በዚ ዝዉቱር ኣበሃህላ፡ ምድሓን ድሮ ተፈጺሙ ጥራሕ ዘይኮነስ፡ ቅጽበታውን ኣብ ሓጺር ግዜ ዝፍጸምን እዩ። ስለዚ ድማ እዩ ዝደሓንኩላ ዓመት፡ ወርሒ፡ ሰሙን፡ መዓልቲ፡ ሰዓት፡ ደቒቕ ዝበሃል። ሕሉፍ ሓሊፉ፡ ብልክዕ ዝደሓንካሉ ዕለት ክትዝክር ዘይምኽኣል ከም ዘይንቡር እዩ ዝውሰድ። ግን፡ እዚ ኣበሃህላ ምስ መጽሓፍ ቅዱስ ክነጻጸር ከሎ፡ ትኽክል ኣይኮነን። ኣብ ግብሪ ሃዋርያት ከም ንረኽቦ፡ ምጅማር ምድሓን፡ (ማለት፡ ንስሓ ኣብ ቅድሚ ኣምላኽ፡ እምነት ብየሱስ፡ ጥምቀት ብማይ፡ ምቕባል መንፈስ ቅዱስ)፡ ሰዓታት፡ መዓልታት፡ ሰሙናት፡ ኣዋርሕ፡ ዓመታት ክወስድ ይኽእል እዩ። እቲ ዝዓበየ ሕቶ ግና፡ ምፍጻም እዞም ተግባራት ምጅማር ምድሓን፡ ምፍጻም ምድሓን ማለት ድዩ፧ ኩሎም እቶም ነዘን ግብርታት መጀመርታ ምድሓን ዝፈጸሙ፡ ድሒኖም እዮም ክንብል ንኽእል ዲና፧ መልሱ ዘገርም እዩ።

ሃዋርያት ኣብ መጽሓፍ ቅዱስ ክምህሩ ኸለዉ፡ ነቲ 'ምድሓን' ዝብል ቃል፡ ብሰለሰተ መልክዕ፥ ማለት፣ ከም ሕሉፍ፡ ከም ናይ ሕጂ፡ ከም ናይ ዝመጽእን ጌሮም እዮም ዝገልጽዎ። ድሒንና ኣለና (ሕሉፍ ግሲ)፡ ንድሕን ኣለና (እዋናዊ ግሲ)፡ ክንድሕን ኢና (መጻኢ ግሲ) ። (ንኣብነት፡ ማቴ 24.13፡ ሮሜ 5.10፡ 1 ቆሮ 5.5፡ 1ጢሞ 4.16፡ እብ 9.28 ርእ) ።

*እቲ ኽሳዕ መወዳእታ ዚዕገስ ግና **ኪድሕን እዩ።** ማቴ 24:13*
*ጸላእቱ ኸሎና፡ ምስ ኣምላኽ ብሞት ወዱ ተዓረቕና፡ ካብ ተዓረቕና ደኣ፡ ክንደይ **ብህይወቱ ኣዚና ዘይንድሕን።** ሮሜ 5.10*
መንፈሱ በታ መዓልቲ ጐይታና የሱስ ምእንቲ ኺድሕንሲ፡ ንጥፍኣት ስጋኡ ንሰይጣን ኪውሃብ፡ ከም ምሳኻትኩም ኰይነ ድሮ ፈሪደ ኣሎኹ። 1 ቆሮ 5.5
*ንርእስኻን ንትምህርትኻን ተጠንቀቕ፡ በዚ ነገርዚ ጽናዕ። እዚ እንተ ገበርካስ፡ ንርእስኻን ነቶም ዚሰምዑኻን **ከተድሕን ኢኻ።** 1 ጢሞ 4.16*
*ከምኡ ኸኣ እቲ ንሓጢኣት ብዙሓት ኬርሕቕ ኢሉ ሓንሳእ እተሰውኤ ክርስቶስ **ንምድሓን እቶም ዚጽበይዎ ኻልኣይ ጊዜ ብዘይ ሓጢኣት ኪግለጽ እዩ።** እብ 9.28*

ካብዚ እንታይ ንድምድም፣ ምድሓን ቅጽበታውን፡ ሓንሳእ ብዝግበር ውሳኔን ዝፍጸም ዘይኮነ፡ ግዜ ዝወስድ መሰርሕ ምዃኑ እዩ። ወንጌል፡ ብዛዕባ እታ ናብ መፈጸምታ መታን ክንበጽሕ፡ ኣብኣ ክንጎዓዝላ ዘለና መንገዲ ምድሓን እዩ። ብኻልእ ኣዘራርባ፡ ምድሓን፡ ጌና ኣብ ሓደ ኻባና ኣይተፈጸመን ዘሎ። እቲ ቅኑዕ ኣገላልጻ ናይዚ ሕጂ ዘለናዮ ህይወት 'ንድሕን ኣለና' ምባል እዩ። ከምቲ ሓደ ኣራይ-ጡጥ ሸማግለ ዝጸለዮ፡ 'ጎይታይ፡ ከምቲ ሕጂ ክኾኖ ዝግበኣኒ ኣይኮንኩን ዘለኹ፡ ከምቲ ኣብ ዝመጽእ ክኾኖ ዝግበኣኒ ውን ኣይኮንኩን፡ ግናኸ፡ ክብሪ ንኣምላኽ፡ ከምቲ ቀደም ዝነበርክዎ ዘይምህላወይ!'

ምድሓን ዝብል ቃል፥ ምስቲ 'ካብ እንዳጎሓፍ ኣኪብካ ዳግማይ ምሕዳስ' *(salvage/recycling):* ዝብል ቃል ተመሳሳሊ እዩ። ንሓደ ጎሓፍ (ወረቐት፡ ሓጺን፡ ጥርሙዝ ወዘተ)፡ ካብቲ ተደርብዩሉ ዝነበረ ጉድጓድ ናይ ጉሓፍ ኣውጺእካ፡ ዳግማይ ኣሐዲስካ፡ ኣብቲ ናይ መጀመርታ መዓላኡ ክውዕል ከም ዝኽእል ክትገብሮ ከለኻ ማለት እዩ። ኣምላኽ ምሳና ዝገብሮ ዘሎ ድማ ልክዕ ከምዚ እዩ። የሱስ፡ ነቲ ኣምላኽ፡ ነቶም ዝጠፍኡ እሞ ንኣምላኽ ዘይጠቕሙ ጥፉኣት ሰባት ዝድርብየሉ፡ ገሃነም ተባሂሉ ዝፍለጥ ቦታ፡ ምስቲ፡ ገሀና ዝበሃል፡ ኣብ የሩሳሌም፡ ኣብ ሰንጭሮ ሂኖም ዝርከብ፡ ከም መአከቢ ጉሓፍ ዘገልግል ቦታ፡ ኣነጻጺርዎ ኣሎ።

ስለዚ ምድሓን፡ ክልተ ነገር የጠቓልል። እቲ ቀዳማይ፡ ካብ ሓጢኣትን፡ ዓሰብታት ሓጢኣትን፡ ምድሓን እዩ። እቲ ካልኣይ ድማ፡ ናብ'ቲ ናይ መጀመርታ ፍጥረትና፡ ናብቲ ኣብ ክርስቶስ ብፍጽምና ዝተራእየ መልክዕ ኣምላኽ ምምላስ፡ *(restoration)* እዩ። እቲ ነዚ ምሕዳስ ኣባና ዝጀመረ ኣምላኽ፡ ካብ ዝተሓተ ናብቲ ዝለዓለ ክብሪ ከድሕነና ዝኽኣሎ እዩ።

ብሰነ መለኮታዊ *(theological)* ኣዘራርባ፡ እዚ መሰርሕ ምድሓን፡ ሰለስተ ገጻት ኣለዎ። ሕሉፍ፡ ሕጂ፡ መጻኢ።

1. ብ ጽድቂ *(justification):* ካብ መቕጻዕቲ ሓጢኣት፡ ሓራ ወጺና ኢና።
2. ብ ቕድሰና *(sanctification):* ካብ ሓይሊ ሓጢኣት፡ ሓራ ንወጽእ ኣለና።
3. ብ ኽብሪ *(glorification):* ካብ ብልሽውና *(corruption)* ሓጢኣት፡ ሓራ ክንወጽእ ኢና።

እዚ ቀጻሊ ምሕዳስ ክፍጸም ድዩ፣ ክፍጸም እንተኾይኑ'ኸ፡ መዓስ ክፍጸም እዩ፧ እወ፡ ክርስቶስ፡ ናብ ምድሪ ምስ ተመልሰ ክፍጸም እዩ። 'ንሱ ምስ ዚግለጽ

ግና፡ ከም’ታ ዘለዋ ኽንርእዮ ኢና እሞ፡ ንእኡ ኸም እንመስል፡ ንፈልጥ አሎና’። (1ዮሃ.3:2) ። ሽዑ፡ ናይ ብሓቂ፡ ፈጺምናን ንዘልኣለምን ክንድሕን ኢና።

ነዚ ኣብ ላዕሊ ዘሎ ሓሳብ ብምግንዛብ፡ ንምድሓን፡ ከም ናይ ሕሉፍ ተመኩሮ ጥራሕ ጌርካ ምውሳድ ሓደገኛ ምኳኑ ክንርዳእ ንኽእል ኢና። ንምድሓን ምስ ምልዋጥ ኣማዕሪኻ ምርኣይ፡ ምድሓን ኣብ ክንዲ ከም ዝጀመረ፡ ከም ዝተፈጸመ ጌርካ ምውሳድ፡ ድሮ ካብ ገሃነም ድሒንካ ኣብ መንግስቲ ሰማይ ከም ዝኣተኻ ምሕሳብ፡ ግጉይ ርድኢት እዩ። ንምልዋጥ *(conversion)* ከም መፈጸምታ ምድሓን ጌሮም ዝኸዱ ኣመንቲ፡ ንድሕሪት ተመሊሶም ናብ ሓጢኣት እንተወደቑ ይገርም’ዶ፡ ኣይፋሉን።

ብተወሳኺ፡ እቲ ‘ሓንሳእ’ ዝብል ኣብ ‘ሓንሳእ ድሒንካ፡ ኩሉ ሳዕ ድሒንካ’ ዘሎ ቃል፡ ኣዝዩ ሓደገኛን ኣብ ምልክት ሕቶ ክኣቱ ዘለዎ ቃልን እዩ። እዚ ቃል፡ ምድሓን፡ ኣብ ክንዲ ከም ዝጀመረ፡ ከም ዝተፈጸመ ጌርካ ክትርእዮ ዝገብር ኣደናጋሪ ቃል እዩ። ከም ሓቂ፡ እታ ‘ሓንሳእ ድሒንካ’ ትብል ቃል ሓቂ ትኾነሉ ግዜ፡ ጎይታና የሱስ ናብ ምድሪ ምስ ተመልሰ ጥራይ እዩ። ሽዑ ጥራይ እዩ፡ እቲ ‘ኩሉ ሳዕ ድሒንካ’ ዝብል ቃል፡ ከምቲ ‘ሓንሳእ ድሒንካ’ ዝብል ቃል ግቡእ ዝኸውን።

ቀጺልና ክንሓቶ ዘለና ኣገዳሲ ሕቶ፡ ‘ምድሓን፡ ሓንሳእ ምስ ጀመረ፡ ኣብ መፈጸምትኡ ክሳዕ ዝበጽሕ ናይ ግድን ዝቕጽል መስርሕ ድዩ፧’ ዝብል እዩ። መስርሕ ምድሓን፡ ምስ ጀመረ፡ ናይ ግድን ክፍጸም ዘለዎ መስርሕ ድዩ፧ ወይስ፡ ክቋረጽ ይኽእል’ዶ፧ እዚ፡ ማለት፡ መስርሕ ምድሓን፡ ከምቲ ካብ ማሽን ዝትፋእ ዉዱእ ፍርያት ድዩ፡ ወይስ ከምቲ፡ መታን ከይፈርስ፡ ብወገን ሰብኣይን ሰበይትን፡ ወይ ብወገን ሓዲኦም፡ ኩሉ ሳዕ ብንጥፈት ምስራሕን ምክንኻንን ዘድልዮ ሓዳር (መርዓ) እዩ፧

እዞም ሕቶታት፡ መጽሓፍ ቅዱስ ብዕምቆት ብምምርማር ክምለሱ ዘለዎም እዮም። ብዛዕባ ምድሓን ዘለና ኣረዳድኣ፡ ነቲ ‘ሓንሳእ ድሒንካ፡ ኩሉ ሳዕ ድሒንካ’ ዝብል ሓሳብ ብኸመይ ንርድኦ ወሳኒ እዩ። ብዛዕባ እምነት ዘለና ርድኢት ውን ከምኡ።

እምነት

መጽሓፍ ቅዱስ ከም ዝብሎ፡ ብእምነት ዘይኮነና፡ ብጸጋ ብእምነት *(by grace through faith)* ኢና ድሒንና። ነቲ ናይ ምድሓንና ጸጋ ግን፡ ንክርስቶስ ብምእማን ኢና ንቕበሎ። ኣብ ክርስቶስ ብምእማንና፡ ንጽድቂ ኮይኑ፡ ይቑጸረልና። በዚ ድማ እዩ፡ መጽሓፍ ቅዱስ ብእምነት ጸዲቕኩም፡ (ማለት፡ ኣብ ቅድሚ እቲ ፈራዲ ኣምላኽ፡ ንጹሃት ተባሂልኩም ኢኹም) ዝብለና።

ሓደ እኳ ኸይምካሕሲ፡ ካብ ግብሪ ኣይኰነን እሞ፡ ***ብእምነት፡ ብጸጋ ኢኹም፡ ዝደሓንኩም፡*** *እዚ ኸኣ፡ ውህበት ኣምላኽ እዩ እምበር፡ ካባኻትኩም፡ ኣይኰነን። ኤፌ.2:8*
by grace *you have been* ***saved through faith****. Eph.2:8*

ካብ ኣብራሃም ኣትሒዙ፡ ኣምላኽ ንጽድቂ ዝቖጽሮ፡ ኣብ እግዚኣብሄር ምእማን እምበር፡ ጽቡቕ ግብሪ ኣይኮነን።

ብእግዚኣብሄር ከኣ፡ ኣመነ፣ ንሱ ድማ፡ ንጽድቂ ቈጸረሉ። ዘፍ.15:6
ነቲ፡ በቲ ንሓጥእ ዜጽድቕ ዚኣምን እምበር፡ ዘይገብር ግና፡ እታ እምነቱ፡ ንጽድቂ፡ ትቝጸረሉ እያ። ሮሜ.4:5

እምነት ግን እንታይ እዩ፣ እምነት፡ ምስ ፍቓድ፡ ምስ ግብሪ፡ ዝተሓሓዘ ድዩ፣ ወይስ ብሓሳብካ እትሓስቦ፡ ወይ ኣብ ልብኻ ዝሰምዓካ፡ ወይ ብኣፍካ እትዛረቦ ነገር እዩ፣ እምነት፡ ምስ ፍቓድ፡ ምስ ግብሪ ዝተተሓሓዘ እዩ። እቶም ኣብ እብራውያን 11 ንረኽቦም ኲሎም፡ እምነቶም ብግብሮም ዘርኣዩ፡ ብእምነት፡ ነቲ እግዚኣብሄር ዝበሎም፡ ጌሮም ዝሓለፉ እዮም።

ብእምነት፥

1. **ኖህ፡** መርከብ ሰሪሑ
2. **ኣብራሃም፡** ዓዱ ገዲፉ፡ ናብቲ ኣምላኽ ዝበሎ ወጺኡ
3. **እያሱ፡** ኣብ ዙርያ ያሪኮ ኰሊሉ
4. **ራሃብ፡** ንሰለይቲ እስራኤል ኣዕቍባ

እዚኣቶም ኲሎም፡ ኣብ ኣምላኽ ብምእማን፡ ነቲ ኣምላኽ ዝበሎም ጌሮም። ስለ'ዚ፡ እምነት ምስ፡ ትውክልትኻ ኣብ'ቲ እትኣምኖ ምግባርን፡ ነቲ እትኣምኖ *(to what you have put your trust on)* ድማ ምእዛዝን፡ ዝተሓሓዘ እዩ። ስለዚ፡ እምነት ብኣፍካ ትእውጆ ዘይኮነ፡ ኣብ ህይወትካ ብግብሪ ዝርአ እዩ።
ይኹን እምበር፡ ኣብ መብዛሕትኡ ትምህርትታት ከም እንሰምዖ፥ እምነት፡ ኣብ ክንዲ ከም ግብራዊት ናይ ህይወት ልምምድ፡ ከም ብኣፍካ ትእውጆ፡ እዩ ዝሰበኽ። ግናኸ፡ ከም'ቲ ያእቆብ ዝበሎ፣ እምነት፡ ህያውን ብግብሪ እትግለጽን እያ።

ግናኸ፣ ሓደ ሰብ ግዳ፡ ንስኻ፡ እምነት ኣላትካ፡ ኣነ ኸኣ፡ ግብሪ ኣሎኒ፡

ይብል ይኸውን። እምብኣርሲ፡ እምነትካ ብዘይ ግብሪ፡ ኣርእየኒ፡ ***ኣነ'ውን፡ ብግብረይ ገይረ እምነተይ ከርእየካ እየ።*** *ያእ.2:18*

ናይ ኣፍ ዘረባ፡ ንልምዲ ህይወት ምስ ተክኡ፡ ነታ ተድሕን እምነት፡ ከም ሓንሳእ ትግበር ቅጽበታዊት ውሳኔ ጌርካ ክትርእያ ቀሊል እዩ ዝኸውን። ሎሚ፡ ናይ ምድሓን ጸሎት ዝበሃል 'ንየሱስ፡ ከም ናይ ግሊ መድሓኒኻ ከም እትኣምኖ ጥራሕ፡ ብኣፍካ ተዛረብ' ዝብል እዩ። ገለ ካብቶም ኣኽረርቲ ሰዓብቲ 'ሓንሳእ ድሒንካ፡ ኩሉ ሳዕ ድሒንካ' ከም ዝብልዎ፡ 'እታ ናይ ሓንቲ ደቒቕ ናይ እምነት ጸሎት፥ ንናይ ዘለኣለም ምድሓንካ ተውሕስ'። እዚ፡ ነቶም ነታ ጸሎት ምስ ጸለዩ ብቕጽበት ዝሞቱ ሰባት ኣመልኪትካ ክበሃል ዝከኣል እኳ እንተኾነ፡ (እቲ ኣብ ጎኒ ክርስቶስ ተሰቒሉ ዝነበረ ሰራቒ፡ ከም ኣብነት ክንወስዶ ንኽእል)፡ ብዛዕባ እቶም ብህይወት ዝነብሩ ግና ሓቂ ድዩ፧ እቶም ዝሞቱ፡ እምነቶም ክለማመድዎ ኣይክእሉን እዮም፡ እቶም ዝነብሩ ግና ናይ ግድን ኣብ እምነት ክነብሩን፡ ብምልምማድ እምነት ድማ ኣብ ህይወቶም ፍረ እምነት ክፈርዩን ተኣዚዞም እዮም።

ኣብ ሓድሽ ኪዳን፡ እምነት፡ ልክዕ ከም ምድሓን፣ ቀጻሊ ልምምድ እምበር፣ ቅጽበታዊ፡ ወይ ሓንሳእ ዝፍጸም፡ ኣይኮነን። እታ ናይ ሓቂ እምነት፡ ዝመጸ ይምጻእ፡ ዘጋጠመ የጋጥም፡ ትውክልታ ኣብቲ ዝኣመነቶ እግዚኣብሄር እንዳገበረት፡ ቀጻሊ ብምእዛዝ እትገብር እያ። እምነት ቀጻሊ ከም ዝኾነት ቃል ኣምላኽ ይነግረና።

ኣብ መጽሓፍ ቅዱስ፡ እምነት ዝብል ቃል ከም ሰምን ግሰን ተገሊጹ ኢና ንረኽቦ። እቲ ከም ሰም ተገሊጹ ዘሎ 'እምነት' ዝብል ቃል ግሪኽን እብራይስጥን፡ 'እሙንነት' ወይ 'እሙን ምኳን' ምስ ዝብል ቃል ሓደ እዩ። ብእምነት ምሉእ ምኳን ማለት፡ እሙን ምኳን ማለት እዩ። እዚ ክልተ ትርጉም እምነት (እምነትን፡ እሙንነትን) ኣብ ክልቲኡ ኪዳናት መጽሓፍ ቅዱስ ንረኽቦ ኣገዳሲ ሓሳብ እዩ።

ኣብ ብሉይ ኪዳን፡ እምነት ከም ሰም፡ ሰለስተ ግዜ ጥራይ ተጠቒሱ ንረኽቦ። ቀዳማይ፡ ን ብመርዓ እተጸምዱ፡ ኣብ ንሓድሕዶም እሙናት ኮይኖም ዝነብሩ ሰብኣይን ሰበይትን ይገልጽ። እቲ ካልኣይ፡ ኣሮንን ሁርን፡ ንኢድ ሙሴ ኣብ ጸሎት ብእምነት ክትጸንዕ ከም ዝደገፉ ንምግላጽ ይጥቀመሉ፡፡፡ እዛ ናይ እምነት (እሙንነት) ጸሎት፡ ኣብቲ ውግእ ከም ዝዕወቱ ጌራ።

ኣእዳው ኸኣ ጸሓይ ክሳዕ እትዓርብ ***ጸንዓ*** *(እሙናህ ዝብል ናይ እብራይስጢ ቃል ማለት፡ ምጽናዕ፡ እሙንነት ማለት እዩ) ። ዘጽ 17.12*

እቲ ሳልሳይን ቀንድን ኣብነት ኣብ ትንቢት ኣንባቆም 2.4 ዘሎ፡ ብሰለስተ ጸሓፍቲ ኣብ ሓድሽ ኪዳን ተደጊሙ ንረኽቦ፡ ‘ጻድቕ ብእምነት ይነብር’ ዝብል ቃል እዩ። እዚ ቃል፡ ንኣንባቆም፡ ኣብ ከመይ ኩነታት እንከሎ እዩ ተዋሂብዎ፣ ድሕረ ባይታ ናይቲ ጽሑፍ ከም ዝነግረና፡ ነብይ ኣንባቆም፡ በቲ እግዚኣብሄር ዝገለጸሉ፡ እግዚኣብሄር ንህዝቢ የሩሳሌም ብሰንኪ ሓጢኣቶም ኣብ ኢድ ባቢሎናውያን ከም ዘውድቖም፡ ተጨኒቑ ኣብ ዝነበረሉ እዋን እዩ። እቲ ባቢሎናውያን ኣብታ ምድሪ ሰብ ክሳዕ ክነብር ዘይክእል ዝገብርዎ ዕንወት ዘኪሩ፡ ኣምላኽ፡ ነቲ ጻድቕ ምስቲ ሓጥእ፡ ነቲ ንጹህ ምስቲ ገበነኛ ክሕረድ ከመይ ኢሉ ሰቕ ኢሉ ክርኢ ይኽእል፡ ኢሉ ኣብ ዝሓተሉ ዝነበረ እዋን፡ እግዚኣብሄር ‘ጻድቕ ብእምነት ይነብር’ ብምባል ኣህዲእዎ። እዚ እግዚኣብሄር ዝተዛረቦ ቃል፡ እቶም ኣብ ጽድቂ ዝነብሩ ዘለዉ፡ ካብቲ ዝመጽእ ፍርዲ፡ እምነቶም ብምሕላው፡ ክድሕኑ እዮም፡ ማለት እዩ።

እቲ ‘ብእምነት’ ዝብል፡ ክሳዕ መወዳእታ እሙን ምኳን፡ ተባሂሉ ዝትርጎም ቃል፡ ንሱ እዩ እቲ ኣብ ሓድሽ ኪዳን ተጠቒሱ ንረኽቦ። ጳውሎስ፡ ኣብ መልእኽቱ ንሰብ ሮሜ፡ ወንጌል፡ ንኹሎም ሰባት ‘ብእምነት፡ ካብ እምነት ናብ እምነት’፡ ዝወሃብ ኣምላኻዊ ጽድቂ ምኳኑ፡ ነዚ ኣብ ትንቢት ኣንባቆም 2.4 ዘሎ ብምድጋም ንጹር ይገብር።

> *ጻድቕ ግና፡ ብእምነቱ፡* ***ይነብር።*** *ኣን.2:4*
> *ከም’ቲ ጽሑፍ፡ ጻድቕ ግና፡ ብእምነት ይነብር፡ ዚብል፣ እቲ ጽድቂ ኣምላኽ፡* ***ካብ እምነት ናብ እምነት፡*** *(ብእምነት ካብ መጀመርታ ክሳዕ መፈጸምታ፡* ***By faith from first to last*** *– NIV) ብእኡ፡ ይገሃድ እዩ። ሮሜ.1:17*

ብተመሳሳሊ፡ ኣብ እብራውያን 10.38 ‘ጻድቕ ግና፡ ብእምነት እዩ ዚነብር፣ ንድሕሪት እንተ ተመልሰ ድማ፡ ነፍሰይ፡ ብእኡ፡ ባህ ኣይብላን እዩ፡’ ይብል። እዚ ጸሓፊ እብራውያን፡ ነቲ ዝመጸ መከራ ይምጻእ፡ ክሳዕ መወዳእታ ብእምነት ምዕጋስ ዝብል መልእኽቲ ኣንባቆም፡ በቲ፡ ‘ንድሕሪት (ከምታ ጋንጽላኣ ዘወረደት መርከብ ብማዕበል ንድሕሪት ትድፋእ) እንተተመልሰ፡ ነፍሰይ ብእኡ ባህ ኣይብላን’፡ ዝብል ቃል ኣብሪህዎ ንረኽቦ። እቲ ዝኾነ እንተኾነ፡ ንቕድሚት ጥራሕ ምድፋእ፡ ዝብል መልእኽቲ ናይ ኣንባቆም ኣብዚ ውን እንደገና ተገሊጹ ንረኽቦ።

ኣብ ሓድሽ ኪዳን፡ ‘ጲስቲስ’ ዝበሃል ንእምነት ዝገልጽ ናይ ግሪኽ ቃል፡ ከም ውህበትን ፍረ መንፈስ ቅዱስን ስለ ዝጥቀስ፡ እምነት ድዩ ወይ እሙንነት

ዝትርጎም ንምፍላጥ ኣጸጋሚ ክኾውን ይኽእል እዩ።

> *ንሓደ ግና **እምነት** በቲ ሓደ መንፈስ፡ ንሓደ ድማ በቲ ሓደ መንፈስ ናይ ምፍዋስ ውህበት ይውሃቦ፡ 1 ቆሮ 12.9*
> *እቲ ፍረ መንፈስ ግና ፍቕሪ፡ ሓጐስ፡ ዕርቂ፡ ዓቕሊ፡ ለውሃት፡ ሕያውነት፡ **እምነት፡** ህድኣት፡ ይእኽለኒ ምባል እዩ። ገላ 5.22*

እቲ ሰማዊ ቃል፡ ከምቲ ንግሲ ዘመልክት ቃል ብብዝሒ ተጠቒሱ ኣይንረኽቦን ኢና፡ ብፍላይ ኣብ መልእኽትታት ሃዋርያ ዮሃንስ። እቲ ግሳዊ ቃል፡ ኣብ ክንዲ ንባህሪ እምነት፡ ንንጥፈታት እምነት ዘጉልሕ እዩ። እቲ ዘገርም፡ እዚ ጺስቲስ ዝብል ቃል ግሪኽ፡ ንቐጻሊ ዝግበር ወይ ዝንገር ንጥፈት ከም ዝገልጽ ኮይኑ እዩ ተጸሒፉ ዘሎ። እዚ ጺስቲስ ዝብል ቃል ኣብ ገሊኡ ጥቕስታት ተገሊጽሉ ዘሎ መልክዕ፡ ብኣጠቃቕማ ቋንቃ ግሪኽ 'ኣኦሪስት ተንስ' ተባሂሉ ዝፍለጥ፡ ማለት፡ ን ኣብ ዝተወሰነ ግዜ ዝግበር ንጥፈት ዝገልጽ እዩ። ኣብ ብዙሓት ኣገደስቲ ክፍልታት መጽሓፍ ቅዱስ ድማ፡ ሕጂ ንዝግበር ንጥፈት (ማለት፡ ንህሉው ተግባር/*Present tense)* ዝገልጽ እዩ። ንኣብነት፡ ኣብ ክንዲ ዝኣመነ (ሕሉፍ ተግባር)፡ ዝኣምን (ህሉው ተግባር) ይብል። ኣብዛ መጽሓፍ፡ ነዚ ኣጠቃቕማ ቃል (ኣኦሪስት ተንስ) ብተደጋጋሚ ክንርእዮ ኢና።

እቲ ናይ ግሪኽ ንህሉው ተግባር ዘመልክት ዓይነት ግሲ፡ ንህልዉን ቀጻልን ተግባር ዝገልጽ ግሲ እዩ። እዚ ማለት፡ እቲ ህልዉ ተግባር *(Present)* ኣካል ወይ መቐጸልታ ናይቲ ቀጻሊ ዝግበር *(Continuous)* ንጥፈት እዩ። እዚ ግሪኻዊ ኣጠቃቕማ ቃል፡ ናብ እንግሊዘኛ ክትርጎም እንከሎ፡ 'is/are' (ኣሎ/ ኣላ/ኣለዉ/ኣለዋ) ይውሰኾ፡ እቲ ግሲ ድማ ብ 'ing' ውዳእ:::: ብተመሳሳሊ 'goes on' (እንዳገበር ይኸይድ) ዝብል ሓረግ፡ ምስ 'ing' ዝተወሰኾ ግሲ ኣላጊብካ ክትርጎም ይከኣል እዩ። ንኣብነት፡ በዚ ኣገባብ ኣተራጉማ፡ 'ንሱ የስተንፍስ' ወይ *'he breathes'* ዝብል ቃል ግሪኽ፡ 'የስተንፍስ ኣሎ' *('he is breathing')* ወይ 'እንዳስተንፈሰ ይቕጽል ኣሎ' *('he goes on breathing')* ወይ 'ምስትንፋስ ይቕጽል ኣሎ' *('he continues to breath')* ተባሂሉ ይትርጎም።

ኣብ ቋንቋ እንግሊዝ፡ እቲ ንህሉው ተግባር ዝገልጽ ቃል፡ ኣካል ናይ ቀጻሊ ዝግበር ተግባር ምዃኑ ዘይከርኢ ይኽእል እዩ። ንኣብነት፡ 'ንሱ ይስሕቕ' *(he laughs)* ዝብል ቃል፡ ዘየቋርጽ ሰሓቕ ድዩ ወይስ ሓንሳእ እዩ ሰሒቑ ዘነጽር ቃል ኣይኮነን።

ኣብ ቋንቋ ግሪኽ፡ ምስ ኣሉታዊ ቃል ተሓዊሱ ዝበሃል ቃል፡ ትገብሮ ዝነበርካ

ንኸተቋርጽ ዝወሃብ ትእዛዝ የመልክት። ንኣብነት፡ የሱስ ኣብ ወንጌል ዮሃንስ 20.17 *'touch me not'* ወይ 'ኣይትተንክይኒ' ዝበላ፡ ብዙሓት፡ እቲ ዝተንሰአ ስጋ የሱስ ዘይትንከ ከም ዝነበረ ዘርኢ እዩ ክብሉ ብጌጋ ይርድእዎ እዮም። ዝደሓሩ ትርጉማት መጽሓፍ ቅዱስ፡ እቲ የሱስ 'ኣይትተንክይኒ' ዝበሎ ቃል፡ 'ምትንካይ ኣቋርጺ፡ ወይ ጥብቕ ካብ ምባል ኣቋርጺ' *('stop clinging to me')*፡ ማለት ምዃኑ ብምንጻር ነቲ ትኽክል ትርጉም ኣንጸባሪቖሞ ኣለዉ።

ነዚ ኣብ ላዕሊ ገሊጽናዮ ዘለና ኣገባብ ኣተረጋጉማ ቋንቋ ግሪኽ፡ ነዚን ዝሰዕባ ግኑናት ጥቕስታት ወንጌል ዮሃንስ ከም ብሓድሽ ንምርዳእ ንጠቐመለን። ንኣብነት፡ ኣብ መወዳእታ ወንጌል ዮሃንስ፡ ዮሃንስ፡ ብዛዕባ ምኽንያት መጽሓፊኡ ንገለ ካብ ትእምርታት የሱስ፡ ኣመልኪቱ ዝበሎ ንርአ።

> *ግናኸ የሱስ፡ ንሱ ክርስቶስ ወዲ ኣምላኽ ምዃኑ ምእንቲ ኽትኣምኑ* ***(ማለት፡ 'እንዳኣመንኩም ክትነብሩ'፡ ወይ 'ኣብ እምነት ክትቅጽሉ')****፡ ኣሚንኩምውን (ማለት፡* ***'ኣብ እምነት ብምቕጻል')*** *ብሰሙ ህይወት ኽትረኽቡ (ማለት፡* ***'ህይወት ዘለዎም ክትኮኑ' ወይ 'ህይወት እንዳሃለወኩም ክትቅጽሉ')*** *እዩ እዚ እተጻሕፈ።*
>
> *'These are written that you may believe [that is, '**may go on believing'** or '**may continue to believe'**] that Jesus is the Christ, the Son of God, and that by believing [that is, **'by going on believing'**] you may have [that is, **'be having' or 'go on having'**] life in his name' (John 20:31).*

እዚ ማለት፡ ዮሃንስ ወንጌሉ ንኣመንቲ እምበር ንዘይኣመንቲ ኣይኮነን ጽሒፍዎ። ዕላማ መጽሓፊኡ፡ ኣመንቲ ኣብ እምነቶም ክቕጽሉ ደኣ እምበር፡ ዘይኣመንቲ ንኽኣምኑ ኣይኮነን። ስለዚ፡ ወንጌል ዮሃንስ ከም መሰበኺ ወንጌል (ንዓለማውያን ዝወሃብ ትራክት) ክትጥቀመሉ ምቹእ ኣይኮነን (ሽሕ'ኳ ብልምዲ ንጥቀመሉ እንተኾና) ። ዝኾነ ንመእተዊ ወንጌል ዮሃንስ (ወን ዮሃንስ 1.1-18) ብዕምቖት ዘንበበ ሰብ ነዚ ዝብሎ ዘለኹ ክርዳእ ኣይጽግሞን እዩ። እዚ እንዳኾነ ደኣ፡ ሰለምንታይ፡ ንዘይኣመንቲ፡ ወንጌል ዮሃንስ ከንብቡ ንነግሮም፡ ምናልባት፡ ክሳዕ ምዕራፍ ሰለስተ ክበጽሑ እሞ፡ ኣብኡ ብዛዕባ ዳግም ምውላድ ከንብቡ መታን'ዶ ይኸውን፡ 'ዳግም ምውላድ' ዝብል ቃል ወይ ሓሳብ ግን ኣብ ናይ ሃዋርያት ወንጌል ፍጹም ኣይንረኽቦን ኢና!

እቲ ኣብ ወንጌል ዮሃንስ 3:16 ዘሎ፡ ኩልና እንፈልጦን ዘጽናዕናዮን ጽሑፍ፡ በቲ ኣቐዲምና ገሊጽናዮ ዘለና ሕጊ ቋንቋ ግሪኽ ዳግማይ ክንርድኦ

ምስ እንፍትን፡ ትርጉሙ፡ ካብቲ ብዙሓት ሰባት ዘለዋም ርድኢት ዝተፈልየ ኮይኑ ኢና ንረኽቦ። ብመጀመርታ፡ ኣብ ክንዲ 'ኣምላኽ በቲ ሓደ ወዱ ዝኣምን'፡ 'ኣምላኽ በቲ ሓደ ወዱ ዝኣመነ' ኢልና ኢና ነንብቦ (ኣብቲ ናይ ትግርኛ መጽሓፍ ቅዱስ ውን ብጌጋ 'ዝኣመነ' ብምባል ተተርጒሙ ኣሎ) ። ኣብ እንግሊዘኛ፡ *'For God so loved the world, that he gave his one and only Son, that whoever* **believes** (ዝኣምን/ ህሉው ግሲ) *in him should not perish but have eternal life.' John 3:16* እዩ ዝብል። ሰለዚ፣ **ዝኣምን** እምበር፡ **ዝኣመነ፡** ኣይኮነን ዝብል።

ኣምላኽ፡ በቲ ሓደ ወዱ ዝኣምን (ሕጂ ዝኣምን ዘሎ: is believing now: goes on believing: ኣብ እምነት ዝቕጽል)፡ ኹሉ ናይ ዘለኣለም ህይወት ምእንቲ ኺረክብ (ሕጂ ክህልዎ፡ እንዳሃለዎ ክቕጽል (is having now, goes on having) እምበር፡ ከይጠፍእሲ፡ ንወዱ በጃ ኽሳዕ ዚህብ፡ ክሳዕ ክንድዚ ንዓለም ኣፍቀራ።

ዮሃንስ፡ 'ብእኡ ዝኣምን ህይወት ኣለዎ' ምባሉ'፡ ልክዕ፡ 'ኩሉ ዘስተንፍስ ዘበለ ህይወት ኣለዎ' ከም ምባል እዩ። ኩልና ብቐሊሉ ከም ንርድኦ፡ ከምቲ ኩሉ ምስትንፋስ ዝቕጽል ዘበለ ዝነብር፡ ብእኡ ኣብ እምነት ዝቕጽል ድማ ብህይወት ክነብር እዩ።

ሰለ'ዚ፣ እምነት፡ ሓንቲ ሰጉምቲ ዘይኮነት፡ ናይ ህይወት ጉዕዞ እያ። ብእምነት ምጅማርና ዘይኮነ፣ ብእምነት ምውዳእና እዩ፡ ናብ'ቲ ተዳልዩልና ዘሎ ክብሪ ዘእትወና። ናብ እብራውያን 11 ምስ እንምለስ፡ ሕመረት እምነት፡ ናይቶም ናይ እምነት ኣቦታት፡ ትዕግስቲ እያ። ኩሎም እዞም ናይ እምነት ኣቦታት፡ 'እናተኣመኑ፡ ብእምነት' እዮም ሞይቶም (ሓንቲ ካብተን ኣዝየን ዝምሰጣኒ ጥቕስታት ቃል ኣምላኽ) ።

እዚኦም ኩላቶም ነተን ተሰፋታት ኣይረኸብወንን፣ ግናኸ፣ ካብ ርሑቕ ርእዮም፡ ተሳለምወን እም፡ ኣብ'ዛ ምድሪ እዚኣ፡ ኣጋይሸን ሰደተኛታትን ምዃኖም እናተኣመኑ፡ ***ብእምነት ሞቱ።*** *እብ.11:13*

ኣገዳሰነት ናይዚ ኣብ ላዕሊ ርኢናዮ ዘለና ሓሳብ፡ ነቲ 'ሓንሳእ ድሒንካ፡ ኩሉ ሳዕ ድሒንካ' ዝብል ርድኢት ንጹር እዩ። ምድሓን፡ ብምስባር ናይ እምነት መርከብ ክጠፍእ ይኽእል'ዶ፧ ኣብ እምነት እንተዘይቀጺለ፡ ወይ እንዳኣመንኩ እንተዘይከይደ፡ ኣብ ምድሓን ክቕጽል፡ ወይ እናደሓንኩ ክቕጽል ይኽእል'ዶ፧

ጸድቕ፡ ብእምነት ዝነብር እንተኾይኑ፡ እምነቱ እንተ ሞይታ'ኸ እንታይ ይኸውን፧

ነዚ ሕቶታት ንሕጂ ኣወንዚፍና፡ ናብ ካልእ ተዛማዲ ኣርእስቲ፡ ማለት፡ ሕድገት ሓጢኣት፡ ዝብል፡ ክንሰግር ኢና።

ሕድገት ሓጢኣት

ቅድሚ ሒደት ዓመታት፡ ወከልቲ ናይ ኩለን እተን ቀንዲ ሃይማኖታት ዓለም፡ ኣብ ህንዲ፡ ኣብ መንጎ-ሃይማኖታት ዝግበር ዘተ ንምስታፍ ተኣኪቦም ኔሮም። ኣብቲ ኣኼባ፡ ነፍሲ ወከፍ ወካሊ ሃይማኖት፡ ንሃይማኖቱ ካብ ካልኦት ሃይማኖታት ፍሉይ ዝገብር ክጠቅስ ሕቶ ቀረበሉ። ሓደ ንእምነት ክርስትና ወኪሉ ዝኸደ፡ 'ሕድገት ሓጢኣት'፡ ክብል መሊሱ። ከምኡ ምስ በለ፡ ኩሎም ተሳተፍቲ እቲ ኣኼባ ጸጥ በሉ። ካብ ኩሎም ተሳተፍቲ፡ ሓደ እኳ ነቲ መልሱ ክደግሞ ዝኽኣለ ድማ ኣይነበረን።

ሕድገት ሓጢኣት ካብቶም ኣዝዮም ዘገርሙ ነገራት እዩ። እቲ እንኮ ሕድገት ሓጢኣት ክገብር ዝኽእል ኣምላኽ እዩ። የሱስ፡ ሓጢኣት ክሓድግ ከም ዝኽእል ምስ ተዛረበ፡ ከም ንኣቦ ዝጸረፈ እዩ ተቖጺሩ። የሱስ፡ ኣምላኽ እንተዘይነብር፡ ብርግጽ ጸርፊ ምኾነ።

> *የሱስ ድማ እምነቶም ርእዩ፡ ነቲ መጻጉዕ፡ ወደይ፡ ሓጢኣትካ ተሓዲጉልካ፡ በሎ። ሓያሎ ኻብ ጸሓፍቲ ኣብኡ ተቐሚጦም ነበሩ፡ ብልቦም ድማ፡ ሰለምንታይ እዚ ኸምዚ ዝበለ ጸርፊ ይዛረብ አሎ፧ ብዘይ ሓደ ኣምላኽከ መን እዩ ሓጢኣት ኪሐድግ ዚኽእል፧ ኢሎም ሐሰቡ። ማርቆስ 2.7*

ሕድገት ሓጢኣት ሕሱር ኣይኮነን፡ ቀሊል ውን ኣይኮነን። ዋጋን ክብደትን ሕድገት ሓጢኣት፡ በቲ ሕድገት ሓጢኣት ዝገብር ኣምላኽ እምበር፡ በቲ ዕዳ ሓጢኣቱ ዝኸፈለሉን፡ ሓጢኣቱ ዝሕደገሉን ኣይኮነን ዝኽፈል። ነፍሲ ወከፍ ግብሪ መለኮታዊ ሕድገት ሓጢኣት፡ ኣብ ደም የሱስ ዝተጻሕፈት እያ። ሕድገት ሓጢኣት፡ንክርስቶስ ብዙሕ ዋጋ ሰለ ዘኽፈሎ፡ ንዓና ወልሓንቲ ዋጋ ኣየኽፍለናን እዩ።

ሰለዚ፡ ሕድገት ሓጢኣት ነጻ ህያብ ካብ ኣምላኽ እዩ። እዚ ማለት ግና፡ ሕድገት ሓጢኣት ንኽንቅበል ክንገብሮ ዘለና ነገር የለን ማለት ኣይኮነን። ሕድገት ሓጢኣት ካብ ኣምላኽ ንኽንረክብ፡ እንተወሓደ፣ ክንሓትትን፡ ክንቅበልን፡ የድልየና።

ብዛዕባ ሕድገት ሓጢኣት፡ ክልተ ዓበይቲ ግጉያት ርድኢታት ኣለዋ። ንሳተን

ድማ፡ ሕድገት ሓጢኣት ገደብን ቅድመ-ኩነትን ዘይብሉ እዩ ዝብላ እየን።

ሕድገት ሓጢኣት፡ ገደብ ከም ዘለዎ ዘርእያ፡ ብብዙሓት ሸለል ዝበሃላ፡ ሰለስተ ነጥብታት ኣለዋ።

ሕድገት ሓጢኣት ንመቕጻዕቲ/ዓሰቢ ሓጢኣት እምበር፡ ንሳዕቤናት ሓጢኣት ኣይኮነን

ሕድገት ሓጢኣት፡ ነቲ ብሓጢኣት ዝርከብ ዓሰቢ ሓጢኣት ደኣ እምበር፡ ንሳዕቤናት ሓጢኣት ዝምልከት ኣይኮነን። ይኹን እምበር፡ ንብዙሓት ሰባት ዘሻቕሎም፡ ዓሰቢ ሓጢኣት እምበር፡ ሳዕቤናት ሓጢኣት ኣይኮነን። ንኣብነት፡ ንቃኤልን ኤሳውን ካብ መጽሓፍ ቅዱስ ንርአ (ዘፍ 4.14፡ እብ 12.17) ። ኤሳውን ቃኤልን፡ ብሳዕቤን ሓጢኣቶም ክጉህዩ ከለዉ ንርእዮም። በቲ ንኣምላኽ ሰለ ዘጉሃዩ ዝመጽእ ምፍላይ ካብ ኣምላኽ (ዓሰቢ ሓጢኣት) ግና ክጉህዩ ኣይርከቡን።

> *እንሆ፡ ሎሚ ኻብ ገጽ ምድሪ ትሰጕኒ አሎኻ፡ ኣነ ድማ ኻብ ገጽካ ኽሕባእ እየ፡ ኣብ ምድሪ ኰብላልን ቀባሕባሓይን ክኸውን እየ። ክኸውን ከኣ እዩ፡ ዚረኽበኒ ዘበለ ኹሉ ኪቕትለኒ እዩ። ዘፍ 4.14*

> *ከምቲ ንሓደ ብልዒ ብኹርናኡ ዝሸጠ ኤሳው፡ ሓደ እኳ ኣመንዝራ ወይስ ርኹስ ከይከውን፡ ተጠንቀቑ። ንሱውን ጸኒሑ እኳ በረኸት ኪወርስ እንተ ደለየ፡ ብንብዓት እናደለያ ኽነሱስ፡ ንንሰሓ ሰፍራ ኣይረኸበን እሞ፡ ከም እተደርበየ፡ ትፈልጡ ኢኹም። እብ 12.16-17*

ኣብ መንጎ ዓሰቢ ሓጢኣትን፡ ሳዕቤን ሓጢኣትን ዘሎ ፍልልይ ንምርዳእ ነዚ ዝስዕብ ኣብነት ንመልከት።ሓደ ሰራቒ፡ ማኪና ሰሪቑ እንዳሃደመ ይጋጮ እሞ፡ ብሰንኩ ድማ የማነይቲ ኢዱ ይስእን። እዚ ምስኣን የማናይ ኢዱ ሳዕቤን ናይቲ ዝገበሮ ሓጢኣት እዩ። ክሰርቕ ክብል፡ ብፖሊስ ምስ ዝተሓዝ፡ እሞ፡ ኣብ ቤት ፍርዲ ቀሪቡ ክእሰር ምስ ዝፍረድ፣ እዚ መቕጻዕቲ ወይ ዓሰቢ ናይቲ ዝገበሮ እዩ። ዓሰቢ ሓጢኣት፡ ምፍላይ *(alienation)* ካብ ኣምላኽ እዩ። ሳዕቤናት ሓጢኣት ድማ፡ ዝተጎድአ ጥዕና፡ ዝተበላሸወ ሓዳር፡ ዝተባላሸወ ርክብ ምስ ካልኦት ሰባት፣ ዝፈረሰ ሓዳር፣ ዝባኸነ ዕድመ፣ ዝጠፍአ ገንዘብ/ሃብቲ፡ ሞት ሰጋን፡ ከምኡ ዝኣመሰለ ካልእን ክኸውን ይኽእል።

እቲ ጥፉእ ወዲ ናብ ፍቕሪ ቤት ኣቦኡ ክምለስ እኳ እንተኸኣለ፡ ገንዘቡ ግና ኣይተመልሰሉን። ሓጢኣትና ወላ ይተሓደገልና፡ ሳዕቤናት ሓጢኣት ግን

ክቕጽሉ ይኽእሉ እዮም። ሕድገት-ሓጢኣት (ወይ ምልዋጥ) ካብ ብጌጋ ዝኣተኻዮ መርዓ፡ ወይ ለቓሕ ገዛ ከገላግለካ ኣይክእልን እዩ። ንዋና ገዛኻ፡ ወይ ገዛ ኽትገዝእ ንዘለቀሓካ ባንክ፡ ዕዳይ ብክርስቶስ ተኸፊሉ እዩ ኢልካ ምንጋር ዝዓብስ የብሉን። ከምኡ ምባል ካብ፡ለቓሕካ ኣየገላግለካን እዩ። ኣብ መሰቀል ዝተኸፍለ ዕዳ፡ እቲ ኣምላኽ ዝእውደካ ዕዳ ሓጢኣት ጥራሕ እዩ። ይኹን እምበር፡ ሕድገት ሓጢኣት፡ ንኹሉ ሳዕቤናት ሓጢኣትካ፡ ሕጂ፡ ምስ ኣምላኽ ኰንካ ክትገጥሞ የኽእለካ። ምስ ኣምላኽ ኮይንካ፡ ዕዳ ይኽፈል፣ ዝተባላሸወ ሓዳር ይዕረ። ምስ ኣምላኽ ኰንካ፣ ኩሉ ክዕረ፡ ክስተኻኸል ዝኽእል ዘበለ፡ ይዕረ ወይ ይስተኻኸል እዩ። ካሕሳ *(restitution)* ማለት፡ ንኽዕረ ወይ ክእረም ዝኽእል ነገራት ምዕራይን ምእራምን፡ ብዛዕባ እቲ ክዕረ ወይ ክእረም ዘይክእል ድማ ምጉሃይን፡ ማለት እዩ። (ብዛዕባ ሳዕቤንን ዓሰብን ሓጢኣት ብዕምቆት ንምርዳእ፡ ኣብ 2ይ ሳሙኤል ናይ ዳዊት ታሪኽ ድሕሪ ምስ ባትሴባ ዝገበሮ ዝሙት ርአ፡ 2 ሳም. 12) ።

ሓደ ካብ ዝገርሙ ኣብነታት ናይ ፍልልይ ኣብ መንጎ ዓሰብን ሳዕቤንን ሓጢኣት ክጠቅስ። ኣብ ካልኣይ ኲናት ዓለም፡ ኣዝዩ ዘሰቅቕ ኢሰብኣዊ ዓመጽ ዝፈጸሙ ብዙሓት ካብ ገበነኛታት ናዚ፡ ኣብ ግዜ መርመራ ኑረምበርግ፡ ብኣገልገሎት ሓደ ፓድረ ጀሬክ ዝተባህለ፡ ጓሳ ናይ ሕብረት ቅዱሳን ሰራዊት ኣሜሪካ፡ ጎይታ ተቐቢሎም፡ ሕድገት ሓጢኣት ረኺቦም ምስ ኣምላኽ ተዓሪቖም፡ ናብ ክርስትና መጺኦም። ይኹን እምበር፡ ከም ሳዕቤን ናይቲ ዝፈጸምዎ ገበን ግን፡ ብሕጊ ንሞት ተፈሪዶም፡ ብማሕነቕቲ ክሞቱ ኔርዎም።

ሕድገት ሓጢኣት ብዛዕባ ሕሉፍ ሓጥያት እምበር፥ ብዛዕባ ዝመጽእ ሓጢኣት ኣይኮነን፣

ካብቲ ኣብ ዘመንና ገኒኑ ዘሎ ዝተደናገረ ትምህርቲ፣ ናብ ክርስቶስ መጺእና፡ ሕድገት ሓጢኣት ሓንሳእ ምስ ረኸብና፡ ብድሕሪኡ፡ ሓጢኣት ንመዝገብና ክጽይቕ ኣይክእልን እዩ፡ ዝብል እዩ። እዚ ግጉይ ትምህርቲ እዩ። ካብ ኣቐዲሙ ዝተገብረ ሓጢኣት ጥራሕ እዩ ሕድገት ሓጢኣት ክርከብ ዝከኣል። ስለ'ዚ ድማ እዩ፣ ከም ኣመንቲ ሰለ ሓጢኣትና ምንዛዝ ቀጻሊ ልምድና ክንገብሮ፡ መጽሓፍ ቅዱስ ዝነግረና (1 ዮሃ 1.9) ። ሓጢኣት፡ ብኣጋኡ ናብ ኣምላኽ እንተ ዘየቕሪብናዮ፡ ኣብ መንፈሳዊ ህይወትናን ሕብረትና ምስ ኣምላኽን ኣዕናዊ ማህሰይቲ ከምጽእ ይኽእል እዩ።

ሓጢኣትና እንተ ተናዘዝና፡ ንሓጢኣትና ይቕረ ኪብለልና፣ ካብ ኲሉ ዓመጻ'ውን፡ ኬንጽሃና፣ እሙንን፡ ጻድቕን፡ እዩ። 1ዮሃ.1:9

ሓጢኣት ኣብ ኣመንቲ፣ ካብ ሓጢኣት ኣብ ዘይኣመንቲ፡ ዝፈሊ የብሉን። እኳ ደኣ፡ ሓጢኣት ኣብ ኣመንቲ፡ ኣዝዩ ይኸብድ። ምኽንያቱ፡ ብዘፈለጥናዮን ብዝበርሃልናን መጠን፡ ስለ ንሕተት። እዚ ሓሳብ፡ በዚ ቀጺልና ንርእዮ ሳልሳይ ነጥቢ ዝራኅድ እዩ።

ሕድገት ሓጢኣት፡ ይቕረ ንኽበሃሎ ዝኽእል ሓጢኣት ጥራሕ እዩ፣

ብዛዕባ እቲ ይቕረ ዘይበሃሎ ሓጢኣት፡ ብዙሓት ኣፍልጦ ኣለዎም። እዚ፡ እቲ ኣብ ማቴዎስ 12 ዘሎ፡ ንሰራሕ መንፈስ ቅዱስ፡ ናይ ሰይጣን እዩ ብምባል ኣንጻር መንፈስ ቅዱስ ዝግበር ጸርፊ እዩ። እዚ ሓጢኣት፡ ብዘይኣመንቲ ጥራይ እዩ ዝግበር ዝብል፡ ኣብ መጽሓፍ ቅዱስ ኣይንረክብን ኢና። ብኣንጻሩ፡ እዚ ሓጢኣት፡ ኣብቶም ሰይጣን ከም ዘሎ ዝፈልጡ ሰባት፡ ክርከብ ዘለዎ ተኽእሎ ይዓቢ! ‘ኩሉ ብቋንቋ ምዝራብ ካብ ሰይጣን እዩ’ ምባል፡ ነዚ ይቕረ ዘይበሃሎ ሓጢኣት ዝቐረበ ክኸውን ይኽእል እዩ።

ግን፡ እቲ ይቕረ ዘይበሃሎ ሓጢኣት፡ እዚ ጥራሕ እዩ ኢልካ ምሕሳብ ዓቢ ጌጋ እዩ። ዝኾነ፡ ብዳግም ዝተወልዱ ሰባት ዝግበር፡ ሓጢኣት፡ ይቕረ ዘይበሃሎም ክኾኑ ይኽእሉ እዮም። ነዚ ንምርዳእ፡ ኣብ ዘሌዋውያን ምርኣይ የድልየና። ኣብ ዘሌዋውያን፡ ብዘይፍላጥ ወይ ብጌጋ ንዝግበር ሓጢኣት፡ ዝተፈላለየ ናይ ዕርቂ መስዋእቲ ክህልዎ ከሎ፣ ብፍታው ወይ ብላዕለዎት ኣእዳው ንዝግበር ሓጢኣት ዝቐርብ መስዋእቲ ግና፡ ኣይንረክብን ኢና። ዕርቂ፡ ን ፈቲኻ፡ ማለት ብላዕለዎት ኣእዳው፡ ንዝግበር ዘይምእዛዝን ዓመጽን ኣይወሃብን እዩ።

ኣብ እብራውያን ምዕራፍ 10:26-31፡ ኣብ ብሉይ ኪዳን ዝነበረ ስርዓት ኣብ ክንዲ ሓጢኣት ዝቐርብ መስዋእትን፡ እቲ ኣብኡ ዝተመርኮሰ ኪዳንን ከም ዝፈረሰ ክዛረብ ከሎ፣ ኣብ መንጎ ብላዕለዎት ኣእዳዉ (ብፍታው) ዝግበር ሓጢኣትን፣ ብዘይፍላጥ ዝግበር ሓጢኣትን፡ ዘሎ ፍልልይ ግን፡ ገና፡ ኣብ ሓድሽ ኪዳን’ውን፡ ከም ዝቕጽል እዩ ዝነግረና። ነዚ፡ ኣብ ምዕራፍ 3 ኣሰፊሕና ክንርእዮ ኢና።

> *ስለ’ዚ ኸኣ፡ ፍልጠት ሓቂ ምስ **ረኺብና፡ ፈቲና ሓጢኣት እንተ ገበርና፡** ዚስክሕ ምጽባይ ፍርድን፡ ነቶም ተጻረርቲ እትበልዕ ቅንኢ ሓውን፡ ኪኸውን እዩ እምበር፣ ደጊምሲ፣ ስለ ሓጢኣት ዚሰዋእ መስዋእቲ፡ የልቦን። እቲ፡ ንሕጊ ሙሴ ዘፍረሰ፣ ብቓል ክልተ ወይስ ሰለስተ ምስክር እዩ፡ ብዘይ ድንጋጽ ዚመውት። ንወዲ ኣምላኽ ዝረገጾ፣ ነቲ እተቐደሰሉ*

ደም ኪዳን ከኣ ዘርከሰ፡ ንመንፈስ ጸጋ'ውን ዝጸረፈ ግዳ፡ ኽንደይ ዝገደደ ቕጽዓት ዘይግብኦ፡ ይመስ ለኩም። ንሕናስ፣ ነቲ፡ ምፍዳይ ሕነ ናተይ እዩ፣ ኣነ፡ ሕነ ኽፈዲ እየ፡ ዝበለ፣ ደጊሙ ኸኣ፣ እግዚኣብሄር፡ ንህዝቡ ኺፈርዶ እዩ፡ ዝበለ፡ ንፈልጦ ኢና። ኣብ ኢድ ህያው ኣምላኽ ምውዳቕ፡ ዜሰክሕ እዩ። እብ.10:26-31

ብርሃን ድሕሪ ምርካብና፡ ፈቲና፡ ኣብ ናይ ሓጢኣት መንገዲ ምስ እንቕጽል፡ ብመስቀል ክርስቶስ ዳግም ዕርቂ ክንረክብ፡ ኣይከኣልን እዩ። እታ የሱስ ኣብ ወንጌል ዮሃንስ 8.11፡ 'ኪዲ፡ ደጊም ሓጢኣት ኣይትግበሪ'፡ ዝበላ ስበይቲ፡ ነቲ የሱስ ዝበላ ዕሸሸ ኢላ፡ ኣብ ሓጢኣታ እንተትነብር፡ የሱስ እንታይ ኮን ምበላ ይኸውን፧

ንምድምዳም፡ ብመሰረት እዘን ኣብ ላዕሊ ዝረኣናየን ስለስተ ነጥብታት፡ ሕድገት ሓጢኣት ንጹር ገደብ ከም ዘለዎ ርኢና ኣለና። እዘን ዝረኣናየን ነጥብታት፡ ነቲ 'ሓንሳእ ድሒንካ፡ ኩሉ ሳዕ ድሒንካ' ዝብል ሕቶ ዝህብኦ መልሲ ኣለወን። እዚ ጥራይ ግን ኣይኮነን። ብማዕረ ዝተላብዐ፡ ሕድገት ሓጢኣት ብዘይ ቅድመ ኩነት እዩ፡ ንኽንቅበሎ ድማ ብጀካ ምሕታት ካልእ ክንገብሮ ዘድልየና የለን ዝብል፡ ርድኢት ኣሎ።

ብዙሓት ሰባት ዝጋገይዎ፡ ኣብ መንጎ ሕድገት ሓጢኣት ንኽትረክብ ብቑዕ ኮይንካ ክትርከብን፡ ሕድገት ሓጢኣት ምቕባልን ዘሎ ፍልልይ ዘይምርድኦም እዩ። ሕድገት ሓጢኣት ንኽንረክብ ብቑዓት ንኽንከውን ክንገብሮ ንኽእል ወልሓንቲ የለን። ሕድገት ሓጢኣት ንምርካብ ብቕዓት ክህልወና ኣይክእልን እዩ። ሕድገት ሓጢኣት ዝግበኣና ክኸውን ኣይክእልን እዩ።

ሕድገት ሓጢኣት ንምቕባል ዘድልዩ ቅድመ ኩነታት የለዉን ምባል ግና መሰረታዊ ጌጋ እዩ። መጽሓፍ ቅዱስ ብንጹር ከም ዝብለና፡ ገሊኦም፡ ሕድገት ሓጢኣት ክቕበሉ ምሕታት ከይተረፈ ኣይከኣሎምን እዩ። ገሊኦም ድማ ሕድገት ሓጢኣት ምስ ተቐበሉ፡ ነቲ ዝረኸብዎ ሕድገት-ሓጢኣት ክዕቅብዎ ከም ዘይከኣሎም ይነግረና። እምበኣር፡ ሕድገት ሓጢኣት ንምቕባልን፡ ንምዕቃቡን እንታይ የድሊ ቀጺልና ክንርእዮ ኢና።

ቀዳማይ፡ ቅድሚ ሕድገት ሓጢኣት ምቕባል፡ ምንሳሕ የድሊ። ንስሓ ኣገዳሲ ቅድመ-ኩነት ናይ ሕድገት ሓጢኣት እዩ። ንስሓ፡ ናይ ጣዕሳን ጓሂን ስምዒት፡ ጥራይ ኣይኮነን። ንስሓ፡ ብዛዕባ ዝቐደመ ነገራት ኣብ ሓሳብካ ፍጹም ለውጢ ካብ ምህላው ዝመጽእ፡ ብዛዕባ እቶም ነገራት ብምንዛዝን፡ ንዝመጽእ ድማ ብምስትኽኻሎም ወይ ብምዕራዮምን ዝግለጽ እዩ። እዚ ሓሳብ ንስሓ፡ ኣብ መንጎ ሰባት ንዘሎ ዝምድና ውን ዝምልከት እዩ። ንሓውኻ፡

ኣብ መዓልቲ ሸውዓተ ግዜ ይቕረ ንኽትብል ድሉው ክትከውን ኣለካ። ኣገዳሲ ሓሳብ ናይቲንሓውኻ ይቕረ ክትብል ከም ዘለካ ዝብል ሓሳብ፡ ብብዙሓት ሰባት ድማ ዝተረስዐ፡ እቲ 'እንተ ተጣዕሰ' ዝብል ቅድመ-ኩነት እዩ።

> *ንርእሰኹም ተጠንቀቑ። ሓውካ እንተ በደለካ፡ ግንሖዮ፡* ***እንተ ተጣዕሰ፡ ሕደገሉ።*** *ሉቃ 17.3-4*

ስለዚ ድማ እዩ፡ ወንጌል ናይ ክርስቶስን ደቀ-መዛምርቱን፡ ኩሉ ግዜ፡ ብንስሓ ዝጅምር። ድሕሪ ንስሓ ጥራሕ እዩ፡ ጸውዒት ንክርስቶስ ምእማን ዝሰዕብ። ሕድገት ሓጢኣት ምስ ንስሓ ኣብ ቅድሚ ኣምላኽ ተተሓሒዙ እዩ ዝሰበኽ። ኣብ ሓድሽ ኪዳን፡ ንስሓ ምስ እምነት ኣብ ክርስቶስ ተተሓሒዙ ክሰበኽ ኣይንርእዮን ኢና።

> *ድሕሪ ማእሰርቲ ዮሃንስ ከኣ፡ የሱስ፡ ናብ ገሊላ መጸ እሞ፡ እቲ ዘመን ተፈጸመ፣ መንግስቲ ኣምላኽ ከኣ፡ ቀረበት፣* ***ተነሰሑ፣ ብወንጌል'ውን፡ እመኑ፣*** *እናበለ፡ ወንጌል መንግስቲ ኣምላኽ፡ ሰበኸ። ማር.1:15*
> *ብስሙ ኸኣ፡* ***ንስሓን፡ ሕድገት ሓጢኣትን፡*** *ካብ የሩሳሌም ጀሚሩ፡ ኣብ ኩሎም ኣህዛብ ኪሰበኽ፡ ጽሑፍ እዩ። ሉቃ.24:47*
> *እምበኣርሰኸ፣* ***ሓጢኣትኩም ምእንቲ ኺድምሰሰልኩም፡ ካብ ገጽ እግዚኣብሄር ከኣ፡ ዘመን ዕረፍቲ ምእንቲ ኺመጸልኩም፣*** *ነቲ ቕድም ንኣኻትኩም እተሓርየ ክርስቶስ ከኣ፡ ምእንቲ ኺሰደልኩምሲ፣* ***ተነሰሑን፡ ተመለሱን።*** *ግብ.3:19*
> *ዎ ንጉስ ኣግሪጳ፡ ምእትዚ ንንስሓ ዚግባእ ግብሪ እናገበሩ* ***ኺንስሑን፡ ናብ ኣምላኽ ኪምለሱን፡*** *ቅድም፡ ኣብ ደማስቆን ኣብ የሩሳሌምን፡ ደሓር ከኣ፡ ኣብ ኩላ ሃገር ይሁዳ ንዚነብሩን ነህዛብን፡ ብሰራት ኣበሰርኩ እምበር፡ ነቲ ሰማያዊ ራእይ ኣይኣቤኽዎን። ግብ.26:20*

ካልኣይ፡ ሓደ ሰብ ሕድገት ሓጢኣት ምስ ረኸበ፡ ንኻልኦት ክምሕር የድልዮ። ኣብ ሓደ ካብ ምስላታቱ፡ የሱስ ክርስቶስ፡ ምሕረት ተቐቢሉ ንኻልኦት ምሕረት ዘይገብር፡ ምሕረት ካብ ኣምላኽ ከም ዝሰእንን፡ ዝረኸቦ ምሕረት ድማ ከም ዝሰረዝን የጠንቅቕ (ማቴ 18:21-25) ። ንዝበደልዎም ምሕረት ዘይገብሩ ካብ ኣምላኽ ምሕረት ክቕበሉ ኣይከኣሉምን እዩ። ምሕረት ካብኻ ዘይወጽእ እንተኾይኑ፡ ምሕረት ናባኻ ክኣቱ ኣይክእልን እዩ። እቲ ዝግበር ምሕረት፡ ካብ ኣፍ ዘይኮነ፡ ካብ ልቢ ክኸውን ከም ዘለዎ ድማ ተመልከተ።

እቲ፡ በቲ፡ ዕዳኡ ተሓዲግሉ ከብቅዕ፡ ንባርያኡ ግና ክምሕር ዘይከኣለ ክፉእ ባርያ፡ ተናዲዱ፡ ኩሉ ዕዳኡ ክሳዕ ዝፈዲ ንኼጽብብሉ ኣሕሊፉ ዝሃቦ ንጉስ፡ ተምሳል ኣምላኽ ባዕሉ እዩ።

ሽዑ ጴጥሮስ ቀርብ ኢሉ፡ ጐይታይ፡ ሓወይ እንተ በደለንስ፡ ክንደይ ሳዕ ክሓድገሉ፧ ክሳዕ ሾብዓተዶ፧ በሎ። የሱስ በሎ፡ ክሳዕ ሰብዓ ሳዕ ሾብዓተ እምበር፡ ክሳዕ ሾብዓተ ሳዕ ኣይብለካን። ስለ'ዚ፡ መንግስተ ሰማያት፡ ምስ ባሮቱ ኺጸባጸብ ዝደለየ ንጉስ፡ ትመስል። ኪጸባጸብ ምስ ጀመረ፣ እልፊ መክሊት ዕዳ ዘለዎ፡ ናብኡ ኣቕረቡ። ዚፈድዮ ምስ ሰኣነ ግና፡ እቲ ጐይታኡ፡ ንሱን ሰበይቱን ደቁን፡ ዘለዎ ኹሉን ኪሸይጥ እሞ፡ እቲ ዕዳ ኺፍደ፡ ኣዘዘ። ሽዑ፡ እቲ ባርያ፡ ተደፊኡ፣ ጐይታይ፡ ተዓገሰኒ፣ ኩሉ ኸኣ፡ ክፈድየካ እየ፣ ኢሉ ሰገደሉ። ጐይታኡ ድማ፡ ነቲ ባርያ፡ መሓርን ፈትሖን፡ ዕዳኡ'ውን ሓደገሉ። እቲ ባርያ ምስ ወጸ ግና፡ ካብ ቶም ብጾቱ፡ ሚእቲ ዲናር ዕዳ ዘለዎ፡ ሓደ ባርያ፡ ረኸበ። ሒዙ ኸኣ፡ ኣባኻ ዘሎ ዕዳ ፍደየኒ፡ ኢሉ፡ ሓነቖ። ሽዑ፡ እቲ ብጻይ ባርያ፡ ተዓገሰኒ፡ ኩሉ ኽፈድየካ እየ፡ ኢሉ፡ ተደፊኡ ለመኖ። ንሱ ግና፡ ኣበየ፣ ከይዱ ድማ፡ ክሳዕ ዕዳኡ ዚፈዲ፡ ኣእሰሮ። እቶም ብጾቱ ባሮት ዝገበሮ ርእዮም፡ ብዙሕ ጕሃዩ። ከይዶም ከኣ፡ ዝኾነ ኹሉ፡ ንጐይታኦም፡ ነገርዎ። ሽዑ፡ ጐይታኡ፡ ጸዊዑ፣ እታ ኽፉእ ባርያ፡ ኣነ፡ ኽንዲ ዝለመንካኒ፡ ብዘሎ ዕዳኻ፡ ሓደግኩልካ። ንስኻኸ፡ ኸም'ቲ ኣነ ዝመሓርኩኻዶ፡ ነቲ ብጻይካ፡ ኽትምሕሮ ኣይምተገብኣካን፧ በሎ። ጐይታኡ፡ ኾርዩ፣ ኩሉ ዕዳኡ ኽሳዕ ዚፈዲ፡ ንዜጽብቡሉ፡ ኣሕሊፉ፡ ሃቦ። ***ነፍሲ ወከፍኩም፡ ንንሓዉ፣ ነቲ በደሉ፡ በብልብኹም፡ ይቕረ እንተ ዘይበልኩምሉ፡ እቲ ሰማያዊ ኣቦይ ድማ፡ ከምኡ ኺገብረኩም እዩ።*** *ማቴ.18:21-25*

ስለዚ ድማ፡ ኣብ መዓልታዊ ጸሎትና፡ 'ንሕና ንዝበደሉና ኹሎም፡ ይቕረ ንብል ኢና እሞ፡ ሓጢያትና፡ ይቕረ በለልና።' (ሉቃ.11:4) ኢልና ክንጽሊ ቃል ኣምላኽ ዝነግረና። ብተወሳኺ፡ 'መሓርቲ፡ ምሕረት ኪረኽቡ እዮም እሞ፡ ብጹኣን እዮም።' (ማቴ.5:7) ። 'ከምቲ ክርስቶስ ይቕረ ዝበለልኩም፡ ንስኻትኩምውን ከምኡ ይቕረ በሉ።' (ቆሎሴ 3.13) ።

ንዝበደሉኻ ይቕረ ምባል፡ ካብ ኣምላኽ ሕድገት ሓጢኣት ንኽትረክብ ብቑዕ ይገብረካ ማለት ኣይኮነን። እንታይ ደኣ፧ እቲ መልእኽቲ፡ እቶም ንኻልኦት ምሕረት ክገብሩ ዘይክእሉ ሰባት፡ ንርእሶም ምሕረት ክቕበሉ ክእለት ከም ዘይብሎም፡ ዘርኢ መንፈሳዊ ሕጊ እዩ። ከምቲ ኣብ ኤለክትሪሲቲ ንርእዮ

ባህሪ፡ ጸዓት እንተዘይወጽዩ፡ ጸዓት ክኣቱ ኣይክእልን እዩ።

ንሕድገት ሓጢኣት ካልእ ገደብን ቅድመ-ኩነትን ውን ኣለዎ። ንሕጂ ግና፡ ሕድገት ሓጢኣት፡ ከምቲ ብዙሓት ዝመስሎም፡ ብዘይ ቅድመ ኩነትን ገደብ ዘይብሉን፡ ቀዋምን ከም ዘይኮነ ዘርኢ እኹል ነጥብታት ርኢና ኣለና። ሰለዚ ድማ እዩ፡ ሕድገት ሓጢኣት ምቕባልን ምጭባጡን ግሩም ዝገብር። ናይ ዘልኣለም ህይወት ክንረክብ ዝገብር፡ ሕድገት ሓጢኣት እዩ።

ዘልኣለማዊ ህይወት

'ዘልኣለማዊ' ዝብል ቃል ንብዙሕነት ህይወት ድዩ ወይስ ንዓይነት ህይወት እዩ ዝገልጽ ዝብል ሕቶ፡ ኣብ ብዙሓት መምሃራን ስነ-መለኮት ክትዕ ዘልዕል ሕቶ እዩ። ቃል ኣምላኽ፡ 'ዘልኣለማዊ' ዝብል ሓሳብ፡ ንብዙሕነትን ዓይነትን ህይወት ከም ዝገልጽ እዩ ዝነግረና። ናይ ዘልኣለም ህይወት፡ ንዘልኣለም እዩ፡ ምሉእ ከኣ እዩ። ሰዓብቲ ዶክትሪን 'ሓንሳእ ድሒንካ፡ ኩሉ ሳዕ ድሒንካ'፡ ናብ ብዙሕነት ህይወት፡ (ማለት፡ ዘልኣለማዊ ህይወት ዘየቋርጽ ህይወት ማለት ምኳኑ)፡ ዝብል እዮም ዘተኩሩ። ብፍላይ ብዛዕባ፡ ኣመንቲ ናይ ዘልኣለም ህይወት ድሮ ከም ዘለዎም፡ ኣንፈት ዝህባ ጥቕስታት ኣመልኪቶም ክዛረቡ እንከለዉ። ኣመንቲ ድሮ ናይ ዘልኣለም ህይወት እንተወኒኖም፡ ናይ ዘልኣለም ህይወት ከመይ ጌሩ ከቋርጽ ይኽእል፧ ዝኾነ 'ዘልኣለማዊ' ዘበለ ከመይ ጌሩ ይመውት፧

ኣብዛ ናይ ሎሚ ቤተክርስትያን፡ ሰብ ብኸመይን መዓስን እዩ 'ዘይመዋቲ፡ ወይ ዘልኣለማዊ' ዝኸውን ብዙሕ ዘይምርዳእ እዩ ዘሎ። ኣምላኽ ንበይኑ ፍጹም ከም ዘይመውት ኩሉ ሰብ ዝሰማማዓሉ ሓቂ እዩ (1 ጢሞ 1.17፡ 6.16) ። ኣምላኽ ኩሉ ሳዕ ዘሎን ንዘልኣለም ዝነብርን እዩ። እቲ ቀንዲ ምንጪ መጎተ እምበኣር፡ እዚ ዘልኣለማውነት ኣምላኽ፡ መዓስ ኢና ንካፈሎ፡ ዝብል ሕቶ እዩ።

> *እምብኣርስ፡ ነቲ ናይ ዘለኣለም ንጉስ፡ ዘይሓልፍ፡ ዘይርኤ ሓደ ኣምላኽ፡ ንዘለኣለም ኣለም፡ ክብርን ሰብሓትን ይኹን። ኣሜን። 1 ጢሞ.1:17*
>
> *ንሱ፡ በይኑ ዘይመውት፡ ሓደ ሰብ እኳ ከቶ ዘይረኣዮ፡ ኺርእዮ'ውን ዘይኽእል፡ ኣብ ዘይቅረብ ብርሃን ዚነብር፡ ንእኡ ኽብርን፡ ናይ ዘለኣለም ሰልጣንን፡ ይኹን። ኣሜን። 1 ጢሞ.6:16*

ገሊኦም፡ ሰብ ብተፈጥሮኡ ዘልኣለማዊ እዩ፡ ብመልክዕ ኣምላኽ ስለ ዝተፈጥረ፡ ዘልኣለማውነት ኣምላኽ ይማቐል፡ ይብሉ። ካብዚ ርድኢት

ተበጊሶም፡ ነፍሲ ፈጺማ ክትጠፍእ ሰለ ዘይትኽእል፡ ገሃነም ማለት ዘልኣለማዊ ስቓይ ማለት እዩ፡ ኢሎም ድማ ይኣምኑ። እዚ ርድኢት፡ ካብ ምስቲ ኣብ መጽሓፍ ቅዱስ ዘሎ ሓሳብ፡ ምስ ናይ ግሪኽ ፍልሰፍና ዝያዳ ይመሳሰል። እዚ ብናይ ፕላቶ ፍልሰፍና ዝተጸልወ ርድኢት፡ ኣብ መበል ሓምሻይ ክፍለ-ዘመን፡ ብመንገዲ ቅዱስ ኣውጉስቲን ኣቢሉ ናብ ክርስትና ዝተኣታተወ እዩ። ግሪኻውያን፡ ሰብ፡ ኣብ መዋቲ ስጋ ዝተጠቕለለ ዘይትመውት ነፍሲ ዘላቶ ፍጥረት እዩ፡ ኢሎም እዮም ዝኣምኑ ዝነበሩ። እዛ ዘይትመውት ነፍሲ ድማ፡ እቲ ተጠቕሊላትሉ ዘላ ስጋ ምስ ሞተ፡ ካብቲ ተኣሲራትሉ ዝነበረት ስጋ ሓራ ትወጽእ፡ መንነታ ድማ ተጥፍእ፡ ይብሉ።

ኣብ ገነት ኤደን፡ ኣዳም፡ ብተፈጥሮኡ ዘይመዋቲ ሰብ ከም ዘይነበረ ንጹር እዩ፡ ምኽንያቱ፡ ዘልኣለማዊ ቀጻልነቱ ንምውሓስ፡ እታ ኦም ህይወት ተድልዮ ሰለ ዝነበረት። ካብታ ኦም ህይወት ምስ ዝቑረጽ፡ ሞት ይመውት። ሰለዚ፡ ኣዳም፡ ዘይመውት ክኸውን ተኽእሎ ዝነበሮ ፍጥረት፡ ግን ከኣ መዋቲ ሰብ እዩ ኔሩ። ማለት፡ ኣዳም ንኣምላኽ ክእዘዝ እንተ ዝመርጽ፡ ንዘልኣለም ክነብር ምኸኣለ ኔሩ።

ካልኦት ድማ፡ ሰብ ብትንሳኤ ምዉታን ኣቢሉ ዘይመዋቲ ከም ዝኸውን እዮም ዝኣምኑ። ነዚኦም፡ ዘይመዋቲ ምዃን፡ ናይ ዝመጽእ ተኽእሎ እምበር፡ ናይ ሕሉፍ ወይ ናይ ሕጂ ኣይኮነን። መጽሓፍ ቅዱስ፡ ነዚ ሓሳብ እዩ ዝድግፎ። ኣብ 1 ቆሮ 15.53-54፡ እቶም መወትቲ መናፍስቲ ዘይመውት ስጋ ከም ዝለብሱ ቃል ኣምላኽ ይነግረና እዩ። ነዚ ተስፋ ድማ 'ብወንጌል ናብ ብርሃን' ኣውጺእዎ እዩ። (2ጢሞ 1.10) ።

ማለት፡ እዚ ***ሓላፊ ዘይሓልፍ ኪለብስ*** *ይግብኦ እዩ እሞ፡* ***እዚ መዋቲ ኸኣ፡ ዘይመውት ኪለብስ እዩ።*** *እዚ ሓላፊ ዘይሓልፍ፡ ምስ ለበሰ፣ እዚ መዋቲ'ውን፡ ዘይመውት ምስ ለበሰ፣ ሽዑ፣ እቲ ጽሑፍ፣ 'ሞት፡ ብዓወት፡ ተዋሕጠ፡' ዝበሎ ቓል፡ ኪፍጸም እዩ። 1ቈረ.15፡53-54*
ሕጂ ግና፡ ብምግሃድ መድሓኒና የሱስ ክርስቶስ፡ ተገልጸ። ንሱ፡ ንሞት፡ ዘሰዓሮ፣ ንህይወትን፡ ንዘይምጥፋእን፡ ብወንጌል፡ ናብ ብርሃን፡ ዘውጽኦ፡ 2ጢሞ.1:10
እቲ ኻብ ምዉታት ዝተንሰኤ ክርስቶስ፡ መሊሱ ኸም ዘይመውት፡ ሞት'ውን፡ ኣብኡ ኸም ዘይመልኽ ፈሊጥና፡ ንሕና፡ ምስ ክርስቶስ ካብ ሞትናስ፡ ምስኡ ድማ፡ ብህይወት ከም እንነብር፡ ንኣምን ኣሎና። ሮሜ.6:8-9

ምትንሳእ ክርስቶስ ብናይ ክብሪ ስጋ (ሮሜ 6.9) መረጋገጺ ትንሳኤና እዩ። እቶም ብሓጢኣት ዝሞቱ፡ ከምቶም ብክርስቶስ ዝሞቱ፡ ክትንስኡ ምዃኖም መጽሓፍ ቅዱስ ይነግረና እዩ። ስለዚ፡ ሰቓይ ሰብ፡ ኣብ ገሃነም ንዘልኣለም እዩ። (ዳን 12.2፡ ዮሃ 5.29፡ ግብ 24.15 ርኣ) ።

ካብቶም ኣብ መሬት ምድሪ ደቂሶም ዘለዉስ ብዙሓት፣ ገሊኦም ናብ ናይ ዘለኣለም ሕይወት፣ ገሊኦም ከኣ ናብ ሕፍረትን ናብ ናይ ዘለኣለም ነውርን ኪበራበሩ እዮም። ዳን 12.2
ኣብ መቓብር ዘለዉ ኹላቶም ድምጺ ዚሰምዑላ ሰዓት ክትመጽእ እያ፡ ሰናይ ዝገበረ ናብ ትንሳኤ ህይወት፡ እኩይ ዝገበሩ ኸኣ ናብ ትንሳኤ ፍርዲ ኺወጹ እዮም እሞ፡ በዚ ኣይትደነቑ። ዮሃ 5.18-19
ከምቲ ንሳቶም ንጻድቃንን ንሓጥኣንን ትንሳኤ ኪኸውን ዚጽበይዎ፡ ከምኡውን ኣነ ኣብ ኣምላኽ ተስፋ ኣሎኒ። ግብ 24.15

ምናልባት፡ ብዙሓት ኣመንቲ፡ ሰባት ብዳግም-ምውላድ ዘልኣለማውያን ከም ዝኾኑ ይኣምኑ ይኾኑ እዮም። ዳግም ብምውላዶም፡ ሓድሽ፡ ናይ ኣምላኽ ዘልኣለማውነት ዘለዎ ባህሪ ከም ዝተዋህቡ ዝኣምኑ ሰባት ኣለዉ። እዚ ምርዳእ ዘለዎም ሰባት፡ ዘልኣለማውነት፡ ናይ ሕሉፍ ወይ ናይ ዝመጽእ ዘይኮነስ፡ ናይ ሕጂ ዋንነት ኩሎም ኣመንቲ እዩ ይብሉ። ነዚኦም፡ ዘልኣለማውነት፡ ኣብ ግዜ ዳግም ምውላድ ምስ ተዋህበ፡ ክውሰድ ዘይከኣል እዩ።

እዚ ርድኢት፡ ካብ ምስ መጽሓፍ ቅዱሳዊ ሓሳብ ትንሳኤ ምዉታን፡ ምስቲ ሰብ፡ ኣብ ስጋ ዝተሓጽረት ዘይትጠፍእ ነፍሲ ዘለዋ ፍጥረት እዩ፡ ዝብል ፍልስፍና ግሪኽ ከም ዝመሳሰል ተመልኪትና ንኸውን። ምኽንያቱ፡ ስጋና፡ ጌና ናብ ምድሪ ክምለስ ዝጽበ ዘሎ መዋቲ እዩ። ስለ ዝኾነ፡ ሓደ ኣማኒ ኣብ ግዜ ምልዋጡ ዝተቐበሎ ዘይመዋትነት እንተልዩ፡ ንሕጂ፡ ኣብ መንፈሱ ጥራይ እዩ ክኸውን ዝኽእል።

ድሕርዚ፡ እቲ ዝያዳ ዘገድስ ሕቶ፡ ናይ ዘልኣለም ህይወት፡ ሕጂ፡ ናባና ሰጊሩ ድዩ ዝብል እዩ። ማለት፡ ብርእስና ዘለኣለማዉያን ዲና፧

ገለ ሰባት፡ 'ናይ ዘለኣለም ህይወት ኣላቶ' - ዝብል ሓረግ ምስ ኣንበቡ፡ ዘልኣለማውነት፡ ካብቲ ምንጪ ዘልኣለማውነት ወጻኢ፡ ኣብኦም ከም ዘላ ጌሮም ይሓስቡ እዮም። ዘልኣለማውነት፡ ካብኦም ክውሰድ ዘይክእል ምዃኑ ድማ ይኣምኑ። ማለት፡ ዘልኣለማውነት፡ ሓደ ኣማኒ ሕጂ ብርእሱ ዝውንኖ ነገር እዩ።

ግን፡ ሓድሽ ኪዳን ብዛዕባ ዘልኣለም ህይወት ከምኡ ጌሩ ኣይዛረብን እዩ። ናይ ዘልኣለም ህይወት ዋንነት ዘይኮነስ፡ ቦታ እዩ። ናባና ዝተሰጋገረ ዘይኮነስ (not transferred to us)፡ ዝተኻፈልናዮ (shared with us) እዩ። ካብ ርእስና ዘለና ዘይኮነስ፡ ኣብ ክርስቶስ ዘለና እዩ። ዮሃንስ፡ እታ ናይ ዘልኣለም ህይወት ኣብ ክርስቶስ ከም ዘላ፡ ብንጹር ጽሒፋልና ኣሎ። ኣቐዲምና ከም ዝረኣናዮ፡ ዮሃንስ ንወንጌሉ ዝጸሓፈሉ ምኽንያት፡ 'የሱስ፡ ንሱ ክርስቶስ ወዲ ኣምላኽ ምዃኑ ምእንቲ ኽትኣምኑ (ኣብ እምነት ክትነብሩ)፡ ኣሚንኩምውን ብስሙ ህይወት ኽትረኽቡ (ኣብ ህይወት ክነብሩ፡ እንዳነበሩ ክቕጽሉ)' እዩ። (ዮሃ 20.30) ። እቲ ዮሃንስ ተጠቒምሉ ዘሎ ቃል፡ ሕጅን ብቐጻልነትን ኣብ ክርስቶስ ብምንባር ዝርከብ ህይወት ክርስቶስ ምዃኑ ዝገልጽ ደኣ እምበር፡ ብክርስቶስ ሓንሳእ ብምእማንካ ካብ ርእስኻ ዝህልወካ ህይወት ኣይኮነን።

> *ኣምላኽ ናይ ዘለኣለም ህይወት ከም ዝሃበና፡ እቲ ምስክር እዚ እዩ እሞ፡* ***እዛ ህይወት እዚኣ፡ ኣብ ወዱ እላ። እቲ ወዲ ዘለዎ፡ ህይወት ኣላቶ፡ ወዲ ኣምላኽ ዜብሉ ህይወት የብሉን።*** *ንኣኻትኩም፡* ***ብሰም ወዲ ኣምላኽ እትኣምኑ ዘሎኹም፡ ናይ ዘለኣለም ህይወት ከም ዘላትኩም*** *ምእንቲ ኽትፈልጡ ኢለ እየ፡ እዚ ጽሒፈልኩም ዘሎኹ። 1ዮሃ. 5:11-13*

ብድሕርʼዚ ዝመጽእ ሕቶ፡ ካብ ወዱ (የሱስ) ክንጠፍእ ንኽእልʼዶ፡ ኣብ ወዱ ምስ ዘይንህሉʼኸ፡ እታ ኣብኡ ከለና ዝነበረትና ህይወት ትጠፍእʼዶ፡ ዝብል እዩ፡

መልሲ ናይዚ ሕቶ፡ ኣብቲ ክርስቶስ ንደቀ-መዛምርቱ ዝሃቦም መጠንቀቕታ ክንርእዮ ንኽእል ኢና። የሱስ፡ ንደቀ መዛምርቱ፡ ኣብኡ ክጸንዑ ምስ ኣዘዞም፡ ኣብኡ ምስ ዘይጸንዑ፡ ፍረ ምስ ዘይፈርዩ፡ ከም ዝቘረጹ፡ ከም ዝነቕጹን፡ ናብ ቀላይ ሓዊ ከም ዝድርበዩን ኣጠንቂቕዎም እዩ። እታ ህይወት ኣብቲ ቆጽልታት ዘይኮነት፡ ኣብቲ ጉንዲ እያ ዘላ፡ ካብቲ ጉንዲ ድማ እያ ትምንጬ። እቲ ቆጽሊ ምስቲ ጉንዲ ጠቢቑ ብምንባር ጥራይ እዩ ብህይወት ክቕጽል ዝኽእል። (ዮሃ 15.1-7) ።

> *ኣነ፡ ናይ ሓቂ ጉንዲ ወይኒ እየ፣ ተኻሊኡ ኸኣ፡* ***ኣቦይ እዩ። ነቲ ኣባይ ዘሎ፡ ፍረ ዘይፈሪ*** *ዘበለ ኹሉ ጨንፈር፡ የርሕቖ። ነቲ ፍረ ዚፈሪ ዘበለ ጨንፈር ግና፡ ኣዝዩ ምእንቲ ኺፈሪ፡ የጽርዮ። ንስኻትኩም ከኣ፡ ሳላ እቲ ዝነገርኩኹም ቃል፡ ድሮ ንጹሃት ኢኹም።* ***ኣባይ ጽንዑ፣ ኣነʼውን፡ ኣባኻትኩም። ጨንፈር፡ ኣብʼቲ ጉንዲ ወይኒ እንተ ዘይጸንዐ፡***

ካብ ርእሱ ኺፈሪ ከም ዘይ ክእል፡ ንስኻትኩም'ውን፡ ኣባይ እንተ ዘይጸናዕኩም፡ ከምኡ ኢኹም። *እቲ ጕንዲ ወይኒ ኣነ እየ፡ ጨናፍር ከኣ፡ ንስኻትኩም ኢኹም፡ ብጀካይ፡ ሓንቲ እኳ ኽትገብሩ ኣይትኽእሉን ኢኹም እሞ፡ እቲ ኣባይ ዚጸንዕ ኣነ'ውን ኣብኡ፡ ንሱ እዩ ብዙሕ ፍረ ዚፈሪ።* ***ኣባይ ዘይጸንዕ ዘበለ፡ ከም ጨንፈር፡ ንወጻኢ ተደርብዩ፡ ይነቅጽ፣ ኣኪቦም፡ ናብ ሓዊ ይድርብይዎ እሞ፡ ይነድድ። ኣባይ እንተ ጸናዕኩም፡*** *ቃለይ'ውን፡ ኣባኻትኩም እንተ ሓደረ፣ እትደልይዎ ዘበለ ትልምኑ እሞ፡ ይኾነልኩም። ዮሃ.15:1-7*

እቲ ምስላ ቆጽልን ጉንድን ኣብዚ እዩ ዘብቅዕ። ቆጽልታት ካብቲ ጉንዲ፡ ብሓደጋ፡ ማለት፡ ካብ ቁጽጽርም ወጻኢ ብዝኾነ ምኽንያት ክረግፉ ይኽእሉ እዮም። ብኣንጻሩ፡ ሰብ ካብቲ ናይ ሓቂ ጉንዲ ወይኒ ዝኾነ የሱስ፡ ክፍለ ወይ ምስኡ ክጠብቕ ምርጫ ኣለዎ። ስለዚ፡ እቲ ኣባይ ጽንዑ ዝብል ቃል፡ ኣባይ ንኽትጸንዑ ወስኑ ዝብል ትእዛዝ እዩ። እዚ ኣባይ ጽንዑ ዝብል ትእዛዝ የሱስ፡ ኣብ ክርስቶስ ንኸይትጸንዕ ኣማራጺ እንተዘይነብር፡ ምባሉ ንምንታይ ኣድለየ፧

እቲ ዝኣምን፡ ናይ ዘለኣለም ህይወት ኣብ ክርስቶስ ኣላቶ። እቲ ዝኣምን፡ ናይ ዘለኣለም ህይወት ኣብ ርእሱ ጌና የብሉን። ስለ'ዚ፡ ኣብ ክርስቶስ ብዘይ ምንባር እታ ህይወት ክትጠፍእ ትኽእል እያ። ሓንቲ መዓልቲ ግና፡ ናይ ዘልኣለም ህይወት ብርእሱ ክትህልዎ እያ፡ እዚ ድማ ዘይምወት ስጋ ምስ ለበሰ ዝኸውን እዩ። ሽዑ፡ እወ ሽዑ ጥራይ እያ፡ እታ ናይ ዘልኣለም ህይወት፡ ንዘልኣለም ናቱ ትኸውን።

መንግስቲ ኣምላኽ

እዚ ከም ቀንዲ ዛዕባ ትምህርቲ ናይ የሱስ ዝቚጸር ኣርእስቲ፡ ሓደ ካብቶም ብዙሓት መምሃራን ዝካትዕሉ ኣርእስቲ እዩ። መንግስቲ ኣምላኽ ናይ ሕጂ ድያ ወይስ ናይ ዝመጽእ፧ ብዛዕባ መንግስቲ ኣምላኽ ዘሎ ርድኢታት ብዙሕ እዩ። ሓደ ርድኢት፡ መንግስቲ ኣምላኽ፡ ናይ ዝመጽእን፡ ብቐንዱ ድማ ናይ ኣይሁድን እያ ዝብል እዩ። ካልኣይ ርድኢት፡ መንግስቲ ኣምላኽ፡ ናይ ሕጂ ኮይና፡ ብዛዕባ ኣብዛ ናይ ሕጂ ዓለም ክኸውን ዘለዎ ማሕበራውን ፖለቲካውን ፕሮግራም እያ ዝብል እዩ። ኣብ መንጎ እዞም ክልተ ሓሳባት፡ ዝተፈላለዩ ኣብ ውልቃውነትን ሓባራውነትን መንግስቲ ኣምላኽ ዘተኩሩ ካልኦት ርእይቶታት ውን ኣለዉ።

እቲ ማእከላዊ ሓሳብ፡ መንግስቲ ኣምላኽ ናይ ክልቲኡ፡ ማለት፡ ኣብዝን፡ ናይ ሕጅን፡ ከምኡ ውን፡ ኣብትን፡ ናይ ዝመጽእን እምበር፡ ናይ ሕጂ ጥራሕ ወይ ናይ ዝመጽእ ጥራሕ ኣይኮነትን፡ ዝብል እዩ። ብተወሳኺ፡ መንግስቲ ኣምላኽ፡

ናይ ውልቅን ናይ ሓባርን እያ። መንግስቲ ኣምላኽ፡ ድሮ በጺሓ ኣላ፡ ጌና ድማ ኣይበጽሐትን። ስለዚ፡ መንግስቲ ኣምላኽ ተጀሚራ *(inaugurated)* እያ፡ ኣብ ፍጻሜ *(consummated)* ግን ኣይበጽሐትን።

እዚ ርድኢት፡ ምስ ትምህርቲ የሱስ፡ ብፍላይ ድማ፡ ምስ ምስላታቱ ብዛዕባ መንግስቲ ኣምላኽ ዝኸይድ እዩ። ካብቲ የሱስ ኣብ ወንጌል ማቴዎስ 13.31-51 ብዛዕባ መንግስቲ ኣምላኽ ዝበሎ ምስላታት፡ እቲ ሓደ ሲሶ፡ ንመንግስቲ ኣምላኽ ከም ዘገም ኢላ ትኸይድ ናይ ሕጂ መሰርሕ፡ ብምትእትታው ዓለምን ሰብን ድማ እትጽሎን ጌሩ የርእያ (ማቴ 13.33፡ ማይ ብሑቕ ንመብኩዒ) ።[1] እቲ ካልኣይ ሲሶ ምስላታት፡ ንመንግስቲ ኣምላኽ፡ ከም ብመለኮታዊ ሓይሊ፡ ኣብ መጻኢ ዝኸስት ሃንደበታዊ ቅልውላው ጌሩ የርእያ፡ (ማቴ 13.47-50፡ ዓሳ ኣብ መርበብ) ።[1] እቲ ናይ መወዳእታ ሓደ ሲሶ ምስላታት ድማ ንመልእኽታት ናይተን ቀዳሞት ክልተ ሲሶ ምስላታት ዝሓቁፍ እዩ፡ (ማቴ 13.24-30፡ ሰርናይን ክርዳድን) ።

> *ካልእ ምሰላውን ነገሮም፡ መንግስተ ሰማያት፡ ሰበይቲ ወሲዳ፡ ኩሉ ኽሳዕ ዚበኵዕ፡ ኣብ ሰለስተ ሳቶን ሓርጭ ዝለወሰቶ ማይ ብሑቕ ትመስል። (ማቴ 13.33)*

> *ድማ መንግስተ ሰማያት ኣብ ባሕሪ እተደርበየት እሞ ካብ ኵሉ ዓሳ ዝኣከበት መርበብ ትመስል። ምስ መልኤት፡ ናብ ደንደስ ኣውጽእዋ።*

---

[1] ማይ ብሑቕ *(leaven)*፡ ከም ምልክት ሓጥያትን ብልሽውናን እዩ መጽሓፍ ቅዱስ፡ ዝጥቀመሉ። ስለዚ፡ መንግስቲ ኣምላኽ፡ ብብልሽውናን፡ ሓጢኣትን ዓለም፡ ከም እትጽሎ፡ የርኢ ኣሎ።

ነቲ ስጋኡ ድማ፡ በታ ለይቲ እቲኣ፡ ይብልዕዎ፣ ብሓዊ፡ ጠቢሶም፡ ምስ ቅጫን፡(unleavened bread)፡ ምስ መሪር ሓምልን፡ ይብልዕዎ። ዘጸ.12:8

ሾብዓተ መዓልቲ፡ ቕጫ ትበልዑ። ካብ'ታ ቐዳመይቲ መዓልቲ፡ ኽሳዕ እታ ሳብዓይቲ መዓልቲ፡ ***ብኹዕ ዝበልዔ ዘበለ፣ እታ ነፍሲ እቲኣ፡ ካብ እስራኤል ክትቍረጽ እያ እሞ፣ በታ ቐዳመይቲ መዓልቲ፡ ነቲ ማይ ብሑቕ ካብ ኣባይትኹም፡ ኣውጽኡ።*** *በታ ቐዳመይቲ መዓልቲ፡ ቅዱስ ኣኼባ፡ በታ ሳብዓይቲ መዓልቲ ድማ፡ ቅዱስ ኣኼባ፡ ይኹነልኩም። ብኣታተን ገለ ዕዮ፡ ኣይገበር። እቲ ንነፍሲ ወከፍ ዚበልዖ፡ ንሱ ጥራይ ይተዓየየልኩም። ነዚ በዓል ቕጫ፡ ሓልውዋ። በዛ መዓልቲ እዚኣ፡ ንሰራዊትኩም ካብ ምድሪ ግብጺ ኣውጺኤዮ እየ እሞ፡ ነዛ መዓልቲ እዚኣ ንውሉድ ወለዶ ሕጊ ዘለኣለም ጌርኩም ሓልውዋ። ኣብ'ታ ቐዳመይቲ ወርሒ፡ ካብ'ታ ወርሒ ድማ፡ ብመበል ዓሰርተው ኣርባዕተ መዓልቲ ምሸት፡ ክሳዕ መበል ዕስራን ሓደን መዓልቲ ምሸት፡ ኣብ'ታ ወ ርሒ፡ ቅጫ፡ ኽትበልዑ ኢኹም። ወሰንተኛ እንተ ኾነ፡ ወይ፡ ወዲ ዓዲ፡ ብኹዕ ዝበልዔ ዘበለ፡ እታ ነፍሲ እቲኣ፡ ኻብ ኣኼባ እስራኤል ክትቍረጽ እያ እሞ፡ በተን ሾብዓተ መዓልቲ፡ ኣብ ኣባይትኹም፡ ማይ ብሑቕ ኣይረከብ። ገለ እኳ፡ ብኹዕ ኣይትብልዑ፡ ኣብ ኩሉ እትነብርዎ፡ ቕጫ ብልዑ። ዘጸ.12:15-20 (ዘሌ 23.6-8፡ ዘዳ 16.3-4)*

እቲ ንእግዚኣብሄር እተቕርብዎ *መስዋእቲ ብልዒ* ***ገለ እኳ ብኹዕ ኣይገበር። ካብ ብኹዕ ኰነ ወይ ካብ መዓር*** *ንእግዚኣብሄር ገለ እኳ መስዋእቲ ሓዊ ኣይተሕርሩ። (ዘሌ 2.11) ።*

የሱስ ድማ፡ ***ካብ ማይ ብሑቕ ፈሪሳውያን ሰዱቃውያንን ተጠንቀቑን ተኣርነቡን፡*** *በሎም። ወን ማቴ 16.6 (ማር 8.15፡ ሉቃ 12.1)*

ሓበንኩም ጽቡቕ ኣይኰነን። ***ቀሩብ ማይ ብሑቕ ንብዘሎ እቲ ብሑቕ ከም ዜብኲዖ*** *ኣይትፈልጡን ኢኹም፡ 1 ቆሮ 5.6*

ጽቡቕ ትኾኑ ኔርኩም። ንሓቂ ኸይትእዘዝዋ ደኣ መን ዓገተኩም፡ እዚ ምሕባልዚ ኻብቲ ዝጸውዓኩም ኣይመጸን። ***ሒደት ማይ ብሑቕ ንብዘሎ እቲ ብሑቕ የብኵዖ እዩ።*** *(ገላ 5.7-8) ።*

ተቐሚጦም ድማ፡ ጸጽቡቑ ኣብ ኣቓሑኦም ኣከቡ፡ ነቲ ኽኽፉኡ ግና ንወጻኢ ደርበይዎ ብመወዳእታ ዓለም ከኣ ከምኡ ኪኸውን እዩ፡ መላእኽቲ መጺኦም ነቶም ክፉኣት ካብ ማእከል ጻድቃን ኪፈልይዎም፡ ናብ እቶን ሓዊ ድማ ኪድርብይዎም እዮም። ኣብኡ ብኽያትን ምሕርቃም ኣሰናንን ኪኸውን እዩ። ማቴ 13.47-50

ካልእ ምሰላ ድማ ከምዚ ኢሉ መለሰሎም፡ መንግስተ ሰማያት ኣብ ግራቱ ጽቡቕ ዘርኢ ዝዘርኤ ሰብ እያ እትመሰል። እቶም ሰብ ደቂሶም ከለዉ፡ ጸላኢ መጺ፡ ኣብቲ ማእከል ሰርናይ ድማ ክርዳድ ዘሪኡ ኸደ። ቈጽሉ ምስ ፈርዔን ፍረ ምስ ፈረየን ድማ፡ ሽዑ እቲ ኽርዳድ ተራእየ። ቈጽሉ ምስ ፈርዔን ፍረ ምስ ፈረየን ድማ፡ ሽዑ እቲ ኽርዳድ ተራእየ። ነቲ ብዓል ቤት ግዚኣቱ መጺኦም፡ ጐይታይ፡ ኣብ ግራትካ ጽቡቕ ዘርኢዶ ዘሪእካ ኣይነበርካን፧ እዚ ኽርዳድ ደኣ ኻበይ መጸ፧ በልዎ። ንሱ ኸኣ ነዝስ ጸላኢ እዩ ዝገበሮ፡ በሎም። እቶም ግዙኣቱ ድማ፡ ኬድና ኽንኣርዮዶ ትፈቱ ኢኻ፧ በልዎ። ንሱ በሎም፡ ኣይፋልኩምን፡ ክርዳድ ክትኣርዩ ኸሎኹምሲ፡ ምስኡ ሰርናይ ከይትምሕዉ። ክሳዕ ቀውዒ ብሓደ ይዕበዩ ሕደግዎም ብጊዜ ቐውዒ ኸኣ ንዓጸዶ፡ ቅድም ነቲ ኽርዳድ፡ እረይዎ፡ ኪነድድ ድማ በብንዳእቲ እሰርዎ፡ ነቲ ሰርናይ ግና ኣብ ቆፎይ ኣክብዎ፡ ክብሎም እየ። (ማቴ 13.24-30፡ ትርጉሙ፥ ማቴ 13.36-43)

እቲ ካብዚ ክርስቶስ ብዛዕባ መንግስቲ ኣምላኽ ዝሃቦ ምስላታት፡ ክርከብ ዝግብኦ ሚዛናዊ መረዳእታ፡ ብዙሓት መምሃራን መጽሓፍ ቅዱስ ስሒቶሞ እዮም። ምናዳ መራሕቲ ናይ ዘመንና ቤተክርስትያናት፡ ነቲ መንግስቲ ኣምላኽ፡ ብዛዕባ ናይ ዝመጽእ ውን ከም ዝኾነት ዝብል መልእኽቲ ገዲፎም፡ ናብቲ 'መንግስቲ ኣምላኽ ሕጂ' *('kingdom now teaching')* ተባሂሉ ዝፍለጥ መልእኽቲ ዛዝዮም እዮም። ብዙሓት ንትጽቢት ምጽኣት፡ ብፍትወት ምንባር ኣብዛ ዓለም ተኪኦሞ እዮም። እቲ ቤተክርስትያን ትኸዶ ዘላ ኣንፈት ብሓፈሻኡ ነዚ ይመስል። ገለ ናብቲ ሚዛናዊ ርድኢት መንግስቲ ኣምላኽ ዝምለሱ ሰባት የለውን ማለት ግና ኣይኮነን።

'መንግስትኻ ከምቲ ኣብ ሰማይ፡ ከምኡ ድማ ኣብ ምድሪ ትኹን'፡ ኢልና ክንጽሊ ከለና፡ እንታይ ማለት ምዃኑ ክርድኣና ኣዝዩ ኣገዳሲ እዩ። ብፍላይ፡ ነታ መንግስቲ ኣምላኽ ኣመልኪትና ሕጂ ክንሰርሖን፡ ንደሓር ድማ ክንጽበዮ ዘለናን እንታይ እዩ፧ እቲ ንጉስ ምስ ተመልሰ ካብ መንግስቲ ኣምላኽ ክንርእዮ ንጽበዮ እንታይ እዩ፡ ክንፈልጥ ኣገዳሲ እዩ።

ካብዚ ተበጊስና፡ ንዶክትሪን 'ሓንሳእ ድሒንካ፡ ኩሉ ሳዕ ድሒንካ' ኣመልኪትና ክንሓቶ ዘለና ሕቶ እዚ ዝሰዕብ እዩ። ነፍሲ ወከፍ ኣብዛ ጀሚራ ዘላ መንግስቲ ኣምላኽ ዝኣተወ ሰብ፡ ኣብ መፈጸምታኣ ተኻፋሊ ከም ዝኸውን፡ ርግጸኛ ክኸውን ይኽእል'ዶ፧

ነዚ ንምምላስ፡ መጽሓፍ ቅዱስ፡ ብዛዕባ ምስታፍ ሓደ ሰብ ኣብ ክልቲኡ ገጻት ናይ መንግስቲ ኣምላኽ ክዛረብ ከሎ ዝጥቀመሉ ቃላት ክንርእዮ ሓጋዚ እዩ። ብዛዕባ ምጅማር መንግስቲ ኣምላኽ ክዛረብ ከሎ ብብዝሒ ዝጥቀመሉ ቃል፡ 'ምእታው' (enter) ዝብል ቃል እዩ። ብዛዕባ ምፍጻም መንግስቲ ኣምላኽ ክዛረብ ከሎ ብብዝሒ ዝጥቀመሉ ቃል ድማ 'ምውራስ' *(inherit)* ዝብል እዩ።

> *የሱስ መለሰ፣ ብሓቂ እብለካ ኣሎኹ፡ ካብ ማይን መንፈስን እንተ ዘይተወልደ፡ ኣብ መንግስቲ ኣምላኽ፡* ***ኪኣቱ*** *ዚኽእል የልቦን። ዮሃ.3:5*
>
> *ሽዑ፣ እቲ ንጉስ፡ ኣብ የማኑ ንዘለዉ፡ ይብሎም፡ ኣቱም ናይ ኣቦይ ብሩኻት፤ ንዑ፣ እቲ ኻብ ምስራት ዓለም እተ ዳለወልኩም መንግስቲ፡* ***ውረሱ።*** *ማቴ.25:34*

ደጊምና፡ ሕቶና፡ ኣብዛ ናይ ሕጂ መንግስቲ ዝኣተወ ዘበለ ኹሉ፡ ኣብ'ታ ኣብ ዝመጽእ እትፍጸም መንግስቲ ከም ዝኣቱ (ምስኣ ከም ዝፍጸም)፡ ርግጸኛ ክኸውን ይኽእል'ዶ፧

መልሲ ናይዚ፡ ኣብቲ ኣብ ፈቖዶ መልእኽታት ሓድሽ ኪዳን ተጻሒፉ ዘሎ መጠንቀቕታታት ኢና ንረኽቦ። ቅዱሳን ሓድሽ ኪዳን፡ ናብቲ ናይ ቀደም መንገዶምን ናብራኦምን፡ ናብ 'ግብሪ ስጋ' ምስ ዝምለሱ፡ ወይ ኣብኡ ምስ ዝጸንዑ፡ 'መንግስቲ ኣምላኽ ከም ዘይወርሱ' ተደጋጋሚ መጠንቀቕታ ተዋሂብዎም ኣሎ። (ንኣብነት፡ ገላ 5.19-21) ።

> *እቲ ግብሪ ስጋ ግሁድ እዩ፡ ንሱ ኸኣ ምንዝር፡ ርኽሰት፡ ዕብዳን፡ ኣምልኾ ጣኦት፡ ጥንቈላ፡ ጽልኢ፡ ባእሲ፡ ቅንኢ፡ ቍጥዓ፡ ሻራ፡ ምፍልላይ፡ ዝርግርግ፡ቅንኣት፡ ቅትለት፡ ሰኽራን፡ ጓይላ፡ ከምዚ ዘመሰለ ኻልእውን እዩ። እቶም ከምዚ ዘመሰለ ዚገብሩ ንመንግስቲ ኣምላኽ ከም ዘይወርስዋ፡ ከምቲ ቐደም ዝበልክዎ ኣቐዲመ እብለኩም እሎኹ። ገላ 5.19-21*

ምውራስ መንግስቲ ኣምላኽ ቅጽበታዊ ወይ ዘይተርፍ ኣይኮነን። ስለዚ፡ ኣብ ክንዲ፡ ምድሓን ክጠፍእ ዶ ኣይክእልን ኢልካ ምሕታት፡ ግዴና ኣብ ርስቲ

ቅዱሳን (ማለት፡ ውርሻና ኣብ መንግስቲ ኣምላኽ)፡ ከነጥፍኦ (forfeit) ንኽእል'ዶ፧ ኢልካ ምሕታት፡ ብዙሕ ዘየካትዕ እዩ። ምውራስን ትዕግስትን፡ ክብተኹ ዘይክእሉ፡ ብሓንሳእ መካየድቲ ድዮም፧ መልሲ እዚ ሕቶ፡ ኣብ ዝቕጽል ምዕራፋት ኣሰፊሕና ከነጽንዖ ኢና።

ኣብ መወዳእታ፡ ነዚ ምዕራፍ ቅድሚ ምዝዛምና፡ ዝሸፈናዮም ቀንዲ ሓሳባት ደጊምና ክንርእዮም። ቃል ኣምላኽ፡ ንምድሓን፡ ከም ናይ ሕሉፍ፡ ናይ ሕጂ፡ ክርስቶስ ክሳዕ ዝምለስ ድማ ዘይፍጸም መሰርሕ/ጉዕዞ ጌሩ ምግላጹ፡ ነቲ 'ሓንሳእ ድሒንካ' ዝብል ትምህርቲ ዝብድህ እዩ።

ቀጺልና፡ እምነትን እሙንነትን ተመሳሳሊ ትርጉም ከም ዘለዎምን፡ ኣብ መጽሓፍ ቅዱስ ብሓደ ቃል ተገሊጾም ከም ንረኽቦም፡ ትርጉሞም ድማ፡ ምእዛዝን ትውክልቲ ኣብ ኣምላኽን፡ ማለት ምዃኑ ርኢና።

ብተወሳኺ፡ ሕድገት ሓጢኣት፡ ገደብን ቅድመ-ኩነትን ከም ዘለዎ ርኢና። ናይ ዘልኣለም ህይወት፡ ንሕጂ፡ ኣብ ክርስቶስ እምበር፡ ኣባና ከም ዘየላ፡ ኣባና ክትህልወሉ ትኽእል እንኮ መንገዲ ድማ ኣብ ክርስቶስ ምስ እንህሉ ወይ ምስ እንነብር ጥራሕ ከም ዝኾነ ርኢና። እቶም ንመንግስቲ ኣምላኽ ዝኣተዉ፡ ካብ ምውራስ እታ እትመጽእ፡ ኣብ ብዘላ እታ ሓዳስ ዓለም እትሰልጥን መንግስቲ ኣምላኽ፡ ክተርፉ ከም ዝኽእሉ ርኢና።

ነዞም ኣብዛ ምዕራፍ ዝተጻሕፉ ነጥብታት ብምግንዛብ፡ ንሕቶታት 'ሓንሳእ ድሒንካ፡ ኩሉ ሳዕ ድሒንካ' ምሉእ ብምሉእ ፈቲሕናዮም ማለት ኣይኮነን። ኩሎም እዞም ዝረኣናዮም ነጥብታት ጠሚርና ክንርእዮም እንከለና ግና ናብ ሓደ ኣንፈት እዮም ዝመርሑና።

እቲ ክሳዕ ሕጂ ኣነጺርናዮ ዘለና፡ ርድኢትና ብዛዕባ ካልኦት ዶክትሪናት፡ ነቲ ብዛዕባ ውሕስነት ቅዱሳን ዘለና ርድኢት ጸላዊ ከም ዝኾነ እዩ። ኣቐዲምና ተቐቢልና ዝረዓምናሎም ትምህርታት ብዛዕባ ሓደ ኣርእስቲ፡ ንውጽኢት ብዛዕባ እቲ ኣርእስቲ ድሒርና ንገብሮ መጽናዕትን ዝርርብን ክጸልዉ ባህርያዊ እዩ።

ውዒሉ ሓዲሩ ግና፡ እቲ መጽሓፍ ቅዱስ ብዛዕባ እቲ ኣርእስቲ ዝብሎ፡ ኣብ ርድኢትና ቀንዲ ተራ ክሕዝ ዕድል ክንህቦ ይግበኣና። በቲ ካብ ዝተፈላለዩ ትምህርታትን ልምድታትን ቤተክርስትያን ዝተማሃርናዮ ርድኢት ብዛዕባ እዚ ኣርእስቲ ሓንጊድና፡ ንቓል ኣምላኽ ምስቲ ርድኢትና ከም ዝኸይድ ካብ ንገብር፡ ብኽፉትን ትሑትን ልቢ ተምበርኪኽና ነቲ ቃል ኣምላኻዊ ሓቂ ክንምርምሮን ክንቅበሎን እዩ ዝሓይሽ።

እምበርኣር፡ ኣብዚ ዝቕጽል ምዕራፍ፡ ቃል ኣምላኽ ብዛዕባ ምድሓን እንታይ ይምህር ብዕምቆት ከነጽንዖ ኢና።

ምዕራፍ ሰለስተ

ምልክታት ካብ መጽሓፍ ቅዱስ

መብዛሕትኡ ግዜ 'ሓንሳእ ድሒንካ፡ ኩሉ ሳዕ ድሒንካ' ዝብል ሓረግ፡ ካብ መጽሓፍ ቅዱስ ከም ዝወጸ ሓሳብ ጌርና ኢና ንደግሞ። ግን፡ መጽሓፍ ቅዱሳዊ ኣበሃህላ ኣይኮነን። ይኹን እምበር፡ ንሓሳብ መጽሓፍ ቅዱስ'ከ የንጸባርቕ'ዶ፧

ኣቐዲምና ከም ዝረኣናዮ፡ እቲ 'ሓንሳእ ድሒንካ' ዝብል ሓሳብ ንባዕሉ፡ ምስ መጽሓፍ ቅዱሳዊ ሓሳብ ብዛዕባ ምድሓን ዘይከይድ እዩ። ብመሰረት መጽሓፍ ቅዱስ፡ ምድሓን፡ ናይ ሕሉፍ፡ ናይ ሕጂን ናይ ዝመጽእን ኮይኑ፡ ምስ ምምላስ ክርስቶስ እዩ ዝፍጸም።

ቀጺልና፡ ኣብቲ ካልኣይ ክፋል ናይዚ ሓረግ፡ ማለት፡ 'ኩሉ ሳዕ ድሒንካ'፡ ዝብል ሓሳብ ኣተኩርና ክንርኢ ኢና። ትምህርቲ መጽሓፍ ቅዱስ ብዛዕባ ሓደ ዶክትሪን፡ ኣብ ሓንቲ ምዕራፍ ጥራይ ዘርዚርካ ክትውድኦ ኣጸጋሚ እዩ። ስለዚ፡ ዕሙቕ ዝበለ መርመራ ንምግባር መታን ክጥዕመና፡ ኣብ ሓደ ጽብብ ዝበለ ሕቶ ከነተኩር ኢና። እቲ ሕቶ፡

ኣካል እቲ ኣምላኽ ዝጸውዖ ህዝቢ ዝኾኑ ውልቀ ሰባት፡ ሰፍራኦም ኣብ ዕላማ ኣምላኽ ንህዝቡ ከጥፍኡ ከም ዝኽእሉ ዘርእዩ ጭብጥታት ካብ መጽሓፍ ቅዱስ ንረክብ'ዶ፧ ሓንሳእ ኣካል ህዝቢ ኣምላኽ ዝነበሩ፡ ክጠፍኡ ከም ዝኽእሉ ዝነግሩ ንጹራት መጠንቀቕታታት ኣለዉ'ዶ፧ ካብ ቃል ኣምላኽ፡ ንጹር ኣብነታት ብዛዕባ ቦትኦም ዘጥፍኡ'ኸ ንረክብ'ዶ፧

ነዞም ሕቶታት ንምምላስ፡ ንብዘሎ መጽሓፍ ቅዱስ ብዕምቆት ክንፍትሽ ኢና። ብብሉይ ኪዳን ጀሚርና፡ ዝበዝሐ ኣተኩሮ መጽናዕትና፡ ካብ ሓዲሽ ኪዳን፡ ክኸውን እዩ።

ብሉይ ኪዳን

ኩሎም እቶም ኣካል እቲ እግዚኣብሄር ዝመረጾ ህዝቢ ዝነበሩ ሰባት፡ ኣብ መወዳእታ፡ ተኻፈልቲ መፈጸምታ ናይቶም እግዚኣብሄር ዝሃቦም ተስፋታት ኮይኖም'ዶ፧ መልሱ፡ ብንጹር፡ ኣሉታዊ እዩ።

ንምጅማር፡ ሽሕ'ኳ ኣምላኽ ምስ ኣብርሃምን ዘርኡን ኪዳን እንተኣተወ፡ ብዙሓት ካብ ዘርኡ ግና ተኻፊልቲ በረኸት ናይቲ ኣምላኽ ምስ ኣብርሃም ዝኣተዎ ኪዳን ኣይኮኑን። ኣብተን ቀዳሞት ወለዶታት ኣብርሃም ውን እንተኾነ፡ እቲ ቦኽሪ ውሉድ ኣብርሃም፡ ነቲ ተስፋ ኣምላኽ ኣይወረሰን። እስማዔል፡ ቀዳማይ ዉሉድ ኣብራሃም እዩ። ኤሳው ቀዳማይ ዉሉድ ይስሓቕ እዩ። ኤሳው፡ ነቲ ዝመጽእ ርስቱ፡ ንግዝያዊ ረብሓ ክብል ከም ዝሸጦ ቃል ኣምላኽ ይነግረና። (ዘፍ 25.29-34) ።

ድሕሪ ዘመናት፡ ህዝቢ እስራኤል ካብ ባርነት ግብጺ ሓራ ምስ ወጹ፡ ቁጽሪ እቶም ካብ ግብጺ ዝወጹ ህዝቢ እስራኤል ኣዝዩ እንዳጎደለ ከም ዝኸደ ንርኢ። ነቲ ዓሰርተ ትእዛዛት፡ ኣብ መበል ሓምሳ መዓልቲ ድሕሪ ካብ ግብጺ ምውጽኦም፡ ኣብ ከረን ሲናይ ክቕበልዎ ከለዉ፡ ድሮ ኣብ ኣምልኾ ጣኦትን ርኽሰትን ብምውዳቕ፡ ነቲ ዝተዋህቦም ሕጊ ይጥሕሰዎ ኔሮም። ከም ሳዕቤኑ ድማ፡ ሰለስተ ሽሕ ሰባት ሸዑ ጠፊኦም (ዘጽ 32.28) ።

ብድሕሪኡ ውን፡ ነቶም ኣብታ ናይ ተስፋ ምድሪ ዝነበሩ ሰባት ምስ ረኣዩ፡ ነቲ ካብ ግብጺ ዘውጽኦም ኣምላኽ ሰለ ዘይኣመንዎ፡ ንመላእ እቲ ካብ ግብጺ ዝወጸ ወለዶ እስራኤል፡ ብሰሪ ምጉርምራሞምን ዘይምእማኖምን ከም ዘጥፍኦም ንርኢ። ካብቶም ካብ ግብጺ ዝወጹ ሽዱእተ ሚእቲ ሽሕ ሰብኣይ (ብዘይ ቆልዓ ሰበይቲ)፡ ክልተ ሰባት (እያሱን ካሌብን) ጥራይ እዮም ናብታ ዝተተስፈወሎም ምድሪ ዝኣተዉ። ሙሴ'ውን እንተኾነ፡ ብሰንኮም ተቖጢዑ ብዘይምዕጋሱ፡ ናብታ ናይ ተስፋ ምድሪ ኣይኣተወን። ኣሽሓት፡ ናብቲ ናይ ኣምላኽ ዕረፍቲ ካብ ምእታዉ ተሪፎም።

ከምቲ ብነድሪ በታ መዓልቲ ፈተና ኣብ በረኻ ዝገበርኩምዎ፡ ልብኹም ኣይተትርሩ። ኣብኡ ኣቦታትኩም እናተዓዘቡ ፈተኑኒ፡ ግብረይ ከኣ ኣርብዓ ዓመት ረኣዩ። ሰለዚ ነዚ ወለዶ እዚ ኾሬኹሉ እም፡ ኲሉ ሳዕ ብልቦም ይስሕቱ፡ መገደይ ግና ኣይፈለጥዎን፡ በልኩ። ብቑጥዓይ ድማ፡ ናብ ዕረፍተይ ኣይኪኣትዉን እዮም፡ ኢለ መሐልኩ። እብ 3.8-11

ሰሚዖም ዘነደርዎኽ ኣየኖት እዮም፧ እቶም ሙሴ መሪሕዎም ካብ ግብጺ ዝወጹ ኹላቶም ደይኮኑን፧ ንመንከ እዩ ኣርብዓ ዓመት ዝኾረየሎም፧ ነቶም ሓጢኣት ዝገበሩ እሞ ሬሳኦም ኣብ በረኻ ዝወደቐ ደይኮነን ንንመንከ እዩ ኣብ ዕረፍቱ ኸይኣትዉ ዝመሐለ፧ ነቶም ዘይተኣዘዙ ደይኮነን፧ ብሰሪ ዘይምእማን ኪኣትዉ ኸም ዘይከኣሉውን፡ ንርኢ እሎና። እብ 3.16-19

እዚኣቶም ኩሎም ብደም ገንሸል ዝተዓደጉ እዮም። ኣብ ቀይሕ ባሕሪ ዝተጠምቁ እዮም። ኣብ ምድረ በዳ መግብን ማይን ብተኣምራት ዝተቐለቡ እዮም። ብኣምላኽ ኣብ ኩሉ መንገዶም ዝተመርሑ እዮም። ግን፡ ናብታ ናይ ተሰፋ ምድሪ ኣይኣተዉን፡ ሸሕ'ኳ ደቆም እንተኣተዉ።

ኣብታ እግዚኣብሄር ዝሃቦም ምድሪ ክቕመጡ ምስ ጀመሩ'ውን፡ ብዙሓት ብሰሪ ዘይምእዛዞም ጠፊኦም እዮም። እግዚኣብሄር፡ በቶም ኣብቲ ከባቢኦም ዝነበሩ ኣህዛብ (ብፍላይ ብፍልስጤማውያን) ጌሩ፡ ብሰንኪ ዘይምእዛዞም፡ ብተደጋጋሚ ከም ዝቐጽዖም ንርኢ።

ካብቲ ቅብኣት መንፈስ ቅዱስ ዝርከብ ህላውነትን ሓይልን ኣምላኽ ዝጠዓሙ ውልቀ ሰባት፡ ግናኸ ንኽልቲኡ ዝስኣኑ፡ ከም በዓል ሳምሶንን ሳኦልን ድማ ኣለዉ። ካብቶም ዓሰርተው ክልተ ነገድ እስራኤል ሓደ ዝኾነ ዳን፡ ምሉእ ብምሉእ ጸኒቱ፡ ንካልእ ነገድ እስራኤል (ዮሴፍ) ኣብ ክልተ ብምምቃል ተተኪኡ (ራእ 7.4-8) ።

ምኽንያት ናይዚ ኣብ ላዕሊ ተጠቒሱ ዘሎ ኩሉ ጥፍኣት ሓደ እዩ፡ ንሱ ድማ፡ ሓጢኣት። ብውልቀ ሰብ ደረጃ ይኹን ብህዝቢ፡ ብላዕለዎት ኣእዳው ዝግበር ዘይምእዛዝ ነቲ ዝተጋህደ ሕግታት ኣምላኽ፡ ምኽንያት ጥፍኣት ብዙሓት ካብ ኣባላት ህዝቢ ኣምላኽ ኮይኑ እዩ።

ንእግረ መንገድና ክንርእዮ፥ እቲ እግዚኣብሄር ንህዝቡ ዝሃቦም ሰፊሕን ንጹርን ሰርዓታት ብዛዕባ ንሓጢኣት ዝቐርብ መስዋእቲ (ዘሌ 10-16)፡ ምእንቲ ሕድገት ሓጢኣት ን ብዘይፍላጥ ወይ ብዘይፍታው ዝግበር ሓጢኣት እምበር፡ ብላዕለዎት ኣእዳው (ብፍታው) ንዝግበር ሓጢኣት ኣይነበረን (ዘሁልቅ 15.22-31) ። ነዚ ዳሕረዋይ ዓይነት ሓጢኣት መቕጸዕቱ ሞት (ምምንቋስ) እዩ ዝነበረ (ማለት፡ ሓጢኣቱ ኣብ ርእሱ እዩ) ።

እስራኤል፡ ናብቲ ኣምላኽ ንኣብራሃም ዝኣተወሉ ተሰፋ ክኣትዉ፡ ኣስታት ሸሕ ዓመታት (ካብ ኣብራሃም ክሳዕ ዳዊት) ወሲድሎም። እስራኤል፡ ካብ ሓደ ውልቀ ሰብ ዝወጹ፡ ሓደ ሰድራ፡ ዓሌት፡ ህዝቢ፡ ግዝኣት ኮይኖም። ነዚ ኹሉ ክሰእንዎ ግን ኣስታት ሓሙሽተ ሚእቲ ዓመት (ፍርቁ) ጥራይ ወሲድሎም። እዚ ምንቁልቃል እስራኤል ናብ ጥፍኣት ብኸመይ ጀሚሩ፧ ብሓጢኣት ሓደ፡ ንህዝቡ ናብ ውግእ ክመርሕ ክወጽእ ዝነበሮ፡ ግናኸ ኣብ ቤቱ ክተርፍ ዝመረጸ ንጉስ! እቲ ሓጢኣት እንታይ ኔሩ፧ ደድሕሪ ሰበይቲ ጎረቤቱ ብትምኒት ብምንዳድ፡ ነታ ሰበይቲ ንምርካብ፡ ኣብ ሓንቲ መዓልቲ፡ ሓሙሽተ ካብቲ ዓሰርተ እግዚኣብሄር ንህዝቡ ዝሃቦም ትእዛዛት ምፍራስ። ቀዳሞት ተኻፈልቲ ሳዕቤናት ናይዚ ንጉስ ዳዊት ዝፈጸሞ ሓጢኣት ሰድራኡ እዮም ኔሮም። ብድሕሪኡ፡ ብናይ ወዱ ተራኣይነትን፡ ብናይ ወዱ ወዱ ዕሽነትን፡

ብዘሎ እስራኤል ናብ ውግእ ሓድሕድ ተሸሚሞም። ብሰሪ እዚ ምግምማዕ፡ እስራኤል ተዳኺማ፡ ብድሕሪኡ ድማ ፍጹም ፈውሲ ኣይረኸበትን።

ኣብቲ ናይ ውድቀት ዘመኖም፡ ዝተፈላለዩ ነብያት፡ ንህዝቢ እስራኤል ዝህብዎ ዝነበሩ መጠንቀቕታ፡ ትውክልቶም ኣብ፡ ብኣምላኽ ዝተመርጹ ህዝቡ ምዃኖምን ኣብ ምግዛርምን፡ ወይ ኣብ ቤት መቕደስ፡ ኣብ መሰዋእቶም፡ ኣብ ከተማ የሩሳሌም፡ ኣብ ታሪኽ ኣምላኽ ከመይ ጌሩ ነቦታቶም ከም ዘድሓኖም ከይገብሩን፡ ምድሓን ካብ ጸላእቶም ድማ ካብዚ ነገራት ከም ዘይመጽእን፡ እዩ። ከምቲ ኣምላኽ ዝፈጠሮምን፡ ንጉሶም ድማ ዝኾነን፡ ኣብ ዝመጽእ ድማ ፈራዲኦም ከም ዝኸውን፡ እቶም ምግላጹን ምድሓኑን ዝተቐበሉ ህዝቡ ድማ፡ ኣቐዲሞም ከም ዝፍረዱ ቀጻሊ የዝክርዎም ኔሮም። ፍርዲ ኣምላኽ ብመጠን ዝተቐበልካዮ ብርሃን እዩ ዝወሃብ።

ህዝቢ እስራኤል፡ ነቲ ብተደጋጋሚ ብነብያት፡ ካብ እግዚኣብሄር ዝመጾም ዝነበረ መጠንቀቕታታት ዝነጸጉሉ ምኽንያት፡ ካብቲ 'ሓንሳእ ናይ እግዚኣብሄር ህዝቢ፡ ኩሉ ሳዕ ናይ እግዚኣብሄር ህዝቢ' ኢና ዝብል ርድኢቶም ዝተላዕለ ምዃኑ ፍሉጥ እዩ። ናይ ኣምላኽ ጸጋን መጎስን እንዳሰተማቐሩ ክኸዱ፡ ዝተቐደሱን ጻድቕን ህዝቢ ኮይኖም ኣብ ቅድሚ ኣምላኽ ክመላለሱ ከም ዝነበርሞ፡ ዝዘንግዑ ሰባት እዮም ኔሮም።

ስለዚ ድማ መወዳእታኦም መጺኡ። እቶም ዓሰርተ ነገዳት ሰሜን ብኣሶር ጠፊኦም። እቶም ክልተ ናይ ደቡብ ነገዳት ድማ ንሰብዓ ዓመት ናብ ባቢሎን ተሰዲዶም (እታ ምድሪ፡ ንሓሙሽተ ሚእቲ ዓመታት፡ከምቲ ኣምላኽ ኣብ ነፍሲ ወከፍ ሸውዓተ ዓመታት ክትዓርፍ ዝኣዘዘ፡ ዕረፍቲ ትወሃብ ኣይነበረትን (2 ዜና 36.21) ።) ቅድሚ ናብ እስራኤል ክምለሱ፡ ብመንገዲ ንጉስ ቂሮስ፡ ዕድል ምርካቦም፡ ክልተ ወለዶታት ጠፊኦም እዮም።

ናብ ምድሮም ክምለሱ ዕድል ድሕሪ ምርካቦም ውን እንተኾነ፡ ሓምሳ ሽሕ ሰባት ጥራይ እዮም ንቤት መቕደስ ኣምላኽ፡ ንኸተማ የሩሳሌም፡ ንምድሪ እስራኤል ክሃንጹ፡ መከራ ክጸግቡ ድልዋት ዝነበሩ። ሸሕ'ኳ ብመጠኑ ክሃንጽዋ እንተኸኣሉ፡ ብገዛእ ርእሶም፡ ኣብ ትሕቲ ናይ ባዕሎም ንግስነት እንዳተመሓደሩ ክነብሩ ግን ፍጹም ኣይከኣሉን። ሶርያ፡ ግብጺ፡ ግሪኽ፡ ሮማ ብተኸታታሊ፡ ንኣርባዕተ ሚእቲ ዓመታት ገዚኦሞም። ኣብዘን ኣርባዕተ ሚእቲ ዓመታት፡ ካብ እግዚኣብሄር ዝኾነ መልእኽቲ ይኹን ተኣምራት ፍጹም ኣይተቐበሉን።

ታሪኽ እቲ ናይ እግዚኣብሄር ህዝቢ፡ ህዝቢ እስራኤል፡ ኣብ ብሉይ ኪዳን ከምዚ ዝረኣናዮ፡ ኣሰቃቒ እዩ። ሓንሳእ፡ ኣካል እቲ ግደ እግዚኣብሄር ክኸውን ዝተሓርየ ህዝቢ እስራኤል ዝነበሩ (ዘዳ 32.9)፡ ብኣማኢት ኣሽሓት ዝቑጸሩ

ሰባት፡ ኣብ መንገዲ ጠፊኦም እዮም። እቲ እግዚኣብሄር ዝሃቦም ተስፋ፡ ንኣዝዩ ሓጺር ግዜ ወሪሶሞ'ኳ እንተነበሩ፡ ብቕጽበት፡ ብሰሪ ዘይምእማኖም፡ ዘይምእዛዞምን ኣምልኾ ጣኦትን ኣጥፊኦሞ።

እዚ ጽሟቕ ታሪኽ እስራኤል፡ ኩሉ ኣንባቢ ዝፈልጦን ኣጽኒዑ ክረኽቦን ዝኽእል ስለ ዝኾነ፡ ኣሕጺረ ኣቕሪበዮ ኣለኹ። ካብዚ ተባሂሉ ዘሎ ንላዕሊ ብዙሕ ክበሃል ምተኻእለ ኔሩ። እዚ ኣብ ላዕሊ ተጠቒሱ ዘሎ መሰረታዊ ሓቅታት ግና ኣብ ቃል ኣምላኽ ንረኽቦን፡ ብዙሕ ከካትዕ ዘይግብኦን እዩ።

ይኹን እምበር፡ ብዙሓት፡ ነዚ ኣብ ላዕሊ ተዋሂቡ ዘሎ ጽሟቕ ታሪኽ ናይ ህዝቢ እስራኤል፡ ነቲ 'ሓንሳእ ድሒንካ፡ ኩሉ ሳዕ ድሒንካ' ዝብል ኣርእስቲ ዝምልከት ኣይኮነን ኢሎም ክነጽግዎ ይኽእሉ እዮም። ኣብ መንጎ ብሉይን ሓድሽን ኪዳን ዘሎ ፍልልይ (ዘይቀጻልነት/*discontinuity)* ብምጉላሕ፡ ኣገዳሲ ከም ዘይኮነ ክሰግርዎ እዮም ዝፍትኑ።

እቲ ብሉይ ኪዳን ኣብ መንፈሳዊ ዘይኮነ፡ ኣብ ስጋዊ ትውልዲ ዝተመርኮሰ እዩ። እቲ ተስፋ ድማ ነዊሕ ዕድመ ኣብ ምድሪ እምበር፡ ዘልኣለማዊ ህይወት ኣብ ሰማይ ኣይነበረን። እቲ መንፈስ እግዚኣብሄር፡ ንዉሑዳት ሰባት፡ ሳሕቲ፡ ከም ኣድላይነቱ፡ ጥራሕ እምበር፡ ንኹሉ ሰብ ንቐጻሊ ኣይኮነን ዝወሃብ ኔሩ። ብዙሓት ካብ ህዝቢ እስራኤል፡ ነዚ ናይ ምድሪ ምድሓን ከም ዝሰኣንዎ፡ ብዙሓት ብቐሊሉ ዝሰማምዕሉ እዩ። እቲ ናይ ሓድሽ ኪዳን ዓይነት ምድሓን ግና ዝተፈልየ እዩ፡ ምኽንያቱ ክጠፍእ ዝኽእል ኣይኮነን። ነፍሲ ወከፍ ኣካል እታ ማሕበር ክርስቶስ ዝኾነ፡ ክሳዕ መወዳእታ ክዕቀብ እዩ። (መብዛሕትኡ ግዜ፡ ነታ ማሕበር ክርስቶስ 'ሓዳስ እስራኤል' ኢሎም እዮም ዝጽውዕዋ፡ ሽሕ'ኳ፡ እቲ ኣብ ሓድሽ ኪዳን 74 ግዜ ተጠቒሱ ዘሎ 'እስራኤል' ዝብል ቃል፡ ንህዝቢ ኣይሁድ ዝምልከት ጥራይ እንተኾነ) ።

እቲ ዘገርም፡ እዚ ን 'ሓንሳእ ድሒንካ፡ ኩሉ ሳዕ ድሒንካ' ዝብል ትምህርቲ፡ ምኽኑይ ንምግባር ዝወሃብ መጎተ ብዛዕባ ፍልልይ *(discontinuity)* መንጎ ብሉይን ሓድሽን ኪዳንን፡ በቶም ኣብ ካልእ ዛዕባታት ንቀጻልነት *(continuity/* ሓደነት) ብሉይን ሓድሽን ኪዳን ዘድምቑ መምሃራን 'ኮቨናንት ቲኦሎጂ' እዩ ዝወሃብ። ከም ኣብነት፡ ንጥምቀት ቆልዓ ኣብ ሓድሽ ኪዳን፡ ምስ ምግዛር ኣብ ብሉይ ኪዳን ብምምስሳል ዝድግፉ እዮም። ከም ሓቂ፡ ንብሉይን ሓድሽን ኪዳን፡ 'ናይ ጸጋ ኪዳን' ብምባል ከም ሓደ ኪዳን ክርእይዎ ዝመርጹ ንሶም እዮም። እዚ እንዳኾነ ግና፡ ከምቲ ኣብ ብሉይ ኪዳን ብዙሓት ዝወደቑን ዝጠፍኡን፡ ንናይ ሓድሽ ኪዳን ኣመንቲ ድማ፡ ከምኡ ከጋጥሞም ይኽእል እዩ ንዝብል ሓሳብ ይቃወሙ።

ሰነመለኮታውያን ኪዳን *(covenant theologists)*፡ ንብሉይን ሓድሽን

ኪዳን ብኽምዚ ዝረኣናዮ መንገዲ ዝፈላልይሉ ምኽንያት፡ ብሰንኪ እቲ ብዛዕባ ምሕዳስ (ዳግም ምውላድ/regeneration) ዘለዎም ዶክትሪን እዩ። ንሳቶም ከም ዝብልዎ፡ እቶም ኣብ ብሉይ ኪዳን ዝወደቑ ኩሎም፡ ዝተሓደሱ፡ ወይ ዳግም ዝተወልዱ ኣይነበሩን። (ድሒርና ከም ንርእዮ፡ ኣብ ሓድሽ ኪዳን፡ ነቲ 'ሓንሳእ ድሒንካ፡ ኩሉ ሳዕ ድሒንካ' ዝብል ዶክትሪናዎም ንምድጋፍ ብተደጋጋሚ ዘቕርብዎ ምኽንያት እዚ ዶክትሪን እዩ) ።

ግን፡ ዳግም ምውላድ ወይ ምሕዳስ ዝብል ሓሳብ፡ ከም ምኽንያት ምጥፋእ ብዙሓት ካብ ህዝቢ እግዚኣብሄር ኣብ ብሉይ ኪዳን ክቐርብ፡ ቅኑዕ ኣይኮነን። ምኽንያቱ፡ ትምህርቲ ዳግም ምውላድ፡ ናይ ሓድሽ ኪዳን ሓሳብ ክነሱ፡ ካብ ሓድሽ ኪዳን ወሲድና፡ ኣብ ብሉይ ኪዳን ከነእትዎ ምፍታን፡ ካብ ቦትኡን ግዚኡን ወጻኢ ምጥቃም እዩ። ኣብ ብሉይ ኪዳን ንረኽቦም፡ ብዛዕባ ዳግም ምውላድ ዝዛረቡ ጥቕስታት፡ ኣብ ሓድሽ ኪዳን ዘጋጥም ፍጻመ ምዃኑ ዘርእዩ ጥራሕ እዮም። ኣብ ብሉይ ኪዳን፡ ዝኾነ ሰብ፡ ብሰንኪ ዳግም ዘይምውላዱ ወይ ዘይምሕዳሱ ወዲቑ ወይ ጠፊኡ ዝብል፡ ፍጹም ኣይንረክብን ኢና። ብኣንጻሩ፡ ዝወደቕሉ ምኽንያት፡ ነቲ ብኣምላኽ ዝተዋህቦም ኪዳን እሙናት ኮይኖም ስለ ዘይተረኽቡ እዩ። ኣብቲ ዘድሓኖም ኣምላኽ ኣይኣመኑን፡ ኣይተኣዘዝዎን ድማ። ስለዚ፡ ብሓድሽ ኪዳናዊ ኣዘራርባ፡ ዝወደቕሉ ምኽንያት፡ ብሰንኪ ዳግም ዘይምውላዶም ወይ 'ሓንሳእ ዘይምድሓኖም' እዩ ምባል፡ ኣብ ብሉይ ኪዳን ንዝነበሩ ህዝቢ ኣምላኽ ዘይምልከትን ግጉይን እዩ።

ብመምዘኒ ብሉይ ኪዳን፡ ምድሓኖም ኣጥፊኡም እዮም። እቶም ሓንሳእ እምነት ዝነበሮም፡ ካብ እምነቶም ዘቢሎም። እቶም ሓንሳእ መንፈስ ዝነበሮም፡ ኣጥፊኡዎ። እቶም ዝጀመሩ፡ ኣይወድኡን። እቶም ኣካል ምውጻእ ካብ ግብጺ ዝነበሩ፡ ኣካል ምእታው ናብ ከንኣን ኣይኮኑን። ካብቶም ድሒሮም ናብ ሰደት ዝተሰዱ፡ ብዙሓት ኣይተመልሱን።

መጽሓፍ ህይወት

ኣብ ብሉይ ኪዳን ንረኽቦ ኣገዳሲ ሓሳብ፡ ነዚ ኣቐዲምና ዝረኣናዮ ጉዳይ ድማ ዝምልከት፡ እቲ ናይ እግዚኣብሄር 'መጽሓፍ ህይወት' እዩ። እዚ መጽሓፍ፡ ኣስማት ናይቶም እግዚኣብሄር ዘድሓኖም፡ ሓደ መዓልቲ ድማ ተማቓልቲ ክብሩ ዝኾኑ ሰባት ዝርከቦ እዩ። ኣብ ብሉይ ኪዳን፡ ኣብዚ መጽሓፍ ህይወት ተጻሒፎም ዝነበሩ ኣስማት፡ ካብቲ መጽሓፍ ክሕከኹ ከም ዝኽእሉ፡ ኣብ ዝተፈላለዩ ቦታታት ቃል ኣምላኽ ይነግረና እዩ። ምኽንያት ምሕካኽ ካብዚ መጽሓፍ ህይወት፡ ኩሉ ግዜ፡ ኣብ ህዝቢ ኣምላኽ ዘሎ ሓጢኣት እዩ።

ኩነ ድማ ንጽብሒቱ ሙሴ ነቶም ህዝቢ፡ ንስኻትኩም ዓብዪ ሓጢኣት ገበርኩም። ሕጂ ኸኣ፡ ምናልባሽ ሓጢያኣትኩም እንተ ኣተዐረቕኩ፡ ናብ እግዚኣብሄር ክድይብ እየ፡ በሎም። ሙሴ ድማ ናብ እግዚኣብሄር ተመሊሱ፡ ኣየ፡ እዚ ህዝቢ እዚ ዓብዪ ሓጢኣት ገበረ፡ ንኣታቶም ከኣ ኣማልክቲ ወርቂ ገበረ። ሕጂ ድማ ሓጢኣቶም ይቕረ በለሎም፡ እንተ ዘይኩነሰ ካብቲ ዝጸሐፍካዮ መጽሓፍካ ሕከኸኒ፡ በለ። እግዚኣብሄር ድማ ንሙሴ፡ ነቲ ዝበደለኒ ኻብ መጽሓፈይ እሐኮ፡ ዘጽ 32.30-33

ኣብ ሰማይ ዝግበር ምሕካኽ ሰም ካብ መጽሓፍ ህይወት፡ ምድምሳስ ሰም ካብ ምድሪ ከኸትል ከም ዝኽእል ቃል ኣምላኽ ይነግረና (ዘሁ 5.23፡ ዘዳ 29.20) ። ዳዊት፡ እቶም ካብ ማእከል ህዝቡ ዝኾኑ ጸላእቱ፡ ካብ መጽሓፍ ህይወት ክድምሰሱ ጸልዩ። ሓጢኣት ናይ ርእሱ ኣብ ቅድሚ ኣምላኽ ምስ ተቓልዐ ድማ፡ ሰሙ ካብ መጽሓፍ ህይወት ከይድምሰስ ብምፍራህ፡ ሓጢኣቱ ካብ መዝገብ ሰማይ ክድምሰስ ለሚኑ።

ካብ መጽሓፍ ህይወት ይደምሰሱ፣ ምስ ጻድቃን ድማ ኣይጸሓፉ። መዝ 69.28
ዎ ኣምላኽ፣ ከም ሳህልኻ ምሐረኒ፣ ከምቲ ዓብዪ ርሕራሔኻ ኣበሳይ ደምስስ። መዝ 51.1
ገጽካ ኻብ ሓጢኣተይ ከውሎ፣ ንብዘሎ ኣበሳይውን ደምስሶ። መዝ 51.9

ተኣምራት ናይ ሕድገት ሓጢኣት እዚ እዩ፡ ሓጢኣት ካብ መዝገብ ይድምሰስ እዩ!

ኣነ፡ ኣነ እየ ሰለ ርእሰይ ኢለ ገበንካ ዝድምሰስ፡ መሊስ ኸኣ ሓጢኣትካ ኣይዝክርን። ኢሳ 43.25

ስለዚ፡ ኣብ ቅድሚ ህዝቢ ኣምላኽ ዘሎ ምርጫ እዚ እዩ፡ ወይ ሓጢኣትካ ይድምሰስ ወይ ከኣ ሰምካ ይድምሰስ።

መጽሓፍ ህይወትን፡ ሰም ካብ መጽሓፍ ህይወት ክድምሰስ ከም ዝኽእልን፡ ኣብ ሓድሽ ኪዳን ውን ንረኽቦ ኢና (ፊል 4.3፡ ራእ 3.5) ።

እወ፡ ኣታ እሙን ሲሲጎስ፡ ንኣኻውን ክትድግፈን እልምነካ አሎኹ።

ንሳተን ምስ ቅሌምንጦስን ምስቶም ስሞም ኣብ መጽሓፍ ህይወት እተጻሕፈ ኻልኦት መዓይይተይን ምሳይ ብወንጌል ዝጸዓራ እየን። ፊል 4.3
እቲ ዚሰዕር ከምኡ ጻዕዳ ኽዳውንቲ ኪኽደን እዩ፡ ኣነውን ንስሙ ኻብ መጽሓፍ ህይወት ኣይክፍሕቆን እየ፡ ኣብ ቅድሚ ኣቦይን ኣብ ቅድሚ መላእኽቱን ድማ ንስሙ ኽእመና እየ። ራእ 3.5

እዞም፡ ኣብ ላዕሊ ዝረኣናዮም ኣብ ህዝቡ እስራኤል ዝተፈጸሙ ፍጻሜታት፡ ኣብ ሓድሽ ኪዳን፡ ንኣመንቲ ሓድሽ ኪዳን ንምጥንቃቕ ተደጊሞም ኣለዉ። ሰለስተ ጸሓፍቲ ሓድሽ ኪዳን፡ ዘይምእታው ደቂ እስራኤል ናብ ከንኣን፡ ኣብ ኣመንቲ ሓድሽ ኪዳን ውን ክድገም ከም ዝኽእል፡ ከም ኣብነት ኣቕሪቦሞ ኣለዉ። (1 ቈረ.10፡1-11. እብ.4፡1-11. ይሁዳ 5) ። ኤሳው ድማ፡ ከም ኣብነት ምስኣን ርስቲ፡ ኣብ እብራውያን 12.16 ተጠቒሱ ኣሎ። ብዙሓት፡ ብነብያት ብሉይ ኪዳን ዝተዋህቡ ትንቢታውያን መጠንቀቕታታት፡ ብጸሓፍቲ ሓድሽ ኪዳን ተደጊሞም ኣለዉ።

ብዓቢኡ ድማ፡ ነቲ ሓድሽ ኪዳን እሙን ዘይምኳን፡ ዝበኣሰ ፍርዲ ከም ዘኸትል ቃል ኣምላኽ የጠንቅቐና።

እቲ ብመላእኽቲ እተነግረ ቓል ካብ ዚጸንዕ፡ ኵሉ በደልን ዘይምእዛዝን ከኣ ቅኑዕ ፍዳኡ ኻብ ዚቕበል፡ እብ 2.2
እቲ ንሕጊ ሙሴ ዘፍረሰ ብቓል ክልተ ወይስ ሰለስተ ምስክር እዩ ብዘይ ድንጋጽ ዚመውት። ንወዲ ኣምላኽ ዝረገጸ፡ ነቲ እተቐደሰሉ ደም ኪዳን ከኣ ዘርከሰ፡ ንመንፈስ ጸጋውን ዝጸረፈ ግዳ ኽንደይ ዝገደደ ቕጽዓት ዘይግብኦ ይመስለኩም። ንሕናስ ነቲ፡ ምፍዳይ ሕነ ናተይ እዩ፡ ኣነ ሕነ ኽፈዲ እየ፡ ዝበለ፡ ደጊሙ ኸኣ፡ እግዚኣብሄር ንህዝቡ ኺፈርዶ እዩ፡ ዝበለ፡ ንፈልጦ ኢና። ኣብ ኢድ ህያው ኣምላኽ ምውዳቕ ዜሰክሕ እዩ። እብ 10.28-31

ፍርዲ፡ ብቤት ኣምላኽ (ብኣመንቲ) እዩ ዝጅምር (1 ጴጥ 4.17) ።

እቲ ፍርዲ ኣብ ቤት ኣምላኽ፡ ዚጅምረሉ ጊዜ መጺኡ እዩ እሞ፡ ቅድም ኣባና ኻብ ዚጅምርሲ፡ እቶም ንወንጌል ኣምላኽ ዘይእዘዙ ደኣ መወዳእታኦም እንታይ ኪኸውን እዩ፧ 1 ጴጥ 4.17

ኣሞጽ ነዚ መልእኽቲ መስተውዓለሉ ኔሩ (ኣሞጽ 3.2) ፡፡

> *ኣነ ካብ ኲሎም ዓሌታት ምድሪ ንኣኻትኩም ንበይንኹም ፈሊጥኩኹም፣ ስለዚ ብሰሪ ኣበሳኹም ክቐጽዓኩም እየ። ኣሞጽ 3.2*

እቲ ኣምላኽ ምስ ማሕበሩ ዝኣተዎ ሓድሽ ኪዳን፡ ነቲ ናይ ኣምላኽ ኪዳን ምስ እስራኤል ይትክኦ እዩ፡ ዝብል ግጉይ ርድኢት ክህለወና ኣይግብኦን፡ ('ስነ-መለኮት መተካእታ' *(replacement theology)* ዝበሃል ግጉይ ርድኢት) ፡፡ ብኣንጻሩ፡ እቲ ሓድሽ ኪዳን፡ ንቤት እስራኤልን ይሁዳን ዝዓለመ እዩ ኔሩ (ኤር 31.31) ፡፡ በዚ ሓድሽ ኪዳን ድማ፡ ሓጢኣት እስራኤል ክድምሰስ እዩ (ግብ 3.19) ፡፡

> *እንሆ፡ ምስ ቤት እስራኤልን ምስ ቤት ይሁዳን ሓድሽ ኪዳን ዝእትወለን መዓልትታት ኪመጸ እየን፡ ይብል እግዚኣብሄር። ኤር 31.31*
> *ጴጥሮስ ግና ምስ ረአዮም፡ ነቶም ህዝቢ መለሰሎም፡ ከምዚ ኢሉ፡* ***ኣቱም ሰብ እስራኤል፡*** *ንምንታይ በዚ ትግረሙ፡ ብገዛእ ሓይልና ወይስ ብጽድቅና ነዚ ኪኸይድ ከም ዝገበርናዮስ፡ ንምንታይ ንኣና ትጥምቱ ኣሎኹም። .... እምበኣርሰኸ ሓጢኣትኩም ምእንቲ ኺድምሰሰልኩም፡ ካብ ገጽ እግዚኣብሄር ከኣ ዘመን ዕረፍቲ ምእንቲ ኺመጸልኩም፡ ግብ 3.12, 19*

ኣብ እስራኤል፡ ኩሉ ሳዕ እሙናት ተረፍ ኔሮም እዮም፡ ገና ድማ ክህልዉ እዮም። እስራኤል ከም ህዝቢ፡ ንኣምላኽ ነጺጎሞ ክኾኑ ይኽእሉ እዮም። እግዚኣብሄር ግና ከቶ ኣይጠለሞምን። ስለዚ፡ ሓደ መዓልቲ፡ ብዘሎ እስራኤል ኪድሕን እዩ (ሮሜ 11.26፡ ብዘሎ እስራኤል ማለት፡ 'እስራኤል ኩላ' ማለት፡ ንኹሉ ክፋላታ/ነገዳታ ዝውክል ህዝቢ ክድሕን እዩ ማለት እዩ። 'ብዘሎ እስራኤል' ዝብል ቃል ንምርዳእ 1 ዜና 11.1 ርአ) ፡፡

> *ከምቲ ጽሑፍ፡ ተበጃዊ ካብ ጽዮን ኪመጽእ እዩ፡ ካብ ያእቆብ ከኣ ረሲእነት ኬርሕቕ እዩ፡ ሓጢኣቶም ምስ ኣርሓቕኩ፡ ኪዳነይ ምሳታቶም እዚ ኪኸውን እዩ፡ ዚብሎ፡ ብዘሎ እስራኤል ኪድሕን እዩ። ሮሜ 11.26-27*

ኣይሁዳውያንን ኣህዛብን ኣመንቲ፡ ኣብ ትሕቲ ሓደ ጓሳ፡ ሓደ ህዝቢ ክኾኑ

እዮም (ዮሃ 10.16) ።

ካብዚ መጓሰ እዚ ዘይኮና ኻልኦት ኣባጊዕውን ኣለዋኒ። ንኣታተን ድማ ከምጽኤን እየ፡ ቃለይውን ኪሰምዓ እየን። ሓደ መጓሰ ኪኾና እየን ጓሳኤንውን ሓደ። ወን ዮሃ 10.16

እታ ሓዳስ የሩሳሌም፡ ኣብ ደጌታታን መሰረታን፡ ሰም ናይቶም ዓሰርተው ክልተ ነገዳት እስራኤልን፡ ናይቶም ዓሰርተው ክልተ ሃዋርያትን፡ ክጸሓፍ እዩ። (ራእ.21፡12-14) ።

ዓብይን ነዊሕን ቀጽሪ ኸኣ ኣለዋ፡ ዓሰርተው ክልተ ደገ፡ ኣብቲ ደጌታትውን ዓሰርተው ክልተ መላእኽቲ፡ ሰማት ድማ ተጽሒፉ ኣሎ፡ እዚ ሰማት እዚውን ናይቶም ዓሰርተው ክልተ ነገድ ደቂ እስራኤል እዩ።ብምብራቕ ሰለሰተ ደገ፡ ብሰሜን ሰለሰተ ደገ፡ ብደቡብ ሰለሰተ ደገ፡ ብምዕራብ ሰለሰተ ደገ ኣሎ። ቀጽሪ እታ ኸተማ ኸኣ ዓሰርተው ክልተ መሰረት ኣለዎ፡ ኣብኡ ድማ ዓሰርተው ክልተ ሰም ናይቶም ዓሰርተው ክልተ ሃዋርያት እቲ ገንሸል ኣሎ።

ሓድሽ ኪዳን

መብዛሕትኡ መልእኽታት ሓድሽ ኪዳን፡ ግብራዊ ምኽርታት ብዛዕባ እዋናዊ ጉዳያት ቤተክርስትያን ንምሃብ ዝተጻሕፈ እዩ። ስለ ዝኾነ፡ ዶክትሪናት ወይ ኣገደስቲ ሰረተ-እምነታት ክርስትና፡ ንመጻሕፍቲ ሓድሽ ኪዳን፡ ሚዛናዊ ብዝኾነ መንገዲ ብምምርማር፡ ዝተፈላልዩ መልእኽትታት ካብ ዝተፈላለዩ ክፋላት መጽሓፍ ቅዱስ እንዳተኣሳሰርካ፡ እዩ ክርከብ ዝከኣል።

‘ሓንሳእ ድሒንካ፡ ኩሉ ሳዕ ድሒንካ’ ዝብል ትምህርቲ፡ ኣብታ ናይ መጀመርታ ቤተክርስትያን ዝፍለጥ ወይ ኣብኣ ዝተራእየ ትምህርቲ ኣይነበረን። ምኽንያቱ፡ ኣብ ሕጽኖት እንዳሃለኻ፡ ብዛዕባ ፍትሕ ኣይትዛረብን ኢኻ! ስለዝኾነ፡ ን ‘ሓንሳእ ድሒንካ፡ ኩሉ ሳዕ ድሒንካ’፡ ዝምልከቱ መልእኽታት፡ ኣብተን ዳሕሮት ጽሑፋት ሓድሽ ኪዳን፡ ማለት እቶም ካልኣይ ወለዶ ኣመንቲ፡ ብሰንኪ እምነቶም ኣብ ከቢድ ናይ ውሽጥን ናይ ደገን ፈተናን ሰደትን ኣብ ዝነበርሉ እዋን፡ ዝያዳ ክህልዉ ኢኻ ትጽበ። በዚ መሰረት፡ ኣብተን ዳሕሮት መጻሕፍቲ እብራውያንን ራእይ ዮሃንስን፡ ንረኽቦ ልክዕ እዚ እዩ።

ኣብዚ ክፍሊ፡ ንኹለን መጻሕፍቲ ሓድሽ ኪዳን፡ ካብ መጀመርታ ክሳዕ መወዳእታ፡ በብሓደ፡ ብዛዕባ ‘ሓንሳእ ድሒንካ፡ ኩሉ ሳዕ ድሒንካ’ እንታይ

ከም ዝብላ ንምርኣይ ክንምርምረን ኢና። ብሓደ ጸሓፊ ዝተጻሕፋ መጻሕፍቲ ምስ ዝኾና፡ ኣልጊብና ብሓደ ክንርእየን ኢና (ንኣብነት፡ ናይ ዮሃንስ ወንጌልን መልእኽታቱን፡ ናይ ጳውሎስ መልእኽታት) ። ከምቲ ኣብ ብሉይ ኪዳን ዝገበርናዮ ሓፈሻዊ ስእሊ ዘይኮንና ጾሚቕና ክንርእይ፡ በብሓደ ኣብ ዝተወሰኑ ጽሑፋት እንዳተኮርና ኢና ክንምርምር ።

ወንጌል ማቴዎስ

ቅድሚ ናብ መጽናዕቲ ወንጌል ማቴዎስ ምእታውና፡ ክልተ ግጉያት ርድኢታት ብዛዕባ ወንጌል ማቴዎስ ክንርኢ።

ቀዳማይ፡ ወንጌል ማቴዎስ፡ ሸሕ'ኳ ንኣይሁድ ዝምልከቱ ባህርያት ብብዝሒ ዝጠቅስ እንተኾነ፡ ንኣይሁድ ጥራይ ዝተጻሕፈ መጽሓፍ ግን ኣይኮነን። ንኣብነት፡ ማቴዎስ ኣብ ክንዲ 'መንግስቲ ኣምላኽ'፡ 'መንግስቲ ሰማይ' ክብል ምምራጹ፡ ኣይሁድ፡ ንሰም ኣምላኽ፡ ብኽንቱ ንኸየልዕል እዩ። ማቴዎስ፡ ንወለዶ ናይ የሱስ፡ ንድሕሪት ክሳዕ ኣብርሃም ብምትንታኑ፡ ትንቢታት ብሉይ ኪዳን ብዛዕባ ክርስቶስ ከም ዝተፈጸሙ ብተዳጋጋሚ ምዝካሩ፡ ሓድሽ ኪዳን፡ መቐጸልታ ካብ ብሉይ ኪዳን ምዃኑ ብምርኣይ ንኣይሁዳውያን ኣንበብቲ ንምስሓብ እዩ። ይኹን እምበር፡ ወንጌል ማቴዎስ፡ ንኣይሁድ ነቓፍቲ ዝኾኑ ብዙሓት መልእኽታት ዝሓዘለ ኮይኑ፡ ካብ ኩሎም ኣህዛብ፡ ደቀ-መዛሙርቲ ክገብሩ ብምእዛዝ እዩ ዝዛዝም።

ካልኣይ፡ ወንጌል ማቴዎስ፡ ወንጌል እኳ እንተኾነ፡ ንዘይኣምኑ ዝተጻሕፈ መልእኽቲ ግን ኣይኮነን። ወንጌል ማቴዎስ ካብተን ካልኦት ወንጌላት ዝፍለየሉ ምኽንያት፡ ምህላው ናይተን የሱስ ዝመሃረን ሓሙሽተ መሰረታውያን ትምህርታት እዩ። ካብዘን ሓሙሽተ ትምህርታት፡ እቲ ቀዳማይ፡ እቲ 'ናይ ጎቦ ሰብከት' (Sermon on the Mount) ተባሂሉ ዝፍለጥ እዩ። እዚ ናይ ጎቦ ሰብከት የሱስ ክርስቶስ፡ ናብ ውሉድ እታ መንግስቲ ሰማይ ዝኾኑ፡ ማለት፡ ናብቶም ድሮ ደቀ-መዛምርቱ ዝነበሩ፡ ድሒሮም ድማ፡ ሃዋርያቱ ዝኾኑ፡ ዝቐንዐ እዩ። ኣብ ቃልዕ ዝተሰብከ ሰብከት ስለ ዝኾነ፡ እቲ ህዝቢ ሰሚዕዎ ክኸውን ይኽእል እዩ። እቲ መልእኽቲ ናይዚ ሰብከት ግና፡ ናብቶም ብክርስቶስ ኣሚኖም፡ ካብ ኣምላኽ ዝተወልዱ፡ ንክርስቶስ ንኽሰዕቡ ድማ ዝወሰኑ ዝዓለመ እዩ።

ብዙሕ ህዝቢ ምስ ረኣየ፡ ***ናብ ከረን ደየበ።*** *ምስ ተቐመጠ ኸኣ፡* ***ደቀ መዛሙርቱ*** *ናብኡ ቐረቡ። ኣፉ ኸፈተ፡ ከምዚ እናበለ ድማ መሀሮም፡ ማቴ 5.1-2*

ስለዚ፡ ወንጌል ማቴዎስ፡ ከም ንሓደስቲ ኣመንቲ፡ ናብ ደረጃ ወደ-መዝሙርነት ንምስግጋር ዝዓለመ ትምህርቲ ክቑጸር ይከኣል። እተን ሓሙሽተ ቀንዲ ትምህርታት ወንጌል ማቴዎስ እዘን ዝስዕባ እየን።

1. ማቴ 5-7 ቅዲ-ናብራ (lifestyle) መንግስቲ ኣምላኽ፣
2. ማቴ 10 - ተልእኾ መንግስቲ ኣምላኽ፣
3. ማቴ 13 - ምስፍሕፋሕ መንግስቲ ኣምላኽ፣
4. ማቴ 18 - ሕብረት (community) መንግስቲ ኣምላኽ፣
5. ማቴ 24-25 - መጻኢ መንግስቲ ኣምላኽ፣

መብዝሓትኦም ናይቲ ዘመን ኣመንቲ ኣይሁድ ስለ ዝነበሩ፡ ወንጌል ማቴዎስ፡ ንኣይሁድ ብፍላይ፡ ዝምችእ መጽሓፍ ምዃኑ ዝገርም ኣይኮነን። ደጊሙ ክንጽረልና ዘለዎ፡ ንዝኣምኑ ኣይሁድ እምበር፡ ንዘይኣምኑ ኣይሁድ ዝዓለመ መጽሓፍ ኣይኮነን።

ስለምንታይ፡ ማቴዎስ፡ ነዞም ትምህርታት ወደ-መዝሙርነት ኣብ ናይ ወንጌል መጽሓፍ ኣሰፊርዎም፧ ብስነ-መለኮታዊ መለክዒ ክንሓስቦ ከለና፡ ከምኡ ምግባሩ ጽቡቕን ኣገዳስን እዩ። ክርስትናዊ ስነ-ሞራል፡ ኣብ ክርስትያናዊ ስነ-መለኮት (መጽናዕቲ ብዛዕባ ባህሪ ኣምላኽን እምነት ኣብ ኣምላኽን) ዝተሰረተ እዩ። ክርስትናዊ ናብራ፡ ነቲ ናይ ምድሓን ጸጋ ኣምላኽ፡ ብምስጋና ዝግበር ግብረ-መልሲ እዩ። ኣምላኽ ኣባና ዝዓዮ ጥራሕ ኢና ክንገብሮ ንኽእል። እንተሓሰብናዮስ፡ ክንደይ ግዜ፡ እቲ ናይ ክርስቶስ ናይ ጎቦ ስብከቱ (ማቴ 5-7)፡ ብዓለም፡ ካብቲ ዓውደ-ጽሕፈቱ ተቘንጪሉ፡ ከም ንምግባሩ መለኮታዊ ምድሓን ዘየድልዮ፡ ባዕልኻ፡ ብጥበብካን ሓይልኻን ክእለትካን ዝግበር ሞራላዊ መምርሒ፡ ተቖጺሩ ኣሎ፧

እዚ ኣብ መእተዊ ጠቒስናዮ ዘለና ሓሳባት፡ ነቲ 'ሓንሳእ ድሒንካ፡ ኩሉ ሳዕ ድሒንካ' ዝብል ኣርእስቲ ኣገዳሲ ዘይኮነ ክመስል ይኽእል እዩ። እዘን ዝስዕባ ስለስተ ነጥብታት ምስ እንርእየን ግና ኣገዳስነቱ ክረኣየና እዩ።

ቀዳማይ፡ ዳርጋ ኩሉ ብዛዕባ ገሃነም እሳት እንፈልጦ፡ ብቐጥታ፡ ካብ ኣፍ የሱስ ዝተባህለ እዩ። ካልኣይ፡ ዳርጋ ኩሉ ትምህርቲ የሱስ ብዛዕባ ገሃነም ኣብ ወንጌል ማቴዎስ እዩ ዝርከብ። ሳልሳይ፡ ብጀካ ክልተ፡ ኩለን መጠንቀቕታታት የሱስ ብዛዕባ ገሃነም፡ ንደቀ-መዛምርቱ ዝተዋህባ እየን። ነዘን ስለስተ ሓቅታት ምስ ረኺብኩወን፡ ብዙሓት ኣንበብቲ ብደብዳቤ፡ ባዕሎም መርሚሮም ክሳዕ ዝረኽብዎ፡ ተጋጊካ ኣለኻ ክብሉ ጽሒፎምለይ እዮም። እተን ክልተ ካልኦት መጠንቀቕታታት የሱስ ብዛዕባ ገሃነም ንፈሪሳውያን ዝተዋህባ እየን።

ስለዚ፡ መጠንቀቕታታት የሱስ ብዛዕባ ገሃነም እሳት፡ ንሓጥኣን ዝተዋህበ መጠንቀቕታ ኣይነበረን።

እቲ፡ ናብቶም ምእንቲ ስሙ ዝጽርፉን ዝሰደዱን ዝቐንዐ፡ ናይ የሱስ ናይ ጎቦ ስብከት፡ ዝበዝሐ መጠንቀቕታታት ብዛዕባ ገሃነም ዝሓዘለ እዩ። የሱስ፡ ንሃዋርያቱ ክልእኾም ከሎ፡ ነቶም ንስጋ እምበር ንነፍሲ ምጥፋእ ዘይከኣሎም ዘይኮነ፡ ነቲ ንነፍስን ስጋን ኣብ ገሃነም ከጥፍእ ዝከኣሎ ጥራይ ኣዝዮም ክፈርሁ የጠንቅቖም። (ማቴ 10.28) ። (መን እዩ እቲ ንስጋን ንነፍስን ኣብ ገሃነም ከጥፍእ ዝከኣሎ፧ ኣምላኽ ባዕሉ እዩ፡ ሰይጣን ኣይኮነን። ሰይጣን ንባዕሉ፡ ኣብታ መዓልቲ ፍርዲ ናብ ገሃነም ክድርበ እዩ (ራእ 20.10) ። ኣብዚ ከነስተውዕለሉ ዘለና፡ የሱስ፡ ነዚ ምፍራህ ነቲ ንስጋን ንነፍስን ኣብ ገሃነም ከጥፍእ ዝከኣሎ ኣምላኽ ኣብ ውሽጦም ክገብርዎ እምበር፡ ፍርሂ ገሃነም ኣብ ካልኦት ከሕድሩ ኣይኣዘዞምን።

እዚ የሱስ፡ ብዛዕባ ገሃነም፡ ንደቂ መዛምርቱ ዝሃቦ መጠንቀቕታ፡ እቶም የሱስ ዝለኣኾም ሃዋርያት ከይተረፉ ኣብ ገሃነም ክጠፍኡ ከም ዝኽእሉ ዘርኢ ምኳኑ ብምፍላጥ፡ ወንጌል ማቴዎስ ብዛዕባ 'ሓንሳእ ድሒንካ፡ ኩሉ ሳዕ ድሒንካ' እንታይ ከም ዝምህር ብቐሊሉ ምፍላጥ ይከኣል። ይኹን እምበር፡ ተወሳኺ ካልእ ነጥብታት ውን ኣሎ።

ካልእ ኣብ ማቴዎስ ንረኽቦ፡ የሱስ፡ ብዛዕባ ሕድገት ሓጢኣት ዘይረክብ ሓጢኣት ዝበሎ እዩ።

> *ነቲ ኣብ ወዲ ሰብ ገለ ዘረባ ዝበለ ይሕደገሉ እዩ፡ ነቲ ኣብ መንፈስ ቅዱስ ገለ ዘረባ ዝበለ ግና፡ ኣብዛ ዓለም እዚኣ ኾነ፡ ኣብታ እትመጽእ ኮነ፡ ኣይሕደገሉን እዩ፡ እብለኩም ኣሎኹ። ማቴ 12.32*

እዚ ጥቕሲ ክትርጎም ከሎ፡ ኣንጻር ስራሕ መንፈስ ቅዱስ ምዝራብ፡ ማለት፡ ንስራሕ መንፈስ ቅዱስ ናይ ሰይጣን እዩ ምባል፡ እዩ። እዚ የሱስ፡ ነቶም ንስራሕ መንፈስ ቅዱስ ናይ ሰይጣን እዩ ኢሎም ዝጸረፉ ፈሪሳውያን ዝበሎ እኳ እንተኾነ፡ ነዚ ሓጢኣት፡ ደቀ-መዝሙር የሱስ ኣይገብርዎን እዮም ክንብል ግን ኣይንኽእልን ኢና። ስለዚ እዩ ማቴዎስ ኣብ ወንጌሉ ኣሰፊርዎ ዝኸውን።

ቀጺልና ኣብ ወንጌል ማቴዎስ ንረኽቦ፡ ብዛዕባ እቲ ምሕረት ዘይገብር ባርያ እዩ (ማቴ 18.1-35) ። መልእኽቲ ናይዚ ምሰላ፡ ነቲ ካብ ኣምላኽ ዝርከብ ምሕረት ዕሸሽ ዘይምባል ወይ ከም ግቡእ ዘይምውሳድ እዩ። ብመጠን እቲ ካብ ኣምላኽ ዝተቐበልካዮ ምሕረት፡ ንኻልኦት ክትምሕር እንተዘይክኢካ፡ ምሕረት ኣምላኽ ካባኻ ክውሰድ ይከኣል እዩ።

ካልእ ኣብ ወንጌል ማቴዎስ ንረኽቦ ምስላ፡ ናይቶም ናብ መርዓ፡ ክዳን መርዓ ከይተኸድኑ ዝኸዱ እዩ (ማቴ 22.1-14) ። እዚ ምስላ ዘርእየና፡ ናብ መርዓ ክትመጽእ ዕድል ምርካብ ጥራይ እኹል ከም ዘይኮነን፡ ዕዱማት፡ ዝግባእ ክዳን መርዓ ክገብሩ ከም ዘድልዮምን እዩ። እቲ ክዳን መርዓ ዘይተኸድነ፡ ክዳን መርዓ ክኸደን ብዙሕ ዕድላት ከም ዝነበሮ ዘርኢ፡ ሰለምንታይ ክዳን መርዓ ዘይተኸድነ ምስ ተሓተተ፡ መልሲ ብዘይምሃቡ (ምጽቃጡ) እዩ (ማቴ 22.12) ። ስለዚ፡ እቲ ክዳን መርዓ ዘይክደን፡ መወዳእታኡ፡ ኣእዳዉን ኣእጋሩን ተኣሲሩ (መታን ከየምልጥ) ናብ ናይ ወጻኢ ጸልማት ተደርብዩ፡ ኣብ ብኽያትን ምሕርቃም ኣሰናንን ዝመልኦ ጣዕሳን ምንባር ይኸውን (ንገሃነም እሳት ዘመልክት ቋንቋ) ።

> *ኣታ ዓርከይ፡ ከመይከ ኽዳን መርዓ ዜብልካ ናብዚ ኣቶኻ፧ በሎ። ንሱ ግና ኣጽቀጠ። ሽዑ እቲ ንጉስ ንገላዉኡ በሎም፡ ኣእዳዉን ኣእጋሩን ኣሲርኩም፡ ኣብ ናይ ወጻኢ ጸልማት ደርብይዎ። ኣብኡ ብኽያትን ምሕርቃም ኣሰናንን ይኸውን። ጽዉዓትሲ ብዙሓት እዮም፡ ሕሩያት ግና ሒደት እዮም። ማቴ 12.21*

እዚ መልእኽቲ፡ ናብ ፈሪሳውያንን ጸሓፍትን ዝቐንዐ እኳ እንተኾነ፡ ማቴዎስ፡ ንኹሎም ደቀ መዝሙር የሱስ ዘበሉ ዝኸውን መልእኽቲ ከም ዘለዎ ጽሑፍ ኣብ ወንጌሉ ኣሰፊርዎ ንረኽቦ። ስለዚ፡ ምቕባል ዕድመ ወንጌል፡ ናብ ምእታው ናብቲ ጽምብል መርዓ ከምርሕ እንተኾይኑ፡ ብዝተለወጠ ቅዲ-ናብራ ክሰነ ኣለዎ። ብሰነ-መለኮታዊ ኣዘራርባ፡ ቅድስና ንጽድቂ ክውሰኾ ኣለዎ። ጽድቂ ክርስቶስ ብኣምላኽ ከም ጽድቅና ክቑጸረልና ጥራይ ዘይኮነ፡ ጽድቂ ክርስቶስ ኣብ ህይወትና ክንፈርዮ ድማ ኣለና (ምዕራፍ 5 ርአ) ።

ምዕራፍ 24ን 25 ዝያዳ ንጹር መልእኽቲ ብዛዕባ እዚ ኣርእስትና ዝሓዘለ እዩ። የሱስ፡ ብዛዕባ እቶም ንምጽኣቱ ዘእንፍቱ ምልክታት (ዓበይቲ ዕንወታት ኣብ ዓለም፡ ውድቀት ቤተክርስትያን፡ ውልቀ-መላኽነት ኣብ ቤት መቕደስ፡ ጸልማት ኣብ ሰማይ) ክዛረብ ከሎ፡ ንደቀ-መዛምርቱ መታን ከይታለሉ ብተደጋጋሚ የጠንቅቖም። ካብታ መንገዲ ክኣልዮም ወይ ተሰፋ ከቑርጾም ዝመጽእ ብዙሕ ጸቕጥታትን ፈተናታትን ከም ዝህልዉ ድሕሪ ምሕባር፡ እቲ ክሳዕ መወዳእታ ዝዕገስ ግና ከም ዝድሕን ድማ ይነግሮም (ማቴ 24.13፡ ማር 13፡ ሉቃ 21) ።

ገለ ሰባት፡ ነቲ 'ክድሕን እዩ' ዝብል ቃል ንምፍኻስ፡ ካብቲ ኣብ መወዳእታ ዘመን ዝኸውን ፈተናታት ኪድሕኑ እዮም፡ ማለት እዩ ኢሎም ይትርግምዎ

እዮም። የሱስ ግና ካብቲ መከራ ከም ዝድሕኑ ዘይኮነ ቃል ዝኣትወሎም ዘሎ፡ ብዛዕባ መፈጸምታ ምድሓን እዩ ዝዛረብ ዘሎ።

እቶም ቀጺሎም ዝሰዕቡ ምስላታት ብዛዕባ'ዚ ትርጉም ናይዚ ብዘይጥርጥር ክንከውን ዝገብሩ እዮም። እዞም፡ የሱስ ክርስቶስ ቀጺሉ፡ ንደቀ-መዛምርቱ ዝነገሮም ምስላታት፡ ብዛዕባ እቲ ጎይታኡ ኣብ ቤቱ ዝሸሞ እሙን ኣስተውዓሊ ባርያ (ማቴ 24.45-51)፡ ብዛዕባ እተን ነቲ መርዓዊ ዝጽበያ ዓሰርተ ደናግል (ማቴ 25.1-13)፡ ብዛዕባ እቶም ሰለስተ ገንዘብ ዝተዋህቡ ገላዉ (ማቴ 25.14-30)፡ እየን። ኣብዘን ምስላታት ንርእዮ ናይ ሓባር ረቛሒ፡ እቲ ጎይታ ወይ መርዓዊ ደንገዩ ከም ዝመጽእ እዩ። ምድንጓይ ናይቲ መርዓዊ ወይ ጎይታ፡ ንእምነት (እሙንነት) ናይ ደቀ መዛምርቱ ዝፍትን እዩ። ክምለሰ እንከሎ፡ ገለ ካብቶም ሕድሪ ዝተዋህቦም ሰባት፡ ነቲ ክገብርዎ ዝኣዘዞም ብሸለልነት ብዘይምግባር ከም ዘሕፍርዎ ንርኢ። ካብዚ እቲ ዝገርም፡ እቲ እሙን ኣስተውዓሊ ባርያ ዝተባህለ ዝገበሮ ዓመጻ እዩ። ኣብ ዘመንና፡ ብዙሓት ዝብልዎ፡ እቶም ዳግም ዝተወልዱ ናይ ግድን ክሳዕ መወዳእታ እሙናት ከም ዝኾኑ፡ እቶም ዘይእሙናት ግና፡ ብቐደሙ ውን ናይ ብሓቂ ዳግም ዘይተወልዱ ዝነበሩ እዮም፡ ዝብል እዩ። ብዛዕባ እዚ እሙን ኣስተውዓሊ ባርያ ዝነበረ እሞ፡ ደሓር ግና ብሰሪ ክፍኣቱ እቲ ጎይታኡ ናብ ክልተ ጨንዲሑ ዝድርብዮ ምስ ዘንብቡ ግና፡ እንታይ ይብሉ ይኾኑ፡ እዚ ኣብ ክልተ ተጨንዲሑ ዝተደርበየ፡ እሙን ኣስተውዓሊ ባርያ ምንባሩ የስተውዕልሉ'ዶ ኣለዉ፧

ኩሎም ኣብዚ ምስላታት ዝረኣናዮም ሰባት፡ ናይቲ ጎይታኦም ወይ መርዓዊ እዮም ኔሮም። ምጽኣቱ ዝጽበዩ ዝነበሩ እዮም። ናይዘን ምስላታት መዛዘሚ፡ ፍርዲ (መወዳእታ) ናይቶም እሙናት ኮይኖም ዘይጸንሕዎ እዩ። ካብዚኣቶም፡ እቲ ነቶም ብጾቱ ዝነበሩ ባሮት ዝወቕዖም ክፉእ ባርያ፡ ናብ ክልተ ተጨንዲሑ፡ ቦታኡ፡ ምስ ግቡዛት ወይ ዘይኣመንቲ (ኣብ ሉቃስ ከም ንረኽቦ)፡ ኣብኡ ድማ ብኽያትን ምሕርቃም ኣስናንን ዘለዎ (ማለት፡ ገሃነም)፡ ይኸውን። እተን ሓሙሽተ፡ መርዓዊ ምስ ደንጎየ ትኽሰ ዝበላ ደናግል፡ ንጎይትእን ከይተዳለዋ ስለ ዝጸንሓ፡ ኣብቲ ናይ ፍርቂ ለይቲ ጸልማት ማዕጾ ተዓጽዩወን። እቲ ክፉእ፡ ዘይጠቅም ባርያ፡ ነቲ ዝተዋህቦ መክሊት ኣብ ክንዲ ዘሸርፎ፡ ኣብ ምድሪ ሓቢኡ፡ ንጎይታኡ ድማ ብጽልኢ 'ዘይዘራእካዮ እትዐጽድ ዘይበተንካዮውን እትእክብ' ኢሉ ዝኸሰሶ፡ ጎይታኡ ምስ መጸ፡ ናብቲ ናይ ወጻኢ ጸልማት፡ ኣብኡ ድማ ብኽያትን ምሕርቃም ኣሰናንን ዝኸውን (ማለት፡ ገሃነም)፡ ደርብይዎ። እምበኣር፡ ደቀ መዝሙር የሱስ፡ የሱስ ምስ ተመልሰ፡ ዘይእሙናት ኮይኖም ብምጽንሖም ናብ ገሃነም ክድርበዩ ይኽእሉ እዮም!

ይሁዳ ኣስቆሮታዊ፡ ሓደ ካብቶም ነዚ ምስላታት ዝሰምዑ ደቀ መዛሙርቲ የሱስ እዩ ኔሩ። ከምቲ ንፈልጦ፡ ነዚ መጠንቀቕታታት የሱስ ብዘይምስምዑ መወዳእታኡ ኣብ ገሃነም ኮይኑ እዩ። (ብዛዕባ ይሁዳ ኣስቆሮታዊ፡ ኣብ መወዳእታ እዛ መጽሓፍ፡ ኣብ ጥብቆ II ብዝርዝር ክንርእዮ ኢና) ።

ናብቲ ናይ ጎቦ ስብከት ናይ የሱስ ተመሊስና ምስ እንርኢ፡ የሱስ፡ ብዛዕባ ክልተ ኦም፡ ክልተ መንገዲ፡ ክልተ ቤት ብምዝራብ፡ እዩ ስብከቱ ዝዛዝም። ብዛዕባ እዞም ምርጫታት ንደቀ-መዛምርቱ ዝተዛረበሉ ምኽንያት፡ ነቲ ካብቲ ቅድሚኡም ዘሎ ኣማራጺታት፡ ግጉይ ምርጫ ምስ ዝወሰዱ፡ ከም ዝጠፍኡ ከርእዮም ኢሉ እዩ። እዚ የሱስ ዝሃቦ መጠንቀቕታታት፡ ብሃዋርያቱ፡ ኣብ መልእኽታት ሓድሽ ኪዳን ብመልክዕ ኣብ 'ስጋ' ምንባርን፡ 'ብመንፈስ ምምልላስን' ተገሊጹ ንረኽቦ። ኣመንቲ፡ ኣብ ስጋ ወይ ኣብ መንፈስ ክነብሩ ወይ ክመላለሱ፡ ወይ ንስጋ ወይ ንመንፈስ ክዘርኡ ይኽእሉ። ኣብ ሓደ እዋን ንኽልቲኡ ክነብሩ፡ ክመላለሱ፡ ክዘርኡ ግን ኣይክእሉን እዮም።

እምበኣር፡ ወንጌል ማቴዎስ፡ ብዛዕባ፡ 'ሓንሳእ ድሒንካ፡ ኩሉ ሳዕ ድሒንካ' እንታይ ይብለና ዘካትዕ ኣይኮነን። ማቴዎስ እንተዝሕተት፡ ትምህርቲ 'ሓንሳእ ድሒንካ፡ ኩሉ ሳዕ ድሒንካ'፡ ኣንጻር ኩሉ ብዛዕባ የሱስ ክርስቶስ ዝመሃሮ ዝዝክሮን፡ ዝጸሓፎን ከም ዝኾነ ምመስከረ ኔሩ።

ወንጌል ማርቆስ

ወንጌል ማርቆስ፡ ካብተን ክልተ ንዘይኣመንቲ ዝተጻሕፋ ወንጌላት እያ። ወንጌል ማርቆስ፡ ኣብ የሱስ ዝገበሮ ግብርታት (ኣገልግሎቱ፡ ሞቱ፡ ትንሳኤኡ) ዘተኮረ መጽሓፍ እዩ። ኣብ ምጅማር እምነት ዘተኮረ መጽሓፍ ብምዃኑ፡ ብዛዕባ 'ሓንሳእ ድሒንካ፡ ኩሉ ሳዕ ድሒንካ' ዝምልከት፡ ብጀካ ኣብ ክልተ ቦታታት፡ ኣብ ካልእ ኣይንረክብን።

ኣብ ምዕራፍ 4፡ ብዛዕባ ምስላ ናይቲ ዘራኢ ኢና ንረክብ። መልእኽቲ መንግስቲ ኣምላኽ ምስ ሰምዑ፡ ሰባት ዝህብዎ ዝተፈላለየ ግብረ-መልሲ ድማ ንርኢ። እታ ዘርኢ ህይወት ኣለዋ፡ ኣብቶም ብሓጎስ ዝቕበልዋ ድማ ፍረ ተፍሪ። ኣብ ክልተ ካብተን ኣርባዕተ የሱስ ዝጠቐሰን ኣብነታት፡ እታ ህይወት ንብዙሕ ኣይትጸንሕን እያ። ኣብ ሓደ ካብተን ኣብነታት፡ እታ ህይወት፡ ሱር ስለ ዘይብላ፡ በቲ ዝመጽእ ፈተና ተሰኒፋ ትቕህም። ኣብ ካልእ ካብተን ኣብነታት፡ እታ ህይወት፡ ብስንኪ ዓለማዊ ሓልዮትን ሻቕሎት ሃብትን ትሕነቕ፡ ፍረ ዘይብላ ድማ ትኾውን። ኣብዘን ክልተ ኣብነታት፡ እታ ህይወት ከም ትጅምርን፡ ግናኸ ኣብ መፈጸምታ ከይበጽሐት ከም ትውዳእ ይነግረና። ነዚ የሱስ፡ ንድሕሪት ምምላስ፡ ክብል ገሊጽዋ ኣሎ።

እቲ ቀንዲ መልእኽቲ ናይዚ ምሰላ፡ እቲ ዝዝራእ ቃል ኣምላኽ ሸሕ'ኳ ኣብ ኩሉ ብማዕረ ዘይፈሪ እንተኾነ፡ ምዝራእ ቃል ግን መኽሰብ/ፍረ ዘለዎ ዕዮ ምዃኑ እዩ። ምኽንያቱ፡ ዝበቊልን ፍረ ዘፍርን ጽቡቕ መሬት ስለ ዘሎ።

እቶም፡ ቃል ኣብ እተዘርኦ ጥቓ መገዲ ዘለዉ፡ እዚኣቶም እዮም፣ ምስ ሰምዑ፣ ብኡብኡ፡ ሰይጣን፡ መጺኡ፣ ነቲ ኣብ ልቦም እተዘርኤ ቓል፡ ይወስዶ። ከምኡ ኸኣ፡ እቶም ኣብ ከውሒ እተዘሩርኡ፡ እዚኣቶም እዮም፣ ነቲ ቓል ምስ ሰምዕዎ፡ ብኡ ብኡ፡ ብሓጐስ፡ ይቕበልዎ።ንሸዑ እዮም እምበር፡ ሱር፡ የብሎምን። ድሓር፣ ስለ'ቲ ቓል መከራ፡ ወይስ ሰደት ምስ ኰነ፡ ቀልጢፎም፡ ይዕንቀፉ።

እቶም ኣብ እሾኹ እተዘርኡ ድማ፡ እዚኣቶም እዮም፡ ነቲ ቓል ዚሰምዕዎ፡ ሓልዮት እዛ ዓለም እዚኣን፡ ምዕ ሻው ሃብትን፡ ካልእ ትምኒትን ኣትዩ ኸኣ፡ ነቲ ቓል ይሓንቆ፡ ፍረ ዜብሉ ድማ፡ ይኸውን። እቶም ኣብ ጽቡቕ ምድሪ እተዘርኡ ኸኣ፡ እዚኣቶም እዮም፣ ነቲ ቓል ዚሰምዕዎ ዚቕበልዎን፡ ፍረ ኸኣ ዚፈርዩ፡ ገሊኡ፡ ሰላሳ፡ ገሊኡ ሰሳ፡ ገሊኡ'ውን፡ ሚእቲ።

እታ ኣብ ወንጌል ማርቆስ ዝነውሐ ሰብከት የሱስ ዝርከባ ምዕራፍ 13፡ ብዛዕባ ኣብ ዝመጽእ ንደቀ መዛምርቲ የሱስ ዝገጥሞም ሰደትን መከራን እያ ትዛረብ። ከም ራእይ ዮሃንስ፡ ብዛዕባ ኣብ ዝመጽእ ኣብ ልዕሊ ደቀ-መዛሙርቲ የሱስ ዘጋጥሙ ሰደትን መከራን እትገልጽ ምዕራፍ እያ። እቲ ዝገጥሞም ሰደት፡ ወግዓዊ፡ ዓለም-ለኻውን ውሽጣውን ከም ዝኸውን ምስ ነገሮም፡ እቲ ክሳዕ መወዳእታ ዝዕገስ ግን ከም ዝድሕን ተስፋ ይህቦም። እቲ ሰደት፡ ንኽልተ ታሪኻዊ ቅልውላዋት ከመልክት ይኽእል፡ ሓደ፡ ንዕንወት የሩሳሌም ኣብ መበል 70 ዓ.ም፡ እቲ ካልኣይ ድማ፡ ነቲ 'ዓቢ ቅልውላዉ ወይ ሰደት' (Great Tribulation) ተባሂሉ ዝፍለጥ፡ ኣብ መወዳእታ ዘመን ዝኸውን ሰደት የመልክት። እቲ መንጎ ክልቲኡ ቅልውላዋት ዘሎ ተመሳሳልነት፡ ማለት፡ እቲ ቀዳማይ ቅልውላው ናይቲ ኣብ መወዳእታ ዘመን ዝፍጸም ቅልውላው ቅድመ-ስእሊ ዝህብ ብምዃኑ፡ ንኽልቲኡ ፈላሊኻ ክትርእዮ ከጸግም ይኽእል እዩ።

እንተኾነ ግና፡ እቲ የሱስ፡ 'እቲ ክሳዕ መወዳእታ ዝዕገስ ግና ክድሕን እዩ' ዝበሎ ቃል ኣዝዩ ንጹር እዩ። እቲ ማቴዎስን ሉቃስን ኣብ መጽሓፎም ጽሒፎሞ ዘለዉ ተመሳሳሊ መልእኽቲ፡ ካብ ወንጌል ማርቆስ ተበጊሶም ከም ዝኾኑ

ተኽእሎ ሰለ ዘሎ፡ ናይ ኩሎም መልእኽቲ ሓደ እዩ። እቲ ‘ክድሕን እዩ’ ዝብል ቃል፡ ብዛዕባ እቲ ናይ መወዳእታ ምድሓን ካብ ሓጢኣት (ምፍጻም ምድሓንና) ከም ዝኾነ ዘጠራጥር ክህሉ ኣይግባእን። ምኽንያቱ፡ እቲ ‘ክድሕን እዩ’ ዝብል ቃል፡ ካብቲ ዝመጽእ ሰደትን መከራን ምድሓን ማለት እንተኾይኑ፡ ክሳዕ መወዳእታ ምዕጋስ ንምንታይ ኣድለየ፧ ካብቲ መከራ ክትድሕን እንዲኻ ግዲ!

ማርቆስ ብዛዕባ ኣርእስትና ዝብሎ ሒደት እኳ እንተኾነ፡ እዘን ዝረኣናየን ነጥብታት ግን ነቲ “ሓንሳእ ድሒንካ፡ ኩሉ ሳዕ ድሒንካ’ ዝብል ሓሳብ ዝጻረራ ምኳነን ርዱእ እዩ።

ወንጌል ሉቃስ

ወንጌል ሉቃስ፡ ከም ወንጌል ማርቆስ፡ ን ዘይኣመኑ ዝዓለመ መጽሓፍ እዩ። ወንጌል ሉቃስን ግብሪ ሃዋርያትን፡ ብፍሉይ፡ ናብ ቴዎፍሎስ ዝተጻሕፈ እዩ።

ኣታ ኽቡር ቴዎፍሎስ፡ ኣነ ኸኣ ንዅሉ ኣዳላዲለ ኻብ ጥንቲ ሰዒበዮ እየ እሞ፡ ሓቂ እቲ እተምሃርካዮ ምህሮ ኣጸቢቕካ ምእንቲ ኽትፈልጥሲ፡ በብተራኡ ኽጽሕፈልካ ይረኣየኒ እሎ። ሉቃ 1.3-4

ዎ ቴዎፍሎስ፡ ብዛዕባቲ የሱስ ኪገብሮን ኪምህሮን ዝጀመረሉ ዅሉ እቲ ቐዳማይ ዛንታ ጽሒፈልካ ኣሎኹ፡ ክሳዕ እታ ዘዐረገላ መዓልቲ ነቶም ዝሐረዮም ሃዋርያት ብመንፈስ ቅዱስ ምስ ለኣኾም፡ ድሕሪ ሰቅያቱ ኣርብዓ መዓልቲ እናተራእዮምን ብዛዕባ መንግስቲ ኣምላኽ ከኣ እናነገሮምን ብብዙሕ መፈለጥታ ህያው ምዃኑ ርእሱ ኸም ዘርኣዮምን ጽሒፈልካ ኣሎኹ። ግብ 1.1-3

‘ክቡር ቴዎፍሎስ’ ምባሉን፡ ትሕዝቶእን ብምርኣይን፡ ወንጌል ሉቃስን ግብሪ ሃዋርያትን፡ ጳውሎስ ኣብ ቅድሚ ሮማውያን ሰበ-ሰልጣን ብዛዕባ ርእሱ ንምጥባቕ መታን ክጥቅመለን፡ ተባሂለን ዝተጻሕፋ ክኾና ከም ዝኽእላ ጥርጣረ ኣሎ። ኣተኩሮ ሉቃስ፡ ኣብ ናይ ሓሶት ጠቐነ ኣይሁድ ኣንጻር ሰዓብቲ ክርስቶስ፡ ኣብ ድንጋጸ ሮማውያን ወተሃደራትን ኣመሓደርትን ን ሰዓብቲ ክርስቶስ፡ ኣብ የሱስን ጳውሎስን ብመርመራ ቤት ፍርዲ ሓሊፎም ንጹሃት ኮይኖም ምእዋጆም፡ ምዃኑ፡ ነዚ ጥርጣረ ካብ ዘራጉዱ እዮም።

ንኸምዚ ዓይነት ዕላማ ዝተጻሕፈ መጽሓፍ፡ ብዛዕባ ‘ሓንሳእ ድሒንካ፡ ኩሉ ሳዕ ድሒንካ’ ክዛረብ ብዙሕ ትጽበዮ ኣይኮነን። ግናኸ፡ ሜላ ኣጸሓሕፋ ሉቃስ፡ ብፍላይ ብዛዕባ ትምህርታት የሱስ፡ ዝርዝራውን ልክዕን ካብ ዝኾነ

ዝተላዕለ፡ ገለ ብዛዕባ እዚ ኣርእስትና ዝብሎ ክህልዎ ናይ ግድን እዩ። ኣሎ ድማ።

ወንጌል ሉቃስ ምዕራፍ 8 ንመልእኽታት ምስላ ናይቲ ዘራኢ ብዝነጸረ መልክዕ ኣቕሪብዎ ኣሎ። እቲ ኣብ ጥቓ መገዲ ዝወደቐ፡ ተረጊጹ ብኣዕዋፍ ሰማይ (ኣየር) ዝተበልዐ፡ ንሰይጣን እዩ ዘመልክት። እቲ ኣብ ኤፌ 2.2. 'ሓለቓ ስልጣን ኣየር' ተባሂሉ ዘሎ ሰይጣን፡ ነቶም ነቲ ቓል ዝሰምዑ፡ ምእንቲ ከይኣምኑን ከይድሕኑን ኢሉ፡ መጺኡ ነቲ ቓል ካብ ልቦም ይወስዶ (ጥቕሲ 12) ።

እቲ ኣብ ከውሒ ዝወደቐ ዘርኢ፡ ነቶም ንግዚኡ ዝኣምኑ፡ ሱር ግና ዘይብሎም፡ ብግዜ ፈተና ድማ ዝጠልሙ፡ የመልክት (ጥቕሲ 13) ።

እቲ ጽቡቕ ምድሪ፡ ንጽቡቕን ቅኑዕን ልቢ ዘለዎም፡ ነቲ ቃል ሰሚዖም ዝዓቝርዎ፡ ብትዕግስቲ ድማ ዚፈርዩ የመልክት (ጥቕሲ 15) ። እቲ 'ምዕቋር' *(katecho)* ዝብል ቃል፡ ኣብ ካልእ ክፍልታት ሓድሽ ኪዳን 'ኣጽኒዕካ ምሓዝ' ወይ 'ኣጸቢቕካ ምጭባጥ'፡ ብዝብል ይትርጎም። እዚ ቃል ምስቲ 'ትዕግስቲ' *(hupomone)* ዝብል፡ ዓቕሊ ወይ ተጻዋርነት፡ ተባሂሉ ዝትርጎም ቃል፡ ተመሳሳሊ እዩ።

ኣብ ወንጌል ሉቃስ ጥራይ ንረኽቦ፡ እቲ ብዛዕባ፡ ዕርፊ ብኢዱ ሒዙ ንድሕሪት ዝጥምት እዩ። (እቲ ዝገርም፡ ንድሕሪት ምምላስ ጥራይ ዘይኮነስ፡ ንድሕሪት ምጥማት (ከም ሰይቲ ሎጥ) እዩ ዝብል) ። ንድሕሪት ምጥማት፡ ንኣገልግሎት መንግስቲ ኣምላኽ ዘይብቑዕ ይገብር (ሉቃ 9.62) ። እንተወሓደ፡ እዚ ቃል፡ መጠንቀቕታ ኣንጻር ንዝተጀመረ ዘይምፍጻም እዩ።

ቀጺልና ኣብ ወንጌል ሉቃስ ንረኽቦ፡ ብዛዕባ እቲ፡ ካብ ርኹስ መንፈስ ምስ ተናገፈ፡ ተኾስቲራን ተሰሊማን ትጸንሖ ቤት፡ 'ካብኡ ዚገዱ ካልኦት ሾብዓተ መናፍስቲ ምስኡ ተማሊኡ ኣብኣ ዝሰፍሩ'፡ እዩ። ነዚ ሰብዚ ካብቲ ቀዳማዩ ዳሕራዩ ይገዶ። (ሉቃ 11.24-28) ። ብርግጽ፡ እዚ ብዛዕባ ምንጋፍ ካብ ኣጋንንቲ ብዘይ ምድሓን እዩ ዝዛረብ ዘሎ። ብድሕሪ እዚ የሱስ ዝብሎ ግና፥ 'ብጹኣንሲ እቶም ንቓል ኣምላኽ ዚሰምዕዎን ዚሕልውዎን ደኣ እዮም፡ ' ዝብል እዩ። (ሉቃ 11.28) ።

እቲ ኣብ ሉቃስ 12.35-48 ብዛዕባ ንምምጻእ ጐይታኦም ድሉዋት ዝኾኑ ባሮት ዝዛረብ ጽሑፍ፡ ነቲ ኣብ ማቴዎስ ዘሎ ኣሰፊሑ ዝገልጽ እዩ። ኣብ ጥቕሲ 41 ጴጥሮስ ን የሱስ "ጐይታይ፡ እዚ ምስላዝሰ ንኣና ዲኻ እትምስሎ ዘሎኻ ወይስ ንዅሉ ኢኻ፧' ምስ በሎ፡ የሱስ ብቐጥታ ኣይምልሶን እዩ። ቀጺሉ ዝብሎ ግና፥ ብዛዕባ እቲ ኣብ ዓይኒ ጎይታኡ ክቡር ዝኾነ፡ 'እሙንን ኣስተውዓልን መጋቢ'፡ እቲ ጎይታኡ ምስ ደንገየ ነቶም ገላዉ ከሳቕዮም

ዝጅምር፡ ሰብ እዩ። ዓሰቡ እንታይ እዩ፧ ጎይታ እቲ ባርያ ንሱ ብዘይተጸበያ መዓልትን ሰዓትን ምስ ተመልሰ ‘ቆራሪጹ ግዲኡ ምስቶም ዘይኣምኑ ኺገብሮ እዩ’ ። (ሉቃ 12.46) ። ግዲኡ ምስቶም ዘይኣመንቲ ክገብሮ እዩ ማለት እንታይ እዩ፧ ብርግጽ፡ ኣብ ሓደ እዋን ኣማኒ ከም ዝነበረ፡ ሕጂ ግና ቦታኡ ኣብቲ ቤት ኣመንቲ ዝገደፈ፡ (ዝሰኣነ) ማለት እዩ።

ኣብ ማቴ.5.13 ዘሎ፡ ‘ጨው እዛ ምድሪ ኢኹም’ ዝብል ቃል፡ ብዙሓት፡ ነቲ ጨው ዝብል ቃል፡ ከም መመቀሪ *(flavouring)* ወይ መዓቀቢ *(preservative)* ተርጒሞምዎ ኣለዉ። ኣብ ሉቃስ 14:34-35 - የሱስ፡ እንታይ ማለት ምኳኑ ብልክዕ ነጊሩ ኣሎ። ኣብቲ እዋን፡ ጨው ከም ንምብቋል ጽቡቕ ዘርኢ ዝጠቅም ድኹዒ፡ ወይ ድማ ኣብ መአከቢ ጉሓፍ፡ ርስሓትን ሕማቕ ነገራትን ንኸይላባዕ ይጥቀምሉ ኔሮም። (ሉቃ 14.35) ። ጨው መቐረቱ (ሕላገቱ) ኣጥፊኡ፡ ንኽልቲኡ ዕላማ ዘይጠቅም ክኸውን ይኽእል እዩ። ጨው መቐረቱ ምስ ዘጥፍእ፡ ከም ጉሓፍ ናብ ወጻኢ ይድርበ (እቲ ‘ይድርበ’ ዝብል ቃል፡ የሱስ፡ ኩሉ ግዜ ናብ ገሃነም ንዝኣትዉ ሰባት ኣመልኪቱ ዝጥቀመሉ ቃል እዩ። ሉቃ 12.5) ።

ጨው (ማለት፡ ሶድየም ክሎራይድ)፡ እቲ ተፈጥሮኣዊ ባህርያቱ ክጠፍእ ዘይክእል እንተኾይኑ፡ ከመይ ጌሩ መቐረቱ ይኸይድ፧ ጨዉ፡ ምስ ካልእ ነገራት ብምሕዋስ ይቃጠንን ይረስሕን፡ ብኸምኡ ድማ፡ ብርትዐ ጨናኡን ጣዕሙን ይጠፍእ። ብተመሰሳሳሊ፡ ደቀ-መዝሙር የሱስ፡ ዓለማውያን (ስጋውያን) ብምኳን፡ ነቲ ፍሉይ ዝገብሮም ባህሪ የጥፍእዎ። ኣብ ማቴዎስ ኣነጺርዎ ከም ዘሎ፡ ምስ ካልእ ነገራት ዝተሓዋወሰ ጨዉ፡ ጸርዩ ናብ መቐረቱ ክምለስ ተስፋ የብሉን ።

> *ንስኻትኩም ጨው ምድሪ ኢኹም። ጨው መቐረቱ እንተ ኸደኸ፡ ብምንታይ ይምቅር፧ ብሰብ ኪርገጽ ንግዳም ምድርባዩ እንተ ዘይኰይኑ እምበር፡ ዚጠቅም የብሉን። ማቴ 5.13*

ግብሪ ሃዋርያት

ግብሪ ሃዋርያት፡ ዝርዝር ታሪኽ ግብሪ መንፈስ ቅዱስ ብሃዋርያት ዘዘንቱን፡ መብዛሕትኡ ጽሑፉ ድማ ንዘይኣመንቲ ዝዓለመ መጽሓፍ ከም ምኳኑ መጠን፡ ብዛዕባ ‘ሓንሳእ ድሒንካ፡ ኩሉ ሳዕ ድሒንካ’ ብዙሕ ኣይንረክብን ኢና።

ግን፡ ክልተ መሰረታውያን ድሕረ-ባይታታት፡ ኣብቲ ድሕሪና ንርእዮ መጽናዕቲ መልእኽታት ሓድሽ ኪዳን ድማ ዝሕግዛና፡ ክንርኢ ኢና።

ቀዳማይ፡ እቶም ሓደስቲ ዝተለወጡ ኣመንቲ፡ 'ኣብቲ እምነት ክጸንዑ'፡ ብተደጋጋሚ ለበዋ ይቐርበሎም። (ግብ 11.21-24፡ 13.43፡ 14.21-22)። ሳዕቤን ናይ ኣብ እምነት ዘይምጽናዕ ኣብ ግብሪ ሃዋርያት ብዙሕ ዘይንረኽቦ እኳ እንተኾነ፡ ኣብ መልእኽትታት ሓድሽ ኪዳን ግን ብንጹር ተጻሒፉ ኣሎ።

እቲ ካልኣይ፡ እቲ ኣብ ግብሪ ሃዋርያት 15 ንረኽቦ ብዛዕባ፡ እቶም ንክርስቶስ ክሰዕቡ ዝደለዩ ኣህዛብ፡ ምግዛር የድልዮም'ዶ ኣየድልዮምን ዝብል፡ ክትዕ እዩ። እዚ ርሱን ክትዕ፡ ብጉባኤ ሃዋርያት፡ ሽማግለታትን ኣባላት እታ ኣብ የሩሳሌም ዝነበረት ማሕበርን እዩ ተፈቲሑ። ነዚ ክትዕ፡ ገሊኣቶም ከም ናይ ባህሊ ፍልልይ ጌሮም ጥራይ ክርእየዎ ይኽእሉ እዮም። ጳውሎስ ኣብ ገላትያ ከም ዘጠንቀቐና ግን፡ ምቑራጽ ስጋ (ምግዛር) ማለት፡ ካብ ክርስቶስን ጸጋኡን ምቑራጽ፡ ማለት ምጥፋእ ምድሓን፡ ከም ዝኾነ እዩ። (ኣብ መጽናዕቲ መልእኽቲ ገላትያ ቀጺልና ክንርእዮ ኢና)።

ስለዚ፡ ወንጌል ሉቃስን ግብሪ ሃዋርያትን ብዛዕባ 'ሓንሳእ ድሒንካ፡ ኩሉ ሳዕ ድሒንካ'፡ ብቐጥታ ዘይዛረቡ እኳ እንተኾኑ፡ እዞም ዝረኣናዮም ነጥብታት ብዛዕባ እዚ ኣርእስቲ ዝብልዎ ምስቲ ንሃንጾ ዘለና ሓፈሻዊ መልእኽቲ ሓድሽ ኪዳን ዝኸይድ እዩ።

ወንጌል ዮሃንስ

ወንጌል ዮሃንስ፡ ዘይከም ወንጌል ማርቆስ፡ ሉቃስን ግብሪ ሃውርያትን፡ ቀንዲ ዕላማ መጽሓፉ፡ ንኣመንቲ ኮይኑ፡ ኣብ ክርስቶስ፡ እቲ ፍጹም ኣምላኽን ፍጹም ሰብን፡ ዘለዎም እምነት፡ ኣጽኒዖም መታን ክሕዙ እዩ። ዮሃንስ፡ ንወንጌል ዮሃንስ፡ ኣብ መወዳእታ ቀዳማይ ክፍለ-ዘመን ኣብ ኤፌሶን ኰይኑ ዝጸሓፎ፡ ኣብ ኤፌሶን፡ ኣብ ክርስቶስ ወዲ ኣምላኽን፡ ክርስቶስ ወዲ ሰብን፡ (ፍጹም ኣምላኽን፡ ፍጹም ሰብን) ምእማን፡ ኣብ ምልክት ሕቶ ኣትይሉ ኣብ ዝነበረሉ እዋን እዩ።

ዮሃንስ፡ ኣብ ጽሑፉቱ ዝጥቀመሉ ግስታት፡ ንእዋናውን ቀጻልን ዝግበር ግብሪ ዝገልጽ እዩ *(present-continuous tense)*። እዚ ኣጠቓቕማ ቃላት ዮሃንስ፡ ናብ እንግሊዘኛን፡ ካልኦት ቋንቋታትን ክትርጎም ከሎ፡ ብንጹር ተንጸባሪቑ ኣይንረኽቦን ኢና። ንኣብነት፡ ኣብ ወንጌል ዮሃንስ 3.16 ን 20:30 ን በቲ ሓደ ወዲ **ዝኣምን** ዝብል ቃል (ንህሉውን ቀጻልን ተግባር ዝገልጽ)፡ መብዛሕትኡ ሰብ **'ዝኣመነ'** (ናይ ሕሉፍ ተግባር) ገይሩ፡ እዩ ዘንብቦን ዝርድኦን። (ኣብ ትግርኛ መጽሓፍ ቅዱስ'ውን እንተኾነ፡ 'ዝኣመነ' ኢሉ፡ ብጌጋ፡ ተተርጒሙ ኣሎ)። ካብዚ ዝተላዕለ፡ ብዙሓት ሰባት፡ ምእማን፡ ከም ሓንሳእ ትገብሮ ናይ እምነት ውሳኔ ጌሮም እዮም ዝወሰድዎ። እቲ ትኽክል

ትርጉሙ ግና፡ 'ሕጂ ዝኣምን ዘሎ' ወይ 'እንዳኣመነ ዝኸይድ'፡ እዩ። ስለዚ፡ ኣብ ክንዲ 'ኣምላኽ፡ በቲ ሓደ ወዱ **ዝኣመነ**'፡ 'በቲ ሓደ ወዱ **ዝኣምን**' (እንዳኣመነ ዝኸይድ) ኹሉ ናይ ዘለኣለም ህይወት ምእንቲ ኺረክብ እምበር፡ ከይጠፍ እሲ፡ ንወዱ በጃ ኽሳዕ ዚህብ፡ ክሳዕ ክንድ'ዚ፡ ንዓለም ኣፍቀራ፡' ብምባል ክንበብ ይግብኦ። (ዮሃ.3፡15) ።

For God so loved the world, that, He gave His one and only Son, that, whoever ***believes (goes on believing; is believing now)*** *in him should not perish but have eternal life.*

ካልእ ኣብነት ንምውሳድ፡ ኣብ ወንጌል ዮሃንስ 6.56-57 ዘሎ ንርእ። 'እቲ ስጋይ **ዚበልዕ** [እንዳበልዐ ዝነብር፡ *continues to eat my flesh]* ደመይ'ውን፡ ዚሰቲ (እንዳሰተየ ዝነብር/*continues to drink my blood)* ፣ ኣባይ **ይነብር** (ምንባር ይቕጽል/*continues to live)*፡ ኣነ'ውን፡ ኣብኡ። ህያው ኣቦ ከም ዝለኣኸኒ እሞ፡ ኣነ ስለ ኣቦ ብህይወት ከም ዘሎኹ፡ ከምኡ ኸኣ እቲ ዚበልዓኒ (እንዳበልዓኒ ዝነብር - *keeps on eating me)* ስለይ ብህይወት **ኪነብር እዩ፡** ***(will live)*** (ኣብ ዝመጽእ ዝፍጸም- *future tense)* ።' (ዮሃ.6.56-57) ።

እቲ ኣብተን ካልኦት ወንጌላት ዘይንረኽቦ፡ ዮሃንስ ጽሒፍዎ ዘሎ ምትሳእ ካብ ምውታን ናይ ኣልኣዛር እዩ። የሱስ ንኣልኣዛር ካብ ምዉታን ምስ ኣተንስኦ፡ ንሱ ትንሳኤን ህይወትን ምዃኑ ድሕሪ ምግላጽ፡ 'ንፍሲ ወከፍ **ብህይወት ዘሎ** (ብህይወት ክሳዕ ዘሎ) እሞ ብኣይ **ዚኣምን** (እንዳኣመነ ዝነብር) ከኣ ንዘለኣለም ኣይኪመውትን እዩ' (ዮሃ 11.26) ብምባል፡ ንሳቶም ውን ከመይ ጌሮም ብህይወት ከም ዝነብሩ ይነግሮም።

ገሊኦም ኣንበብቲ፡ እዚ ኣብ ላዕሊ ዝረኣናዮ ኣገባብ ኣተራጉማ ቃላት ኣካታዒ ጌሮም ክወስድዎ ይኽእሉ እዮም። እንተወሓደ ክፈልጥዎን ክቕበልዎን ዘለዎም ግና፡ 'ዝኣምን' ምስ 'ዝኣመነ' ሓደ ከም ዘይኮነ እዩ። ዝኾነ ኮይኑ፡ እዚ ኣብዚ ክፍሊ ክንርእዮ ፈቲንና ዘለና ነጥብታት፡ ካብ ኣፍ የሱስ ክርስቶስ ኣብ ካልኦት ክፍልታት ናይተን ወንጌላት ንጹርን ዘየማትእን መረጋገጺ ዝረኸበ እዩ።

ኣብ ወንጌል ዮሃንስ ምዕራፍ 8 የሱስ ምስ ኣይሁድ (ማለት ኣብ ደቡብ ኣብ ይሁዳን የሩሳሌምን ምስ ዝነብሩ ኣይሁድ፡ ኣብ ገሊላ ዘይኮነ) ኣብ ዝገበሮ ዝተናውሐ ዝርርብ፡ ኣብቲ ዝበሎ ቃሉ ምእማን ኣገዳሲ ምዃኑ ይነግሮም። እቲ **'እንተ'፡ 'ሽዑ'** ዝብል ኣቃውማ ቃላት የሱስ ነድህበሉ።

ንሱ እዚ ምስ ተዛረበ፡ ብዙሓት ብእኡ ኣመኑ። ስለ'ዚ፡ የሱስ፡ ነቶም ብእኡ ዝኣመኑ ***ኣይሁድ፡ ንስኻትኩም፡ ኣብ ቃለይ እንተ ጸናዕኩም፣*** *ብሓቂ፡ ደቀ መዛሙርተይ፡ ኢኹም። ንሓቂ፡ ኽትፈልጥዋ ኢኹም፡ እታ ሓቂ ድማ፡ ሓራ ኽተውጽኣኩም እያ፡ በሎም። ዮሃ.8:31-32*

ንሳቶም ድማ ንየሱስ ነቲ ዝበሎ ቃል ብምድጋም ከምዚ ኢሎም መለሱሉ፡

ንስኻ ግና፥ ***ቃለይ ዚሕሉ፡*** *ንዘለኣለም፡ ሞት ኣይጥዕምን እዩ፡ ትብል ኣሎኻ። ዮሃ.8:52*

ኣገዳስነት እተን **'እንተ ጸናዕኩም' ን 'ዚሕሉ' ን'** ዝብላ ቃላት ኣዝዩ ንጹር እዩ። እቲ 'ምጽናዕ/ምሓዝ' (holds) ዝብል ቃል ካብ 'meno' ዝብል ቃል ግሪኽ ዝተተርጎመ ኮይኑ፡ ተወሳኺ ትርጉሙ፡ ምጽናዕ፡ ምቕማጥ፡ ምሕዳር፡ ኩሉ ሳዕ ኣብ ሓደ ቦታ ምቛም፡ ዝብል እዩ።

እዚ ቃል ን ኣብ መንጎ ደቀ መዛሙርቱን፡ የሱስን ዘሎ ሕብረት ንምርዳእ ኣገዳሲ እዩ። የሱስ ኣብኦም ክነብር እዩ፡ ኣብኡ ምስ ዝነብሩ፡ ንሱ ድማ ኣብኦም ክነብር እዩ። እቲ ምስላ ናይቲ ጉንድን ጨንፈርን (ወን ዮሃ 15.1-6) ነዚ ሓሳብ ኣጸቢቑ የብርሃልና እዩ። እዚ፡ ምናልባት የሱስን ደቀ-መዛሙርቱን ካብቲ ላዕለዋይ ቤት፡ በቲ ዓቢ ብቕጥቁጥ ሓጺን ጉንዲ ወይኒ ዝተወቀጠ ማዕጾ ናይቲ ቤት መቕደስ ኣቢሎም፡ ናብ ኣታኽልቲ ጌተሰማኔ እንዳወረዱ፡ የሱስ ዝበሎ መልእኽቲ እዩ ዝኸውን (ዮሃ 14.31 ምስ 18.1 ኣነጻጽር፡ እዚ ነቲ ኣብ ዮሃንስ 17 ዘሎ ናይ ሊቀ-ካህን ጸሎቱ ኣብ ትኽክል ቦታ ናይቲ ቤት መቕደስ ኮይኑ ከም ዝገበሮ ዘእንፍት እዩ) ።

ኣነ ናይ ሓቂ ጉንዲ ወይኒ እየ፣ ተኻሊኡ ኸኣ፡ ኣቦይ እዩ። ነቲ ኣባይ ዘሎ፡ ፍረ ዘይፈሪ ዘበለ ኹሉ ጨንፈር፡ የርሕቖ። ነቲ ፍረ ዚፈሪ ዘበለ ጨንፈር ግና፡ ኣዝዩ ምእንቲ ኺፈሪ፡ የጽርዮ። ንስኻትኩም ከኣ፡ ሳላ እቲ ዝነገርኩኹም ቃል፡ ድሮ ንጹሃት ኢኹም። ኣባይ ጽንዑ፡ ኣነ'ውን፡ ኣባኻትኩም። ጨንፈር፡ ኣብ'ቲ ጉንዲ ወይኒ እንተ ዘይጸንዔ፡ ካብ ርእሱ ኺፈሪ ኸም ዘይክእል፡ ንስኻትኩም'ውን፡ ኣባይ፡ እንተ ዘይጸና ዕኩም፡ ከምኡ ኢኹም። እቲ ጉንዲ ወይኒ፡ ኣነ እየ፣ ጨናፍር ከኣ፡ ንስኻትኩም ኢኹም፡ ብጀካይ ሓንቲ እኳ ኽትገብሩ፡ ኣይትኽእሉን ኢኹም እሞ፣ እቲ ኣባይ ዚጸንዕ፡ ኣነ'ውን፡ ኣብኡ፣ ንሱ እዩ፡ ብዙሕ ፍረ፡ ዚፈሪ። ኣባይ ዘይጸንዕ ዘበለ ከም ጨንፈር ንወጻኢ ተደርብዩ፡ ይነቅጽ፣ ኣኪቦም፡

ናብ ሓዊ ይድርብይዎ፡ እሞ፡ ይነድድ። ዮሃ.15፡1-6

ኣብ ዝተባህለ ቦታ ይበሃል፡ መልእኽቲ ናይቲ የሱስ ዝበሎ ዘየማትእ እዩ። ጨንፈር፡ ህይወት ካብ ርእሱ የብሉን፡ ኣብ ህይወት ክቕጽል እንተኾይኑ ድማ ኣብቲ ጉንዲ ጠቢቑ ክነብር ኣለዎ። ካብቲ ጉንዲ እንተዘይስሒቡ፡ ፍረ ዘይብሉ ይኸውን፡ ነቒጹ ድማ ይመውት። ብድሕሪኡ ድማ ተቖሪጹ፡ ይድርበን ብሓዊ ድማ ይነድድን። ብርግጽ፡ እቲ ተመሳሳልነት ምስ ቆጽሊ ኣብዚ እዩ ዘብቅዕ። ቆጽሊ፡ ዘይከም ሰብ፡ ናቱ ፍቓድ የብሉን፡ ስለዚ ምርጫ ድማ የብሉን። ንቆጽሊ ክነቅጽ ዝገብር፡ ካብ ቁጽጽሩ ወጻኢ እዩ። የሱስ፡ ነቶም ምስኡ ከጸንሑ ወይ ክኸዱ፡ ምስኡ ኣብ ሕብረት ክነብሩ ወይ ካብኡ ተፈልዮም ክሞቱ ምርጫ ዘለዎም፡ ደቀ መዛሙርቱ እዩ ዝዛረቦም ዘሎ።

ሓደ ካብቶም ደቀ መዛሙርቱ ድሮ ከም ዝኸደ ንፈልጥ ኢና (ዮሃ 13.30)። ብዛዕባ ይሁዳ ኣስቆሮታዊ፡ ኣብ ጥብቆ እዚ መጽሓፍ ኣሰፊሕና ከነጽንዖ ኢና። ብዛዕባ ይሁዳ፡ ኣብ ወንጌል ዮሃንስ ንረኽቦ፡ የሱስ ብዛዕባ ብልሽውና ባህሪ ይሁዳ ኣቐዲሙ ካብ መጀመርታ ከም ዝፈልጥ ዝነበረ (ወንጌል ዮሃ 6.70-71)፡ ኣብታ ናይ መወዳእታ ለይቲ ዝጸለዮ ጸሎት ድማ: ካብቶም ብ ኣቦ እተዋህብዎ 12 ደቀ መዛሙርቱ፡ እቲ ሓደ ድሮ ከም ዝጠፍአ፡ እዩ።

ኣነ ምሳታቶም ኣብ ዓለም ከሎኹ፡ ብሰምካ ሐሎኽዎም፡ ነዞም ዝሀብካኒ ተኸናኸንክዎም። እቲ ጽሑፍ ምእንቲ ኺፍጸምሲ፡ ***ብዘይ እቲ ሓደ ወዲ ጥፍኣት ካባታቶም ዝጠፍኤ የልቦን።*** *ዮሃ 7.12*

ኣቓልቦና ካብ ወንጌል ዮሃንስ ናብ መልእኽታት ዮሃንስ ምስ እንገብር፡ ንኣመንቲ ከም ዝጸሓፎ ኢና ንዕዘብ። ኣጠቓቕማ ቃላቱ (ግሲ) ምስቲ ኣብ ወንጌሉ ዝተጠቕመሉ፡ ኣብ ላዕሊ ዝረኣናዮ ሓደ እዩ። ቀጺልና ንርእየን መልእኽታት ዮሃንስ እየን።

1ይ ዮሃንስ

ዮሃንስ ኣብ መልእኽታቱ ውን እንተኾነ፡ ብተደጋጋሚ ኣገዳሰነት ቀጻሊ ምስ የሱስ ምጥባቕ እዩ ዘርኢ።

ንዓለም ዚሰዕራኸ (እንዳሰዓራ ዝቕጽል፡ goes on overcoming)፡ እቲ ንየሱስ፡ ንሱ ወዲ ኣምላኽ ምዃኑ ***ዚኣምኖ*** *(እንዳኣመነ ዝኸይድ/ believes, goes on believing) እንተ ዘይኰይኑስ፡ መን እዩ፧ 1 ዮሃ 5.5*

ንስኻትኩምሲ፡ እቲ ኻብ መጀመርታ ዝሰማዕኩምዎ ኣባኻትኩም ደኣ ይንበር። እቲ ኻብ መጀመርታ ዝሰማዕኩምዎ ኣባኻትኩም ዚነብር (ዚቕመጥ፡ ዚጸንሕ) እንተ ኾይኑስ፡ ንስኻትኩም ድማ ኣብቲ ወድን ኣብቲ ኣቦን ክትነብሩ (ክትክመጡ/ክትጸንሑ) ኢኹም። 1 ዮሃ 2:24

እቲ 'እንተ' (if) ዝብል ቃል፡ ኣብ ናይ ጳውሎስ መልእኽታት ድማ ብተደጋጋሚ ንረኽቦ፡ ከነቕልበሉ ዝግበኣና ቃል እዩ።

ዮሃንስ፡ ንምስላ ጉንዲ ወይንን ጨንፈርን እንዳዘከረ፡ ነንበብቱ፡ ኣምላኽ ናይ ዘልኣለም ህይወት ከም ዝሃበና፡ እዛ ህይወት ድማ ኣብ ወዱ ከም ዘላ፡ የዘክሮም። እዛ ህይወት ብዘይ ወዲ ኣባና የላን። እታ ህይወት ክትህልወና እንተኾይና ኣብ ወዱ ክንነብር ኣለና።

ኣምላኽ ናይ ዘለኣለም ህይወት ከም ዝሀበና፡ እቲ ምስክር እዚ እዩ እሞ፡ እዛ ህይወት እዚኣ ኣብ ወዱ እላ። እቲ ወዲ ዘለዎ (has; is having) ህይወት እላቶ (has, is having)፡ ወዲ ኣምላኽ ዜብሉ - (has not; is not having) ህይወት የብሉን (does not have; is not having) ። 1ዮሃ 5፡11-12

ክሳዕ ሕጂ፡ እዚ ዮሃንስ ኣብ መልእኽቱ ዝጸሓፎ፡ ነቲ ኣብ ወንጌሉ ዝጸሓፎ ዘረጋግጽ እዩ። ካብቲ ኣቐዲምና ክንርእዮ ዝጸናሕና ዝተፈልየ ግን፡ እቲ፡ ኣብ 1 ዮሃንስ ዘሎ፡ ብዛዕባ ናብ ሞት ዘብጽሕ ሓጢኣት ከም ዘሎ ዝዛረብ ጽሑፍ እዩ።

ሓደ፡ ንሓዉ ናብ ሞት ዘየብጽሕ ሓጢኣት ኪገብር እንተ ረኣዮ፡ ይለምን፡ ኣምላኽውን ነቶም ናብ ሞት ዘየብጽሕ ሓጢኣት ዝገበሩስ ህይወት ኪህቦም እዩ። ናብ ሞት ዜብጽሕ ሓጢኣት እሎ፡ ብዛዕባዚ ኣይኮንኩን ይለምን ዝብል ዘሎኹ። 1 ዮሃ. 5፡16

ሓደ ኣማኒ ክሓጥእ ይኽእል እዩ፡ (ሓጢኣት የብልናን፡ እንተ በልና፡ ንርእስና ንጥብራ እሎና፡ እታ ሓቂውን ኣባና የላን። 1 ዮሃ 1.8) ። ቀጻሊ ሓጢኣት ክገብር ወይ ኣብ ሓጢኣት ክነብር ግና ኣይክእልን እዩ። ምኽንያቱ፡'እቲ ኣብኡ ዚነብር ዘበለ ኹሉ፡ ሓጢኣት ኣይገብርን እዩ። ነፍሲ ወከፍ ሓጢኣት ዚገብር ኣይረኣየን ኣይፈልጦንውን።' (1 ዮሃ 3.6) ። ሓጢኣት ምስ እንገብር፡ ብምንዛዝ ሕድገት ሓጢኣት ንረክብ ኢና። 'ሓጢኣትና እንተ ተናዘዝና፡

ንሓጢኣትና ይቕረ ኪብለልና፡ ካብ ኩሉ ዓመጻውን ኬንጽሃና እሙንን ጻድቕን እዩ።’ (1 ዮሃ 1.9) ። ምምላስ ካብ ሓጢኣት ናይ ሓደ ኣማኒ፡ ብምምላድ (ማለት፡ ብጸሎት) ኣብ ምድርን (1 ዮሃ 5.16) ኣብ ሰማይን (1 ዮሃ 2.1) ዝድገፍ እዩ።

> *ሓደ፡ ንሓዉ ናብ ሞት ዘየብጽሕ ሓጢኣት ኪገብር እንተ ረኣዮ፡* ***ይለምን፡*** *ኣምላኽውን ነቶም ናብ ሞት ዘየብጽሕ ሓጢኣት ዝገበሩስ ህይወት ኪህቦም እዩ። 1 ዮሃ 5.16*

> *ሓደ እኳ ሓጢኣት ዝገበረ እንተሎ፡* ***ጠበቓ ኣብ ኣቦ አሎና፡*** *ንሱ የሱስ ክርስቶስ፡ እቲ ጻድቕ፡ እዩ። 1 ዮሃ 2.1*

ገሊኡ ሓጢኣት ግና ብምልማን ወይ ብጠበቓ ዘይድገፍ፡ ናብ ፍርዲ ሞት ድማ ዘምርሕ እዩ። እቲ ናብ ሞት ዘብጽሕ ማለት፡ ኣካላዊ ሞት ማለት ክኸውን ይኽእል እኳ እንተኾነ (ንኣብነት፡ ውጽኢቱ ቀታሊ ሕማም ዝኾነ ሓጢኣት)፡ እቲ ዝሓሸ ትርጉሙ ግና፡ መንፈሳዊ ሞት ዘኸትል ሓጢኣት፡ ማለት እዩ። እዚ ዳሕረዋይ ትርጉም፡ ምስቲ ዮሃንስ ኣብ ካልእ ቦታ ዝጥቀመሉ ቃል ዝኸይድ እዩ።

> *ንሕና፡ ነሕዋት ነፍቅሮም ስለ ዝኾንና፡* ***ካብ ሞትሲ ናብ ህይወት ከም እተሳገርና፡*** *ንፈልጥ አሎና።* ***እቲ ዘየፍቅር ግና ኣብ ሞት ይነብር።*** *1 ዮሃ 3.14*

2ይ ዮሃንስ

ኣብታ ሕጽር ዝበለት፡ ካልኣይ መልእኽቲ ዮሃንስ፡ ነጺሩ ንረኽቦ መጠንቀቕታ፡ ‘ምሉእ ዓስቢ ኽትቅበሉ እምበር፡ ነቲ ዝጸዓርናሉ ምእንቲ ኸይተጥፍእዎ፡ ርእስኹም ሓልዉ። እቲ ኈቦ ዚዘብል፡ ብምህሮ ክርስቶስ’ውን፡ ዘይጸንዕሲ፡ ኣምላኽ የብሉን። እቲ፡ ኣብ’ቲ ምህሮ ዚጸንዕ፡ ንሱ፡ ኣቦን ወድን፡ ኣለውዎ።’ ዝብል እዩ። (2ዮሃ 1.8-9) ።

እዚ ጥቕሲ፡ ብዛዕባ ምጥፋእ ምድሓን ዘይኮነ፡ ብዛዕባ ኣገልግሎትን፡ ምጥፋእ ዓስቢ ኣገልግሎትን፡ ዝዛረብ ዘሎ ይመስል እዩ። ኣብ’ዚ ጥቕሲ ተጠቒሱ ዘሎ ጸገም፡ ንድሕሪት ምምላስ ዘይኮነስ፡ ካብ’ቲ ምህሮ ክርስቶስ ናብ ልዕል ዝበለ ትምህርቲ፡ ምኻድ እዩ። (ንኣብነት፡ ከምቲ ኖስቲክስ ዝብልዎ፡ ካብ ካልኦት፡ ዝለዓለ ምስጢር ንፈልጥ ኢና፡ ምባል) ። ዝኾነ ኾይኑ፡ ኣብዚ

ነጺሩ ንረኽቦን ክርደኣና ድማ ዘለዎን፡ ካብ ናይ ክርስቶስ ትምህርቲ ወጻኢ ምኻድ፡ ንወድን ነቦን ምጥፋእ ድማ እምበር፡ ንዓሰቢ ኣገልግሎት ምሰኣን ጥራሕ ኣይኰነን ዘኸትል። ምኽንያቱ፡ እቲ ኣብቲ ምህሮ ወዲ ዝጸንዐ ጥራይ እዩ ኣቦን ወድን ዝህልዎ።

ኣብ ወንጌል ዮሃንስን መልእኽታቱን ሓደ ተመሳሳሊ ሰእሊ እዩን ዘርእያና። ሕብረት ምስ ኣቦን ወድን፡ በቓጻሊ እምነትን ምእዛዝን እቲ ኣማኒ ጥራይ እዩ ክዕቀብ ዝከኣል። ኣብ ወድን ምህሮኡን ዘይምጽናዕ ወይ ዘይምንባር፡ ምጥፋእ እታ ኣብ ወዲ ጥራይ እትርከብ ህይወት የኸትል።

መልእኽትታት ጳውሎስ

ቅድሚ ናብ መጽናዕቲ መልእኽታት ጳውሎስ ምኻድና፡ ክልተ ትዕዝብታት ኣገደስቲ እየን።

ቀዳማይ፡ መልእኽታት ጳውሎስ ኩለን፡ ናብ ኣመንቲ (ቅዱሳን) እየን ተጻሒፈን። ጳውሎስ ክጽሕፍ ከሎ፡ ናብ ዳግም ዝተወልዱ ቅዱሳን እዩ ጽሒፉ። ዝኾነ ካብ ጽሑፋት ጳውሎስ ናብ ዘይኣምኑ ዝዓለመ የለን። ብተወሳኺ፡ ከምዚ ኣብ ዘመንና ዝግበር ምፍልላይ ኣብ መንጎ ሰማውያን ኣመንትን ናይ ብሓቂ ኣመንትን፡ ወይ ኣብ መንጎ ሕውስውስ ዝበለተ ትረኣይ ቤተክርስትያንን፡ እታ ጽርይቲ ዘይትርእ ቤተክርስትያንን ዝብል፡ ኣብታ ናይ መጀመርታ ቤተክርስትያን ግዜ ፍጹም ኣይነበረን። እዚ ከምዚ ዝብል ናይ ዘመንና ኣረኣእያ፡ ካብቲ ቤተክርስትያናት፡ ንኣባላተን ዲሰፕሊን ዘየትሕዛ ምኳነን ዝመንጨወ ጸገም እዩ። መብዛሕትአን ናይ ሎሚ ቤተክርስትያናት፡ ኣባል ቤተክርስትያን ንምኳን ዘድልዩ ቅጥዕታትን፡ ካብ ኣባልነት ንምእላይን ዘኽእሉ ሰርዓታትን የብለንን፡ እንተሃለወን ድማ ኣብ ግብሪ ኣየውዕልኦን እየን። ናይ ሎሚ ቤተክርስትያናት፡ ንኹሉ ሰብ፡ ብዘይ ኣፈላላይ ክሓቝፉ ዝደልያ እየን። ኣብታ ናይ መጀመርታ ቤተክርስትያን ግና፡ ናብታ ማሕበር ምጽምባር ዋጋ ዘኽፍልን ሓደገኛን እዩ ኔሩ። እቶም ዘይኣምኑ ኩሎም ድማ፡ ካብታ ቤተክርስትያን ርሑቓትን ዝተፈልዩን እዮም ኔሮም። ስለዚ፡ ጳውሎስ፡ 'ንስኻትኩም' ክብል ከሎ፡ ነቶም ዝተሓደሱ (ዳግም ዝተወልዱ)፡ ነቶም ብዋጋ ዝተዓደጉ እዩ። (1 ቆሮ 16.11፡ ቆሎ 1.13-14) ።

ካልኣይ፡ ጳውሎስ፡ ነቶም ዝጽሒፈሎም ዝነበረ ቅዱሳን፡ ክዕገሱን፡ ንቕድሚት ናብቲ ዓሰቢ ክግስግሱ ኣጥቢቑ ክምዕዶም ከሎ ዝጥቀመሎም ቃላት፡ መጠንቀቕታታት ዝመልኦም እዮም። እዚ ድማ ኣዚና ከነቕልበሉ ዘለና ነገር እዩ። ኣብ ብዙሕ ቦታታት፡ ጳውሎስ፡ 'እንተ ቀጺልኩም'፡ ኣጽኒዕኩም እንተ ሓዝኩም' ዝብል ቃላት እዩ ዝጥቀም። እዚ ድማ፡ ማዕዳ ሰሚዕካ

ዘይምግባር፡ ወይ ኣብ ጽውዓኻ ዘይምጽናዕ፡ ሳዕቤን ከም ዘለዎ ዘመልክት እዩ። ነቲ፡ 'እንተ ጌርኩም' ን 'እንተ ዘይገበርኩም' ን ዝብል መጠንቀቕታታት ብማዕረ ከነድህበሉ ይግባኣና።

መልእኽቲ ጳውሎስ፡ ናብ ሰብ ሮሜ

መልእኽቲ ጳውሎስ ናብ ሰብ ሮሜ፡ ን ኣብ ሮሜ ዝነበሩ፡ ጽዉዓትን፡ ቅዱሳንን፡ ፍቁራት ኣምላኽን፡ ዝተጻሕፈ እዩ።' (ሮሜ.1:7) ።

ዕላማ መጽሓፊ ጳውሎስ ብዝግባእ እንተተረዲእናዮ፡ ነቲ መልእኽቱ ብዝግባእ ክንትርጉሞ ክሕግዘና እዩ። ከም ዝፍለጥ፡ ጳውሎስ፡ ንሰብ ሮሜ፡ በጺሕዎም ኣይፈልጥን እዩ፡ ባዕሉ ዝመስረታ ማሕበር'ውን ኣይኮነትን።

ከምቲ ብዙሓት ዝብልዎ፡ ዕላማ መልእኽቲ ጳውሎስ ናብ ሰብ ሮሜ፡ ነቲ ዝጸሓፎ ወንጌል ርእዮም ክቕበልዎን፡ ተቐቢሎም ድማ ነቲ ናብ ምዕራብ መዲተራንያን ክገብሮ ሓሲቡ ዝነበረ ተልእኾኡ መታን ክድግፍዎ ኣይኮነን፡ ሸሕ'ኳ ነዚ ዕላማኡ ኣብ ሮሜ ምዕራፍ 15፡24 እንተካፈሎም። ዕላማ መጽሓፊ እዛ ዝነውሐት መልእኽቱ፡ ካልእ ኣገዳሰን ህጹጽን ጉዳይ ኣብታ ማሕበር ሰለ ዝነበረ እዩ።

ንሱ ድማ፡ እታ ናይ ሮሜ ማሕበር፡ ኣብ ክልተ፡ ማለት ናይ ኣይሁድን ኣህዛብን፡ ክትምቀል ኣብ ሓደጋ ሰለ ዝነበረት እዩ። እታ ማሕበር ክትምስረት ከላ (ምናልባት ኣብ ግዜ ፔንተኮስት፡ ግብሪ ሃዋርያት 2.10) ዝበዝሑ ኣባላታ ኣይሁዳውያን እዮም ኔሮም። ድሕሪ ምምጻእ ሃጸይ ክላውዴዎስን፡ ንኣይሁድ ድማ ካብ ሮሜ ክለቁ ምስ ኣዘዞም (ግብ 18.2) ኣባላት ማሕበር ሮሜ ብብዝሒ ኣህዛብ እንዳኾኑ መጽዮም።

ድሕሪ ምምጻእ ሃጸይ ኔሮ፡ ኣይሁድ ዳግማይ ኣብ ሮሜ ክቕመጡ'ኳ እንተተፈቕደሎም፡ እቶም ኣህዛብ መራሕቲ ማሕበር ሮሜ ግን ናብታ ማሕበር ክቕበልዎም ኣይደለዩን። እቶም መራሕቲ ማሕበር ሮሜ፡ ኣብቲ እዋን፡ ሰነመለኮት መተካእታ *(replacement theology)*፡ ማለት፡ ኣምላኽ ኪዳኑ ምስ እስራኤል ከም ዝነጸገ፡ ኣምላኽ ድማ ነቲ ኪዳኑ ምስ እስራኤል በቲ ምስ ማሕበር ሓድሽ ኪዳን ዝገበሮ ኪዳን ከም ዝተክኦ ክምህሩ ጀሚሮም ኔሮም።

ስለዚ፡ መልእኽቲ ጳውሎስ ናብ ሰብ ሮሜ፡ ነዚ ኣገዳሲ ዶክትሪናዊ ግጭት ንምፍታሕ ዝተጻሕፈ እዩ። ጳውሎስ፡ ኩሎም ኣይሁድን ኣህዛብን ከም ዝሓጥኡ (ሮሜ 3.9)፡ ኩሎም ኣይሁድን ኣህዛብን ብእምነት ከም ዝጸድቁ (ሮሜ 3.29-30) ፣ ከምቲ ቅድም ኩሎም ውሉድ ኣዳም ዝነበሩ (ሮሜ 5.12)፡ ሕጂ ውን ኩሎም ኣይሁድን ኣህዛብን ውሉድ ኣብርሃም ምዃኖም (ሮሜ 4.11-12)፡ ኣህዛብ ኣመንቲ ንወንጌል ብሓርነት *(licence)* ከም ዝጠውይዎ

(ሮሜ 6)፡ ኣይሁድ ኣመንቲ ድማ ንወንጌል ብሕጋውነት *(legalism)* ከም ዝጠውይዋ (ሮሜ 7)፡ ክልቲኦም ግን ኣብቲ ብመንፈስ ቅዱስ ዝርከብ ሓርነት ክነብሩ ከም ዝግብኦም (ሮሜ 8) የዘክሮም።

ምዕራፋት 9 ክሳዕ 11፡ ቀንዲ ሕመረትን ጥርዝን ናይ መልእኽቲ ጳውሎስ ናብ ሰብ ሮሜ እየን (ሽሕ'ኳ ብብዙሓት መምሃራን መጽሓፍ ቅዱስ ዝንጠራ እንተኾና) ። ክሳዕ ምዕራፍ 9፡ ጳውሎስ ብጥንቃቐን ብዝርዝርን፡ ነንበብቱ፡ ናብቲ ኣብ ምዕራፍ 9 ዝብሎ ልባዊ ምሕጽንታ፡ ምቕባል ነቲ ኣምላኽ ዘይነጸጎ ህዝቢ እስራኤል፡ እዩ ዘዳልዎ። ኣብተን፡ ግብራውያን መልእኽታቱ (ምዕራፍ 12 ክሳዕ 15) ከይተረፈ፡ ጳውሎስ ብዛዕባ ኣብ መንጎ ኣይሁድን ኣህዛብ ኣመንትን ምስሕሓብ ክፈጥሩ ዝኽእሉ ጉዳያት ብቐጥታ ኣልዒሉ ይዛረበሎም (ንኣብነት ጉዳይ መግብን በዓላትን) ።

እቲ ጳውሎስ ዘይሓፍረሉ ወንጌል፡ ሓይሊ ኣምላኽ ንምድሓን ኩሉ ዝኣምን ዘበለ (ኩሉ ኣብ እምነት ዝነብር፡ ሕጂ ዝኣምን ዘሎ)፡ ኣይሁዳዊ ይኹን ጽርኣዊ፡ እዩ (ሮሜ 1.16) ። ጽድቂ ወንጌል፡ ጽድቂ ኣምላኽ ብእምነት፡ ካብ እምነት ናብ እምነት፡ ዝገሃድ እዩ (ሮሜ 1.17) ። 'ካብ እምነት ናብ እምነት' ማለት ብእምነት ካብ መጀመርታ ክሳዕ መወዳእታ ማለት እዩ። ሰለዚ፡ 'ጻድቕ ግና ብእምነት ይነብር፡' (ኣንባቆም 2.4፡ እምነት ኣብዛ ጥቕሲ ማለት 'እምነትካ ምዕቃብ፡ እሙን ምኳን' ማለት ምኳኑ ንምርዳእ ኣብ ምዕራፍ ክልተ ናይዚ መጽሓፍ ርአ) ።

ኣብተን ቀዳሞት ምዕራፋት፡ ጳውሎስ ብዛዕባ ሓጢኣትን ፍርድን ናይ ዘይኣምኑ ሮማውያን ኣመልኪቱ ይዛረብ። እዚኣቶም ንኣምላኽ ሰለ ዝኸሓዱ፡ ኣምላኽ ድማ ንዓመጸኦምን፡ ንርኽሰቶምን፡ ንዜነውር ፍትወቶም፡ ኣሕሊፉ ሃቦም (ሮሜ 1.18-30) ። በቲ ዝተቐበልዎ ምግላጽ፡ ማለት፡ ብሕጊ ሕልናኦምን ከከም ግብሮምን ድማ ክፍረዱ እዮም (ሮሜ 1.19-21፡ 2.6) ። እቶም ሰናይ ዝገብሩ ናይ ዘልኣለም ህይወት ክረኽቡ (ሮሜ 2.7)፡ እቶም ክፉእ ዝገብሩ ድማ መለኮታዊ ቑጥዓ ኣምላኽ ክረኽቡ እዮም (ሮሜ 2.8) ።

> *ንሱ ንነፍሲ ወከፍ ከከም ግብሩ ኺፈድዮ እዩ። ማለት፡ ነቶም ሰናይ እናገበሩ ተዐጊሶም ግርማን ክብርን ዘይምጥፋእን ዚደልዩ፡ ናይ ዘለኣለም ህይወት ኪህቦም እዩ። ነቶም ንዓመጸ ዚእዘዙ እምበር፡ ንሓቂ ዘይእዘዙ መሻረውቲ ግና ቍጥዓን መዓትን ኪወርዶም እዩ። ሮሜ 2. 6-8*

ብተወሳኺ፡ ጳውሎስ፡ ነቶም ቅዱሳን ማሕበር ሮሜ ውን ከይተረፉ ግቡዛት

ምኺኖምን፡ እቲ ኣብቶም ዘይኣምኑ ዝፈርድዎ ዓመጻ፡ ንሶም’ውን ብሕቡእ ከም ዝገብርዎ ይዘልፎም። (ሰለዚ፡ ኣብ ምዕራፍ 1 ብዛዕባ እቶም ዘይኣምኑ ዝገብርዎ ግብረ ሰዶማውነት እንተተዛሪቡ፡ ኣብታ ማሕበር ሮሜ ውን ከምኡ ተኣታትዩ ከም ዝነበረ ክንግምት ንኽእል ኢና ማለት እዩ) ። ጳውሎስ ዝጥቀመሉ ዘሎ ቋንቋ ንጹርን ቀጥታውን እዩ፡ ‘ንሰኻ… ንሰኻ… ንሰኻ (ሮሜ 2.1-3) ።

> *ሰለዚ፡ **ኣታ እትፈርድ ሰብ፡** ዝኾንካ እንተ ኾንካ፡ ነቲ **እትፈርዶሰ ትገብሮ ሰለ ዘሎኻ፡** በቲ ንኻልእ እትፈርዶ **ንርእስኻ** ትኹንን ኣሎኻ እሞ፡ ምኽንያት የብልካን። ንሕናሰ ኣብቶም ከምዚ ዝበለ ዚገብሩ እቲ ፍርዲ ኣምላኽ ሓቂ ምኺኑ ንፈልጥ ኢና።ኣታ ኣብቶም ከምዚ ዝበለ ዚገብሩ **እትፈርድ ባዕልኻውን እትገብሮ** ሰብ፡ ካብቲ ፍርዲ ኣምላኽ **እትመልቍዶ ይመስለካ** ኣሎ፧ ሮሜ 2.1-3*

ኣማኒ ሰለ ዝኾንካ፡ ፍርዲ ኣይምልከተካን እዩ ማለት ኣይኮነን። ኣብ ኣምላኽ ኣድልዎ የለን። ሓጢኣት ዝኣምኑን ዘይኣምኑን ኣብ ቅድሚ ኣምላኽ ሓደ እዩ። እቶም፡ ሓጢኣት እንዳገበሩ፡ ብሓጢኣቶም ዘይፍረዱ ዝመሰሎም ቅዱሳን ሓደገኛን ናይ ጥፍኣትን ውድቀት ይፍጽሙ ኣለው። ኣብ ልዕሊኦም ቁጥዓ ኣምላኽ እዮም ዝእክቡ ዘለው (ሮሜ 2.5) ።

> *ወይ ከኣ ሕያውነት ኣምላኽ ናብ ንሰሓ ኸም ዚሰሕበካ ሰኣን ምፍላጥካ ሃብቲ ሕያውነቱን ጸዋር ምኺኑን ዓቕሉንዶ ትንዕቕ ኣሎኻ፧ ግናኸ ብትርኻን ብዘይ ምንሳሕ ልብኻን ነቲ ብመዓልቲ ቍጥዓን ምግላጽ ቅኑዕ ፍርዲ ኣምላኽን ዚወርድ ቍጥዓ ኣብ ርእስኻ ትእክብ ኣሎኻ። ሮሜ 2.4-5*

ድሒሩ ኣብ ደብዳቤኡ፡ ጳውሎስ ነቶም ቅዱሳን ማሕበር ሮሜ፡ ዓሰቢ ሓጢኣት ሞት ምኺኑ እዩ ዘዘክሮም (ሮሜ 6.23) ። ነዚ ጥቕሲ፡ ካብቲ ድሕረ-ባይታኡ ኣውጺኦም፡ ብዛዕባ ዘይኣምኑ ከም ዝኾነ ጌሮም ኣብ ናይ ወንጌል ትራክትታትን ሰብከተታን ይጥቀምሉ እዮም። እቲ ዓምደ ጽሑፍን፡ ድሕረ ባይታ ናይቲ ምዕራፍን መጽሓፍን ምስ እንርድኦ ግና፡ ዕላማ ናይዚ ጥቕሲ፡ ኣመንቲ፡ ካብ ዘይምኽንያታዊ ሞራላዊ ዕጋበትን፡ ሓንሳእ ኣሚንና ጸጋ ተቐቢልና ኢና ካብ ዝብል ርድኢትን ተበጊሶም፡ ኣብ ሓጢኣት ንኸይነብሩ ንምጥንቃቕ እዩ።

እምብኣርሲ እንታይ ክንብል ኢና፡ ጸጋ ምእንቲ ኺዓዝዝሲ፡ ኣብ ሓጢኣትዶ ንጽናዕ፡ ሮሜ 6.1

እንታይከ ንበል፡ ትሕቲ ጸጋ እምበር፡ ትሕቲ ሕጊ ኻብ ዘይኰንናስ፡ ሓጢኣትዶ ንግበር፡ ያእ ኣይፋልናን። ሮሜ 6.15

እዞም ጥቕስታትን፡ ትሕዝቶ ምዕራፍ 6 ብምሉኡን፡ ዓሰቢ ሓጢኣት፡ ኣብ ዘይኣመኑን፡ ኣብቶም ዝኣምኑ እሞ ናብ ሓጢኣት ዝምለሱን (ኣብ ሓጢኣት ዝነብሩን)፡ ኩሉ ግዜ ሞት ምዃኑ ዘርኢ እዩ። እዚ ኣረዳድኣ ብዛዕባ ሮሜ 6 ቅኑዕ ምዃኑ፡ ጳውሎስ ባዕሉ ድሒሩ፡ 'እምብኣርሲ ኣሕዋተየ [ቅዱሳን ኣመንቲ ማሕበር ሮሜ]፡ ከም ስጋ እንተ ነበርኩም፡ ክትሞቱ ኢኹም፡' (ሮሜ 8.13)፡ ብምባል ኣረጋጊጹልና ኣሎ።

ዝኣምኑ ዘበሉ ንሓሳቦም ምስ ሓሳብ መንፈስ ወይ ሓሳብ ስጋ ከሰማምዕዎ፡ ብእኡ መሰረት ድማ ክነብሩን ይኽእሉ እዮም። ነቲ ሳዕቤን፡ ማለት ብመንፈስ ንዝመላለሱ ህይወት፡ ብስጋ ንዝመላለሱ ድማ ሞት፡ ግን ከወግድዎ ኣይክእሉን እዮም (እዚ ሓሳብ ጳውሎስ፡ ጸኒሕና ከም ንርእዮ፡ ኣብ መልእኽቲ ገላትያ እንደገና ብዝርዝር ገሊጽዎ ኣሎ፡) ።

ስጋውያን ዘበሉ ነቲ ናይ ስጋ እዮም ዚሐስቡ፡ መንፈሳውያን ግና ነቲ ናይ መንፈስ እዮም ዚሐስቡ። እቲ ሓሳብ ስጋ ምስ ኣምላኽ ጽልኢ ብምዃኑ ነቲ ሕጊ ኣምላኽ ኣይግዝኦን ኣይኰነሉን ድማ እዩ እሞ፡ ሰለዚ እቲ ሓሳብ ስጋ ሞት እዩ፡ እቲ ሓሳብ መንፈስ ግና ህይወትን ሰላምን እዩ። እቶም ብስጋ ዘለዉ ንኣምላኽ ኬሰምርዎ ኣይኰነሎምን እዩ። ሮሜ 8.5-8

እምብኣርሲ ***ኣሕዋተየ [ቅዱሳን ማሕበር ሮሜ]****፡ ከም ስጋ እንተ ነበርኩም፡ ክትሞቱ ኢኹም፡ ነቲ ግብሪ ስጋ ብመንፈስ እንተ ቐተልኩምዎ ግና፡ ብህይወት ክትነብሩ ኢኹም እሞ፡ ከም ስጋ ኽንነብር፡ ነቲ ስጋስ ሰብ ዕዳኡ ኣይኰንናን። ሮሜ 8.12-13*

ድሒሩ ኣብ ምዕራፍ 8፡ ጳውሎስ ብዛዕባ ርስቲ ቅዱሳን ይዛረብ።

ውሉድ ***ካብ [እንተ]*** *ኰንናኸ [if children]፡ ወረስቲ ድማ ኢና፡ ንኣምላኽ ወረስቱ፡ ንክርስቶስ መዋርስቱ ኢና። ምስኡ ሓሳረ መከራ*

***እንተ** ጸገብናስ፡ ምስኡውን ክንከብር ኢና። ሮሜ 8.17*

ኣብዛ ጥቕሲ፡ 'እንተ' ዝብል ቃል ክልተ ግዜ ተጠቒሱ ንረኽቦ። እዚ፡ ወረሰቲ ናይቲ ናይ ክብሪ ውርሻ ንምኳን ዘድሊ ቅድመ-ኩነት ዝገልጽ ቃል እዩ። ቀዳማይ፡ ውሉድ ካብ [እንተ] ኾይንና። ካልኣይ ድማ፡ ኣብቲ መከራኡ (መከራ ክርስቶስ) ተኻፈልቲ ምስ እንኸውን። እዚ ካልኣይ ቅድመ-ኩነት፡ ኣብ መጽናዕቲ መልእኽቲ ፊልጲ ክንምለሶ ኢና።

እቲ ዝዓበየ፡ 'እንተ' ዝብል ቃል፡ ኣብቲ ጳውሎስ ንቅዱሳን ማሕበር ሮሜ፡ ንኣይሁድ ንኽቕበልዎም ዝገብሮ ልባዊ ምሕጽንታ ኢና ንረኽቦ። ገሊኦም (ኩሎም ዘይኮነ) ካብቲ ጨንፈር ኣውሊዕ ከም ዝተቖርጹን፡ ኣብ ክንዳኦም ድማ፡ ኣህዛብ ቦታኦም ከም ዝወሰዱ ድሕሪ ምባል፡ እዚ ግና፡ ምኽንያት ን ትዕቢትን ክቱር ርእሰ ተኣማንነትን ክኸውን ከም ዘይግብኦ ይምዕዶም። ናይ ኣምላኽ ከቢድ መቕጻዕቲ ኣብ ልዕሊ ዘይኣምኑ ኣይሁድን፡ ርሕራሔኡ ኣብ ልዕሊ ኣህዛብ ኣመንትን፡ ቀዋሚ ወይ ዘይቅየር ከም ዝኾነ ጌርም ክሓስቡ ከም ዘይብሎም ድማ የጠንቅቖም።

ቦታ ኣህዛብ ኣብ ማእከል ህዝቡ (ህዝቢ ኣምላኽ) ካብ ቦታ ኣይሁድ ኣብ ማእከል ህዝቡ ዝውሕስ ኣይኮነን። ቦታ ኣህዛብ ኣብ ማእከል ህዝቡ ቅድመ-ኩነታዊ እዩ፡ ልክዕ ከምቲ ቦታ ኣይሁድ ኣብ ማእከል ህዝቡ ቅድመ-ኩነታዊ ዝነበረ (ሮሜ 11.22) ። 'እምብኣርሲ ናይ ኣምላኽ ለውሃትን ጭከናን ተመልከት፡ ኣብቶም ዝወደቑ ጭከናኡ፡ ንኣኻ ግና፡ ኣብቲ ለውሃቱ እንተጸናዕካ፡ ለውሃት ኣምላኽ። እንተዘይኮነስ ንስኻውን ክትቁረጽ ኢኻ።' (ሮሜ 11.22) ።

ቀጺሉ ጳውሎስ፡ ሓንቲ መዓልቲ፡ ኣምላኽ ንኣይሁድ ከም ህዝቢ ከም ብሓድሽ ክተኽሎም ከም ዝኾነ የዘክሮም።

> *ንሳቶም ኣብቲ ዘይምእማኖም እንተዘይጸንዑ ግና፡ ኣምላኽ ከም ብሓድሽ ኪተኽሎም ይኽእል እዩ እሞ፡ ኺትከሉ እዮም።ንስኻ ካብታ ብባህርያ ኣውልዕ በረኻ ተቖሪጽካ ብዘይመገዲ ባህርይ ኣብታ ጽብቕቲ ኣውልዕ ካብ ተተኸልካስ፡ እቶም ብባህርዮም ጨነፍር ዝነበሩ ግዳ ከመይ ኣብታ ኦም ኣውልዖም ኣጸቢቖም ዘይትከሉ። ኣሕዋተየ፡ ብርእሰኹም ብልህታት ዝኾንኩም ምእንቲ ከይመሰለኩምሲ፡ ምልኣት ኣህዛብ ክሳዕ ዚኣቱ፡ ንሓያሎ ካብ እስራኤል ትሪ ልቢ ከምዝበጽሖም፡ እዚ ምስጢር እዚ ዘይትፈልጡ ክትኮኑ፡ ኣይፈቱን እየ። ከምቲ ጽሑፍ፡ ተበጃዊ ካብ ጽዮን ኪመጽእ እዩ፡ ካብ ያእቆብ ከኣ ረሲእነት ኬርሕቕ*

እዩ፡ ሓጢኣቶም ምስ ኣርሓቕኩ፡ ኪዳነይ ምሳታቶም እዚ ኪኸውን እዩ፡ ዚብሎ፡ ብዘሎ እስራኤል ኪድሕን እዩ። ሮሜ 11.23-27

ነዛ ዝሓለፈት ዓምደ ጽሑፍ ብምርኣይ ጥራሕ፡ ጳውሎስ ነቲ ‘ሓንሳእ ድሒንካ፡ ኩሉ ሳዕ ድሒንካ’ ዝብል ከም ዘይቕበሎ ክንርዳእ ንኽእል ኢና። ኣብ ሓድሽ ኪዳን ዘለዉ ኣመንቲ፡ ካብቶም ኣብ ብሉይ ኪዳን ዝነበሩ ኣይሁድ፡ ዝሓይሽ ውሕስነት ምድሓን ከም ዘይብሎም ብንጹርን ዘየማትእን ቃላት ጽሒፉልና ኣሎ።

ኣምላኽ ነቶም ካብ ባህርዮም ጨነፍር ዝነበሩ ካብ ዘይነሓፎም፡ ንዓኻውን ኣይክንሕፈካን እዩ። ሮሜ 11.21

ስለዚ፡ እቲ ጥዑይ ኣረኣእያ ናይ ዝኣምኑ ኣህዛብ፡ ኣብ ልዕሊ ኣይሁድ ትዕቢት ዘይኮነስ፡ ፍርሒ ኣምላኽ እዩ። ንሳቶም ስኣን ምእማኖም ተሰብሩ፡ ንስኻ ግና ሳላ ዝኣመንካ ደው ኢልካ ኣሎኻ። ፍራህ ደኣ እምበር ብልብኻ ኣይትተዓበ። (ሮሜ 11.20) ።

ጳውሎስ ብግልጺ፡ ፍርሒ ቦታኻ ኣብ ማእከል ህዝቢ ኣምላኽን ዕላማ ኣምላኽ ኣብ ህዝቡን ምስኣን ግጉይ ወይ ዝጎድእ ሰምዒት ከም ዘይኮነ ኣርእዩና ኣሎ። እዚ ፍርሒ ቦታኻ ኣብ ግደ ርስቲ ቅዱሳን ምስኣን፡ ንብዙሓት ናይ ሎሚ ኣመንቲ ጉዳእን ዘይድልን ኮይኑ እዩ ዝሰምዖም። ብዙሕ መጉዳእቲ ከም ዘምጽእ ጌሮም ድማ እዮም ዝጠቕሰዎ!

እዚ ክፍሊ መልእኽቲ ጳውሎስ ናብ ሰብ ሮሜ፡ ብዛዕባ መለኮታዊ ቅድመ-ምደባ *(predestination)* ብኣትኩሮት ተጻሒፍሉ ዘሎ እዩ። ብሕጽር ዝበለ ሕጂ ክጠቕሶ (ኣብ ዝቕጽል ምዕራፍ 5 ብዝርዝር ሰለ ነጽንዮ)፡ ናይ እግዚኣብሄር መለኮታዊ ቅድመ-ምደባ ንቕዱሳኑ፡ ናይ ግድን ክሳዕ መወዳእታ ይዕቅቦም እዩ ማለት ዘሰምዕ እንተ ዝኸውን፡ እዚ ጳውሎስ ዝብሎ ዘሎ ፍርሒ ምስኣን ቦታኻ ኣብ ግደ ርስቲ ቅዱሳንን ምጥቃሱ ንምንታይ ኣድለየ፧

መጽሓፍ ሮሜ ቅድሚ ምግዳፍና፡ ሓደ ተወሳኺ ነጥቢ ብዛዕባ ሓላፍነትና ኣብ ህይወትናን ኣብ ህይወት ብክርስቶስ ኣሕዋትናን ክጠቕሰ። ኣብቲ መለኮታዊ ሳህሊ ኣምላኽ እንተዘቀጺልና፡ ንርእስና ጥራይ ዘይኮንና ካብቲ ግደ ርስቲ ቅዱሳን ክንቁረጽ ንኽእል፡ ነቲ ክርስቶስ ዝሞተሉ ሓው ከይተረፈ፡ ኣብ ዘይበጽሖ መንፈሳዊ ናጽነት ክመላለሰ ብምግዳድ፡ ዘይክእሎ ኣርዑት ብምስካም፡ (ማለት፡ ክርስቶስ ዝሃቦ፡ ግና፡ ብምኽንያት ሕልናዊ ዓቕሙ፡ ገና ኣብ ክነብሮ ዘይከኣለ ሓርነት ክነብር ብምግዳድ)፡ ንጥፍኣቱ ምኽንያት

ክንከውን ንኽእል ኢና።

ኣመና ብሕጊ እሱር *(over-scrupulous)* ምኳን፡ ምልክት ድኹምን ናብ ብጽሕና ዘይበጽሐን ሕልና እዩ። እዚ ግና፡ በቶም ብመንፈሳዊ ብጽሕና ዝዓበዩን መንፈሳዊ ሓርነት ዝተለማመዱን ሰባት ክነዓቕን ክግሰጽን ዘይኮነ፡ ክኽበር ዝግብኦ እዩ። ፍቕሪ፡ ካልእ ሓው ኣብ መንበር ፍርዲ እግዚኣብሄር ክኹነን ትደሊ ኣይኮነትን። (ሮሜ 14.1-23) ። ስለዚ፡ ንሓው ንዕንቅፋት ምኽንያት ምኳን፡ ንሰራሕ ኣምላኽ ምዕናውን፡ ነቲ ዝዕንቅፍን ነቲ ዝተዓንቀፈን ድማ ኣብ ፍርዲ ኣምላኽ ከውድቖም ዝኽእል እዩ። ነዚ ከቢድ መጠንቀቕታ ብጥንቃቐ ክንሕዞ ይግባእ።

1ይ ቆሮንቶስ

ቀዳማይ ቆሮንቶስ ግብራዊ ምኽሪ ብዛዕባ ዝተፈላለዩ ኣብ ቤተክርስትያን ዝረኣዩ ጸገማትን ኣፈታትሕኦምን ዝሓዘለ መጽሓፍ እዩ። ጳውሎስ፡ ብዛዕባ 'ሓንሳእ ድሒንካ፡ ኩሉ ሳዕ ድሒንካ' ዝብሎ፡ ካብቲ ብዛዕባ ኣብ ማሕበር ቆሮንቶስ ዝረኣዩ ዝነበሩ ዝተፈላለዩ ጉዳያት ዝሃቦ ግብራዊ ምኽርታት ክንረኽቦ ንኽእል ኢና።

እቲ ኣብ መጀመርታ ንረኽቦ ንኣርእስትና ዝምልከት፡ ብዛዕባ እቲ ሰበይቲ ኣቦኡ ኣእትዩ ኣብ ሓጢኣት ዝነብር ዝነበረ ሓው ወይ ኣማኒ እዩ። ጳውሎስ፡ ነዚ ሓው ኣመልኪቱ፡ ነታ ማሕበር ብኸምዚ ዝሰዕብ ኣገባብ ክትቀጽዖ ከም ዘለዋ ይእዝዛ፡

> *ብሓይሊ ጐይታና የሱስ፡ እዚ ኸም'ዚ ዝገበረ፡ መንፈሱ፡ በታ መዓልቲ ጐይታና የሱስ ምእንቲ ኺድሕንሲ፡ ንጥፍኣት ስጋኡ፡ ንሰይጣን ኪውሃብ፡ ከም ምሳኻትኩም ኰይነ፡ ድሮ፡ ፈሪደ ኣሎኹ። 1 ቆሮ 5.5*

እቲ ብድፍረትን ኣብ ቃልዕ ዝገብሮ ዝነበረ ሓጢኣት፡ መታን ንወንጌል ከየጽርፍ፡ ንኻልኦት ንዕንቅፋት ምኽንያት ከይከውን፡ ንርእሱ' ውን መወዳእታኡ ከይጠፍእ ብቕልጡፍ መደምደምታ ኪግበረሉ ነይርዎ። እታ ማሕበር ካብቲ ግብሩ ደው እንተ ዘይተዘየቢላቶ፡ ኣብ ክምለሰሉ ዘይክእል ደረጃ ኪበጽሕ፡ ምድሓኑ'ውን፡ ኪስእን ይኽእል እዩ። ንሓደ ሓው፡ ናብ ስራሕ ሰይጣን (ማለት፡ ንሕማምን ሞትን) ኣሕሊፍካ ምሃብ፡ ኣዝዩ ከቢድ'ኳ እንተ ኾነ፡ ክብደቱ ግን ምስ ምድሓኑ ምጥፋእ፡ ዝዳረግ ኣይኰነን (ምኽንያቱ፡ ግዝያዊ ምስ ዘለኣለማዊ፡ ሰለ ዘይዳረግ) ። ሰለ'ዚ፡ እታ ማሕበር፡ ነዚ፡ ኣዝዩ ከቢድ መቕጻዕታዊ ስጉምቲ ምስ ዘይትወስድ፡ እቲ ሓው፡ ንዘለኣለም፡

ኪጠፍእ እዩ። ካብ ንዘለኣለም ኣብ ገሃነም ዝጠፍእ፡ ሕማም፡ ወይ ሞሟት'ዶ ኣይሕሾን፧

ብድሕርዚ ጳውሎስ፡ ብዛዕባ እቲ ኣብ ሓድሕደም ኣብ ቅድሚ ፈራዶ ዓለም ዝገብርዎ ዝነበሩ ምክሳስ ምስ ገንሖም፡ ኣቓልቦኡ፡ ናብቲ ኣብታ ማሕበር ዝነበረ ጾታዊ ርኽሰት ብምግባር ከምዚ ክብል ይሓቶም፥

ዓመጽቲ ንመንግስቲ ኣምላኽ ከም ዘይወርስዋዶ ኣይትፈልጡን ኢኹም፧ ኣይትስሐቱ፣ ኣመንዝራታት፡ ወይ መምለኽቲ ጣኦት፡ ዘመውቲ፡ ወይ ሕንቁቓት፡ ወይ፡ ግብሪ ሶዶም ዚገብሩ፡ 1ቈረ.6:9

ኣብ ጥቕሲ 11 'ገሌኹም ከኣ፡ ከማታቶም ኔርኩም' ብምባሉ፡ እቶም ዓመጽቲ ዝበሎም ሓጥኣን'ምበር፡ ኣመንቲ ኣይኮኑን፡ ዝብሉ ኣይስኣኑን ይኾኑ። ግን፡ ሰለምንታይ፡ ነዞም ቅዱሳን፡ ከምኡ ኢሉ፡ ይጽሕፈሎም፧ ምኽንያቱ፡ ናብ'ቲ ናይ ቀደም መገድም ይምለሱ ሰለ ዝነበሩ እዩ። ገሊኣቶም፡ ናብ ኣመናዝር ከይተረፈ፡ ይኣትዉ ነይሮም።

እቲ ሰጋኹም፡ ኣካል ክርስቶስ ምዃኑዶ ኣይትፈልጡን ኢኹም፧ እምብኣርሰኸ፡ ንኣካል ክርስቶስ ወሲደዶ ኣካል ኣመንዝራ ኽገብሮ እየ፧ ያእ ኣይፋለይን። እቶም ክልተ፡ ሓደ ሰጋ ኪኾኑ እዮም፡ ብሁል እዩ እሞ፡ ምስ ኣመንዝራ ዝለገበ፡ ምስኣ፡ ሓደ ሰጋ ምዃኑዶ፡ ኣይትፈልጡን ኢኹም፧ 1ቈረ.6፡15-16

እዚ ከም'ዚ ዓይነት ባህሪ ረሲእነትን ዓመጻን ርኽሰትን፡ ዋላ ኣመንቲ ኢና ኢሎም ንርእሶም እንተእመንዋን እንተኣዐሸውዋን፡ ንዕጫኦም ኣብ መንግስቲ ኣምላኽ ከም ዘሰእኖም፣ ጳውሎስ፡ የጠንቅቕ። እዚ መጠንቀቕታ ኣብ ገላትያ ብንጹር፡ ብተመሳሳሊ ቃላት፡ ሰፊሩ ንረኽቦ።

እቲ ግብሪ ሰጋ ግሁድ እዩ፤ ንሱ ኸኣ፣ ምንዝር፡ ርኽሰት፡ ዕብዳን፡ ኣምልኾ ጣኦት፡ ጥንቈላ፡ ጽልኢ፡ ባእሲ፣ ቅንኢ፣ ቍጥዓ፣ ሻራ፣ ምፍልላይ፡ ዝርግርግ፡ ቅንኣት፡ ቅትለት፡ ሰኽራን፡ ጓይላ፡ ከምዚ ዘመሰለ ኻልእ'ውን እዩ። እቶም ከም'ዚ ዘመሰለ ዚገብሩ፡ ንመንግስቲ ኣምላኽ ከም ዘይወርስዋ፡ ከም'ቲ ቐደም ዝበልክዎ፡ ኣቐዲመ፡ እብለኩም ኣሎኹ። ገላ.5:19-21

እቲ ኣዝዩ ዝገርም፡ ጳውሎስ፡ ንርእሱ ከይተረፈ ካብ መንግስቲ ኣምላኽ ክቑረጽ ከም ዝኽእል ምፍርሁ እዩ! ጳውሎስ ኣንጻር ልምድታቱን ስጋዊ ትምኒታቱን ኣብ ቀጻሊ ቅልስ ኔሩ እዩ። ስለዚ ድማ እዩ፡ 'ንኻልኦት እናሰበኽኩ፡ ንርእሰይ፡ ድርቡይ *[disqualified for the prize]* ምእንቲ ኸይከውን፡ ንስጋይ፡ ኤሰቅዮን ኤግዝኦን ኣሎኹ' (1ቈረ 9.27) ዝብል። ገሊኦም፡ ነቲ 'ድርቡይ ከይከውን' ዝብል ቃል፡ ብዛዕባ ናይ ሕጂ ኣገልግሎቱን፡ ናይ ዝመጽእ ዓሰቢ ኣገልግሎቱን ማለቱ እዩ፡ ኢሎም ይትርጉምዎ እዮም። እዚ ትርጉም ግና፡ ምስ ናይ ጳውሎስ ሓሳብ፡ ኣይከይድን እዩ። ጳውሎስ፡ ኣብ'ዚ ተጠቒምሉ ዘሎ *(adikomos/*ኣዲኮሞስ) ዝብል ቃል፡ ኣብ ካልእ ክጥቀመሉ ከሎ፡ 'ክርስቶስ፡ ኣባኻ ዘይምህላው' *(Christ no longer in you)* ንምባል እዩ።

> *ብእምነት እንተ ኣሊኹም፡ ርእሰኹም ፈትኑ፣ ርእሰኹም መርምሩ። ወይስ፡ የሱስ ክርስቶስ፡ ኣባካትኩም ከም ዘሎዶ፡ ብርእሰኹም፡ ኣይትፈልጡን ኢኹም፧ እዚ እንተ ዘይኮነስ፡ መኸታ፡ ዘይተጸንዑ ኢኹም። 2ቈረ.13:5*

ዓሰቢ ድማ፡ ኣብ ካልእ ክፋላት መጽሓፍ ቅዱስ፡ ነቲ ናይ ላዕሊ ጽወዓ፡ እዩ ዝገልጽ። 'ናብ'ቲ ሕንጹጽ ዕላማ ኣቢለ፡ ናብ'ቲ ዓሰቢ ዓወት፡ ናይ ላዕሊ ጽውዓ ኣምላኽ፡ ብክርስቶስ የሱስ፡ እጐዪ ኣሎኹ' (ፊል.3:14) ። ምምቃል ቃል ኣምላኽ ናብ ምዕራፋት፡ ኣብ ምርዳእና ዘምጽኦ ጉድኣት ቀሊል ኣይኮነን፡ ምኽንያቱ፡ ንጽሑፍ ካብቲ ዓውደ ጽሑፉ ስለ ዝቖርጾ። ጳውሎስ፡ ካብ'ቲ ሰማያዊ ዓሰቢ ከይድርበ ብዛዕባ ዘለዎ ፍርሓት ምስ ተዛረበ፡ ቀጺሉ ብቐጥታ ዝጸሓፎ፡ ምቑራጽ ካብ ማእከል ህዝቢ ኣምላኽ ናይ ብዙሓት እስራኤላውያን፡ ብሰንኪ ምንዝርናን፡ ኣምልኾ ጣኦትን እዩ። (1ቈረ.10፡1-13) ። እስራኤላውያን፡ ካብ ግብጺ ወጺኦም፡ ናብ ሙሴ፡ ተጠምቁ። መብዛሕትኦም ንእግዚኣብሄር፡ ባህ ስለ ዘየበሉ (1 ቆሮ 5.10)፡ ብዘይካ ክልተ ሰባት፡ ካልኦት ኩሎም እቶም ካብ ግብጺ ዝወጹ፡ ናብ ከንኣን ኣይኣተዉን። ዕጫ ናይዞም ደቂ እስራኤል፡ ኣብነትን መጠንቀቕታን ነቶም ኣብ ምንዝርናን ኣምልኾ ጣኦትን ዝመላለሱ ዝነበሩ ሰብ ቆሮንቶስ ምዃኑ ጳውሎስ፡ የጠንቅቖም።

ጳውሎስ፡ ሓደ ካብቶም ሰለስተ ናይ ሓድሽ ኪዳን ጸሓፍቲ፡ ነቲ ናይ እስራኤል ተመኩሮ፡ ከም ኣብነትን መጠንቀቃን ንኣመንቲ ሓድሽ ኪዳን፡ ዘቕረቡ እዩ (እቶም ክልተ ካልኦት ድሒርና ክንርእዮም ኢና) ። ስለዚ፡ ኣብ መንጎ እስራኤልን ኣመንቲ ሓድሽ ኪዳንን ተመሳሳልነት የለን ምባል ነዚ

ናይ ሃዋርያት ትምህርቲ ምንጻግ ማለት እዩ። ኣብ ብሉይ ኪዳን ይኹን ኣብ ሓድሽ ኪዳን፡ ደሓን ጀሚርካ ብውድቀት ክትውድእ፡ ወይ ክሳዕ መወዳእታ ዘይክትዕገስ ከም ዝከኣል ቃል ኣምላኽ ብንጹር ነጊሩና ኣሎ።

ቀጺሉ፡ ጳውሎስ ብዛዕባ ሰብ ቆረንቶስ ኣብ ስርዓት ድራር ጎይታ ዝፍጽምዎ ዝነበሩ ሰሰዐን፡ ሰኽራንን፡ ኣልዒሉ ይዛረብ። ገሊኦም ነቲ ንድራር ጎይታ ዝተባህለ እንጀራ ክበልዑን በቲ ወይኒ ድማ ክሰኽሩን ቀልጢፎም ይመጹ ኔሮም። ነቲ መንገዲ ጸጋ ክኸውን ዝግብኦ ቅዱስ ስርዓት፡ ኣራኺሶም፡ ነቲ ርሱን ስጋዊ ትምኒቶም ንመርወዪ ብምጥቃሞም፡ ኣብ ልዕሊኦም ጽዋእ ፍርዲ ከም ዘምጽኡ ጳውሎስ ይነግሮም። ስለዚ ድማ፡ ሰብ ቆረንቶስ፡ ብሰንኪ’ዚ ልምድታቶም፡ እቲ ቅዱስ ስርዓት ጎይታ ኣብ ክንዲ ጥዕናን ህይወትን ዘምጽኣሎም፡ ብሕማምን ሞትን ክጥቅዑ ጌርዎም።

> *ብጊዜ ብልዕኹም፡ ነፍሲ ወከፍኩም፡ ተቓዳዲሙ፡ ድራሩ ይበልዕ፡ እቲ ሓደን ይጠሚ፡ እቲ ሓደን ይሰክር ኣሎ እሞ፡ ከምኡ፡ እቲ ብሓደ ምእካብኩም፡ ንምብላዕ መኣዲ ጐይታ፡ ኣይኮነን። . . . በዚ ምኽንያት እዚ እዮም ኣብ ማእከልኩም ብዙሓት ድኹማትን ሕሙማትን ዘለዉ፡ ዝደቀሱ’ውን ብዙሓት እዮም፤ 1 ቆሮ 11.20-34*

እዚ ኣብ ስጋኦም ብሰንኪ ልምምድ ሓጢኣቶም ዝወርድ ዝነበረ ሕማምን ሞትን ግና፡ ልክዕ ከምቲ ኣብ 1 ቆሮንቶስ 5 ዝረኣናዮ፡ ንምምላሶምን ንምድሓኖምን ዝዓለመ እዩ ኔሩ። ኣምላኽ፡ ብሕማምን ሞትን ከም ዝጥቅዑ ምግባሩ፡ ንኽምለሱ መታን ዕድል ክረኽቡን፡ ኣብታ ዝመጽእ ምስ ዓለም ምእንቲ ከይኩነኑ ኢሉ እዩ (1 ቆሮ 11.32) ።

> *ግናኸ፡ ኣብ ርእስና እንተ ንፈርድሲ፡ ኣይምተኾነናን ኔርና። ክንፍረድ ከሎና ግና፡ ምስ ዓለም ምእንቲ ኸይንኹነን፡ ብጐይታ፡ ንቕጻዕ ኣሎና። 1 ቆሮ 11:31-32*

እቲ ምስ ዓለም ከይንኹነን ምእንቲ ዝብሎ፡ ብዛዕባ እታ ሓጥኣን ሓንሳእን ንሓዋሩን ብኣምላኽ ዝንጸጉላን ንኻልኣይ ሞት (ማለት ምድርባይ ናብቲ ቀላይ ሓዊ) ድማ ዝፍረዱላን መዓልቲ ፍርዲ ማለቱ እዩ። ጳውሎስ ርግጸኛ ኮይኑ ዝብሎ ዘሎ፡ እቶም ኣመንቲ ኣብዚ ዕጫ ዘይኣምኑ ክወድቁ ከም ዝኽእሉ እዩ። ስለዚ ድማ እዩ፡ የሱስ፡ ብምምላሶም ካብቲ ዝመጽእ ፍርዲ መታን ክድሕኑ፡ ኣብዚ ናይ ሕጂ ስጋኦም ንምምላሶም ዝዓለመ ቃንዛን

ሰቓይን ዘውርደሎም። ስለዚ፡ እቶም ናብ ድራር ጎይታ ዝመጹ፡ ርእሶም ክፈርዱ እሞ፡ ካብቲ ዝመጽእ ፍርዲ ክድሕኑ ጳውሎስ ቀሪብሎም ኣሎ። (ብዛዕባ እዚ ርእሰ-ምፍራድ ወይ ርእሰኻ ምፍታሽ ኣብ ክፍሊ 2 ቆሮንቶስ ክንርኢ ኢና) ።

ብድሕርዚ፡ ጳውሎስ፡ ካብ ግብራዊ ናብ ዶክትሪናዊ መልእኽቲ ብምስጋር፡ ንሰብ ቆሮንቶስ፡ ብዛዕባ መሰረታውያን ሓቅታት እቲ ዝሰበኸሎም ወንጌል - ማለት፡ እቲ ብጽሑፋት ዝተነበየሉ ካብ ሓጢኣት ዘድሕን፡ ሞን ትንሳኤን የሱስ፡ ከዘኻኽሮም ይፍትን። ጳውሎስ ኣብዚ ዝብሎ ኣገዳሲ ነገር፡ እቲ ሓንሳእ ዝወሰድዎ ስጉምቲ እምነት፡ ነቲ ዝሰምዕዎ ወንጌል ኣጽኒዖም ከምቲ ንሱ ዝሰበኹም ጌሮም፡ ከየጉደሉ፡ ከይመልኡ፡ ኣጽኒዖም ሒዞምዎ እንተሃልዮም፡ ብእኡ እንዳደሓኑ ምድሓኖም ከም ዝፍጽሙ፡ እዩ። ኣጽኒዖም ምስ ዘይሕዝዎ ግና፡ እቲ ናይ መጀመርታ እምነቶም ንኸንቱን ፍረ ዘይብሉን እዩ ዝኸውን።

> *ኣሕዋተየ፡ ንኸንቱ ኣሚንኩም እንተ ዘይኰንኩም [እታ ናይ መጀመርታ ናይ እምነት ውሳኔኹም ከንቱ መታን ከይትኸውን]፡ ከምቲ ኣነ ዝሰበኽክዎ ጌርኩም ሒዝኩምዎ እንተ ኣሊኹምሲ [ኩሉ ሳዕ፡ ከየቋረጽኩም ሒዝክሞዎ ትኸዱ እንተሃሊኹም]፡ እቲ ዝሰበኽኹልኩምን እተቐበልኩምዎን ኣብኡ ጸኒዕኩም ዘሎኹምን ብእኡውን እትድሕኑሉን [እትድሕንሉ ዘለኹም/ እናደሓንክሙሉ ትኸድሉ ዘለኹም] ወንጌል ኤፍልጠኩም ኣሎኹ። 1 ቆሮ 15.1-2*

ኣብዚ ነስተውዕል፡ ጳውሎስ፡ ነቲ ዝሰበኾም ቃል ሓቂ ኣጽኒዖም እንተዘይሒዞሞ፡ ካብ መጀመርታ ውን ናይ ብሓቂ ኣመንቲ ስለ ዘይነበሩ እዮም ኣይኮነን ዝብል ዘሎ። እንታይ ደኣ፧ እቲ ናይ መጀመርታ እምነትኩም ንኸንቱ ኮይኑ እዩ ዝብሎም ዘሎ። ስለዚ፡ እቲ ናይ መጀመርታ እምነቶም ናይ ብሓቂ እምነት እዩ ኔሩ፡ ብቐጻሊ እምነት እንተዘይተሰንዩ ግና ዘይጠቅም ይኸውን።

2ይ ቆሮንቶስ

ካልኣይ ደብዳቤ ጳውሎስ፡ ናብ ሰብ ቆረንቶስ፣ ነቲ፡ ኣብ መንጎኡን፡ ኣብ መንጎ ሰብ ቆረንቶስን ዝነበረ፡ ዝላሕልሐ ርክብ ኣብ ግምት ብምእታዉ፣ ብዛዕባ'ቲ ንሱ፡ ማለት ጳውሎስ፡ ኣብ ሰብ ቆሮንቶስ ዝነበሮ መንፈሳዊ ሓልዮት፡ ንምግላጽ ዝጸሓፎ እዩ።

ብእምነት ቋምኩም ኣሎኹም እሞ፡ ደገፍቲ ሓጐስኹም ደኣ ኢና እምበር፡ ኣብ ልዕሊ እምነትኩም ክንጐይተት፡ ኣይኰንናን። 2ቈረ.1:24

ቀንዲ ሻቕሎት ጳውሎስ፡ እምነቶም ስንከልከል ከይትብል እዩ። ስሌኦም፡ ማለት ንክርስቶስ እሙናት ኮይኖም ክነብሩ፡ ቀናእ ኔሩ። ሰምዒት ጳውሎስ ብዛዕባ እቶም ናብ ክርስቶስ ዘምጽኦም ሰብ ቆሮንቶስ ምስ ሰምዒት ዮሃንስ መጥመቕ ብዛዕባ ደቀ መዛምርቱ ብዙሕ ተመሳሳልነት ኣለዋ (ዮሃ 3.29 ምስ 2 ቆሮ 11.2 ኣነጻጽር) ።

ብቐንኢ ኣምላኽ እቐንኣልኩም እየ እሞ፡ ንጽህቲ ድንግል ንክርስቶስ ምእንቲ ከቕርበኩም፡ ንሓደ ሰብኣይ፡ ኣሕጽየኩም እየ። ግናኸ፣ ከም'ቲ፡ ተመን፡ ብጒርሑ፡ ንሄዋን ዘሰሓታ፣ ከምኡ'ውን፡ ሓሳብኩም፡ ካብ'ቲ ናብ ክርስቶስ ዚኸውን ገርህነትን ንጽህናን፡ ምናልባሽ ከይጥፍእ፡ እፈርህ፡ ኣሎኹ። 2ቈረ.11:2

እቲ መርዓት ዘላቶ፡ ንሱ መርዓዊ እዩ። እቲ ደው ኢሉ ንእኡ ዚሰምዖ ዓርኪ መርዓዊ ግና ብድምጺ እቲ መርዓዊ ኣዝዩ ይሕጐስ። ደጊም እዚ ሓጐሰይ ተፈጸመ። ዮሃ 3.29

ፍርሒ ጳውሎስ፡ ሰብ ቈረንቶስ፡ ንጽህናኦም ኣጥፊኦም፡ ንኻልእ ወንጌል፡ ንኻልእ መንፈስ፡ ንኻልእ ክርስቶስ ከይሰዕቡ'ሞ፡ ካብ ክርስቶስ (እቲ መርዓዊ) ከይጠፍኡ፡ ወይ ድማ፡ ክርስቶስ፡ መርዓቱ ከይትጠፍኦ፡ እዩ ኔሩ (2 ቆሮ 11.3) ።

ግናኸ ከምቲ ተመን ብጒርሑ ንሄዋን ዘሰሐታ፡ ከምኡውን ሓሳብኩም ካብቲ ናብ ክርስቶስ ዚኸውን ገርህነትን ንጽህናን ምናልባሽ ከይጥፍእ እፈርህ ኣሎኹ። 2 ቆሮ 11.3

ሰብ ቆሮንቶስ፡ ንኻልእ ወንጌል ክሰምዑ፡ ንኻልእ መንፈስ ክቕበሉ፡ ንኻልእ ክርስቶስ ድማ ክሰዕቡ ድሉዋት ዝነበሩ ይመስሉ። ስለዚ፡ ፍርሒ ጳውሎስ፡ እቲ መርዓዊ፡ እታ በዓል ኪዳኑ መርዓት ከይሰእና እዩ። ክርስቶስ ክሰእናም ዘይክእል እንተኾይኑ፡ ኩሉ እዚ ጳውሎስ ኣብ ጽሑፉ ገሊጽዋ ዘሎ ፍርሒ ንኸንቱን፡ መጥፍኢ ግዜን እዩ ማለት እዩ!

እዚ ፍርሒ ጳውሎስ፡ ድሕር ኢሉ ጽቡቕ ጌሩ ገሊጽዋ ኣሎ (1 ቆሮ 12.21

– 13.5) ፡፡ እቲ ጌና ዝቕጽል ዝነበረ ዘይምንጽሆም፡ ጸታዊ ርኽሰትን; ርሱን ስጋዊ ትምኒቶምን፡ ኩሉ ዕዮኡን ጻዕሩን ንኸንቱ ይገብሮ ጥራሕ ዘይኮነስ፡ ጥፍኣቶም ድማ፡ ንጳውሎስ፡ ምንጪ ዓቢ ጓሂን ሓዘንን እዩ። ስለዚ፡ መጽዩ ከቕንዖምን፡ ክመልሶምን ዘለዎ ኒሕ ዓቢ እዩ። ካብዚ ክቱር ቅንኢ ዝተላዕለ፡ ሰምዒቶም ከይገደሶ፡ ነቶም ዝሰምዕዎ ብዙሕ ድሕሪ ምግሳጽ፡ ነቶም ዘይሰምዑ ድማ ክቐጽዕን፡ ክኣልዮምን ድሕር ኣይበለን። ዝኾነ ግብረ-መልሲ ጳውሎስ፡ ካብዚ ንታሕቲ እንተ ዝኸውን ኔሩ፡ መግለጺ ሞራላዊ ድኻሙ ምኾነ።

ክምለስ ከሎኹ፡ ኣምላኸይ ኣብ ቅድሜኹም ከየዋርደኒ፣ ኣነ'ውን፡ በቶም ቀደም ሓጢኣት ዝገበሩ እሞ፡ ካብቲ ዝገበርዎ ርኽሰት ምንዝርን ዕብዳንን ዘይተነሰሑ ብዙሓት ከይጉሂ፡ እፈርህ ኣሎኹ። 2ቈረ.12:21

ምርጫ ጳውሎስ፡ ባዕሉ መጽዩ ስርዓት ካብ ዘትሕዞም፡ ባዕሎም፡ ካብቲ ዝነበርዎ ኩነታት ክምለሱ እዩ። ስለዚ ድማ፡ ንርእሶም ኣብታ እምነት ኣለውን ዘየለውን ክፍትሹ ይምሕጸኖም (2 ቆሮ 13.5) ፡፡

ብእምነት እንተ አሊኹም (to see whether you are in the faith)፡ ርእሰኹም ፈትኑ፣ ርእሰኹም፡ መርምሩ። ወይስ፡ የሱስ ክርስቶስ፡ ኣባካትኩም ከም ዘሎ፡ ብርእሰኹም፡ ኣይትፈልጡን ኢኹም፧ እዚ እንተ ዘይኰነስ፡ መኸታ ዘይተጸንዑ ኢኹም። 2ቈረ.13:5

ኣብዚ ክንጽር ዘለዎ፡ ጳውሎስ፥ ብእምነት እንተ ኣሊኹም ርእሰኹም ፈትኑ እምነር፡ ካብ መጀመርታ ኣብ እምነት ኣይነበርኩምን፡ ኣይኮነን ዝብል ዘሎ። ፣ ብኣንጻሩ፡ ብእምነት ከም ዝጀመሩ፡ ሕጂ ግና ኣብታ እምነት እንተ ዘይሃልዮም ኣኻሊ ከም ዘይኮነ እዩ ዝነግሮም ዘሎ።

ብእምነት፡ ማለት ኣብታ እምነት *('The faith')* ማለቱ፡ ነታ፡ እምነት ኣብ ትምህርቲ ክርስቶስ (ወንጌል) ዘለዎም እምበር፡ ነቲ ናይ ውልቆም እምነት ኣብ ክርስቶስ ማለቱ ኣይኮነን። ስለ'ዚ ድማ፥ እታ እምነት፡ *'the faith'* ዝብል። ካብቲ ምህሮ ክርስቶስ ምዝባል፡ ካብ ክርስቶስ ምዝባል እዩ። ክርስቶስ ኣብኦም ከም ዘሎ ብምሕሳብ፡ እዚ ግና፡ ተፈቲኖም ወይ ርእሶም መርሙሮም እንተ ዘይተሪፎም ጥራሕ ሓቂ ከም ዝኸውን የጠንቅቕዖም። ተፈቲኖም እንተዘይተሪፎም ዝብል ቃል ካብ 'ኣዶኪሞስ' *(Adokimos)* ዝብል ናይ ግሪኽ ቃል ዝመጸ ኮይኑ፡ ምስቲ ኣብ 1 ቆሮ 9.27 ብዛዕባ ርእሱ፡ '**ድርቡይ ምእንቲ**

ኸይከውን' ዝበሎ ቃል ሓደ እዩ።

ምስዚ ኹሉ ብዛዕባኦም (ብዛዕባ እምነቶም) ዘለዎ ፍርሒ፡ ጳውሎስ፡ ኣብ መወዳእታ፡ ብጎይታ ኣሕዋተይ ብምባልን፡ ጸጋ ጐይታና የሱስ ክርስቶስን ፍቕሪ ኣምላኽን ሕብረት መንፈስ ቅዱስን ምስኦም ክኸውን ብምጽላይን፡ መልእኽቱ ይዓጹ (1 ቆሮ 13.11-13) ።

ገላትያ

ጳውሎስ፡ ኣብዛ፡ ሓንቲ ካብተን ናይ መጀመርታ መልእኽታቱ ዝኾነት ተገርም መጽሓፍ፡ እቲ ናይ ብሓቂ፡ ብመንፈስ ቅዱስ ዝርከብ ሓርነት ከመይ ምዃኑ፡ ምስዘን ክልተ ቀጺልና ንርእየን ሓደጋታት እንዳገናዘበ የረድኦም።

ሰብ ገላትያ ብክልተ ነገራት ይፍተኑ ኔሮም። በቲ ሓደ ወገን፡ ሰጋዊ ሓርነት፡ ማለት፡ ነቲ ብመንፈስ ዝርከብ ሓርነት ንሰጋ ምኽንያት ምግባር *(licentiousness)* (ገላ 5.13)፡ በቲ ካልእ ወገን ድማ ሕጋውነት *(legalism)* (ገላ 5.4) ። እዘን ክልተ ሓደጋታት፡ ኣመንቲ፡ ነቲ ብመንፈስ ዝርከብ ሓርነት ክሰእኑለን ዝኽእሉን፡ ከቢድ ሳዕቤን ድማ ዘለወንን እየን።

ሓደ ካብቲ ንተልእኾ ጳውሎስ ቀንዲ ብድሆ ዝነበረ፡ እቲ ኣይሁዳውያን ኣመንቲ ዝምህርዎ ዝነበሩ፡ ብክርስቶስ ዝኣምኑ ኣህዛብ፡ ነቲ ሕጊ ሙሴ፡ ግዝረት ብምግዛር ክፍጽምዎ ኣለዎም ዝብል፡ ትምህርቲ እዩ። ነዚ ትምህርቲ፡ ጳውሎስ፡ ክሳዕ ኣብቲ ዋዕላ የሩሳሌም ብምኻድ ተቓዊምዎ (ግብ ሃዋርያት 15) ። ብዛዕባ'ቶም ነዚ ትምህርቲ ዝምህሩ፡ ክዛረብ ከሎ፡ 'ኣየ፡ እቶም ዜዕልዉኹም ኲታ እንተ ዚቘረጹ።' ገላ.5:12 ይብል።

ነቶም፡ ብክርስቶስ ዝኣምኑ ልዉጣት እሞ ነዚ ትምህርቲ ዝተቐበሉ ድማ፡ ካብ ክርስቶስ ተፈልዮም፡ ካብ ጸጋ ከም ዝወድቑ፡ ክርስቶስ ድማ፡ ሓንቲ'ኳ ከም ዘይጠቕሞም፡ የጠንቅቖም።

ኣቱም፡ ብሕጊ ኽትጸድቁ እትደልዩ፣ ካብ ክርስቶስ ተፈሊኹም፡ ካብ ጸጋ፡ ወደቕኩም። ገላ.5:4
እንሆ፡ ኣነ ጳውሎስ፡ እንተ ተገዘርኩም፡ ክርስቶስ ገለ እኳ ኣይጠቕመኩምን እዩ፡ እብለኩም ኣሎኹ። ገላ.5:2

ከምቲ ንሰብ ቆሮንቶስ ዝበሎም፡ ንሰብ ገላትያ ድማ፡ ካብቲ ዝመሃሮም ወንጌል ክርስቶስ ምዝባል፡ ካብ ክርስቶስ ምጥፋእ ምዃኑ የጠንቅቖም። ነቶም ነቲ ብመንፈስ ዝርከብ ሓርነቶም፡ ንሰጋ ምኽንያት (ንሓጢኣት ፍቓድ ምሃብ) ዝገብሩ ድማ፡ ሓርነት ካብ ሕጊ (ልዕሊ ሕጊ ምዃን)፡ ማለት፡ ሓርነት

ንሓጢኣት ከም ዘይኮነ፡ ኣጥቢቑ ይምዕዶም፣ (ነዚ ኣብ ሮሜ.6 ብሰፊሑ፡ ገሊጽዎ ኣሎ።)

እቲ ዝኣምን፡ ቀጻሊ ብኽልተ ምርጫታት እዩ ዝብዳህ፡ እቲ ሓደ፡ ነቲ ስጋዊ ትምኒት ምስዓብ፡ እቲ ካልኣይ ድማ፡ ነቲ ትምኒት መንፈስ ምስዓብ። ወላ ሓደ፡ ብኽልቲኡ ኣብ ሓደ እዋን ክምራሕ ዝኽእል ሰብ የለን።

ጳውሎስ፡ ኣብዚ ስጋ ዝብሎ፡ ነቲ ኣካላትና ማለቱ ዘይኮነ፡ ነቲ ካብ ኣዳም ዝወረስናዮ፡ ዉዱቕ ናይ ሓጢኣት ባህሪና እዩ። ሓደ ዝኣምን፡ ነዚ ውዱቕ ባህሪ፡ ኣብ ልዕሊኡ ክሰልጥን ምስ ዘፍቅድ፡ ኣብ ህይወቱ፡ ነቶም ዝተፈላልዩ 'ግብሪ ስጋ' ከፍርዮም እዩ። ስለዚ እቶም ብትምኒት ስጋ ዝመላለሱ፡ ግብሪ ስጋ፡ ማለት ምምላኽ ጣኦት፡ ርኽሰት፡ ቅንኢ፡ ሰኽራን፡ ቁጥዓ፡ ካልእ ናይ ውርደት ግብርታትን ኣብ ሂወቶም ይረኣይ። እቶም ከምዚ ዝገብሩ ሰባት፡ መንግስቲ ኣምላኽ ከም ዘይወርሱ ድማ የጠንቅቖም።

> *እቲ ግብሪ ስጋ፡ ግሁድ እዩ፣ ንሱ ኸኣ፣ ምንዝር፡ ርኽሰት፡ ዕብዳን፡ ኣምልኾ ጣኦት፡ ጥንቈላ፡ ጽልኢ፡ ባእሲ፡ ቅንኢ፡ ቍጥዓ፡ ሻራ፡ ምፍልላይ፡ ዝርግርግ፡ ቅንኣት፡ ቅትለት፡ ሰኽራን፡ ጓይላ፡ ከም'ዚ ዘመሰለ ኻልእ'ውን እዩ። እቶም ከም'ዚ ዘመሰለ ዚገብሩ፡ ንመንግስቲ ኣምላኽ ከም ዘይወርሰዋ፡ ከም'ቲ ቐደም ዝበልክዎ፡ ኣቐዲመ እብለኩም ኣሎኹ። ገላ.5:19-21*

ስለዚ፡ ጳውሎስ፡ ናብ'ቲ ናይ ቀደም ናይ ሓጢኣት መገዶም ምስ ዝምለሱ፡ መንግስቲ ኣምላኽ ክወርሱ ከም ዘይክእሉ፡ ከም'ቲ፡ ኣብ 1ቈረ.6:9 ዝበሎ፡ የጠንቅቖም። እቲ ብመንፈስ ዝርከብ ሓርነት፡ ኣብ ልዕሊ ሓጢኣት ክትመልኽ ምኽኣል፡ ወይ ካብ ሓጢኣት ሓራ ምዃን ማለት እዩ። እዚ ድማ፡ ብመንፈስ ብምምልላስ ጥራሕ ዝክኣል እዩ።

ኣብ መወዳእታ፡ ጳውሎስ፡ ንሰብ ገላትያ ትርር ዝበለ ማዕዳን መጠንቀቕታን፡ ይህቦም።

> *ሰብ፡ ነቲ ዝዘርኦ፡ ንእኡ ኸኣ፡ ኪዓጽዶ እዩ እሞ፡ ኣይትጠበሩ፣ ኣምላኽ ኣይዕሾን እዩ። እቲ ንስጋኡ ኢሉ ዚዘርእ፣ ካብ'ቲ ስጋስ፡ ጥፍኣት ኪዓጽድ እዩ፤ እቲ ንመንፈሱ ኢሉ ዚዘርእ ግና፡ ካብ'ቲ መንፈስ፡ ናይ ዘለኣለም ህይወት ኪዓጽድ እዩ። እንተ ዘይተጸልኣናስ፡ ብጊዜኡ ክንዓጽድ ኢና እሞ፡ ንሰናይ ግብሪ፡ ኣይንሰልኪ። ገላ.6:7-9*

ከነሰምረሉ ዘለና፡ እዚ መጠንቀቕታ፡ ንኣመንቲ/ዳግም ንዝተወልዱ ኰይኑ፣ እቲ 'ዚዘርእ' ዝብል ቃል፡ ቀጻሊ ንዝግበር ነገር እዩ ዘመልክት። ንሓንሳእ ዝዘርእ ጥራሕ ኣይኰነን። 'ጥፍኣት'፡ ማለቱ ድማ፡ ነቲ ናይ ዘለኣለም ዕንወት/ሞት፡ ማለቱ እዩ። ዓሰቢ ናይ ጽቡቕ፡ ወይ ሕማቕ ምዝራእ፡ ኣብ መጻኢ እዩ ዝዕጸድ። ምዕጻድ፡ ኣብ ዘለኣለም (ድሕሪ ሞት) ዝኸውን ነገር እዩ።

ምዝራእ ቀጻሊ ምዃኑ ንምርኣይ፡ ጳውሎስ፡ ኣብ ገላ 6.9፡ ንሰብ ገላትያ፡ ምዝራእ ከየቋርጹ ይምሕጸኖም።

> *እንተ ዘይተጸልኣናሰ [እንተዘቋሪጽናሰ፡ እንተዘይሰልኪና/ ተሰፋ እንተዘይቆሪጽና]፡ ብጊዜኡ ክንዓጽድ ኢና እሞ፡ ንሰናይ ግብሪ ኣይንሰልኪ። ገላ 6.9*

ኤፌሶን

'ኤፌሶን' ዝብል ቃል፡ ኣብ ቀዳሞት ቅዳሓት ናይዛ መጽሓፍ የለን። ስለዚ፡ እዛ መጽሓፍ፡ ናብተን ናይ ኤስያ ማሕበራት ዝተላእከት ዘዋሪት ደብዳቤ ክትከውን ትኽእል እያ። መልእኽቲ ኤፌሶን፡ ብሓፈሻኡ፡ ብዛዕባ እምነትን መንፈሳዊ ባህርን ዝምህር ጽሑፍ እዩ። ስለዚ፡ ንሓደ ፍሉጥ ጉዳይ ኣተኲሩ ዝተጻሕፈ ኣይኮነን።

ጳውሎስ፡ ኣብ ጽሑፉ፡ ነቶም ቅዱሳን፡ ብኸንቱ ዘረባ ከይታለሉ ድሕሪ ምንጋር፡ ኣብ ርኽሰት ዝነብሩ ወይ ናብኡ ዝምለሱን፡ ብርሱን ትምኒት ሰጋን ርስሓትን ምስ ዝመላለሱን፡ ኣብ መንግስቲ ክርስቶስ ግደ ክህልዎም ከም ዘይክእልን የጠንቅቖም። እዚ ጥራሕ ዘይኮነ፡ ምስ ከምዚ ዓይነት ባህርን ኣካይዳን ምሕዋስ ወይ ምምሕዛው ከይተረፈ ቊጥዓ ኣምላኽ ኣብ ልዕሊኦም ክወርድ ከም ዝኽእል የጠንቅቖም።

> *ኣመንዝራ ዘበለ፡ ወይ ርኹስ፡ ወይ ሰሱዕ፡ ንሱ ድማ መምለኺ ጣኦት፡ ኣብ መንግስቲ ክርስቶስን ኣምላኽን ርስቲ ኸም ዜብሉ ትፈልጡ ኣሎኹም። ብሰሪ እዚ ኣብቶም ደቂ ዘይምእዛዝ ቊጥዓ ኣምላኽ ይወርድ እዩ እሞ፡ ሓደ እኳ ብኸንቱ ዘረባ ኣየሰሕትኩም። እምብኣርሲ ምሳታቶም ሕብረት ኣይሃሉኹም። ኤፌ 5.5-7*

ፊሊጲ

መልእኽቲ ፊልጲ፡ ጳውሎስ፡ ብዛዕባ እቲ ሰብ ፊሊጲ ዝገበርሉ ሞራላውን ንዋታውን ሓገዝ ንኽመሰግኖም፡ ኣብ ቤት ማእሰርቲ ኮይኑ ዝጸሓፎ እዩ።

ሓደ ካብቲ ኣገደስቲ ምሕጽንታታት ጳውሎስ ንሰብ ፊልጲ፡ እቲ ኣብ ምዕራፍ 2.12-13 ዘሎ፡ ‘ኣባኻትኩም ድሌትን ግብርን ዝገብር ኣምላኽ እዩ እሞ… ብፍርሃትን ራዕድን ንምድሓንኩም ፈጽሙ’፡ ዝብል ከቢድ ቃል እዩ። ምድሓን፡ ናይ ሰብን መለኮትን ሕብረት ዘፍርዮ ግብሪ ዘጠቓልል እዩ።

ኣምላኽ፡ መደቡ ኣባና ንምፍጻም፡ ድሌትን ግብርን ኣብ ልብና የንብር እዩ፣ ግናኸ፡ ነቲ ኣብ ልብና ዘቐመጦ ድሌት ይኹን ግብሪ ክንፍጽም ፈጺሙ ኣየገድደናን እዩ፡ ንፍቓድና ኣይጠውዮን እዩ። ልክዕ፡ ከም’ቲ ተፈጥሮኣዊ ናይ ሙዚቃ ትዕድልቲ ክትለማመደሉን፡ ብስርዓት ክትሕዞን ዘድልየካ፡ ውህበታት ኣምላኽ ድማ፡ ክንቅበልን (appro-priate)፡ ምስ ህይወትና ብምቅንባር ከነተግብሮን (apply) የድልየና።

ኣብ’ዚ፡ ካብ’ቲ ዘገድስና ቃላት፡ እቲ ጳውሎስ፡ ‘ብፍርሓትን ራዕድን ምድሓን ምፍጻም’ ዝበሎ እዩ። ፍርሒ፡ ንምንታይ፧ ራዕዲ፡ ኣብ ምንታይ፧ ብርግጽ፡ ነዚ ዘይምግባር፡ ሳዕቤን ስለ ዝህልዎ እዩ ጳውሎስ ነዘን ቓላት እተጠቐመ። እዚ ማለት፡ እቲ ሓቢርና ምስኡ ክንሰርሕ ዝጽወዓና ዘሎ፡ ኣምላኽ እምበር ሰብ ከም ዘይኮነ፡ ዘመልክት እዩ። ሰለምንታይ ኢና፡ ኣብ ቅድሚ እቲ ኣዝዩ ዝድግፈና ኣምላኽ፡ ንምድሓንና ዝኸውን ድማ ብዘሎ መለኮታዊ ጸጋኡ ዝሃበ፡ ክንፈርሕን፡ ክንርዕድን ዘሎና፧ ምኽንያቱ፣ እቲ ብዙሕ ዝቕበል፣ ብዙሕ ሰለ ዝሕተት። ኣብ ቅድሚ ኣምላኽ ኣድልዎ ገጽ የለን፣ ካብቶም ብዙሕ ዝተቐበሉ ድማ ብዙሕ ክሕተት እዩ፤ እቲ ዚፍረዱሉ መዐቀኒ’ውን፡ ብመጠኑ፡ ዝለዓለ እዩ።

ጳውሎስ፡ ጥዑይ ፍርሓት ኣምላኽ ከም ዝነበሮ፡ ንኣምላኽ ካብ ምፍራህ ድማ ሰጋእ ከም ዘይብልን ድሮ፡ ርኢና ኣሎና። እዚ ዓይነት ፍርሒ፡ ካብቲ ርትዓውነት ዘይብሉ፡ ኣሉታዊ ፍርሒ ዝተፈልየ ኮይኑ፡ ካብ ንእግዚኣብሄር ምኽባር ዝተፈልየን፡ ኣዝዩ ዝዓብን እዩ።

ፍርሒ ካብቲ ናይ ሰማይ ዓሰቢ ምትራፍ፡ ንምሉእ ኣእምሮና ከጨንቖ እንተገዲፍናዮ፡ ካብ ዕዮ ከሰናኽለና ይኽእል እዩ። ግብረ-መልሰና ናይዚ ፍርሒ ጥዑይ እንተኾይኑ ግን፡ ጻዕራማት ከም ንኸውን እዩ ዝገብረና። ግብረ መልሲ ጳውሎስ፡ ነቲ ካብ ሰማያዊ ዓሰቢ ከይተርፍ ዝነበሮ ክቱር ፍርሒ፡ ቅኑዕ (ማለት፡ ንሰጋኡ ምሰቃይን ምግዛእን) ከም ዝነበረ፡ ድሮ ርኢና ኣለና። 1 ቆሮ 9.27።

ጳውሎስ፡ ነቲ ዝመጽእ ምድሓን ሰጋኡ ከም ትሑዝ ጌሩ ወሲድዎ ኣይፈልጥን እዩ። ከም ፈሪሳዊ’ውን እንተኾነ፡ ነቲ ጳውሎስ ንጽድቂ ዝነበሮ ቅንኣት ዘርክብ ኣይነበረን፡ ሸሕ’ኳ ነዚ ደሓር ከም ወጽዓ (ጎሓፍ) እንተቖጸሮ። (እዚ ጳውሎስ ዝተጠቕመሉ ‘ወጽዓ’ ዝብል ቃል፡ ‘dung’ ተባሂሉ ዝትርጎም

ኮይኑ፡ ግሪኻውያን ንቀልቀል ናይ ሰብ ንምግላጽ ዝጥቀምሉ ቃል እዩ) ። (ፊልጺ 3.3-9) ።

ጳውሎስ፡ ካብቲ ጽቡቕ ዝብሎ ግብሩን፡ ካብቲ ዝገበሮ ክፉእን ምስ ተናሰሐ (ሮሜ 7.7-8)፡ ጽድቁ ኣብ ክርስቶስ ዝረኸበ ሰብ እዩ። ክርስቶስ ምስ ረኸበ ግን፡ ጻዕሩ ኣቋሪጹ ማለት ዘይኮነ፡ መንገዱን ድሌታቱን ጥራይ እዩ ቀይሩ። ንክርስቶስ፡ ብፍላይ ብሓይሊ ትንሳኤኡን፡ ብሕብረት ኣብ ስቓዩን፡ እንዳፈለጦን እንዳመሰሎን ክኸይድ፡ ይደልን ይጽዕርን።

ንምንታይ እዩ ጳውሎስ በዚ ነገር ዝመጣጠር ዝነበረ፤ ምኽንያቱ፡ ናብ ትንሳኤ ምዉታት እንተ ኣርከ[በ] ኢሉ! (ፊል 3.11) ። ናይ መጽሓፍ ቅዱስ መምሃራን፡ ነዚ ጽሑፍ ከም ዘለዎ ክወስድዎ ፍቓደኛታት ዘይምኧኖም ኣዝዩ ዘተሓሳሰብ እዩ። ሕሉፍ ሓሊፎም፡ ዘይትርጉሙ ክህብዎ፡ ክንደይ ዝተጠናነገ መግለጺታት ክጥቀሙ ከለዉ ኣዝዩ እዩ ዘሕዝን። ሰለምታይ እዮም ግን፡ ነዚ ጽሑፍ ከም ዘለዎ ክወስድዎ ፍቓደኛታት ዘይኮኑ፤ ምኽንያቱ፡ ጳውሎስ ዝኣክል፡ ብዛዕባ ዝመጽእ ምድሓኑ፡ ርግጸኛ ኮይኑ ይመላለስ ከም ዘይነበረ ክኣምኑ ስለ ዘጸግሞም እዩ። ብተወሳኺ፡ ነቲ ጳውሎስ ዝጠቐሶ ንክርስቶስ ናይ ምምሳል ጻዕሩ፡ ንምድሓኑ ኣብ ምፍጻም ተራ ከም ዘለዎ ክኣምንሉ ሰለ ዘይደልዩ እዩ።

ቀጺልና፡ ነቲ ጳውሎስ ኣብ ፊልጺ 3.11 ኢልዎ ዘሎ 'ናብ ትንሳኤ ምዉታን እንተ ኣርከብኩ' ዝብል ቃል ክንገልጾ ኣድላዪ እዩ። ብመጀመርታ፡ ኩሉ ሰብ፡ ማለት፡ ጻድቃንን ረሲኣንን፡ ካብ ምውታን ከም ዝትንስኡ ቃል ኣምላኽ ይነግረና። (ግብ 24.15፡ ዮሃ 5.29፡ ዳን 12.2) ። ስለዚ፡ ኩሉ ሰብ ካብ ምውታን ክትንስእ እንተኾይኑ፡ ጳውሎስ፡ 'ትንሳኤ ምውታን እንተኣርከብኩ' ክብል ከሎ እንታይ እዩ፧

እቲ መልሲ፡ ጳውሎስ፡ ነቲ ቀዳማይ ትንሳኤ ማለቱ እዩ። ትንሳኤ ጻድቃን፡ ማለት፡ ነቶም ብክርስቶስ ዝሞቱ ጥራሕ ዝምልከት፡ ኣቐዲሙ ዝኸውን ትንሳኤ፡ ኣሎ። እዚ ትንሳኤ፡ ምስቲ ትንሳኤ ካብ ምውታን ናይ የሱስ ጥራይ (ብትንሳኤ ኻልኦት ምውታን ዘይተሰነየ) ተመሳሳልነት ዘለዎ እዩ። ግብ.4:2. 1ጴጥ.1:3. ሉቃ.20:35 ።

ንህዝቢ ሰለ ዝመሀሩን፡ ትንሳኤ ኻብ ምውታት ብየሱስ ሰለ ዝሰበኹን፡ ሐሪቖም፡ ግብ 4.2
ብናይ የሱስ ክርስቶስ ትንሳኤ ካብ ምውታት፡ 1 ጰጥ 1.3
እቶም ነታ ዓለም እቲኣን ንትንሳኤ ምዉታትን ንምርካብ ዚበቕዑ ግና ውሉድ ትንሳኤ ብምዃኖም ውሉድ ኣምላኽ እዮም፡ ሉቃ 20.35

ትንሳኤ ጻድቃናት (ብክርስቶስ ዝሞቱ) ካብ ትንሳኤ ሓጥኣን ከም ዝቕድም መጽሓፍ ቅዱስ ይነግረና እዩ። ኣብ መንጎ እዞም ክልተ ፍጻመታት ትንሳኤ ምውታን ናይ ሽሕ ዓመት ፍልልይ ከም ዘሎ መጽሓፍ ቅዱስ ይነግረና (ራእ 20.5-6) ።

እቶም ዝተረፉ ምዉታት ግና እተን ሽሕ ዓመት ክሳዕ ዚፍጸማ ህይወት ኣይረኸቡን። እዚ እቲ ቐዳማይ ትንሰኤ እዩ። ኣብቲ ቐዳማይ ትንሳኤ ዕድል ዘለዎ ብጹእን ቅዱሰን እዩ። ናይ ኣምላኽን ናይ ክርስቶስን ካህናት ኪኾኑ፡ ምስኡውን ሽሕ ዓመት ኪነግሱ እዮም እምበር፡ እቲ ኻልኣይ ሞት ኣብዚኣቶም ስልጣን የብሉን። ራእ 20.5-6

ስለ'ዚ፣ ኽም'ቲ ሞት ብሓደ ሰብ ዝመጸ፡ ከምኡ ኸኣ፡ ትንሳኤ ምውታት፡ ብሓደ ሰብ እዩ ዝመጸ። ከምቲ ዅላቶም፡ ብኣዳም ዝሞቱ፣ ከምኡ ድማ፡ ኩላቶም ብክርስቶስ ህያዋን ኪኾኑ እዮም። ግናኸ፡ ነፍሲ ወከፍ በብሰርዓቱ እዩ፤ ክርስቶስ፡ ከም ቦኽሪ፣ ደሓር፡ እቶም ናይ ክርስቶስ ዘበሉ፣ ብምጽኣቱ። - 1ቈረ.15:21-23

ስለ'ዚ፡ ጳውሎስ፡ ነዚ ቀዳማይ ናይ ቅዱሳን ትንሳኤ ኣመልኪቱ እዩ ዝዛረብ ዘሎ። ተኻፋሊ ናይቲ ቀዳማይ ትንሳኤ ምዃን ብዘይ ቅድመ-ኩነት ከም ዘይኮነን፣ ንክርስቶስ፡ ብትሕትንኡ፡ ብሰቓዩ፡ ብሞቱን ሓይሊ ትንሳኤኡን ንዝመሰልዋ ቅዱሳን ዝተሓዝአ ምዃኑን እዩ፡ ዝገልጽ ዘሎ። ጳውሎስ፡ ናይዚ ቀዳማይ ትንሳኤ ምዉታን ኣብኡ እንከለኹ፡ ብቐጥታ ተኻፋሊ ክኸውን እየ ዝብል ኣተሓሳሰባ ኣይነበሮን። እንታይ ደኣ፡ ትንሳኤ ምዉታን፡ ንክርስቶስ እንዳመሰልካ ብምዕባይ፡ ምናዳ ድማ፡ ንክርስቶስ ብሰቓዩ ብምምሳል ዝርከብ ዓሰቢ ምዃኑ እዩ ኣርጊጹ ዝፈልጥን፡ በዚ ፍልጠት ድማ ንህይወቱ ዝመርሓን።

እዚ ኣብ ላዕሊ ኢልናዮ ዘለና፡ እቲ ሓቀኛን ዝቐለለን ትርጉም ናይዚ ክፍሊ ምዃኑ፡ በቲ ጳውሎስ ሰዒቡ ዝብሎ፡ ንቕድሚት ናይ ምድፋእ ዘለዎ ኒሕ ዝገልጽ ቃል፡ ዝረጋገጽ እዩ።

ኣነ ነቲ ንእኡ ክኸውን ብክርስቶስ የሱስ እተረኸብኩ ምእንቲ ኽረኽቦ፡ ንቕድሚት እደፍእ ኣሎኹ እምበር፡ ቅድሚ ሕጂ ኽም ዝረኸብክዎ ወይስ ቅድሚ ሕጂ ፍጹም ከም ዝዀንኩ ኣይኮነን። ፊልጲ 3.12

ኣሕዋተየ፡ ኣነ ብርእሰይ ከም ዝረኸብክዎ ኣይመሰለንን እሎ። ሓደ ነገር ደኣ ኣሎኒ፤ ኣብ ድሕረይ ዘሎ እናረሳዕኩ፡ ነቲ ኣብ ቅድመይ ዘሎ እናተመጣጠርኩ፡ ናብቲ ሕንጹጽ ዕላማ ኣቢለ፡ ናብቲ ዓሰቢ ዓወት ናይ ላዕሊ ጽውዓ ኣምላኽ ብክርስቶስ የሱስ እጐዪ አሎኹ። ፊል 3.13-14

ገሊኦም፡ ምስቲ ትንሳኤ ምውታን ንኽርክብ፡ ብወገኑ ክገብሮ ዘለዎን ዝገብሮን ድማ ዝነበረ ነገራት፡ ከም ዘይሰማምዑ ሰለ ዝፈልጠ እዩ ዝኾውን፡ ጳውሎስ፡ በዚ ዝሰዕብ ቃል፡ ነቲ ካብ ገሊኣቶም ክመጾ ዝኽእል መጎተ ከህድእ ዝፍትን።

እምብኣርሲ ፍጹማት ዘበልና ኹልናእዚ ንሕሰብ ብገለ ነገር ሓሳብኩም ንበይኑ እንተ ኾይኑ ድማ፡ ንእኡውን ኣምላኽ ኪገልጸልኩም እዩ። ፊል 3.15

ቀጺሉ ጳውሎስ፡ ብንብዓት፡ ብዛዕባ'ቶም ጸላእቲ መስቀል ኮይኖም ዝመላለሱ ዝነበሩ ኣባላት ማሕበር ፊልጺ፡ ከም'ዚ ይብል።

ከም'ቲ ብዛዕባኦም ብዙሕ ሳዕ ዝበልኩኹም፣ ሕጂ'ውን፡ እናበኼኹ፡ እብል ኣሎኹ፤ ብዙሓትሲ፡ ጸላእቲ መስቀል ክርስቶስ ኰይኖም፡ ይመላለሱ እዮም። መወዳእታኦም፡ ጥፍኣት እዩ፣ ኣምላኾም ከብደም እዩ፣ ክብረቶም' ውን፡ ኣብ ነውርም እዩ፣ ሓሳቦም ከኣ፡ ናይ ምድሪ እዩ። ፊሊ..3:18-19

ቃንዛኡን፡ ዝተጠቕመሉ ቋንቋን እንተደኣ ጽቡቕ ጌርና ተመልኪትናዮ፡ ጳውሎስ፡ ብዛዕባ ኣብታ ማሕበር ዝነበሩ፡ ብኸመይ ክመላለሱ ከም ዝነበሮም ዝፈልጡ፡ ግናኸ ሸለል ዝበልዎ ሰባት፡ ይዛረብ ከም ዘሎ ርዱእ እዩ። ምሕጽንታ ጳውሎስ፡ 'በቲ ዝበጻሕናዮ መጠን ብሓደ መገዲ [ክ] ንመላለስ' እዩ። (ፊል 3.16) ። እዚ ምስቲ 'ምድሓንኩም ፈጽሙ' ዝብል ተመሳሳሊ እዩ (2.12) ።

ሓደ ነገር ንጹር እዩ። እቶም ነዚ ምዕዶ ጳውሎስ ምግባር ዝጸረሩ ሰባት (እንኮላይ እቶም ከብደም ዝኣምላኾም *[gluttony])*፡ ዓሰቦም ጥፍኣት እዩ (ፊል 3.19) ።

መወዳእታኦም ጥፍኣት እዩ፡ ኣምላኾም ከብደም እዩ፡ ክብረቶምውን

ሓንሳእ ድሒንካ፡ ኩሉ ሳዕ ድሒንካ፧

ኣብ ነውርም እዩ፡ ሓሳቦም ከኣ ናይ ምድሪ እዩ። ፊል 3.19

ኣብ መዕጸዊኡ፡ ጳውሎስ፡ ነቶም ሰብ ፊልጲ፡ ኣብ ክርስቶስ ጸኒዖም ክነብሩ፡ የማሕጽኖም።

እምብኣርሲ፣ ኣቱም፡ ኣነ ዘፍቅረኩምን፡ ዝናፍቐኩምን፣ ሓጐሰይን፡ ኣኽሊለይን፡ ፍቁራት ኣሕዋተይ፡ ከም’ዚ ኼንኩም፡ ብጐይታ፡ ጽንዑ። ፊሊ.4:1

ቈሎሴ

ኣምላኽ፡ ሰለምንታይ ብሞት ክርስቶስ ወዲ ተዓሪቑና፡ ኣብ ቅድሚኡ ኣበርን ነቐፋን ዜብሎም ቅዱሳን ጌሩ መታን ኬቑመና። (ቆሎ 1.22) ። ግናኸ፡ መስቀል ክርስቶስ፡ ኣበርን ነቐፋን ዘይብሎም ቅዱሳን ገይሩ ኣብ ቅድሚ ኣምላኽ ዘቑመና፡ መዓስ እዩ፧ ካብቲ ዝሰማዕናዮ ተስፋ፡ ናይቲ ኣብ ትሕቲ ሰማይ ንዘሎ ፍጡር እተሰብከ ወንጌል ከይተናቐነቕና፡ ተሰሪትና፡ ደልዲልና ብእምነት ምስ እንጸንዕ። (ቆሎ 1.23) ።

ካብ’ቲ ዝሰማዕኩምዎ ተስፋ፡ ናይ’ቲ፡ ኣብ ትሕቲ ሰማይ ንዘሎ ኹሉ ፍጡር እተሰብከ ወንጌል፣ ኣነ፡ ጳውሎስ ዘገልጋሊኡ፡ ከይተናቓነቕኩም፡ ተሰሪትኩምን ደልዲልኩምን፡ ብእምነት እንተ ጸናዕኩም ቈሎ.1:23

ካብዚ መልእኽቲ ቀዳማይ ክንምልከቶ ዘለና ነገር፡ ክርስቶስ ሕድገት ሓጢኣት ረኺብና፡ ክንቅደሰ መታን ክንክእል እዩ ዝሞተ።

ብቛንቋ ገለ ካብቶም ‘ሓንሳእ ምስ ደሓንና፡ ኩሉ ሳዕ ድሒንና ኢና’ ዝብሉ ሰባት፡ ነቲ ‘ክቕድስና’ ዝብል፡ ‘ምቕዳስ ዘየድልየና’ ክብሉ ምቐየርዎ። ብዘይ ቅድስና፡ ሕድገት ሓጢኣት ምድላይ፡ ናብ መንግስተ ሰማይ ዘእቱ ፍረ-ጽድቂ ከይፈረኻ፡ ካብ ገሃነም ከተምልጥ ምድላይ፡ ተፈጥሮኣዊ ድሌት ናይ ደቂ ሰባት እዩ። ገለ ገለ ናይ ሎሚ ወንጌላውያን፡ ነዚ ተፈጥሮኣዊ ድኻም ሰብ መዝሚዞም፡ ንሰብ ብዛዕባ ሓጢኣት ዘለዎ ኣረኣእያ ሰንኮፍ ክኸውን ጥራሕ ዘይኮኑ ዝገብሩ፡ ንስሓ ኣየድልን እንዳበሉ ድማ፡ ንስሓ ካብ ቤት ኣምላኽ ከም ዝጠፍእ ጌሮም እዮም። ሰለዚ፡ እቶም ወንጌል ዝሰብኩ፡ ሰብከቶም፡ በዚ ዝሰዕብ ሕቶ ክጅምሩ ይግባእ፡ ‘የሱስ ካብ ምንታይ ከድሕነካ ትደሊ፧’ ። መልሲ ናይዚ ሕቶ፡ ብርሃን ዝህብ ኮይኑ፡ ምንጋር ወንጌል ብቕኑዕ መንገዲ ክትጅምር ዝገብር እዩ።

ካልእ ካብቲ ኣብ ቆሎሴ 1.22 ክንወስዶ ዘለና ሓቂ፡ እቲ 'ምእንቲ ከቑመኩም' ዝብል፡ ቃል እዩ። እዚ፡ ንመጻኢ ከም ዝኸውንን፡ ጌና ድማ ከም ዘይተፈጸመን ዝገልጽ ቃል እዩ። ብዘይ ኣበርን ነቐፉን ኬቑመና፡ ዝተዋህበና ተስፋ እዩ። ኣብ እምነት ጸኒዕና፡ ደው ኢልና፡ እንረኽቦ ተስፋ እዩ። ስለ'ዚ፡ ከይንታለል፣ ካብ'ቲ ናይ ላዕሊ ዓሰቢ *(prize)* ከይንተርፍ፡ ከይንማረኽ፣ ከይንባላሾ፣ ጽንዓት እምነትና ከይንገድፍ፡ የድለየና።

ስለምንታይ እዩ ክንጥንቀቕ፡ ክንጸንዕ፡ ከይንታለል ዘድልየና፧ ምኽንያቱ፡ ክንታለልን፡ ተታሊልና ድማ ካብቲ ዓሰቢ ክንተርፍ፡ ተኽእሎ ስለ ዘሎ። እዚ ሓደጋ ስለ ዘሎ እዩ እምበኣር ኩሉ ግዜ ስርዓትናን ጽንዓት እምነትናን ብክርስቶስ እናተራእየ፡ ኣብ ክርስቶስ ተሰሪትና እንዳተሃነጽና፡ ኣብቲ ዝተማህርናዮ ክንጸንዕ ዘድልየና።

ሓደ እኳ፡ ብቓል ቅብጥር ከየስሕተኩም ኢለ እየ፡ እዚ ዝብል ዘሎኹ። ብስጋ እኳ ምሳኻትኩም እንተ ዘየሎኹ፡ ብመንፈሰ ምሳኻትኩም እየ፡ ሰርዓትኩምን ጽንዓት እምነትኩም ብክርስቶስን እናርኤኹ'ውን፡ እሕጐስ፡ ኣሎኹ። ደጊም፡ ከም'ቲ ንጐይታና ክርስቶስ የሱስ እተቐበልኩምዎ፡ ከምኡ ኢልኩም፡ ብእኡ ተመላለሱ። ኣብኡ ተሰሪትኩምን ተሃኒጽኩምን፣ ብምስጋና መሊእኩም፣ ከም'ቲ እተመሃርኩምዎ ኼንኩም፡ ብእምነት ጽንዑ። ከም ናይ ክርስቶስ ዘይኰነስ፡ ብልማድ ሰብ፡ ከም ምህሮ ቝልዕነት እዛ ዓለም እዚኣ፡ ብጥበብ ዓለምን ብኸንቱ ምጥባርን ሓደ እኳ ኺይማርኸኩምሲ፣ ተጠንቀቑ፡ ቈሎ.2:4-8.

እቲ ምቕባል *(lambano* ዘይኮነ *paralambano)*፡ ኢልዎ ዘሎ፡ ንምቕባል ትምህርቲ ብዛዕባ ሓደ ሰብ ትጥቀመሉ ቃል እዩ። ብኣንጻሩ፡ *lambano* ዝብል ቃል፡ ንምቕባል ሰብ እትጥቀመሉ ቃል እዩ። ስለዚ፡ እቲ ኣብ ጥቕሲ 6 'እተቐበልክምዎ' *(paralambano)* ዝብል ቃል፡ ንትምህርቲ ክርስቶስ ማለት እምበር ንክርስቶስ፡ ምቕባል ማለት ጥራይ ኣይኰነን (ምስ ኤፌ.4:20-21 ኣነጻጽር) ። ድሕሪ ክርስቶስ ናብ ሰማይ ምዕራጉ፡ ሃዋርያት፡ ነቲ ቦታ ክርስቶስ ኣብ ምድሪ ዝተክእ መንፈስ ቅዱስ ተቀበሉ እምበር፡ ንክርስቶስ ተቐበሉ ኢሎም፡ ሰቢኾም ኣይፈልጡን። እቶም ወንጌል ትሰብኩ፡ ነዚ ተመልከቱ!

ናይ ሓሶት ትምህርቲ፡ ኣዝዩ ሓደገኛ እዩ፡ ብፍላይ ድማ ምስ ትሕትና ዝመስል ተቓሰዩ፡ ነቲ ናይ ውሽጢ ኣነ ይፈልጥ ዝብል ትዕቢት ቀቢሩ፡ ክመጽእ እንከሎ። ሓደ ካብቲ መለልዩ ናይ ሓሶት መምሃራን፡ ኣነ ይፈልጥ ዝብል

ኣንነትን፡ ንወልሓደ ክሰምዑ ዘይገብር ትዕቢት ምህላዎምን እዩ። ስለዚ፡ ካብቲ ሓቀኛ ትምህርቲ ክርስቶስ ምስ ንዘብል፡ እቲ ናይ ሓሶት ትምህርቲ ካብቲ ዓሰቢ ከትርፈና ይኽእል እዩ። (ቆሎ 2.18፡ 1 ቆሮ 9.27፡ ፊል 3.14) ።

ሓደ እኳ፡ ትሕትና ብዚመሰልን ብሰግደት ንመላእኽትን ገይሩ፡ ንሱ ኣብ ዘይረኣዮ ነገር እናተሐወሰ በእምሮ ስጋኡ ብኸምኡ ዚንፋሕ፡ ነቲ ዓሰቢ ዓወት ኣይዘርፍኩም። ቆሎ 2.18

ናይ ሓሶት ትምህርቲ ምስቲ ርእሲ፡ (ማለት ክርስቶስ) ዘለና ሕብረት ከጥፍኦ ይኽእል እዩ። እዚ ምፍላይ ካብቲ ርእሲ ዝኾነ ክርስቶስ፡ ድሮ ነቶም ሓሰውቲ መምሃራን ኣጋጢምዋም ኣሎ።

ኣብቲ ብዘሎ እቲ ስጋ ብጅማትን መፈላልዮን ተዳጊፉን ብሓደ ተጋጢሙን ብምዕባይ ኣምላኽ ዚዓብየሉ ኣብቲ ርእሲ ኸይጸንዔ፡ ሓደ እኳ ነቲ ዓሰቢ ዓወት ኣይዘርፍኩም። ቆሎ 2.19

እዚ ‘ካብቲ ርእሲ ምፍላይ’ ዝብል ቋንቋ፡ ኣብ መጀመርታ ኣብቲ ርእሲ ጸኒዑ ንዘይነበረ ሰብ፡ ኣድላዪ መልእኽቲ ኣይምኾነን።

ውዒሉ ሓዲሩ፡ ናይ ፍልጠት ምትላል፡ ናብ ሞራላዊ ብልሽውና እዩ ዘምርሕ። ስለዚ፡ ጳውሎስ፡ ንሰብ ቆሎሴ፡ ነቲ ኣብ ውዱቕ ባህሪ ሰብ ዘሎ ኣምልኾ ጣኦትን ርኽሰትን ካብኦም ንምርሓቕ ጨካናት ክኾኑ ይላበዎም። ንትምኒት ስጋን ሰሰዐን ከነወግድ ኣዝዩ ኣገዳሲ እዩ፡ ምኽንያቱ፡ ቁጥዓ ኣምላኽ ኣብቶም ደቂ ዘይምእዛዝ ክወርድ ሰለ ዝኾነ። (ቆሎ 3.6-10) ።

ስለዚ ነቲ ኣብ ምድሪ ዘሎ ኣካላትኩም ቅተሉ፡ ምንዝርና፡ ርኽሰት፡ ፍትወት ስጋ፡ ክፉእ ትምኒት፡ ሰሰዔ፡ እዚ ድማ ኣምልኾ ጣኦት እዩ፡ ብሰሪ እዚ ነገርዚ እቲ ቍጥዓ ኣምላኽ ኣብቶም ደቂ ዘይምእዛዝ ይወርድ እዩ። ቆሎ 3.6

ኣብ ቅድሚ ኣምላኽ ኣድልዎ ሰለ ዘየለ፡ ኣመንቲ ካብ ፍርዲ ሓራ ኣይኮኑን፡ ምናዳ ድማ፡ በቲ ናይ ቀደም (ቅድሚ ምእማኖም ዝኸድዎ ዝነበሩ) ኣካይዳኦም ምስ ዝመላለሱ። ሓጢኣት፡ ኣብ ኣመንቲ ይኹን ኣብ ዘይኣመንቲ፡ ቁጥዓ ኣምላኽ ዘምጽእ እዩ፡ እዚ፡ ተደጋጋሚ መጠንቀቕታ ናይ ጳውሎስ ኣብ ኩለን መልእኽታቱ እዩ (ሮሜ 2.5፡ ገላትያ 5.21)

ተሰሎንቄ

መልእኽቲ ጳውሎስ ናብ ሰብ ተሰሎንቄ፡ ነቲ ብዛዕባ ካልኣይ ምጽኣት ክርስቶስ ዝነበሮም ግጉይ ርድኢት ንምዕራይ ዝተጻሕፈ ስለ ዝነበረ፡ ነዚ ሒዝናዮ ዘለና ኣርእስቲ ዝምልከት ብዙሕ ትሕዝቶ የብሉን።

ይኹን እምበር፡ ጳውሎስ፡ ንሰብ ተሰሎንቄ፡ ኣብ እምነቶም ጸኒዖም እንተሃለዮም ክርእን፡ ንድሕሪት ከይምለሱ እሞ፡ ጻዕሩ፡ ንኸንቱ ከይከውን፡ ዝነበሮ ፍርሒ ይገልጸሎም።

በዚ ጸበባ እዚ ሓደ እኳ ሰንከልከል ከይብል፡ ነዚ ኽም እተመደብና፡ ንስኻትኩም ባዕላትኩም ትፈልጥዋ ኢኹም እሞ፡ ንጢሞቴዎስ ሓውናን ብወንጌል ክርስቶስ ናይ ኣምላኽ ኣገልጋልን፡ ንሱ ኺጽንዓኩም ብዛዕባ እምነትኩምውን ኬህድኣኩም ለኣኽናዮ። እምበኣርከ ምሳኻትኩም ከሎና፡ ጸበባ ኽም ዚመጸናስ፡ ቅድም ነጊርናኩም፡ ከምቲ እትፈልጥዎውን፡ ከምኡ ኾነ።ስለዚ ኣነ ድማ ካብኡ ንነጀው ክዕገሰ ምኽኣል ምስ ሰኣንኩ፡ ምናልባሽ እቲ ፈታኒ ፈቲኑኩም ከይህሉ እሞ እቲ ጻዕርና ኸንቱ ኸይኸውን ኢለ፡ እምነትኩም ምእንቲ ኽፈልጥ እየ ዝለኣኽክዎ። 1 ተሰ 3.2-5

ጳውሎስ፡ ዝነበሮ ተመሳሳሊ ፍርሒ፡ ንሰብ ገላትያን ንሰብ ፊልጲን ውን ገሊጽሎም እዩ። (ገላ 4.11፡ ፊል 2.16) ጳውሎስ፡ ኣብ 'ሓንሳእ ድሒንካ፡ ኩሉ ሳዕ ድሒንካ' ይኣምን እንተኔሩ፡ እቶም ቅዱሳን እምነቶም ከይሓድጉ ንምንታይ ምፍራህ ኣድለዮ፧

ድሒሩ፡ ጳውሎስ በቲ ጢሞቲዋስ ሒዝሉ ዝተመልሰ ዘተባብዕ ዜና ተደሪኹ ከምዚ ይብል፡

ሕጂ ግና ጢሞቴዎስ ካባኻትኩም ናባና መጺኡ፡ ከምቲ ንሕና እንናፍቐኩም ዘሎና፡ ክትርእዩና እናናፈቕኩም ኩሉ ሳዕ ብጽቡቕ ከም እትዝክሩና፡ ብናይ እምነትኩምን ፍቕርኩምን ምስ ኣበሰረና፡ ስለዚ፡ ኣሕዋተየ፡ ሳላ እምነትኩም ኣብ ኩሉ ጸበባናን መከራናን ብዛዕባኹም ተጸናናዕና። ብጐይታ እንተ ጸናዕኩምሲ፡ ንሕና ደጊም ብህይወት ንነብር ኢሎና። 1 ተሰ.3:6-8

1ይ ጢሞቴዎስ

ቀዳማይን ካልኣይን መልእኽታት ናብ ጢሞቴዎስን መልእኽቲ ናብ ቲቶስን፡

ናይ መሪሕነት መጻሕፍቲ ተባሂለን እየን ዝፍለጣ። ስለዚ፡ እዘን መጻሕፍቲ ብዛዕባ ንመራሕቲ ማሕበር ክርስቶስ ዝገጥሞም ዝተፈላልዩ ግብራውያን ሽግራትን ጉዳያትን ኣተሓሕዛኦምን ዝምልከት ማዕዳን ምኽርን ዝሓዘላ ጽሑፋት እየን።

ሓደ ኻብቶም ኣብዘን መጻሕፍቲ ዝጥቀሱ ጉዳያት፡ ብዛዕባ፡ ንድሕሪት፡ ናብ ሓጢኣት ዝወድቁ ወይ ድማ ንሕብረት ምስ ኣሕዋት ብኻልእ ምኽንያት ዝሓድጉ ቅዱሳን እዩ።

ገሊኦም ካብ ንጹህ ልቢ፡ ሰናይ ሕልና፡ ልግሚ ዘይብላ እምነት ዘቢሎም (1 ጢሞ 1.3-7) ። ካልኦት ድማ፡ ነዚኣን ብምንጻግ፡ እታ ናይ እምነት መርከቦም ተሰቢራቶም (1 ጢሞ 1.18-20) ። ክልተ ካብዚኦም፡ ሄማኔዎስን እስክንድሮስን ዝበሃሉ፡ ጳውሎስ፡ 'ከይጸርፉ ምእንቲ ክቕጽዑ ኢሉ ንሰይጣን ዝወፈዮም' እዮም። (1 ጢሞ 1.20) ። ዕላማ ናይዚ ስጉምቲ፡ ነቲ ዝተቐጽዐ ሰብ፡ ህይወቱ ንምድሓን ምዃኑ ድሮ ርኢና ኣለና። (1 ቆሮ 5) ። ኣመንቲ ንዝነበሩ፡ ናብ ከምዚ ዓይነት ከቢድ መቕጻዕቱ ኣሕሊፍካ ምሃብ ጨካን ስጉምቲ ክመስል ይኽእል እዩ። ግና፡ ንናይ ዘልኣለም ድሕነቶም ተባሂሉ፡ ዝግበር እዩ።

ኣብ 1 ጢሞቴዎስ ተጻሒፎም ካብ ዘለዉ ዘገርም ክፍሊ፡ እቲ ኣብ ምዕራፍ 2.15 ዘሎ፡ **'ብእምነትን ብፍቕርን ብቕድስናን ምስ ምቕጻዕ ነፍሲ እንተ ጸኒዓ ግና፡ ብምውላድ ውሉድ ክትድሕን እያ፡'** ዝብል እዩ። ጳውሎስ፡ ነዚ ቃል፡ ብዛዕባ ኣገልግሎት ሰበይቲ ኣመልኪቱ፡ ሰበይቲ ክትምህር ወይስ ኣብ ሰብኣይ ስልጣን ክህልዋ ኣይፈቅድን እየ፡ ድሕሪ ምባሉ እዩ፡ ጽሒፍዋ። እቲ 'ክትድሕን እያ' *(she will be saved)* ዝብል ቃል፡ ነታ ተሓቢላ (ተታሊላ) ኣብ ሓጢኣት ዝወደቐት ሄዋን፡ ከም ወካሊት ኩለን ኣንስቲ ጌሩ ዘርኢ እዩ። ምኽንያቱ፡ ድሕር ኢልና ከም ንርእዮ፡ 'ክትድሕን እያ' ቅድሚ ምባሉ፡ (ኣብ ቋንቋ እንግሊዝ ከኣ ድሕሪ ምባሉ)፡ 'ብእምነትን ብፍቕርን ምስ ምቕጻዕ ነፍሲ እንተ **ጸኒዐን'፡** እዩ ዝብል። (ኣብ ትግርኛ ትርጉም፡ እንተ ጸኒዓ ኢልዋ ኣሎ፡ እዚ ግን ጌጋ ትርጉም እዩ።) ስለዚ፡ ከምቲ ገሊኣቶም ዝብልዎ፡ እዚ ጥቕሲ ብዛዕባ ማርያም፡ ኣደ የሱስ፡ ኣይኮነን ዝዛረብ ዘሎ።

> *ብእምነትን፡ ብፍቕርን፡ ብቕድስናን፡ ምስ ምቕጻዕ ነፍሲ እንተ ጸኒዓ (ጸንዓ/plural) ግና፡ ብምውላድ ውሉድ ክትድሕን (singular) እያ።*
> *1 ጢሞ 2.15*
> *but she (singular) will be saved through her childbearing, if they (plural) continue in faith, love, and sanctification with*

sobriety. 1 Tim 2.15

እቲ ቀንዲ ዘገድሰና፡ እቲ 'ክትድሕን' እያ ዝብል ቃል እዩ። ገሊኦም፡ ነዚ ምድሓን ስጋዊ፡ ማለት፡ ካብ ሓደጋ ሕርሲ ከም ምድሓን፡ ጌሮም ዝወሰድዋ ኣለዉ። እዚ ግና ምስቲ ኣብ ጥቕሲ 14 ዘሎ 'ተሓቢላ ኣብ ኣበሳ በጽሐት' ዝብል ቃል ኣይከይድን እዩ። ስለዚ፡ እቲ ዝዛረበሉ ዘሎ ምድሓን፡ ምሉእ ምድሓን ካብ ሓጢኣት (ምድሓን መንፈስ፡ ነፍሲ፡ ስጋ) ማለት እዩ።

2:14 - ኣዳም፡ ኣይተሓብለን፣ (እታ) ሰበይቲ (ሄዋን) ግና፡ ተሓቢላ፡ ኣብ ኣበሳ በጽሔት።
Adam wasn't deceived, but the woman (Eve), being deceived, has fallen into disobedience.

ምድሓን፡ ብምውላድ ውሉድ ከም ምዃኑ ይዛረብ እንተሃልዩ ግና፡ ምድሓን ብግብሪ ይሰብኽ ኣሎ ማለት እዩ። ስለዚ፡ 'ብምውላድ ውሉድ' ምባሉ ደኣ እንታይ እዩ፧ እቲ ዝቕለለን፡ ምስቲ ትሕዝቶ ሓፈሻዊ መልእኽቲ ጳውሎስ ኣብቲ ዓምደ-ጽሑፍ ዝሳነን ትርጉም ናይዚ ጥቕሲ እዚ ዝሰዕብ እዩ - ምውላድ ውሉድ፡ እቲ ብኣምላኽ ንኣንስቲ ዝተዋህበ ቀዳማይ ተልእኾ ህይወተን ምዃኑን፡ እዚ ኣገልግሎት ምውላድ ውሉድ ድማ፡ ብኽብሪ፡ ካብቲ ጳውሎስ ንሰበይቲ ከልኪልዋ ዘሎ ቃል ኣምላኽ ናይ ምምሃር ኣገልግሎት፡ ከም ዘይንእሰን እዩ።

ይኹን እምበር፡ ምውላድ ውሉድ ንበይኑ፡ ብእምነትን ብፍርቕርን ብቕድስናን ምስ ምቕጻዕ ነፍሲ እንተዘይተሰንዩ፡ ከድሕነን ኣይክእልን እዩ (እንደገና ንምልከቶ ከም ዘለና፡ ኣብ ዓይኒ ጳውሎስ፡ 'እንተ' ዝብል ቃል ኩሉ ግዜ ምስ ምድሓን ከም ዝሰነ እዩ።) ።

ቀጺሉ ጳውሎስ፡ ኣብ ምዕራፍ 4.1 ብዛዕባ 'ምኽሓድ እምነት' ክዛረብ እንከሎ፡ ጳውሎስ፡ ንጢሞቴዎስ፡ ናብ ምንባብን ምምዓድን ምምሃርን ቃል ኣምላኽ ንመጓሴኡ ከቕልብ ይምዕዶ (1 ጢሞ 4. 13) ። እዚ እንተጌሩን፡ ንርእሱን ንትምህርትን ብምጥንቃቕ፡ ኣብዚ እንተጸኒዑን፡ ንርእሱን ነቶም ዝሰምዕዎን ከም ዘድሕን ድማ ይነግር (1 ጢሞ 4.16) ። ስለዚ' ጢሞቴውስ ክሳዕ ሕጂ ምድሓኑ ኣይፈጸመን ዘሎ፡ ብሕጂ ክፍጽም ድማ ይኽእል እዩ! እንደገና፡ ጳውሎስ፡ ኣብዚ ምድሓን ኢልዋ ዘሎ፡ ንምልኣት ምድሓን (ምፍጻም ምድሓን) እዩ። እዚ ድማ፡ ምስቲ ክርስቶስ 'እቲ ክሳዕ መወዳእታ ዝዕገስ ግና፡ ኪድሕን እዩ' ዝበሎ ቃል ዝኸይድ እዩ (ማቴ 24.13) ።

ካልእ ንኣተሓሳሰባ ጳውሎስ ብዛዕባ ምድሓን ዝነግሩና ብዙሓት ቃላት ኣለዉ። ንቤቱ ዘይኣሊ እሞ ኣማኒ እየ ዝብል፡ ካብ ዘይኣምን ከም ዝገድድ (1 ጢሞ 5.8)፡ ሓንቲ ንሰጋዊ ትምኒታ ንምርዋይ ትነብር፡ ብትምኒታ ዝተሰነፈት፡ መበለት ክርስትያን፡ ‘ብህይወት ከላ ምውቲ ከም ዝኾነት’ (1 ጢሞ 5.6)፡ ገሊኣን እሞ፡ ‘ድሮ’ኳ ዘምቢለን ደድሕሪ ሰይጣን ሰዒበን’ ከም ዘለዋ። (1 ጢሞ 5.15)፡ ገሊኦም፡ በቲ ሱር ኩሉ ክፍኣት ዝኾነ፡ ፍቕሪ ገንዘብ ካብ እምነቶም ከም ዝዘምበሉ። እቶም ሃብታማት፡ ነታ ናይ ዘልኣለም ህይወት ንምርካብ ክመጣጠሩ፡ ገበርቲ ሰናይ ክኾኑ፡ ብሰናይ ግብሪ ክህብትሙ፡ ለጋሳትን መማቐልትን ኪኾኑ፡ ነቲ ዚምጽእ ዘሎ ግዜ መከራ፡ ጽቡቕ መሰረት ንርእሶም ክእክቡ፡ ምእዛዝ’ ከም ዘድልዮም (1 ጢሞ 6.3-19)፡ ዘይጠቅም ዕላል (ርኹሰ ሃተወተውን) ክትዕን ከይተረፈ ካብ እምነት ክትዘብል ከም ዝገብር (1 ጢሞ 6.20-21) ። ኣብዚ ዝጥቀመሉ ቃል፡ ብዘይፍላጥ ከየስተውዓሉ ካብታ እምነት፡ ብሰንኪ ፍልጠት ሓሶትን፡ ርኹሰ ሃተወተውን፡ ክትዕን ከም ዝዘምበሉ ዘርኢ እዩ።

ኣብዚ ኩሉ ጽሑፉ፡ ጳውሎስ፡ ሓንሳእ ውን እንተኾነ፡ ነቶም ዝጽሕፈሎም ሰባት፡ ‘ኣምላኽ ይመስገን፡ ምድሓንኩም ንዘልኣለም ውሑስ’ እዩ ኢልዎም ኣይፈልጥን! ነቲ ኣብ እምነት ክጸንዑ ዝሃቦም ማዕዳ ብዘይምስማዕ ዝመጽእ ሳዕቤን፡ ኣብ ሰማይ ዝወሃብ ተወሳኺ ዓሰቢ ምስኣን ጥራሕ እዩ፡ ኢሉ ፍጹም ኣይፈልጥን! ብኣንጻሩ፡ እቶም ጳውሎስ ዝጥቀመሎም ቃላትን፡ ክብደት ሰምዒታቱ (ማለት፡ ጓሂ፡ ፍርሒ፡ ንብዓት] ዝገልጹ፡ ብእምነት ጀሚሮም፡ ካብታ እምነት ዘቢሎም፡ ካብቲ ግደ ርስቲ ቅዱሳን (ምፍጻም ምድሓን ኣብታ ዘልኣለማዊት መንግስቲ ኣምላኽ) ከይተርፉ፡ ዝነበሮ መሰረታዊን ዓሚቑን ሰግኣትን ሻቕሎትን ድማ ዘርእዩ እዮም።

2ይ ጢሞቴዎስ

ካብዛ መጽሓፍ እቲ ንኣርእስትና ዘገድስ መልእኽቲ፡ እቲ ኣብ ጢሞ 2.11-13 ዘሎ፡ ‘እንተከሓድናዮ፡ ንሱ ውን ክኽሕደና እዩ’ ዝብል ከቢድ መጠንቀቕታ እዩ። እቲ ቀደማይ ምኽሓድ፡ ብሰብ ሕጂ ዝግበር እዩ፡ እቲ ካልኣይ ምኽሓድ ድማ ብኣምላኽ ዝግበር፡ ደሓር ዝኸውን እዩ። እንተ ተዓገስና፡ ምስኡ ከኣ ክንነግስ ኢና።

እሙን ቃል እዩ፣ ምስኡ እንተ ሞትናስ፣ ምስኡ ኸኣ ብህይወት ክንነብር ኢና። እንተ ተዓገስና፡ ምስኡ ኸኣ ክንነግስ ኢና። እንተ ኸሓድናዮ፣ ንሱ’ውን፡ ኪ ኽሕደና እዩ። ንሕና እንተ ጠለምናዮ፣ ንሱ፡ ንርእሱ

ኪኽሕድ ኣይከኣሎን እዩ እሞ፡ እሙን ኰይኑ እዩ፡ ዚነብር። 2 ጢሞ.2:11-13

እዚ፡ ንጹር መልእኽቲ፡ ሓንሳእ ወደ-መዝሙር ዝነበረ፡ ኣብቲ መጽሓፍ ህይወት ዝኽፈተሉ መዓልቲ ብክርስቶስ ክከሓድ ከም ዝኽእል ዘርኢ እዩ። እዚ ጳውሎስ ዝበሎ፡ ዳርጋ ልክዕ ቅዳሕ ናይቱ የሱስ ኣብ ማቴዎስ 10.33፡ ‘ኣብ ቅድሚ ሰብ ንዝኸሐደኒ ድማ፡ ኣነ ድማ ኣብ ቅድሚ እቲ ኣብ ሰማያት ዘሎ ኣቦይ ክኽሕዶ እየ።’ ኢልዎ ዘሎ መተንቀቕታ እዩ። እዚ ተሪር መጠንቀቕታ፡ ክርስቶስ ን ደቀ-መዛምርቱ ዝሃቦ እዩ።

ብተወሳኺ፡ ጳውሎስ፡ እቶም ምስቶም ናይ ሓቂ መምሃራን እታ ማሕበር ዝጻረሩ፡ ፍቓድ ሰይጣን ንኽገብሩ ናብ መፈንጠራ ድያብሎስ ዝወደቑ ምኳኖም፡ ንጢሞቴዎስ፡ ይነግር። (2 ጢሞ 2.25-26) ። ስለ ዝኾነ ድማ፡ እግዚኣብሄር ንሓቂ መታን ክፈልጥዋ ኢሉ ንስሓ እንተሃቦም፡ እሞ ካብ መፈንጠራ ሰይጣን እንተምለጡ፡ ነቶም ተጻረርቲ ብህድኣት ክገንሖም ይምዕዶ።

እቶም እኩያት ሰባትን ጠበርትን እናስሓቱን እናስሓቱን ናብ ዝገደደ ክበጽሑ እዮም (2 ጢሞ 3.13) ። ጢሞቴዎስ ግና፡ ኣብቲ ካብ ቅዱሳት ጽሑፋት፡ ኣብ ትሕቲ ኣዲኡን ዓባዩን ዝተማህሮ ጸኒዑ ክመላለስ ኣለዎ።

መንፈስ ኣምላኽ ዝነፈሶ ዘበለ ጽሑፍ ንትምህርቲ፡ ንተግሳጽ፡ ንምቕናዕ፡ ንጽድቂ ዚኸውን ምእዳብ ይጠቅም እዩ። (2 ጢሞ 3.16) ። ቅድሚ እዚ ግና፡ እቲ ቅዱስ ጽሑፋት ንጢሞቴዎስ እዉን፡ ብእምነት ብክርስቶስ የሱስ ንምድሓን ኬለብማኦ ዚኽእላ እየን። (3.14-15) ። ጢሞቴዎስ ምድሓኑ ብምልኣት ኣብ መወዳእታ ክፍጽም የድልዮ እዩ። እዚ ምስቲ ኣብ 1 ጢሞ 4.16 ዘሎ ሓደ ሓሳብ እዩ።

ንስኻ ግና ካብ እንመን ከም እተመሃርካ ፈሊጥካ፡ ነተን ካብ ቍልዕነትካ ጀሚርካ ብእምነት ብክርስቶስ የሱስ ንምድሓን ኬለብማኻ ዚኽእላ ቅዱሳት ጽሑፋት ፈሊጥካ፡ በቲ እተምሃርካዮን እተረዳእካዮን ጽናዕ። 1 ጢሞ 3.16-17

እቲ ናይ ኣምላኽ ሰብ፡ ንሰናይ ግብሪ ዘበለ ፈጺሙ ተዳልዩ፡ ፍጹም ምእንቲ ኪኸውንሲ፡ መንፈስ ኣምላኽ ዝነፈሶ ዘበለ ጽሑፍ ንትምህርቲ፡ ንተግሳጽ፡ ንምቕናዕ፡ ንጽድቂ ዚኸውን ምእዳብ ይጠቅም እዩ። 1 ጢሞ 3.14-15

ንርእሰኻን ንትምህርትኻን ተጠንቀቕ፡ በዚ ነገርዚ ጽናዕ። እዚ እንተ ገበርካስ፡ ንርእሰኻን ነቶም ዚሰምዑኻን ከተድሕን ኢኻ። 1 ጢሞ 4.16

ቲቶስን ፊልሞንን

ነዚ ሒዝናዮ ዘለና ኣርስቲ ዘበርክት ትሕዝቶ ዝሓዘላ መጻሕፍቲ ኣይኮናን።

እብራውያን

ዕላማ መጽሓፊ ናይዛ መጽሓፍ፡ ነቲ ሒዝናዮ ዘለና ኣርእስቲ ኣዝያ ኣገዳሲት ይገብራ።

መጽሓፍ እብራውያን፡ ምናልባት፡ ናብ ሰብ ሮሜ፡ ምናዳ ድማ፡ ናብ ኣይሁድ ኣመንቲ፡ ዝተጻሕፈ መልእኽቲ እዩ (እብ.13:24) ። መጽሓፍ እብራውያን፡ ብዛዕባ ካብ እምነት ንድሕሪት ምምላስ እተጠንቅቕ መጽሓፍ እያ።

ኣብ ግዝኣት ሮማ፡ ክርስትና ዘይሕጋዊ እምነት ስለ ዝነበረ፡ ኣባላት ክርስትና፡ ብዘይ ሕጊ ዝግፍዕሉ፡ ዝሰደድሉ፡ ኣብ ቃልዕ ዝጽረፍሉ፡ ናብ ቤት ማእሰርቲ ዝድርበይሉ፡ ንብረቶም ድማ ዝህገረሉን ዝነበረ ግዜ እዩ። (እብ 10.33-34) ።

ብሓደ ወገን፡ ብጸርፍን ብጸበባን፡ መላገጺ ኰንኩም፣ ብሓደ ወገን ድማ፡ ምስቶም ከምʼዚ ዘመሰለ ዝበጽሖም ሰባት፡ ተማቐልቲ ኴንኩም። ዚሐይሽን ዚነብርን ገንዘብ ኣብ ሰማይ ከም ዘሎኩም ፈሊጥኩም፡ ምስቶም እሱራት እንተ ኾነ፡ መከራ ጸገብኩም፣ ምግባት ገንዘብኩም ድማ እንተ ኾነ፣ ብሓጐስ፡ ተዓገስኩም። እብ.10:33-34

ክሳዕ ደም ዝበጽሖ እኳ ምስ ሓጢኣት ገና እንተዘይተቓለሱ፡ (እብ 12.4)፡ ኣብ ቅድሚኦም ግና መሰዋእቲ ይጽበዮም ኔሩ። ኣብተን ቀዳሞት መዓልታት ስደቶም፡ ብዙሕ ገድልን ሰቓይን ተዓጊሶም እኳ እንተኾኑ (እብ 10.32)፡ ተጻብኦን ስደትን እንዳበዝሐ ብምኻዱ ግና፡ ነቲ ዝነበሮም ትዕግስቲ ከጥፍኡን፡ ንሶምን ሰድራኦምን፡ ካብቲ ዝመጽእ ዝነበረ ስደት ከመይ ጌሮም ከም ዝድሕኑን ክሓስቡ ጀሚሮም።

እቶም ኣይሁዳውያን ኣመንቲ፡ ዘይከም እቶም ኣህዛብ ኣመንቲ፡ ናብ ሲናጎግ (ቤት-መቕደስ ኣይሁድ) ብምምላስ፡ ካብቲ ስደት ከምልጡ ኣማራጺ ኔርዎም። ኣይሁዳውነት፡ ብሕጊ ፍቑድ ሃይማኖት ስለ ዝነበረ፡ ተኸተልቱ ሕጋዊ መሰል ኔርዎም እዩ። ብተወሳኺ፡ ኣይሁድ፡ ነቲ ክርስትያን ዘምልኽዎ

ኣምላኽ ከምልኹ ምኽኣሉ ኔርም። ምኽንያቱ፡ ኣምላኽ፡ ኣቦ የሱስ፡ ኣምላኽ ኣቦታቶም ኣብራሃም፡ ይስሓቕ፡ ያእቆብ ስለ ዝኾነ። እቲ ጸገም፡ ናብቲ ቤት መቕደስ ኣይሁድ ክምለሱ እንተኾይኖም፡ ንእምነቶም ኣብ ክርስቶስ፡ ኣብ ቅድሚ ሰብ ክኽሕዱ ኔርዎም።

ስለዚ፡ ጸሓፊ እብራውያን መልእኽቱ ዝጸሓፎ፡ ነቲ ዝነበርዎ ኩነታት ኣብ ግምት ብምእታው ኮይኑ፡ ነቶም እብራውያን ኣመንቲ፡ እቲ ክኽፍልዋ ዘለዎም ዋጋ ብዘየገድስ፡ ኣብ ክንዲ ናብ ኣይሁዳውነት ዝምለሱ፡ ኣብ ክርስቶስ ጸኒዖም ክቕጽሉ፡ ከእምኖም እዩ ዕላማኡ። ነዚ ንምግባር፡ ጸሓፊ እብራውያን ዝተፈላለዩ ኣገባብ ኣጸሓሕፋ፡ ማለት፡ መጎተ፡ ምሕጽንታ፡ ተግሳጽ፡ ከቢድ መጠንቀቕታ፡ ትምህርታዊ ምኽሪ፡ ሰምዒታዊ ምግንፋል ይጥቀም። ብርግጽ፡ ኩሉ ጽሑፉ ብመንፈስ ቅዱስ ዝተመርሐ እዩ ኔሩ።

ኣይሁዳውነት፡ ብሉይ ምኻኑ፡ ምስ ልዕልናን ቀዋምነትን እምነት ኣብቲ፡ ብመዓርግ መልኬጸዴቅ ካህን ዝኾነ፡ ጀማርን ደምዳምን እምነትና ድማ እምበር፡ ከምቶም ነብያት ብሉይ ኪዳን፡ ኣብነት እምነትና ጥራይ ዘይኮነ፡ የሱስ ክርስቶስን ዝዳረግ ከም ዘይኮነ፡ ብዝርዝር ክንምርምር ግዜ ይኹን ቦታ የብልናን። ዕላማና፡ ብዛዕባ ዕጫ እቶም ሓንሳእ ብክርስቶስ ከም መድሓኒኦምን ጎይታኦምን ጌሮም ኣሚኖም፡ ብሰደትን መከራን ተፈቲኖም ንድሕሪት ዝምለሱ፡ ምጽናዕ እዩ።

መጽናዕትና፡ በቲ ፍሉይ ጥቕስን ኣብ ሰብከት ወንጌል ድማ ብዙሕ ንጥቀመሉን ጥቕሲ ክንጅምር፡

> *ንሕና ግዳ፡ ኽንድ'ዚ ዚኣክል ምድሓን፡ ዕሽሽ ካብ እንብል፡ ከመይ ጌርና ኽንመልቍ፡ ይከኣለና፧ እብ.2:3*

ትርጉም *New International Version (NIV)* 'ክንድዚ ዝኣክል ምድሓን እንተነጺግና *(if we ignore)*፡ ይብል። እዚ ትርጉም፡ ምናልባት፡ ነቲ ጥቕሲ ንዘይኣምኑ ሰባት ከም ዝተባህለ ጌርካ ንምቕራብ እዩ ዝኸውን። እቲ 'ንሕና' ዝብል ቃል ግና፡ ነቶም ነቲ ዝሰምዕዎን ዝተቐበልዎን ወንጌል ገዲፎም፡ ንድሕሪት ኣብ ምምላስ ዘለው ኣመንቲ፡ ዘመልክት እዩ (እብ 2.1) ።

> *ስለ'ዚ፣ ምእንቲ ኽይንጠፍእ፡ ናብ'ቲ ዝሰማዕናዮ፡ ኣዚና ኽነቕልብ፡ ይግብኣና እዩ። እብ.2:1*

ኣብ ብሉይ ኪዳን ዝተገብረ ዘይምእዛዝን፡ ምጥሓስን ብመላእኽቲ ኣምላኽ

ዝተነግረ ቃል (ሕጊ) ኣምላኽን፣ እቲ ዝግብኦ ፍርድን መቕጻዕትን ካብ ዝቕበል፡ ኣብ ሓድሽ ኪዳን ዝግበር ዘይምእዛዝ ግዳ፡ ክንደየናይ፧

እቲ ብመላእኽቲ እተነግረ ቓል ካብ ዚጸንዕ፡ ኲሉ በደልን ዘይምእዛዝን ከኣ፡ ቅኑዕ ፍዳኡ ኻብ ዚቕበል፣ ንሕና ግዳ፡ ኽንድ'ዚ ዚኣክል ምድሓን ዕሽሽ ካብ እንብል፣ ከመይ ጌርና ኽንመልቍ ይከኣለና፧ እብ 2.2-3

ምናዳ ድማ እቶም ብትእምርትን፡ ተኣምራትን፡ በበይኑ ብዝኾነ ሓይልታትን ብምዕዳል መንፈስ ቅዱስን ምድሓን ረኺቦም፡ ንክርስቶስ ዝኽሕዱ! ብርግጽ፡ እቶም፡ ነዚ ኹሉ መስኪሮም፡ ደሓር ነቲ ዝተመኮርዋን ዝጠዓምዋን፡ ሓቂ ምኳኑ ዝኽሕዱ፡ ኣዝዩ ከቢድ ስሕተት እዮም ዝፍጽሙ።

ልክዕ ከም ጳውሎስ፡ ጸሓፊ እብራዉያን፡ ብዙሕ ግዜ 'እንተ' ዝብል ቃል የዘውትር እዩ።

ትብዓትናን ትምክሕቲ ተስፋናን ክሳዕ መወዳእታ ኣጽኒዕና እንተ ሓዝናስ፡ ቤቱ፡ ንሕና ኢና። ... ነታ፡ መጀመርታ እሙንቶና ኽሳዕ መወዳእታ ኣጽኒዕና እንተ ሓዝናያስ፡ ተማቐልቲ ክርስቶስ፡ ኴንና ኣሎና። እብ 3.6,14

እቲ ጸሓፊ፡ ምድሓን፡ ብዘይ ትዕግስትን ኣብ እምነት ምጽናዕን ከም ዘይፍጸም፡ ምስ ናይ ኣቦታቶም [እስራኤላውያን] ተመኩሮ እንዳነጻጸረ ይነግሮም።

ብሰሪ ዘይምእማን [ናብ ከንኣን] ኪኣትዉ ኸም ዘይከኣሉውን፡ ንርኢ ኣሎና። እብ 3.19

ደቀ-መዛምርቲ የሱስ ድማ፡ ከምኡ፡ ተመሳሳሊ ሓደጋ ኽገጥሞም ይኽእል እዩ (እብ 3.12) ። ካብ ክርስቶስ ተፈልዮም ሕብረት ምስ ኣምላኽ ክህልዎም ፍጹም ኣይከኣልን እዩ።

ሓደ እኳ ኻባኻትኩም፡ ሓጢኣት እናዓሸዎ ኺይተርር እሞ፡ ምናልባሽ ኣብ ሓደ ኻባኻትኩም ካብ ህያው ኣምላኽ ዜርሕቕ እኩይ ዘይኣምን ልቢ ኸይህሉ፡ ተጠንቀቑ። እብ 3.12

ከንኣን፡ ከም መዓልቲ ሰንበት (ዕረፍቲ)፡ ጽላሎት ናይቲ፡ ኣምላኽ ነቶም ጸር

ዝኸበደም ህዝቡ ክህቦም ዝደሊ፡ ናይ ብሓቂ ዕረፍቲ፡ በቲ ናይ ክርስቶስ እያ። ('ኣቱም ኩልኹም እትጽዕሩን ጾር ዝኸበደኩምን፡ ኣነ ኸዕርፈኩም ናባይ ንዑ፡' ዝብል ዕድመ የሱስ፡ መፈጸምታ ናይዚ ዕረፍቲ እዩ፡ ማቴ 11.28) ። ግናኸ፡ እቶም ቅድም ብሰራት እተነግረሎም [ግና] ብስሪ ዘይምእዛዞም ካብ ዘይኣተውዋ (እብ 4.6)፡ ስለዚ ሓደ እኳ ናይቲ ዘይምእዛዝ ኣርኣያ ወሲዱ ኸይወድቕ፡ ናብታ ዕረፍቲ እቲኣ ክንኣቱ ንጋደል። (እብ 4.11) ። ምእማንና ነጽንዕ። (እብ 4.14) ።

እዞም ጸሓፊ እብራውያን ዝጥቀመሎም ዘለዉ ቃላት ('ከይወድቕ'፡ 'ነጽንዕ') ካልኦት ጸሓፍቲ ምልእኽታት ሓድሽ ኪዳን ድማ ዘዘውትርዎ እዩ። ናይ ብዙሓት እስራኤላውያን ምትራፍ ካብ ምእታው ናብ ከንኣን ድማ፡ ከም ኣብነትን መጠንቀቕታን ንኣመንቲ ሓድሽ ኪዳን፡ ብኻልኦት ጸሓፍቲ ሓድሽ ኪዳን ተዋሂቡ ኣሎ። (ጳውሎስ ኣብ 1 ቆሮ 10 ን መጽሓፍ ይሁዳን) ። ስለዚ፡ በዚ መለክዒ መጽሓፍ እብራውያን ዝተፈልየ ኣይኮነን። ኣብ መጽሓፍ እብራውያን ብዝነጸረን፡ ብዝሓየለን መልክዕ ቀሪቡ ክኸውን ዝኽእል እኳ እንተኾነ።

እዚ ቀጺልና ንርእዮ ክፍሊ እብራውያን፡ በቶም 'ሓንሳእ ምስ ድሓንካ፡ ኩሉ ሳዕ ድሒንካ ኢኻ' ዝብሉ፡ ከም ዝዓበየ ጸገም ዝርአ ክፍሊ እዩ። እዚ ክፍሊ፡ ኣዝዩ ከቢድ መጠንቀቕታ ዝሓዘለ፡ መወዳእታ ናይቶም ንእምነቶም ኣብ ክርስቶስ ክሒዶም ንድሕሪት ዝምለሱ ሰባት ድማ ብንጹር ዝገልጽን እዩ (እብ 6.1-12) ። (ክቡር ኣንባቢ፡ ንእብራውያን ምዕራፍ 6 ብምሉኡ ሕጂ ከፊትካ ከተንብቦ ይምሕጸን።)

> *ነቶም ሓደ ጊዜ ብርሃን ዝበርሃሎም እቲ ሰማያዊ ውህበት ከኣ ዝጠዓሙ፡ ተማቐልቲ መንፈስ ቅዱስውን ዝኾኑ፡ እቲ ሰናይ ቃል ኣምላኽን ሓይሊ እታ እትመጽእ ዓለምን ከኣ ዝጠዓሙ፡ እንተ ወደቑ፡ ንወዲ ኣምላኽ ከም ብሓድሽ ንርእሶም ሰለ ዚሰቕልዎ ብግሁድውን ዜላግጹሉ ሰለ ዝኾኑ፡ ከም ብሓድሽ ንንሰሓ ኺሕደሱ ኣይከኣሎምን እዩ። እብ 6.4-6*

ኣብዚ ክፍሊ ከነንጽረን ዘለና ክልተ ነገራት ኣለዋ።

ቀዳማይ፡ እዚ ቃል፡ ንክርስትያናት ኣመንቲ፡ 'ነቶም ሓደ ጊዜ ብርሃን ዝበርሃሎም እቲ ሰማያዊ ውህበት ከኣ ዝጠዓሙ፡ ተማቐልቲ መንፈስ ቅዱስውን ዝኾኑ፡ እቲ ሰናይ ቃል ኣምላኽን ሓይሊ እታ እትመጽእ ዓለምን ከኣ ዝጠዓሙ፡' ዝተጻሕፈ እዩ (እብ 6.4-5) ። ካብዚ ንጹር መግለጺ

ተበጊሰና፡ እዚ ቃል፡ ነቶም ዳግም ዝተወልዱ፡ ከም ዝተጻሕፈ ንምርድኡ ቀሊል እዩ፡ (ተመሳሳሊ ጽሑፍ፡ ኣብ እብ 10.31፡ ኤፌ 2.8፡ ገላ 3.2 ንረክብ) ። ስለዚ፡ ጸሓፊ እብራውያን፡ ነዚ ክፍሊ፡ ንዘይኣምኑ እዩ ጽሒፍዎ ምባል ክቱር ዕሽነት እዩ። ምኽንያቱ፡ እቲ ድሕረ-ባይታ ናይቲ ጽሑፍ፡ ነዚ ከምዚ ዝኣመሰለ ርድኢት ቦታ ዝገድፍ ኣይኮነን።

እዚ ክፍሊ ብምሉኡ (ምዕራፍ 6) ንብመንፈስ ቆልዑ፡ ድሩቕ መግቢ እንዳበልዑ ናብ ብጽሕና ክመጹ እንዳተገብኡም፡ ገና ኣብ ምስታይ ጸባ ንዝነበሩ ኣመንቲ ዝተጻሕፈ እዩ። (እብ 5.13-14) ። (ነዚ ድሕረ ባይታ ከይነስተብሀሉ ዝገብር፡ እቲ ምምቕቓል መጽሓፍ ቅዱስ ብ ምዕራፍን ብጥቕስን እዩ) ። ዝኾነ ኮይኑ፡ ዳግም እንተዘይውለዱ፡ ቆልዑ ክበሃሉ ኣይምኽኣሉን። ስለ ዝኾነ ድማ እዩ፡ 'ናይ ክርስቶስ መጀመርታ ነገሩ ሐዲግና፡ ብንስሓ ኻብ ምዉት ግብሪ፡ ብእምነት ብኣምላኽ፡ ብትምህርቲ ጥምቀት፡ ብምንባር ኣእዳው፡ ብትንሳኤ ምዉታት፡ ብናይ ዘለኣለም ፍርዲውን ከም ብሓድሽ መሰረት ኣይንሰርት እሞ ናብ ፍጻሜ ንሕለፍ፡' ዝብል (እብ 6.1-2) ።

> *ጸባ ዚቕለብ ዘበለ ኹሉ ቈልዓ እዩ እሞ፡ ብናይ ጽድቂ ነገር ፍቱን ኣይኰነን። ዕጹም ብልዒ ግና ነቶም ጽቡቕን ክፉእን ንምፍላይ ብምልማድ ንልቦናኦም ዜላምዱ ብጹሓት እዩ። ስለዚ ናይ ክርስቶስ መጀመርታ ነገሩ ሐዲግና፡ ብንስሓ ኻብ ምዉት ግብሪ፡ ብእምነት ብኣምላኽ፡ ብትምህርቲ ጥምቀት፡ ብምንባር ኣእዳው፡ ብትንሳኤ ምዉታት፡ ብናይ ዘለኣለም ፍርዲውን ከም ብሓድሽ መሰረት ኣይንሰርት እሞ ናብ ፍጻሜ ንሕለፍ። እብ 5.13-14, 6.1-2*

ካልኣይ፡ እቲ ጸሓፊ፡ ምድሓኖም ክጠፍእ ይኽእል ድዩ ኢሉ ኣይኮነን ዝሓትት ዘሎ። ምድሓን ክጠፍእ ከም ዝኽእል ከም ትሑዝ ጌሩ እዩ ዝዛረብ ዘሎ። እቲ ጸሓፋይ ዝብሎ ዘሎ፡ ምድሓኖም ምስ ኣጥፍኡ፡ እንደገና ክረኽብዎ ይኽእሉ'ዶ፧ ዝብል ሕቶ እዩ ዝምልስ ዘሎ። መልሱ፡ ብንጹርን ብዘየወላውልን መንገዲ፡ ኣይክእሉን እዮም፡ ዝብል እዩ። 'እንተ ወደቑ፡ ንወዲ ኣምላኽ ከም ብሓድሽ ንርእሶም ስለ ዚሰቕልዎ ብግህዶውን ዜላግጹሉ ስለ ዝኾኑ፡ ከም ብሓድሽ ንንስሓ ኺሕደሱ ኣይከእሎምን እዩ።' (እብ 6.6) ።

እቲ ድሕሪ ምውዳቖም ዘለውዎ ኩነታት ድዩ፡ ወይስ እቲ ዓይነት (ክብደት) ዝገብርዎ ሓጢኣት እዩ ናብ ንስሓ ክምለሱ ዘይኽእሎም፧ ድሕሪ ምውዳቖም፡ ዳግማይ ክልወጡ ስለ ዘይክእሉ ድዮም፡ ወይስ እንተ ተመልሱ ኣምላኽ ስለ ዘይቅበሎም እዮም፧

መልሱ፡ እቲ ዓይነት ዝገብርዎ ሓጢኣት እዩ ክምለሱ ዘየኽእሎም። እቲ ንክርስቶስ ብምኽሓዶም ኣብ ክርስቶስ ዝገበርዎ ዓመጽ እምበር፡ እቲ ብምኽሓዶም ኣብ ርእሶም ዝመጽእ ውጽኢት ኣይኮነን ክምለሱ ዘየኽእሎም። እቲ ድሕረ-ባይታ ናይቲ ዝበሃሎም ዘሎ መልእኽቲ እንተድኣ ዘኪርናዮ፡ ናብ ቤት-መቕደስ ኣይሁድ (ሲናጎግ) ክምለሰሉ ዝኽእሉ እንኮ መንገዲ፡ ንክርስቶስ ኣብ ቅድሚ ሰብ ምስ ዝኽሕዱን፡ ምስቶም ንክርስቶስ ዝሰቐልዎ ድማ ሕብረት ክገብሩ ምስ ዝመርጹን እዩ። ኣብ ቅድሚ ሰብ ዝግበር ንክርስቶስ ምኽሓድን፡ ምስ ጸላእቲ ክርስቶስ ሕብረት ምግባርን፡ ንክርስቶስ ወዲ ኣምላኽ፡ 'ብጋህዲ ምልጋጽ' እዩ፡ (እብ 6.6) ። ንክርስቶስ ኣብ ቅድሚ ሰባት ምኽሓድን፡ ብእኡ ኣቢልካ ካብ እምነት ኣብ ክርስቶስ ምልጋስን፡ ክዕረ ዘይክእል ሓጢኣት እዩ።

ምጥፋእ ናይቶም ንክርስቶስ ዝኸሓዱ ሰባት ንዘልኣለም ድዩ ኣይኮነን ንጹር እንዳኾነ እንከሎ፡ ኣብ ገለ ገለ ትርጉም (ንኣብነት፡ ኤን.ኣይ.ቪ.)፡ 'ኣብ ምኽሓዶም ጸኒዖም ክሳዕ ዝነበሩ፡ ክምለሱ ኣይከኣሎምን እዩ' *(repentance being impossible 'while' this attitude is maintained)* ኢሎም፡ ነቲ መልእኽቲ ከቃጥንዎ ፈቲኖም ኣለዉ። እዚ ግጉይ ትርጉም፡ ነቲ ዝቕጽል ጥቕስታት ብምርኣይ ጥራሕ ክንጸግ ይከኣል።

ንምንጻር ትርጉም ናይቲ ዘመሓላልፎ ዘሎ መልእኽቲ፡ ጸሓፊ እብራውያን፡ ምስላ መሬትን ዘርእን ጌሩ ንሓሳቡ ኣብርሂዎ ኣሎ።

> *እታ ብዙሕ ጊዜ ነቲ ኣብኣ ዝወረደ ዝናብ ዝሰተየት ምድሪ ነቶም ብዛዕባኦም ዚሐርስዋ ዚጠቅም ፍረ እንተ ሃበቶም፡ ካብ ኣምላኽ በረኸት ትረኽብ እያ። እሾኹን ዳንዴርን እንተ ኣብቈለት ግና፡ ንቕፍትን ጥቓ መርገምን እያ፡ መወዳእታኣውን ምንዳድ እዩ። እብ 6.7-8*

እዚ፡ ምስቲ ኣብ ዮሃንስ 15.6 ተጻሒፉ ዘሎ፡ ጎይታና የሱስ ክርስቶስ፡ ብዛዕባ እቲ ኣብቲ ጉንዲ ወይኒ ዘይጸንዕ ጨንፈር ዝበሎ ሓደ እዩ።

> *ኣባይ ዘይጸንዕ ዘበለ ኸም ጨንፈር ንወጻኢ ተደርብዩ ይነቅጽ፡ ኣኪቦም ናብ ሓዊ ይድርብይዎ እሞ ይነድድ። ዮሃ 15.6*

እቲ መርገም ይኹን እቲ በረኸት፡ ብሰንኪ ናይታ ምድሪ ተፈጥሮኣዊ ባህሪ ዘይኮነስ፡ ካብ እግዚኣብሄር ዝወሃብ ፍርዲ እዩ። እግዚኣብሄር፡ ካብቶም ጸጋኡ ብኸምኡ ዝተቐበሉ ሰባት ዝጽበዮ ዚጠቅም ዘርኢ (ፍረ) ኣሎ።

ነዚ ዝበሎም ኣዝዩ ከቢድ መጠንቀቕታ ምስ ሰምዑ ዝኣትዎም ፍርሂ ስለ ዝፈለጠ እዩ መሰለኒ፡ ጸሓፊ እብራውያን፡ ነቲ ዝሃቦ መጠንቀቕታ በዚ ዝሰዕብ ቃል ይዛዝሞ፡

ብኣኻትኩምሲ፡ ከምዚ እኳ እንተ ተዛረብና፡ ዚሓይሽን ንምድሓን ብዚኸውንን ንእመን ኢሎና። እብ 6.9 (But, beloved, ***we are persuaded of better things for you,*** *and things that accompany salvation, even though we speak like this).*

እዚ ንምትብባዖም ዝሃቦ ቃል፡ እቲ ሂብዎ ዘሎ ከቢድ መጠንቀቕታ፡ ንዝኾነ ኣማኒ ክገጥሞ ከም ዘይክእል ጌሩ ክሓሰብ ክገብሮ ግና ኣይግባእን። ቀዳማይ፡ እቲ ምእማኑ ወይ ትብዓቱ *(confidence)* ብፍሉይ ኣብቶም ዝጽሕፈሎም ዘሎ ቅዱሳን እዩ። ካልኣይ፡ እቲ 'ምእማን' ዝብል ቃል፡ ብዛዕባኹም ዝምልከት ግና ዚሓይሽ ምድሓን ከም ዝኸውን 'የእሚኖምና ኣለዉ' *(we have been persuaded)* ማለት እዩ። (ብዛዕባኦም፡ ብዛዕባ እቲ ዝነበርዎ ኩነታትን፡ ኣብ እምነቶም ጸኒዖም ደው ምባሎምን ካብ ገለ ጸብጻብ ምስ ተቐበለ ዝበሎ ቃል ክኸውን ይኽእል እዩ። ኩነታት እምነቶም ከምቲ ዝፈርሖ ሰንኮፍ ከም ዘይነበረ ገለ ጸብጻብ ተቐቢሉ'ዶ ይኸውን፧) ።

ዝኾነ ኮይኑ፡ ኣብቲ ናይ መዛዘሚ መልእኽቱ፡ ናይ ዘልኣለም ውሕስነቶም ኣብ ኢዶም ምኳኑ ብንጹር ነጊርዎም ኣሎ። 'ነቶም ብእምነትን ብትዕግስትን ነታ ተስፋ ዚወርስዋ ምእንቲ ኽትመስልዎም እምበር፡ ድንዙዛት ከይትኾኑስ፡ ነፍሲ ወከፍኩም ክሳዕ መወዳእታ ንምምላእ ተስፋኡን ንምጽንዓን እዚ ትግሃት እዚ **(ማለት፣ ነቶም ቅዱሳን፡ ዘገልገልኩምዎምን፡ እተገልግልዎም፡ ዘሎኹምን ግብርኹም፣ ንሰሙ'ውን፡ ዝገበርኩምዎ፡ ፍቕርኹም)** ኼርኢ፡ ንደሊ ኢሎና።' (እብ 6.11-12) ።

ክሳዕ መወዳእታ ኣብ እምነት ምጽናዕን ምዕጋስን፡ ምውራስን (ምእታው ናብ ግደ ርስቲ ቅዱሳን) ክትፈላልዮም ዘይከኣል ብሓንሳእ መኻይዲ እዮም።

ብልክዕ ንምዝራብ፡ እዚ ርኢናዮ ዘለና መጠንቀቕታ፡ ነቶም ንክርስቶስ ኣብ ቅድሚ ሰባት ብምኽሓድ ዘላግጽሉ ዝዓለመ እዩ። ካብዚ ቀጺልና እንርእዮ ግና፡ ብገለ መዐቀኒታት ካብዚ ዝሓለፈ (ናይ ምዕራፍ 6) መጠንቀቕታ ዝገድድ እዩ። ምኽንያቱ፡ እዚ ሰዒብና ንርእዮ ከቢድ መጠንቀቕታ (ኣብ እብ ምዕራፍ 10 ዘሎ) ብዛዕባ ሓደ ዓይነት ሓጢኣት ዘይኮነ፡ ብዛዕባ ኩሉ ዓይነት ሓጢኣት እዩ ዝዛረብ።

ትርጉም ኤን.ኣይ.ቪ. *(NIV):* ነዚ ኣብ ምዕራፍ 10.19-31 ዘሎ ክፍሊ፡

‘ጸውዒት ን ትዕግስቲ’ *(A Call to Persevere’)* ዝብል ኣርእስቲ ሂብዎ ኣሎ። ብሰለስተ ምሕጽንታታት ድማ ይጅምር። ‘ምሉእ ብዝተረዳእናዮ እምነት ንቕረብ’ (10.22) … ‘እምንቶ ተስፋና ብዘይ ምንቕናቕ ነጽንዓያ’ (10.23) … ‘ኣኼባና ኣይንሕደግ’ (10.25) ። እዚ ምስ በለ፡ ናብቲ ከቢድ መጠንቀቕታኡ ይሓልፍ፡ ‘ሰለዚ ኸኣ ፍልጠት ሓቂ ምስ ረኸብና፡ ፈቲና ሓጢኣት እንተ ገበርና፡ ዜስክሕ ምጽባይ ፍርድን ነቶም ተጻረርቲ እትበልዕ ቅንኢ ሓውን ኪኸውን እዩ እምበር፡ ደጊምሲ ሰለ ሓጢኣት ዚሰዋእ መሰዋእቲ የልቦን።’ (እብ 10.25-26) ። ገለ ሰባት፡ እዚ እቶም ቃል ሓቂ ሰሚዖም ዝነጸግዎ፡ ናብ ገሃነም ኪኸዱ እዮም፡ ማለቱ እዩ ኢሎም ይሓስቡ ይኾኑ እዮም። እቲ ጸሓፊ ክብሎ ደልዩ ዘሎ ግና እዚ ከም ዘይኮነ፡ ቀሪብና እንተጽኒዕናዮ፡ ብቐሊሉ ክንርዳእ ንኽእል ኢና።

ከምቲ ብተደጋጋሚ ኢልናዮ ዘለና፡ ኣብዚ መልእኽቲ እብራውያን ካብ ዘሎ፡ ወልሓደ ንዘይኣምኑ ዝተጻሕፈ ቃል የለን። እዚ ‘ንሕና’ *(we)* ዝብል ቃል (እብ 10.26-27)፡ ምስቲ ኣብቲ ዝቐደመ ጥቕስታት (10.22, 23, 24) ዝረኣናዮ፡ ‘ንሕና/ንዓና’ *(us)* ዝብል ቃል ሓደ እዩ። እቲ ‘ፍልጠት ሓቂ’ ዝብሎ፡ ነቲ ናይ ምድሓን ተመኩሮና ዘጠቓልል እዩ።

እቲ ዝህቦ ዘሎ መጠንቀቕታ ንህዝቢ ኣምላኽ ምዃኑ ዘርኢ ተወሳኺመረጋገጺ፡ እቲ ምስ ሕጊ ሙሴ ዝገብሮ ምንጽጻር፡ እዩ። ‘እቲ ንሕጊ ሙሴ ዘፍረሰ ብቓል ክልተ ወይሰ ሰለስተ ምስክር እዩ ብዘይ ድንጋጽ ዚመውት።’ (10.28) ። ‘ንወዲ ኣምላኽ ዝረገጸ፡ ነቲ እተቐደሰሉ ደም ኪዳን ከኣ ዘርከሰ፡ ንመንፈስ ጸጋውን ዝጸረፈ ግዳ ኽንደይ ዝገደደ ቕጽዓት ዘይግብኦ ይመስለኩም፧’ (10.29) ። ‘እተቐደሰ’ ማለት፡ ነቲ ቓል ወንጌል ሰሚዑ ብምእማን፡ ካብ ዓለም ዝተፈልየ ማለት እዩ። ከምዚ ዝኣመሰለ ከቢድ ክሲ፡ ነቶም ጽውዕኦም ዝሓድጉ ቅዱሳን ዝተሓዝአ እዩ (እብ 6.6) ።

እዚ ንባዕሉ እብራዊ ዝነበረ ጸሓፊ እብራውያን፡ ዕሙቕ ዝበለ ኣፍልጦ ብሉይ ኪዳን ዝነበሮ እዩ። እቲ ኣብዚ ክፍሊ ጠቒሰዎ ዘሎ ሕጊ ሙሴ፡ ኣብ ዘሌዋውያን ዘሎ እዩ። ብእብራውያን ዝግበር፡ ኣምላኽ ዘቖሞ ሰርዓት መሰዋእቲ፡ ንኹሉ ብዘይፍላጥ ዝግበር ሓጢኣታት ዝሸፍን ኮይኑ፡ ብልዑላት የእዳው (ማለት፡ብሃቐናን ዓመጽን) ዝግበር ሓጢኣታት ግና ዝሸፍን ኣይኮነን (ነዚ ብዝርዝር፡ ኣብ መጀመርታ ክፍሊ እዛ መጽሓፍ ኣቐዲምና ርኢናዮ ኢና) ። (ዘሁ 15.27-31) ። ሰለ ዝኾነ ድማ እዩ፡ እቲ ጸሓፊ፡ ንመጠንቀቕታኡ፡ ‘ኣብ ኢድ ህያው ኣምላኽ ምውዳቕ ዜስክሕ እዩ፡’ ብምባል ዝዛዝሞ። (እብ 10.31) ። እዚ ረዚን ቃል፡ ገለ ገለ ናይ ሎሚ ሰበኽቲ ‘ካብ ኢዱ ምውዳቕ ግና ኣዝዩ ይኸፍእ’ ብምባል የፏኽሰዎ እዮም። እንደገና ኣብ ኣእምሮና ክሰርጽ

መታን፡ ኣብ ኢዱ ምውዳቕ እምበር፡ ካብ ኢዱ ምውዳቕ ኣይኮነን ዝብል ዘሎ እቲ ቃል።

ንሕናስ፡ ነቲ፡ ምፍዳይ ሕነ ናተይ እዩ፡ ኣነ፡ ሕነ ኽፈዲ እየ፡ ዝበለ፡ ደጊሙ ኸኣ፡ እግዚኣብሄር፡ ንህዝቡ፡ ኺፈርዶ እዩ፡ ዝበለ፡ ንፈልጦ ኢና። ኣብ ኢድ ህያው ኣምላኽ ምውዳቕ፡ ዜሰክሕ እዩ። እብ 10.30-31

ኣብ መወዳእታ ዝህቦ መዛዘሚ ምኽሪ፣

እምብኣርሲ፣ ነቲ ብዙሕ ዓሰቢ ዘለዎ ትብዓትኩም፡ ኣይትደርብይዎ። ፍቓድ ኣምላኽ እናገበርኩም፣ ነታ ተሰፋ ምእንቲ ኽትረኽብዋስ፣ ትዕግስቲ የድልየኩም እዩ። ቍ.35-36

እቶም ክሳዕ መወዳእታ ዘይዕገሱ’ ኸ፤

ጻድቕ ግና፡ ብእምነት እዩ ዚነብር [እምነት ማለት እሙን ምዃን]፡ ንድሕሪት እንተ ተመልሰ ድማ፡ ነፍሰይ ብእኡ ባህ ኣይብላን እዩ። እብ 10.38 (እንባቆም 2.4)
ንሕና ግና፡ ምስቶም ምድሓን ነፍሶም ኪረኽቡ ዚኣምኑ እምበር፡ ምስቶም፡ ናብ ጥፍኣት ንድሕሪት ዚምለሱ ኣይኰንናን። ቍ.39

ጸሓፊ እብራውያን ንድሕሪት ምምላስ ዝገልጹ ዝጥቀመሎም ገለ ገለ ባሕረኛታት ዝጥቀምሎም ቃላት ኣለዉ። ንኣብነት፡ ‘መልህቅ ነፍሲ’ (6.19)፡ ‘ዳንሳፈፍና ከይንጠፍእ/*drift away*’ (2.1)፡ ‘ንድሕሪት ምምላስ/*shrink away*’፡ ማለት፡ ምውራድ መርበብ (መርበብ ምስ ዝወርድ፡ መርከብ ፍጥነታ ቀኒሳ ደው ትብል፡ ብድሕሪኡ፡ ብንፋስ ወይ ዋሕዚ ባሕሪ *(tide)* ተደፊኣ፡ ብዘይ መልህቕ፡ ናብ ገምገም ወይ ከውሒ ኣቢላ ትጋጮ) ። *‘ንሕና ግና ምስቶም ምድሓን ነፍሶም ኪረኽቡ ዚኣምኑ እምበር [ብእምነት ናብ ዋንነት ህይወት]፡ ምስቶም ናብ ጥፍኣት [wrecked/ መርከብ ምስ ከውሒ ምስ ተጋጨወት ትዓንዎ ዕንወት] ንድሕሪት ዚምለሱ [shrink back/lower sail/ መልህቛም ዘውርዱ] ኣይኰንናን። (እብ 10.39) ።*

‘ንድሕሪት እንተ ተመልሰ ግና፡ ነፍሰይ ብእኡ ባህ ኣይብላን እዩ’ ክብል ከሎ፡ ብዛዕባ ሓደ ሰብ ይዛረብ ከም ዘሎ ነስተብህለሉ። ገለ፡ ሓደ ብእምነት ዝነብር ጻድቕ ንድሕሪት ክምለስ ኣይክእልን እዩም፡ ኢሎም ዝኣምኑ ተርጎምቲ

መጽሓፍ ቅዱስ፡ ብድፍረት ነቲ 'ንድሕሪት እንተ ተመልሰ' *(if he)*፡ ዝብል ቃል 'ዝኾነ ሰብ እንተ ተመልሰ' *(if any)* ክብሉ ቀይሮሞ ኣለዉ። (ሰዓቢ ካልቪን፡ ቤዛ፡ ሓደ ካብኣቶም እዩ) ። (ምዕራፍ 4 ርአ) ።

ካብቲ ኣብ እብራውያን ምዕራፍ 6 ዘሎ ኣብ ምዕራፍ 10 ዘሎ ዝያዳ ይኸብድ። ዝኾነ፡ ብንሰሓ ሕድገት ሓጢኣት ዝተቐበልካሉ፡ ብላዕለዎት ኣእዳው፡ ማለት፡ ብፍቓድ፡ ብንዕቀት ንእግዚኣብሄርን ቃሉን፡ ቀጻሊ ዝግበር ሓጢኣት ወይ ኣብ ሓጢኣት ምንባር፡ ሓደገኛ እዩ፡ ካብ ምውራስ ግደ ርስቲ ቅዱሳን (ካብ መንግስቲ ኣምላኽ) ከትርፈካ ድማ ይኽእል እዩ። ብትዕግስቲ ኣብ ቅድስና ምንባር እንተዘየለ፡ ምውራስ መንግስቲ ኣምላኽ የለን።

ኣብ መወዳእታ ጽሑፋቱ፡ ጸሓፊ እብራዉያን፡ ነቶም ቅዱሳን ብምትብባዕን ምሕጽንታ ብምሃብን እዩ ዝውድእ። ኣብ ምዕራፍ 11፡ ነቶም ናይ እምነት ኣቦታት በብሓደ እንዳጠቐሰ፡ ኩሎም፡ ነቲ እምነቶም ብግብሮም ዘርኣዩ ሰባት ከም ዝነበሩ የዘክሮም። ጸሓፊ እብራውያን፡ ከም ያእቆብ፡ እምነት ብዘይ ግብሪ ምውቲ ምዃና እዩ ዝምህር።

እዞም ናይ እምነት ኣቦታት ክሳዕ መወዳእታ ዝተዓገሱ፡ ብእምነት፡ ወይ ኣብ እምነት እንዳነበሩ ድማ ዝሞቱ እዮም (እብ 11.13) ። ነቲ ኣምላኽ ዝተተሰፈወሎም ርስቲ ከይወረሱ፡ ግናኸ፡ ሓንቲ መዓልቲ ከም ዝወርሱ እንዳኣመኑ ሞይቶም። ብዘይብኣና ናብ ፍጻሜ ክኣትዉ ሰለ ዘይክእሉ (እብ 11.40) ።

> *እዚኦም ኩላቶም ነተን ተስፋታት ኣይረኸብወንን፡ ግናኸ ካብ ርሑቕ ርእዮም ተሳለምወን እሞ ኣብዛ ምድሪ እዚኣ ኣጋይሽን ሰደተኛታትን ምዃኖም እናተአመኑ፡ ብእምነት ሞቱ። ብጃካና ናብ ፍጻሜ ምእንቲ ኸይበጽሑስ፡ ኣምላኽ ብዛዕባና ዚሐይሽ ሰለ ዝሐለየ፡ እዚኦም ኩላቶም፡ ብእምነት ተመስኪሩሎም ዘሎ፡ ነታ ተስፋ ኣይረኸብዋን። እብ 10.13, 39-40*

ስለዚ፡ 'ንሕና ድማ ብኽንድዚ ዚኣክል ደበና ምስክር ተኸቢብና ኸሎና፡ ንዅሉ ዚኸብደናን ነቲ ዚጠብቀናን ሓጢኣትን ነርሕቕ፡ በቲ ኣብ ቅድሜና ተሐንጺጹልና ዘሎ መቀዳደሚ ኸኣ ብትዕግስቲ ንጕየ።' (እብ 12.1-2) ። ምእንቲ ከይንድከምን ነፍሳትና ድማ ከይሕለላን፡ ነቲ ካብ ሓጥኣን ኣብ ርእሱ ኽንድዚ ዝኣክል ምጽራር እተዓገሰ ንዘክሮ። (እብ 12.3) ።

እቲ ዝበዝሐ ንእምነትና ዝፍትን ፈተና ካብ ከማና ሰባት እኳ ዝመጽእ እንተኾነ፡ ገሊኡ ግና፡ ካብቲ ሰለ ዘፍቅረናን፡ ናብ ፍጻሜ ድማ ክንበጽሕ ሰለ

ሓንሳእ ድሒንካ፡ ኩሉ ሳዕ ድሒንካ፧

ዝደልየናን፡ ዝቐጽዓናን ዝግስጸናን ኣምላኽ እዩ ዝመጽእ። ‘ቕጽዓት ዘበለ ንጊዜኡ ንጓሂ እምበር፡ ንሓጐስ ከም ዚኾውን ኣይመስልን እዩ፡ ንዳሕራዩ ግና ነቶም ዝለመድዋ ናይ ሰላም ፍረ ጽድቂ እዩ ዚፈሪ።’ (እብ 12.11) ። ስለዚ፡ ምእንትዚ እዚ ናብ ብጽሕና ዝወሰደና ብድሆ/መንገዲ፡ ‘ነተን ዘርጋሕጋሕ ዚብላ ኣእዳውን ወለል ዝበለን ኣብራኽን’ ከነቕንዕንን፡ ‘ንቕድስናን ንሰላም ምስ ኩሉ’ ክንሰዕበንን ይድለየና። (እብ 12.12፣ 14) ።

ብዘይ ቅድስና ሓደ’ኳ ንእግዚኣብሄር ኣይክርእዮን እዩ። (እብ 12.14) ። ኣብ ሓድሽ ኪዳን፡ ንእግዚኣብሄር ብዘይ ቅድስናን ሕድገት ሓጢኣትን ገጹ ክንርእዮ (ራእይ 22.4) ብፍጹም ከም ዘይንኽእል ብዝነጸረን ዘየወላውልን መንገዲ ዝነግረና ጽሑፍ፡ እዚ እዩ። ነዛ ጥቕሲ ብምርኣይ ጥራሕ፡ ነቲ ሓንሳእ ምስ ደሓንካ፡ ብሰጋኻ ዝገበርካ ግበር፡ ድሒንካ ኢኻ ዝብል ግጉይ ርድኢት ክንነጽጉ ኣለና ጥራይ ዘይኮነስ፡ ብኣንጻሩ፡ ካብ ጸጋ ከይንጎድል ኣዚና ክንጥንቀቕ የድልየና።

ሓደ እኳ ኻብ ጸጋ ኣምላኽ ከይጐድል፡ ንብዙሓት ዜርክስ ገለ መሪር ሱር በቝሉ ኸየጨንቐኩም፡ ተጠንቀቑ። (እብ 12.15)

ከምቲ ንግዝያዊ ዕጋበት ኢሉ፡ ነቲ ዝመጽእ ርስቱ ሸይጡ ካብ ጸጋ ዝጎደለ ኤሳው ኣይንኹን። (እብ 12.16) ። ኤሳዉ፡ ‘ጸኒሑ በረኸት እኳ ክወርሰ እንተደለየ፡ ብንብዓት እናደለያ ክነሱስ፡ ንንስሓ ሰፍራ ስለ ዘይረኸበ፡ ከም ዝተደርበየ’ ፍለጥ (እብ 12.17) ።

ኣብ ምድሪ ዝተዘርበ መጠንቀቕታ ስሚዖም፡ ግና ዝኣበዩ ካብ ዘየምለጡስ፡ እቶም ‘ነቲ ካብ ሰማይ ዚዛረበና ዝባንና ኻብ እንመልሰሉ ግዳ ከመይ ኢልና ከነምልጥ፧ ስለዚ ነቲ ዚዛረበና ዘሎ ከይንኣብዮ ንጠንቀቕ’። (እብ 12.25) ። ካብ ሳዕቤን ዘይምስማዕ ምምላጥ ኣይከኣልን እዩ።

እዚ ጸሓፊ እብራውያን፡ ነቲ ዝጸሓፈሎም መልእኽቲ፡ ካብ ኣምላኽ ብቐጥታ ዝተዋህቦም ትንቢታዊ መጠንቀቕታ ከም ዝኾነ ጌሩ ድዩ ዝዛረብ ዘሎ፧ እቲ ጸሓፊ፡ ነቶም መልእኽቱ ዘንብቡ ዘለዉ፡ እቲ ኣብ ዘመን ሙሴ ዝነበረ እግዚኣብሄር፡ ሕጂ ውን ንሱ ምዃኑን ከም ዘይተቐየረን፡ ሕጂ ውን ‘ኣምላኽና ዝባላዕ ሓዊ’ (እብ 12.29, ዘዳግም 4.24) ከም ዝኾነ፡ ኩሉ ግዜ ‘ንኣምላኽ ብዜሕጉሶ ቅዱስ ምኽባርን ብፍርሃትን እናኣገልገሉ’ ከነመስግንዎ (ከምልኽዎ/worship/serve) ከም ዘለዎም የዘክሮም ኣሎ። (እዚ፡ ኣብዚ ናይ ዘመንና፡ ብፍርቂ ልቢ ዝግበር ስርዓታዊ ኣምልኾ ተረሲዑ ዘሎ ነገር፡ እዩ።)

ኣምላኽና ዚባላዕ ሓዊ እዩ፡ ሰለ’ዚ፡ *ንሕና ዘይተንቀጥቅጥ መንግስቲ እንቕበል ካብ ኰንናስ፡ ንኣምላኽ ብዜሐጕሶ ቅዱስ ምኽባርን፡ ብፍርሃትን እናኣገልገልና፡ ነመስግን። 12.28-29*

እግዚኣብሄር ኣምላኽካ፡ *ዚባላዕ ሓዊ፡ ቀናእ ኣምላኽ እዩ እሞ፡ እግዚኣብሄር ኣምላኽኩም፡ ምሳኻትኩም ዝኣተዎ ኺዳን፡ ከይትርስዑ፤ እግዚኣብሄር ኣምላኽካ ዝኸልከለካ ዘበለ፡ ገለ መልክዕ ዘለዎ፡ እተ ወቕረ ምስሊ ኸይትገብሩ፡ ተጠንቀቑ። ዘዳ.4:24*

ኣብ ምዕራፍ 13፡ ጸሓፊ እብራውያን፡ ዝተፈላለዩ ሕጽር ዝበሉ መምርሒታት ይህቦም። ካብ ጋሻ ትምህርቲ ክጥንቀቑ፡ ኩሉ ግዜ ‘መሰዋእቲ ምስጋና፡ ማለት ንስሙ ዝእመና ከናፍር’ ከቕርቡ፡ በቲ ብየሱስ ክርስቶስ ኣብ ቅድሚኡ ባህ ዘብል ኣብኦም እናገበረ ዘብቅዖም ኣምላኽ እናተወከሉ፡ ‘ብሰናይ ግብሪ ዘበለ ኵሉ ፍቓድ ክገብሩ’ (እብ 13.15-21) ።

ዝኾነ፡ ንመልእኽቲ እብራውያን፡ ንመጀመርታ ግዜ፡ ብዘይ ዝኾነ ይኹን ኣድልዎ ዘንብቦ ሰብ፡ ኣመንቲ ምድሓኖም (ኩሉ እቲ ኣብ ክርስቶስ ዝተረኽበሎምን ዝረኸብዎን) ከጥፍእዎ ከም ዝኽእሉ፡ ክድምድም ክጽግሞ ኣይክእልን እዩ። እቶም ‘ምድሓን ኣይጠፍእን እዩ’፡ ኢሎም ዝማጎቱ ሰባት ከይተረፉ፡ መጽሓፍ እብራውያን፡ ምስቲ ዝብልዎ ዝጻረር ኣሸገርቲ መልእኽታት ዝሓዘለት መጽሓፍ ከም ዝኾነት ንኽእመኑ ከጸግሞም ኣይግባእን።

እቲ ዘሕዝን፡ እቶም፡ ነዚ ንኣመንቲ ዝተዋህበ ከቢድ መጠንቀቕታታት ንምፍኳስ ዝጥቀሙሎም ዝተፈላለዩ ናይ ኣተራጉማ ሜላታት፡ ነዚ መጽሓፍ እብራውያን ዘመሓላልፎ ዘሎ ረዚን መልእኽቲ ኣጉዲሞም፡ ሰባት ኣብቲ ቃል ዘለዎም ፍርሒ ከም ዝጠፍእን፡ እቲ መጠንቀቕታታት ድማ ኣብኦም ክፍጸም ከም ዝኽእል ከም ዝርስዑን፡ ዝገብሩ እዮም።

ነመንዝራታትን ንዘመውትንሲ፡ ኣምላኽ ኪፈርዶም እዩ እሞ፡ መውሰቦ ኣብ ኵሉ ኽቡር፡ እቲ መደቀሲ ኣሚን ከኣ፡ ዘይረኽሰ ይኹን። ቍ.4 ንብረትኩም፡ ብዘይ ፍቕሪ ገንዘብ፡ ይኹን። ቍ.5 ነቶም፡ ቃል ኣም ላኽ ዝነገሩኹም መራሕቲኹም፡ ዘክርዎም፣ መወዳእታ ንብረቶም እናተቛመትኩም፡ ኣሰኣሰር እምነቶም፡ ሰዓቡ። ... ልብኹም፡ በቲ ነቶም ዝኸዱሉ ዘይጠቐሞም ብልዒ ዘይኰነስ፡ ብጸጋ እንተ ጸንዔ፣ ጽቡቕ እዩ እሞ፡ ብብዙሕ ዝዓይነቱ፡ ብጋሻን ትምህርቲ፡ ኣይትሰሓቱ። 13.7,9

ብየሱስ ክርስቶስ፡ ኣብ ቅድሚኡ ባህ ዜብሉ ኣባኻትኩም እናገበረ፡ ብሰናይ ግብሪ ዘበለ ኹሉ፡ ፍቓዱ ኽትገብሩ የብቅዕኩም። ካብ ዘለኣለም ንዘለኣለም፡ ንእኡ ኽብሪ ይኹኖ። ኣሜን። ቍ.21

ኣቱም ኣሕዋተይ፣ እዚ ቓል ምኽሪ እዚ፣ ኣሕጺረ፡ ጽሒፈልኩም እየ እሞ፡ ክትቅበልዎ፡ እልምነኩም፡ ኣሎኹ። ቍ.22

ያእቆብ

መጽሓፍ ያእቆብ፡ ከም መጽሓፍ እብራውያን፡ ግብራዊ ማዕዳታት ዝሓዘለ ኮይኑ፡ ምስ መጽሓፍ ምሳሌን፡ ናይ የሱስ ናይ ጎቦ ስብከትን *(Sermon on The Mount)* (ማቴ 5-7)፡ ብዙሕ ምትእስሳር ዘለዎ መጽሓፍ እዩ። እዚ መጽሓፍ፡ ነቶም ኣብ ወጻኢ ተሰዲዶም ዝነበሩ ኣይሁድ ኣመንቲ *(Diaspora)* ዝተጻሕፈ እዩ።

ኣብ መጀመርታ፡ ያእቆብ ብዛዕባ ኣመጻጽኣ ሓጢኣት እዩ ዝምህሮም።

ንፍሲ ወከፍ[ና] ብገዛእ ትምኒትና ተሳሒብናን ተሓቢልናን ኢና ንፍተን እሞ፡ ሓደ እኳ ምስ ተፈተነ ኣምላኽ ፈቲኑኒ ኣይበል። ትምኒት ምስ ጠነሰት፡ ንሓጢኣት ትወልድ፡ ሓጢኣት ምስ ተፈጸመ ድማ፡ ንሞት ይወልድ። (ያእ 1.12-16) ።

ሓጢኣት፡ ብቕጽበት ዘይኮነ፡ ኣብ መወዳእታ፡ ሞት ከም ዘምጽእ ተመልከት። በዚ ክንታለል የብልናን። ኣብ ኣመንቲ ይኹን ኣብ ዘይኣመንቲ፡ መፈጸምታ ዝማዕበለ ሓጢኣት፡ ሞት እዩ። እዚ ሞት ስጋዊ ዘይኮነ፡ መንፈሳዊ (ካልኣይ) ሞት እዩ (ራእ 20.6)፡ (ኩሉ ሰብ ብስጋ ምሟቱ ኣይተርፎን እዩ) ።

‘ስለዚ ንርኽሰት ዘበለን ብዝሒ ኽፍኣትን [ከርሕቑ]፡ ነቲ ንነፍሶም ኬድሕና ዚከኣሎ ትኹል ቃልውን ብገርህነት ክቕበልዎ፡ ያእቆብ የተባብዖም። ያእቆብ ብዛዕባ ናይ ሕጅን ናይ ዝመጽእን ምድሓና እምበር፡ ኣብቲ ሕሉፍ፡ ወይ መጀመርታ ምድሓንና ኣይኮነን ዘተኩር። ቃል ምስማዕ ጥራሕ፡ ለውጢ ኣየምጽእን እዩ፡ ነቲ ቓል ዝብሎ ግብሪ ዝገብር ግና ብጹእ ይኸውን።

ገበርቲ ቓል ኩኑ፡ ርእስኹም እናጠበርኩም ሰማዕቲ ጥራይ ኣይትኹኑ።ሓደ እኳ ሰማዕ ቃል ኰይኑ ገባሪ እንተ ዘይኰነ፡ ንሱ ነቲ ንገጽ ፍጥረቱ ብመስትያት ዚርኢ ሰብኣይ እዩ ዚመስል። ነፍሱ ይርኢ እሞ፡ ይኸይድ ብኡብኡውን ከመይ ምዃኑ ይርስዖ።እቲ ኣብቲ ምሉእ

ሕጊ፡ ንሱ ድማ ሕጊ ሓርነት፡ ኣጸቢቑ ዚጥምትን ዚጸንዕን፡ ግብሪ ዚገብር እምበር፡ ዘይርስዕ ሰማዒ ግና፡ እዚ ብግብሩ ብጹእ ኪኸውን እዩ። ያእ 1.22-25

ብዛዕባ እምነትን ግብርን ኣብ ምዕራፍ 5 ኣሰፊሕና ክንርእዮ ኢና። ሕጂ ግና እግረ-መንገድና፡ እምነት ንሓሰቦ ወይ ንዛረቦ ነገር ዘይኮነስ፡ ንገብሮን ንፈርዮን ነገር እዩ። እምነት ብዘይ ግብሪ ምዉት እያ፡ ይትረፍ ንኻልእ፡ ንርእሳ ውን ከተድሕን ዘይትኽእል ድማ እያ። (ያእ 2.14-26) ።

ኣሕዋተየ፣ ሓደ ሰብ፡ እምነት ኣላትኒ፡ እንተበለ፡ ግብሪ ግና ካብ ዘይትህልዎ፡ እንታይ ይጠቅም፧ እዛ እምነት እዚ ኣዶ ኽተድሕኖ፡ ትኽእል እያ፧ ሓው ወይስ ሓብቲ፡ እንተ ዓረቑ፡ ናይ ዕለት ምግቢ'ውን፡ እንተ ሰኣኑ እሞ፡ ንሰጋ ኦም ዜድሊ ኸይሀብኩምዎምሲ፡ ሓደ ካባኻትኩም፡ ብሰላም ኪዱ፡ ሙቑ፡ ጽገቡ እንተበሎም፡ እንታይ ይጠቕም፧ ከምኡ ኸኣ እምነት፡ ግብሪ እንተ ዜብላሰ፡ ንርእሳ፡ ምውትቲ እያ። ግናኸ፡ ሓደ ሰብ ግዳ፡ ንስኻ እምነት ኣላትካ፡ ኣነ ኸኣ፡ ግብሪ፡ ኣሎኒ፣ ይብል ይኸውን። እምብኣርሲ፣ እምነትካ፡ ብዘይ ግብሪ፡ ኣርእየኒ፤ ኣነ'ውን፣ ብግብረይ ገይረ፡ እምነተይ ከርእየካ እየ። ንስኻስ፡ ኣምላኽ፡ ሓደ በይኑ ምኳኑ ትኣምን ኣሎኻ። ጽቡቕ ገበርካ፡ ኣጋንንቲ' ውን፡ ይኣምኑን ይንቀጥቀጡን እዮም። ግናኸ፡ ኣታ ከንቱ ሰብ፡ እምነት፡ ብዘይ ግብሪ፡ ምውትቲ ምኳና ኽትፈልጥዶ ትደሊ ኢኻ፧ ኣብርሃም ኣቦናዶ፡ ንይስሃቅ ወዱ ኣብ መሰውኢ ምስ ኣቕረቦ፣ ብግብሩ ኣይጸደቐን፧ እምነት፡ ምስ ግብሩ ኹይና ከም ዝዓየየት፡ እምነት ብግብሪ ገይራ'ውን ከም እተፈጸመት፡ ትርኢ ኣሎኻ። እቲ ኣብርሃም፡ ንኣምላኽ ኣመነ እሞ፡ ንጽድቂ ኾይኑ ተቘጽረሉ፡ ዚብል ጽሑፍ፡ ተፈጸመ፤ ፍቁር ኣምላኽ'ውን ተባህለ። ሰብ፡ ብግብሪ ከም ዚጸድቕ፡ ብእ ምነት ጥራይ ከም ዘይኮነ፡ ትርእዩ ኣሎኹም። ከምኡ ኸኣ፡ ረሃብ እታ ኣመንዝራ፣ ነቶም ልኡኻት ምስ ተቐበለቶም፡ ብኻልእ መገዲ'ውን ምስ ኣውጽኣቶም፣ ብግብሪዶ ኣይጸደቐትን፧ እምብኣርከ፣ ሰጋ፡ ብዘይ መንፈስ፡ ምዉት፡ ከም ዝኾነ፡ ከምኡውን፡ እምነት ብዘይ ግብሪ፡ ምውትቲ እያ። ያእ.2:14-26

ኣብ መወዳእታ ምዕራፍ ያእቆብ፡ ብዛዕባ ሓደ ካብ ሓቂ ዘምቢሉ፡ ሓጥእ ዝተባህለ ክርስትያን ሓው ነንብብ። ነዛ ዝጠፍኣት በጊዕ፡ ሓደ ኻብኦም እንተ መለሶ 'ብዝሒ ሓጢኣት ከም ዝኸድንን (ነቲ ዝዘምበለ ሰብ፡ ተመሊሱ

ብንስሓ ካብ ሓጢኣቱ ተመሊሱ፡ ሕድገት ሓጢኣት ክረክብ ብምግባር)፡ 'ንነፍሱ [ድማ] ካብ ሞት ከም ዘድሕን' ይፍለጥ'፡ ይብል። (ያእ 5.19-20፡ ማቴ 18.12-14) ። እንደገና ኣብዚ ንርእዮ ዘለና፡ ሓጢኣት ኣብ ዝኣምኑ፡ ብኣጋኡ እንተዘይተኣሪሙ፡ ናብቲ ናይ መወዳእታ ሳዕቤን፡ ማለት፡ ሞት ከስዕብ ከም ዝኽእል እዩ (ያእ 1.15) ።

ኣቱም ኣሕዋተየ፡ ሓደ ኻባኻትኩም፡ ካብ ሓቂ እንተ ዘምበለ፡ ሓደ ኸኣ፡ እንተ መለሶ፣ እቲ ንሓጥእ፡ ካብ መገዲ ጌጋኡ ዚመልሶ፡ ንነፍሱ ኻብ ሞት ከም ዜድሕን፡ ብዝሒ ሓጢኣት'ውን፡ ከም ዝኸድን፡ ይፍለጥ። ያእ.5:19-20

እንታይ ይመስለኩም፧ ሚእቲ በጊዕ ዘለዋኦ ሰብኣይ፡ ካብኤን፡ ሓንቲ እንተ ጠፍኣቶ፡ ነተን ተሰዓን ትሽዓተን ሓዲ ጉዶ፡ ነታ ዝጠፍኤት ኪደሊ፡ ናብ ኣኽራን ኣይከይድን፧ እንተ ረኸባ ድማ፡ ካብተን ተሰዓን ትሽዓተን ዘይጠፍኣስ፡ ብእኣ ኣዝዩ ከም ዚሕጎስ፡ ብሓቂ እብለኩም ኣሎኹ፣ ከምኡ ድማ፡ ካብዞም ናእሽቱ፡ ሓደ ኺጠፍእ፡ ፍቓድ እቲ ኣብ ሰማይ ዘሎ ኣቦኹም ኣይኰነን። ማቴ.18:12-14

1ይ ጴጥሮስ

ኣብ ቀዳማይ ጴጥሮስ፡ ነዚ ኣርእስትና ዝኸውን ብዙሕ ሓሳብ ኣይንረክብን ኢና። እዚ ድማ ዘገርም ኣይኮነን፡ ምኽንያቱ፡ እዛ ቀዳመይቲ መልእኽቲ ጴጥሮስ ናብ ሓደሽቲ ኣመንቲ ዝተጻሕፈት መጽሓፍ እያ።

2ይ ጴጥሮስ

ካልኣይ መልእኽቲ ጴጥሮስ፡ ድሒሩ፡ ኣብ እምነት ነዊሕ ንዝገበሩ ቅዱሳን ዝተጻሕፈት መጽሓፍ ከም ምኳና መጠን፡ ነዚ ኣርእስትና ዘበርክት ሓሳባት ኣለዋ።

ቀዲሙ፡ ጴጥሮስ፡ ንጽውዕኦምን ምሕራዮምን ከጽንዕዎ ኣዝዮም ክጋደሉ ይላበዎም። ምኽንያቱ ጽውዕኦምን ምሕራዮምን ብዘይ ናቶም ምትሕብባር ርጉጽ ክኸውን ኣይክእልን እዩ። ነዚ ብኸመይ ይገብርዎ፧ 'ኣብ እምነቶም ደግነት፡ ፍልጠት፡ ምግታእ ርእሶኻ፡ ዓቕሊ፡ ፍርሃት እግዚኣብሄር፡ ምፍቃር ኣሕዋት' ክውስኹ ብምግዳል። እዚ ምስ ዝገብሩ፡ ነዚ ናይ ሕጂ ህይወቶም ውጽኢታውን ፍረ ዘለዎን ኪገብሮ እዩ ጥራይ ዘይኮነስ፡ ከቶ ኣይከንደልህጹን እዮም፡ ናብቲ 'ናይ ጎይታናን መድሓኒናን የሱስ ክርስቶስ ዘልኣለማዊ መንግስቲ

ምእታው ድማ ብምልኣት ክወሃቦም እዩ። (2 ጴጥ 1.5-11) ። ብጎይታ ምጽዋዕን ምሕራይን፡ ኣብቲ መንግስቱ ቦታ ክህልወና ኣፍደገ ዝኸፍት ማዕጾ እዩ። ኣብቲ መንግስቱ ቦታና ውሑስ ክኸውን ግና፡ ግደና ክንገብር የድልየና። ካብዚ ጸጥሮስ ዝህቦ ዘሎ ብትግሃት ናይ ምግዳል ማዕዳ፡ ብጀካዚ፡ ካልእ እንታይ መልእኽቲ ክንወሰድ ንኽእል፧

እግዚኣብሄር፡ ነቲ ዝተተሰፈውልና ኪዳኑ ክንወርሰ ኢሉ ዘይሃቦን ዘይገበሮን የለን። እቲ ሓንቲ ዘይገበሮን፡ ዘይገብሮን፡ ፍቓድና ዓምጺጹ፡ ኣንጻር ድሌትና ነቲ ዝሃበና ከም ንቕበሎ ምግባር እዩ። 'ኣምላኻዊ ሓይሉ፡ ንህይወትን ንፍርሃት እግዚኣብሄርን ዚኸውን ኩሉ ሂቡና እዩ። (1 ጴጥ 1.3) ። ነቲ ኣምላኽ ብመለኮታዊ ሓይሉ ዝሃበና ተቐቢልካ ምጥቃምን ዘይምጥቃምን ግን ናትና ግደ እዩ። ተቐቢልና እንተዘይተጠቒምናሉ፡ ጽውዓናን ምሕራይናን ርጉጽ ክኸውን ኣይክእልን እዩ።

ቀጺልና ንረኽቦ ክፍሊ፡ ምስ ኣብ መልእኽቲ ይሁዳ ዘሎ ኣዝዩ ዝመሳሰል ቃል እዩ። እግዚኣብሄር ነቶም ሓጢኣት ዝገብሩ፡ ዝኾኑ ይኹኑ፡ መላእኽቲ ኣብ ሰማይ ይኹኑ፡ እቶም ኣብ ሶዶም ጎሞራ ዝነበሩ ሰባት ኣይንሕፎምን እዩ። (ጴጥ 2.4-6) ። ኣብ ሓደ እዋን ድማ፡ ነቲ ንኣምላኽ ዝፈርህ ዝነበረ ሎጥ ካብቲ ኣብ ልዕሊ ሶዶምን ጎሞራን ዝወረደ ፍርዲ ከም ዘድሓኖ ንርኢ።

ድሕሪ ባይታ ናይዚ ጴጥሮስ ዝሃቦ መጠንቀቕታ፡ ነቲ፡ እግዚኣብሄር ንመልኣኽቲ ይኹን ንኸተማ ምሉእ ከጥፍኦም ዘግበሮ ሓጢኣት ዘተባብዑ ናይ ሓሶት መምሃራን፡ ኣብታ ማሕበር ተንሲኦም ምንባሮም እዩ። እዞም ናይ ሓሶት መምሃራን፡ ኣብ ሓደ እዋን ዝኣምኑ ዝነበሩ፡ ደሓር ግና፡ ነቲ ብመንፈስ ዝርከብ ሓርነት ንስጋ ምኽንያት እናገበሩ፡ ሓርነት ካብ ሕጊ እናበሉ፡ ብፋሉልነት ናብቲ ናይ ቀደም መንገዶም ዝተመልሱ እዮም። ኣብ ሓደ እዋን ዝውሕዙ ዝነበሩ ማያት፡ ነቶም ካብኦም ዝሰትዩ ድማ ዘርውዩ ዝነበሩ እዮም።

ጴጥሮስ ብዛዕባ እቶም ናይ ሓሶት መምሃራን ትዕዝብቱ ክገልጽ እንከሎ ዝብሎ፡ ንኹሎም እቶም ነዞም ናይ ሓሶት መምሃራን ጌጋ ተኸቲሎም ዝሰዕብዎም፡ ድማ ዝምልከት እዩ።

'ብፍልጠትን ጎይታናን መድሓኒናን የሱስ ክርስቶስ ካብታ ርኽሰት ዓለም ኣምሊጦም፡ ከም ብሓድሽ ብእኣ ተጠሊፎም እንተ ተሳዕሩ፡ ካብ ቀዳማዮምሲ ዳሕራዮም ዚገደደ እዩ ዚኸውን። ማለት፡ ንሳቶም እናፈለጥዋ ኻብቲ እተዋህቦም ቅዱስ ትእዛዝ ንድሕሪት ካብ ዚምለሱስ፡ ነታ መገዲ ጽድቂ እንተ ዘይፈልጥዋ ምሔሾም ነይሩ።' (2ጴጥ 2.20-21) ።

ሓንሳእ ምስ ደሓንካ ክትጠፍእ ዘይከኣል እንተኾይኑ፡ ከመይ ጌሩ ካብ ቀዳማዮም ዳሕራዮም ዚገደደ ኪኸውን ይኽእል፧ ዝገበሩ እንተገበሩ፡ ብዘይ ዓሰቢ መንግስቲ ኣምላኽ ክወርሱ ምኽኣሉ እምበር፧ ኣይኮነን ድዩ፧ ኣይፋሉን! ሓደ ነቲ ናይ ክርስትና ጉዕዞ ጀሚሩ ንድሕሪት፡ ናብቲ ናይ ቀደም ሂወቱ ዝተመልሰ ሰብ፡ ካብ ቀዳማዩ ዳሕራዩ ክኸፍእ እዩ፡ ምኽንያቱ፡ ካብቶም መንገዲ ምድሓን ዘይፈለጡ ዝገደደ ፍርድን መቕጻዕትን ክወርዶ ሰለ ዝኾነ። ኣምላኽ በዓል ፍትሒ እዩ፡ እታ ፍትሑ ድማ፡ ብዝፈለጥናዮ መጠን ከም ንፍረድ እያ ትገብር። እቶም ዘይፈልጡ፡ ካብቶም ዝፈለጡ ዝፎክሰ ፍርዲ ክቕበሉ እዮም። (ሉቃ 12.47-48) ።

> *እቲ ፍቓድ ጐይታኡ ፈሊጡ ዘይተዳለወ፡ ከምታ ፍቓዱውን ዘይገበረ ባርያ ብዙሕ መግረፍቲ ዚግብኦ እዩ። እቲ ኸይፈለጠ ንመግረፍቲ ዚግብኦ ዝገበረ ግና ሒደት እዩ ዚግረፍ። ብዙሕ ንዝሃብዎ ብዙሕ ይደልይዎ፡ ብዙሕ ንዘማዕቈብዎ ኸኣ ኣብዚሖም ይደልይዎ እዮም። (ሉቃ 12.47-48) ።*

ናይ ሓሶት መምሃራን፡ ሓደ ካብቲ ተኣማንነቶም ኣብ ምእመንኦም ንኸዕብዩ ዝጥቀምሉ ሜላታት፡ ኣብ መጽሓፍ ቅዱስ ንምትርጓሞም ወይ ንምርድኦም ኣሸገርቲ ዝበሃሉ ጽሑፋት ብምጥዋይ እዩ። ሰለዚ ድማ እዩ ጴጥሮስ፡ 'እቶም ደናቍርትን ዘይጽኑዓትን፡ ከምቲ ነቲ ኻልእ ጽሑፋት ንጥፍኣት ርእሶም ዝጠዋወይዎ ገይሮም ይጠዋውይዎ አለዉ።' ዝብል። (2 ጴጥ 3.16) ።

> *ከምቲ እቲ ፍቁር ሓውና ጳውሎስ ድማ በቲ እተዋህቦ ጥበብ ዝጸሐፈልኩም፡ ነቲ ትዕግስቲ ጐይታና ንምድሓንኩም ቊጸርዎ። ንሱ ኣብ ኲላተን ደብዳቤታቱ ድማ ነዚ ነገር እዚ ኺዛረበሉ ኸሎ፡ ኣብኡ ንምስትውዓሉ ዚሽግር ሓያል ነገር አሎ። እቶም ደናቍርትን ዘይጽኑዓትን፡ ከምቲ ነቲ ኻልእ ጽሑፋት ንጥፍኣት ርእሶም ዝጠዋወይዎ ገይሮም ይጠዋውይዎ አለዉ። 2 ጴጥ 3.15-16*

(ካልኣይ መልእኽቲ ጴጥሮስ ክጸሓፍ ከሎ፡ ናይ ጳውሎስ መልእኽታት ከም ቅዱስ ጽሑፍ (ቃል ኣምላኽ)፡ ምስ ብሉይ ኪዳን ተመዝጊቦም ከም ዝነበሩ፡ ድሮ ድማ፡ ነቶም ኣንበብቱ፡ ንምርዳኦም ዝኸብዱ ጽሑፋት ከም ዝነበሩ ተመልከት።)

ጴጥሮስ መልእኽቱ፡ 'ደጊም፡ ኣቱም ፍቁራተይ፡ ነዚ ቕድም እናፈለጥኩምሲ፡

ብስሕተት እቶም ሰዲ ዚኸዱ ዘልዉ ተሰሒብኩም ካብ ጽንዓት ከይትወድቁ ተሐለዉ፡፡’ ኢሉ ብምጥንቃቕ ይዛዝም፡፡ (2 ጴጥ 3.17) ፡፡

ይሁዳ

‘ይሁዳ፡ ባርያ የሱስ ክርስቶስን፡ ሓዉ ያእቆብን፡ ***ናብቶም ጽውዓት፡ ብእግዚኣብሄር ኣቦና ፍቁራትን፡ ንየሱስ ክር ስቶስ እተሓለዉን፡***

መልእኽቲ ይሁዳ፡ ብይሁዳ፡ ማለት፡ ካልኣይ ምንኣስ ሓዉ ንየሱስ፡ ዝተጻሕፈ እዩ፡፡ ዕላማ መጽሓፉ ምስቲ ምኽንያት መጽሓፊ ካልኣይ መልእኽቲ ጴጥሮስ ተመሳሳሊ እዩ፡፡ ክልቲኦም፡ መልእኽቶም ናብ ተመሳሳሊ ኩነታት ዘተኮረ እዩ፡፡ ቅድሚ መልእኽቶም ምጽሓፎም፡ ክልቲኦም ብዛዕባ ኣብቶም ክጽሕፍሎም ደልዮም ዝነበሩ ቅዱሳን ዝነበሩ ሽግራት ተመያይጦም ዶ ይኾኑ፧

ተመሳሳሊ ምስ ጴጥሮስ፡ ይሁዳ፡ ነቶም ኣንበብቱ፡ ኣምላኽ ነቶም ሓጢኣት ዝገበሩ መልኣኽትን ነተን ብሓጥያት ዝጨቀዋ ከተማታት ሶዶምን ጎሞራን ከም ዘይነሓፈ የዘክሮም፡፡ ቀጺሉ፡ ‘ነቶም ኣንበብቱ፡ “ጎይታ ንህዝቡ ካብ ምድሪ ግብጺ ከም ዘድሓኖም፡ ደሓር ግና ነቶም ዘይኣመኑ ከም ዘጥፍኦም’ የዘክሮም፡፡ (ይሁዳ 5) ፡፡ እቶም ካብ ግብጺ ዝወጹ፡ ቅድሚ ነቲ ኣምላኽ ኪዳን ዝኣተወሎም ምድሪ ምውራሶም ጠፊኦም፡፡ እዚ ናይ ደቂ እስራኤል ኣብነት፡ ንመበል ሳልሳይ ግዜኡ፡ ከም መጠንቀቕታ ን ኣመንቲ ሓድሽ ኪዳን ኣብዚ ይወሃብ ኣሎ፡፡ (ቀዳማይ ግዜ ኣብ 1 ቆሮ 10፡ ካልኣይ ግዜ ኣብ እብ 4) ፡፡

እቶም ናይ ሓሶት መምሃራን፡ ነታ ማሕበር ክርስቶስ ብትምህርታ፡ ኣካይዳኣ፡ ኣዘራርባኣን ባህሪኣን ንኽትበላሾ ዝገብሩ ዝነበሩ እዮም፡፡ ገለ ካብቶም ምእመናን፡ በቲ ዝሰምዕዎ ዝነበሩ ናይ ሓሶት ትምህርቲ ኣብ ምጥርጣር ዝኣተዉ ኔሮም፡ ገሊኦም ድማ ድሮ ነቲ ናይ ሓሶት ትምህርቲ ክሰዕቡ ጀሚሮም ኔሮም፡፡ (ይሁዳ 22) ፡፡ ነዚኦም፡ ‘ካብ ሓዊ መንጢሎም ከናግፍዎም’ ይሁዳ ይምሕጸኖም፡፡ (ይሁዳ 23) ፡፡

ብዙሓት ካብቶም ምእመናን፡ ነቲ ናይ ሓሶት ትምህርቲን ሓደጋታቱን ዘለለዩ ኔሮም፡፡ ቀጺሉ ይሁዳ፡ ነዞም ከምዚኦም ዝኣመሰሉ፡ ‘በታ ኻብ ኩሉ እተቐደሰት እምነቶም ንርእሶም እንዳሃነጹ፡ ብመንፈስ ውን እንዳጸለዩ፡ ነቲ ናብ ህይወት ዘልኣለም ዘብጽሕ ምሕረት ጎይታና የሱስ ክርስቶስ እንዳተጸበዩ ንርእሶም ብፍቕሪ ኣምላኽ ክሕልውዋ፡ ናብቲ ካብ ውድቀት ዘበለ ኪሕልዋም ብሓጎስ ውን ብዘይ ነውሪ ኣብ ቅድሚ ኽብሩ ኬቑሞም ዝከኣሎ ኪጥምቱ’፡ ይምዕዶም፡፡ (ይሁዳ 20-21፣ 24) ፡፡

ራእይ ዮሃንስ

ራእይ ዮሃንስ፡ ሃዋርያ ዮሃንስ ዝጸሓፎ መጽሓፍ እኳ እንተኾነ፡ ምስ ወንጌል ዮሃንስን መልእኽታቱን ኣየጽናዕናየንን። ምኽንያቱ፡ ራእይ ዮሃንስ፡ ናይ ዮሃንስ ሓሳብ ወይ ተዘክሮ ዘንጸባርቕ መጽሓፍ ስለ ዘይኮነ። ራእይ ዮሃንስ፡ ቅድም ብኣምላኽ ንየሱስ ዝተዋህበ መልእኽቲ፡ የሱስ ድማ ብመንፈሱ ናብ መልኣኽቲ ዘሰገሮ፡ ብመልኣኽቱ ኣቢሉ ድማ ናብ ዮሃንስ ዝበጽሖ፡ ቃል እዩ፡ (ራእ 1.1) ።

ዮሃንስ፡ ኣብ ቤት ማእሰርቲ ኣብ ዝነበረሉ እዋን፡ ተኻታታሊ መልእኽቲ፡ ብመንገዲ ስእልን ድምጽን ምስ ተቐበለ፡ ነቲ ዝሰምዖን ዝረኣዮን ክጽሕፎ፡ ትእዛዝ ተዋሂቡ። ስለዚ ድማ እዩ፡ ትሕዝቶ ራእይ ዮሃንስ፡ ካብቲ ዝቐደመ ወንጌሉን መልእኽታቱን፡ብሜላ ኣጻሓሕፋኡን ኣጠቓቕማ ቃላቱን፡ ዝተፈልየ ዝኾነ። ዮሃንስ፡ በቲ ዝርእዮን ዝሰምዖን ዝነበረ ኣዝዩ ካብ ምምሳጥ ዝተላዕለ፡ ዓሰርተው ሓደ ግዜ፡ ነቲ ዝርእዮን ዝሰምዖን ዝነበረ ንኽጽሕፎ፡ ከዘክሮ ኔርዎ።

ራእይ ዮሃንስ፡ *(revelation)*፡ 'ምግላጽ *(revelation/unveiling)* ናይ የሱስ ክርስቶስ' እዩ። (ራእ 1.1) ። ትሕዝቶ ራእይ ዮሃንስ፡ ራእይ ክርስቶስ/ሓሳብ ክርስቶስ እምበር፡ ናይ ዮሃንስ ራእይ ወይ ሓሳብ ኣይኮነን። ዮሃንስ፡ ቃል ብቓል እተባህሎ እዩ ዝጸሓፈ ።

ስለምንታይ እዩ ራእይ ዮሃንስ ዝተጻሕፈ፧ ምኽንያት መጽሓፊ ራእይ ዮሃንስ፡ ምስ ምኽንያት መጽሓፊ መልእኽቲ እብራውያን ተመሳሳሊ እዩ። ከምቲ መልእኽቲ እብራውያን ነቶም ኣብ ሮሜ ዝነበሩ ስደት ዝገጥሞም ዝነበረ እብራውያን ዝተጻሕፈ፡ ራእይ ዮሃንስ ድማ፡ ነተን ስደት ዘንጸላልወን ዝነበረ ሸውዓተ ማሕበራት ኤስያ ዝተጻሕፈ እዩ። ዮሃንስ፡ ድሮ ብእምነቱ ኣብ ስደት እዩ ኔሩ፡ (ራእ 1.9) ።

ራእይ ዮሃንስ፡ ኣብ መወዳእታ ቀዳማይ ክፍለ ዘመን፡ ደሚጥያን፡ ንጉስ ናይ ሃጸያዊ ዝፋን ሮማ ኣብ ዝኾነሉ እዋን፡ ንነፍሲ ወከፍ ዜጋ ግዝኣት ሮማ ዘበለ፡ ኣብ ዓመት ሓንሳእ 'ቄሳር ኣምላኽ እዩ' ብምባል ኣብ ቅድሚኡ ዕጣንን ጸሎትን ከቕርብ ኣዚዙሉ ኣብ ዝነበረሉ እዋን ዝተጻሕፈ እዩ። ዮሃንስ ነቲ ራእይ ዝተቐበለሉ መዓልቲ፡ እታ ዓመታዊ ኣምልኾ ቄሳር ዝግበረላ ዝነበረት፡ 'መዓልቲ ጎይታ' (Lordly day) ተባሂላ እትጽዋዕ መዓልቲ፡ እያ። (እዚ "ጎይታ' ዝብል ቅጽል (adjective) ደኣ እምበር፡ ስም (noun) ኣይኮነን። እታ ኣብዚ 'መዓልቲ ጎይታ' ተባሂላ ዘላ፡ ምስ መዓልቲ ሰንበት ሓደ ኣይኮነትን። ኣብ ሓድሽ ኪዳን፡ ሰንበት፡ 'እታ ቀዳመይቲ መዓልቲ ናይ ሰሙን' እያ) ።

ብመዓልቲ ጐይታ *ብመንፈስ ኰንኩ፡ ብድሕረይ ከኣ፡ ነዚ እትርእዮ ዘሎኻ፡ ኣብ መጽሓፍ ጽሒፍካ፡ ናብተን ኣብ ኤፌሶንን ሰሚርናን ጴርጋሞስን ትያቲራን ሳርዴስን ፊላደልፍያን ሎዲቅያን ዘለዋ ሾብዓተ ማሕበራት ስደዶ፡ ዚብል ከም ናይ መለኸት ዝበለ ብርቱዕ ድምጺ ሰማዕኩ። ራእ 1.10-11*

ስለዚ፡ እቶም ናይቲ ግዜ ቅዱሳን፡ እምነቶም ኣብ ክርስቶስን፡ እሙንነቶም ንክርስቶስን፡ ወይ ክኽሕድዎ፡ ወይ ድማ ክሞቱ፡ ብርቱዕ ፈተና ይገጥሞም ኔሩ። ራእይ ዮሃንስ፡ ነተን ሸውዓተ ማሕበራት፡ ነዚ ዝመጽእ ዝነበረ ስደትን መከራን ንኸዳልዎም ዝተጻሕፈ መልእኽቲ እዩ። እዚ ዕላማ ኣብ ምዕራፍ 14 ተጻሒፉ ኣሎ።

እቶም ንትእዛዛት ኣምላኽን ንእምነት የሱስን ዚሕልዉ ቅዱሳት ከኣ፡ ትዕግስቶም ኣብዚ እዩ ዘሎ፡ በለ።
'This calls for patient endurance on the part of the saints who obey God's commandments and remain faithful to Jesus' (14:12).

እቶም ቅዱሳን ክዕገሱ ጥራሕ ዘይኮነ፡ ከምቲ ጎይታኦምን ኣምላኾምን ዝሰዓረ፡ ንሳቶም ድማ ክስዕሩ እዩ ዝጽውዖም (ራእ 3.21) ። እዚ ቓል ንብምሉኡ መልእኽቲ ራእይ ዮሃንስ ኣዝዩ ኣገዳሲ እዩ። ራእይ ዮሃንስ ንተራ ኣመንቲ ዝተጻሕፈ መጽሓፍ እዩ (ንናይ ሰነ መለኮት ክኢላታት ዝተጻሕፈ ኣይኮነን) ። ዕላማኡ ድማ፡ ንኹሎም ኣብ ክርስቶስ ዝኣምኑ ኣመንቲ ሰዓርቲ *(overcomers)* ንምግባር እዩ።

ግናከ፡ ነቲ ብደገ ዝመጾም መከራን ስደትን መታን ክዕገሱን ክስዕሩን፡ ቅድም፡ ነቲ ኣብ ውሽጢ ዘሎ ፈተናታት ክስዕሩ፡ ኔርዎም። ስለ'ዚ ድማ እዩ፡ እቲ መልእኽቲ፡ ቅድም፡ ንውሽጣዊ ኩነታት እተን ሸውዓተ ማሕበራት፡ ዝፍትሽ። ሸለልትነት ኣብ እምነቶምን ባህሪኦምን ቅድም ክሰዓር ኣለዎ። ስለዚ፡ ቅድሚ ትንቢት ብዛዕባቲ ዝመጽእ መከራ፡ መልእኽቲ ነተን ሸውዓተ ማሕበራት ብዛዕባ ህሉው ኩነታተን ተዋሂብወን።

ነቲ ዝሰዕር፡ ኣብ ገነት ኣምላኽ ካብታ ኦም ህይወት ምብላዕ፡ ንግስነት ምስ የሱስ፡ ምኽዳን ጻዕዳ ኽዳን፡ ካብቲ ካልኣይ ሞት ምምላጥ፡ ተዳልይሉ ኣሎ። ብዙሓት ናይ ሎሚ ክርስትያናት፡ እዚ ኣብ ራእይ ዮሃንስ፡ ንሰዓርቲ ዝወሃብ ዓሰቢ፡ ንኹሉ ክርስትያን ብዘይ ኣፈላላይ ከም ዝወሃብ እዩ ዝመስሎም።

እሞ፡ እዚ የሱስ ኣብ ራእይ ዮሃንስ ዘመሓላለፎ ዘሎ መጠንቀቕታ፡ ንኹሎም ክርስትያናት፡ ሰዓርቲ ይኹኑ ኣይኹኑ፡ ብዛዕባ ዝረኽብዎ ዓሰቢ ንኽዘኻኽሮም ጥራሕ ድዩ ጽሒፍዎ፧ ኣይፋሉን። ብኣንጻሩ፡ እቲ ንጹር መልእኽቲ ናይቲ ጽሑፍ፡ እቲ ተጻሒፉ ዘሎ ዓሰቢ፡ ነቲ ዝሰዕር ኣማኒ ጥራይ ከም ዝወሃብ እዩ። እቶም በቲ መከራ ዝዕገሱ፡ ብትዕግስቲ ድማ፡ ነቲ ካብቲ ዝመጽእ ዓሰቦም ከትርፎም ኣብ ቅድሚኦም ዝመጽእ ፈተናታት ዝሰዕሩ፡ እዮም ኣብ መወዳእታ ነቲ ተጻሒፉ ዘሎ ዓሰቢ ዝረኽቡ።

እቲ ዚሰዕር፡ ከምኡ ጻዕዳ ኽዳውንቲ ኪኽደን እዩ፤ ኣነ'ውን፡ ንሰሙ ኻብ መጽሓፍ ህይወት፡ ኣይክፍሕቆን እየ። ኣብ ቅድሚ ኣቦይን፡ ኣብ ቅድሚ መላእኽቱን ድማ፡ ንሰሙ ኽእመኖ እየ። ራእ 3:5

ቋንቋ ንዝርድኦ ሰብ፡ እዚ ቃል ንጹር እዩ። እቲ፡ ዘይሰዕር፡ እሞ ተሳዒሩ ዝተርፍ፡ ሰሙ ካብ መጽሓፍ ህይወት ክፈሓቑ እዩ ማለት እዩ። ኣብ ምዕራፍ 3 ከም ዝረኣናዮ፡ ኣስማት ሰባት ካብቲ መጽሓፍ ህይወት ክፎሓቕ ይኽእል እዩ። ዕላማ ራእይ ዮሃንስ፡ ነቶም ዝኣምኑ፡ ኣስማቶም ኣብቲ፡ ኣብ መዓልቲ ፍርዲ ዝኽፈት መጽሓፍ ህይወት፡ መታን ክህሉን ከይፎሓቕን መታን ሰዓርቲ ክኾኑ ንምትብባዕ እዩ። እቶም ሰሞም ኣብ መጽሓፍ ህይወት ተጽሒፉ ዘይተረኽበ ናብ ቐላይ ሓዊ ክድርበዩ እዮም።

ዝኾነ ይኹን፡ ኣብ መጽሓፍ ህይወት ተጽሒፉ ዘይተረኽበ፡ ናብ'ቲ ቐላይ ሓዊ፡ ተደርበየ። ራእ 20:15

ኣብ ራእይ 21.1-4 ድማ፡ ብዛዕባ እታ እትመጽእ፡ ኣብኣ ድማ ሞት ይኹን ሓዘን ይኹን ኣውያት ዘየለ፡ ሓዳስ ሰማይን ሓዳስ ምድርን ምስ ተዛረበ፡ እቶም ንዕኣ ዝወርሱ እቶም ዝሰዕሩ ምዃኖም ብንጹር ይነግረና።

እቲ ቀዳማይ ሰማይን፡ እታ ቀዳመይቲ ምድርን፡ ሓሊፎም፣ ባሕሪ'ውን፡ ደጊምሲ፡ የልቦን እሞ፡ ሓድሽ ሰማይን፡ ሓዳስ ምድርን፡ ርኤኹ። እታ ቅድስቲ ኸተማ፡ እታ ሓዳስ የሩሳሌም፡ ንመርዓዊኣ ኢላ፡ ኸም እተሰለመት መርዓት ተዳልያ፡ ካብ ሰማይ ካብ ኣምላኽ ክትወርድ ከላ ርኤኹ። ካብ'ቲ ዝፋን'ውን ዓው ዝበለ ድምጺ፡ እንሆ ድንኳን ኣምላኽ ምስ ሰብ፣ ንሱ'ውን ምሳታቶም ኪነብር እዩ፡ ንሳቶም ከኣ፡ ህዝቡ ኪኾኑ እዮም፤ ኣምላኽ'ውን ባዕሉ፡ ምሳታቶምን ኣምላኾምን

ኪኸውን እዩ። ኣምላኽ ከኣ፡ ንብዘሎ ንብዓት፡ ካብ ኣዒንቶም፡ ኪደርዝ እዩ። እቲ ቀዳማይ ሓሊፉ እዩ እሞ፡ ድሕሪ ደጊም፡ ሞት፡ ኣይኪኸውንን፡ ድሕሪ ደጊም'ውን፡ ሓዘን ወይ ጫውጫው ወይ ጻዕሪ ኣይኪኸውንን እዩ፡ ኪብል ከሎ፡ ሰማዕኩ። 21:1-4

እቲ ዚሰዕር ነዚ ኺወርሶ እዩ። ኣነ፡ ኣምላኹ፡ ክኸውኖ፡ ንሱ'ውን፡ ውሉደይ፡ ኪኾነኒ እዩ። ራእ.21:7

እቶም፡ ፈርሃት፡ ዘይኣምኑ፡ ፍንፉናት፡ ቀተልቲ ነፍሲ፡ ኣመናዝር፡ ጠንቆልትን መምለኽቲ ጣኦትን ሓሰውትን ግና፣'ግዲኦም፡ ኣብ'ቲ፡ ብሓውን ዲንን ዚነድድ ቀላይ እዩ፡ እዚ፡ እቲ ኻልኣይ ሞት እዩ፡ በለኒ።' (ራእ.21:8) ።

እቶም፡ ኣብ'ቲ ናይቲ ገንሸል መጽሓፍ ህይወት እተጻሕፉ ደኣ እምበር፡ ገለ ርኽሰት፡ ወይስ፡ እቲ ዜፈን ፍንን፡ ሓሶትን ዚገብር ዘበለ ኸኣ፡ ናብኣ፡ ከቶ ኣይኪኣቱን እዩ። ራኣ.21:27

ነስተውዕል፡ ኣመንቲ ዘይኰኑስ፡ ሰዓርቲ እዮም፣ ነታ ሓዳስ ዓለም፡ ዝወርሱ እዩ ዝብል ዘሎ! እቲ ዝርዝር መንነት ናይቶም ዘይወርሱ ሰባት ከነንብብ ከለና፡ መብዛሕትና፡ ንዘይድሓኑ ሓጥኣን እዩ ዝምልከት ኢልና፡ ቀልጢፍና፡ ብዘይ ምስትውዓልን፡ ሰጋእ ከይበልናን ኢና ንሓልፎ። እዚ ግን መሰረታዊ ጌጋ እዩ። ብዘሎ መጽሓፍ ራእይ ዮሃንስ፡ ንዝኣምኑ ኣባላት እተን ሸውዓተ ማሕበራት ዝተጻሕፈ እዩ። እተን ናብኦም ዝተጻሕፋ መልእኽታት (ራእይ 2, 3)፡ ብሰሪ ኣምልኾ ጣኦትን ርኽሰትን፡ ድሮ ኣብተን ማሕበራት ብልሸውና ከም ዝተኣታተወ ይገልጸ እየን። እቲ ጸሓፊ፡ ኣብ ራእይ 21.8፡ ብዛዕባ እቶም ንመንግሰቲ ኣምላኽ ዘይወርሱ ክዛረብ እንከሎ፡ ብ 'ፈርሃት' ጀሚሩ፡ ብ 'ሓሰውቲ' ወዲኡ ኣሎ። ነዚ ዚበለሉ ምኽንያት፡ ነቲ ኣብ ቅድሚኦም ዝነበረ ሰደትን፡ ምርጫን (ንክርስቶስ ምሟት ወይ ምኽሓድ)፡ ኣብ ግምት ብምእታው እዩ።

እዚ ንጹር፡ እቶም ሸለልተኛታት ኣመንቲ ናብ ገሃነም ክድርበዩ ከም ዝኽእሉ፡ ዝብል መጠንቀቕታ፡ ብቐጥታ ካብ ኣፍ ክርስቶስ ዝወጸ እዩ። ንሱ ጥራይ ዘይኮነ፡ ምስቲ ክርስቶስ ኣብ ምድሪ እንከሎ፡ ንደቀ መዛምርቱ ብዛዕባ ገሃነም እሳት ዝሃቦም መጠንቀቕታ ተመሳሳሊ እዩ ((ኣብ ክፍሊ ማቴዎስ ዝረኣናዮ) ።

ደጊሙ ኣብ ራእይ 21.27፡ 'እቶም ኣብቲ ናይቲ ገንሸል መጽሓፍ ህይወት

እተጻሕፉ ደኣ እምበር፡ ገለ ርኽሰት ወይስ እቲ ዜፈንፍንን ሓሶትን ዚገብር ዘበለ ኸኣ ናብኣ [ናብታ ሓዳስ የሩሳሌም] ከቶ ኣይኪኣቱን እዩ።' ክብል የጠንቅቕ። (እቲ 'ሓሶትን ዝገብር' (ምትላል) ዝብል ቃል፡ ነቶም ንክርስቶስ ብግህዶ ዝኽሕዱ ሰባት የጠቓልል ድ፧) ። 'እቶም፡ ኣኽላባትን፣ ጠንቌልትን፣ ኣመናዝራታትን፣ ቀተልትን፣ መምለኽቲ ጣኦትን፣ ንሓሶት፡ ዚፈትዉዋን ዚገብርዋን ዘበሉ ኹሎም ግና፡ ኣብ ወጻኢ (ማለት፡ ናብ መንግስቱ ኣይኣትዉን)፡ እዮም።' 22:15 ።

መጽሓፍ ቅዱስ፡ ኣኽላባት ክብል እንከሎ፡ ነቶም ኣመንቲ ኔሮም፡ ከም ከልቢ ናብ ትፋኦም፡ ማለት፡ ናብ ናይ ቀደም ህይወቶም ዝምለሱ ክገልጽ፡ ዝጥቀመሉ ቃል እዩ። ጴጥሮስ ነዞም ከምዚኦም ዝኣመሰሉ ሰባት፡ ከም ናብ ትፋኡ ዝምለስ ከልብን፡ ተሓጺባ ናብ ጸብሪ ተንገርገር ሓሰማን ጌሩ ገሊጽዎም ኣሎ።

> *ብፍልጠት ጐይታናን መድሓኒናን የሱስ ክርስቶስ፡ ካብ'ታ ርኽሰት ዓለም ኣምሊጦም፡ ከም ብሓድሽ ብእኣ ተጠሊፎም እንተ ተሳዕሩ፡ ካብ ቀዳማዮምሲ፡ ዳሕራዮም፡ ዝገደደ እዩ ዚኸውን። ማለት፡ ንሳቶም፡ እናፈለጥዋ፣ ኻብ'ቲ እተዋህቦም ቅዱስ ትእዛዝ፡ ንድሕሪት ካብ ዚምለሱስ፡ ነታ መገዲ ጽድቂ፡ እንተ ዘይፈልጥዋ፡ ምሔሾም ነይሩ። ከም'ቲ እቲ ምስላ ሓቂ፡ **ከልቢ፡ ናብ ትፍኡ፡ ተመልሰ፣ ሓሰማ'ውን፡ ተሐጺባስ፡ ኣብ ጸብሪ ኣንገርገረት፡ ዚብሎ፡ በጺሕዎም አሎ።** 2ጴጥ.2:20-22*

ኣብ ራእይ ዮሃንስ ጥቕሲ 19 ተጻሒፉ ዘሎ፡ ካብቲ ዝመጽእ ርሰቲ ክንተርፍ ከም ንኽእል ዘጠንቅቕ ናይ መወዳእታ ጥቕሲ ጌርና ነዚ መጽናዕትና ክንዛዝሞ።

> *ሓደ ሰብ ከኣ፣ ካብ ቃላት እዚ ትንቢት እዚ እንተ ኣጕደለ፣ ኣምላኽ፡ ካብተን፡ ኣብ'ዚ መጽሓፍ እዚ ተጽሒፈን ዘለዋ ኦም ህይወትን፡ እታ ቕድስቲ ኸተማን፡ ግዲኡ፡ ኼጕድለሉ እዩ። 22:19*

እዚ ትእዛዝ ነቶም ዝኣምኑ እዩ። እቶም ዘይኣምኑ፡ ነቲ ቓል ኣብ ክንዲ ምጉዳል ወይ ምውሳኽ፡ ከም ዘለዋ እዮም ዝኽሕድዎ። 'ዘጉደለ' ዝብል ቃል፡ ነቲ ኣብ ሓደ እዋን፡ ተኻፋሊ እቲ ምሉእ ቃል ዝነበረ እዩ ዘመልክት።

ካብዚ ዝርዝራዊ መጽናዕትና ናይ ብሉይን ሓድሽን ኪዳን፡ ሓደ ሰሙር

ስእሊ ረኺብና ኣሎና። እዚ ስእሊ ድማ፡ ካብ ነፍሲ ወከፍ ጽሓፍን፡ መብዛሕትኦም መጻሕፍቲ ሓድሽ ኪዳንን ዝረኸብናዮ እዩ። ን ትምህርቲ 'ሓንሳእ ድሒንካ፡ ኩሉ ሳዕ ድሒንካ' ዝጻረሩ፡ ኣሉ ክትብሎም፡ ወይ ድማ ክትክሕደም ዘይከኣል መርትዖታት፡ ካብ ቃል ኣምላኽ ኣቕሪብና ኣሎና። ስለዚ፡ እቶም ምስዚ ኣቕሪብናዮ ዘለና መርትዖታት ካብ መጽሓፍ ቅዱስ ዘይሰማምዑ፡ ናቶም ዝኾነ ምኽንያት ምንጻጎም ነዚ መርትዖታት ከቕርቡ ኣለዎም። ክልተ ምኽንያታት፡ እቲ ሓደ ቀሊል፡ እቲ ሓደ ከኣ ርቀት ዘለዎ፡ የቕርቡ እዮም ድማ።

እቲ ቀዳማይ ዘቕርብዎ ቅልል ዝበለ ምኽንያት፡ እዚ ኩሉ ዝረኣናዮ መጠንቀቕታታት ንዘይኣመንቲ ርእሶም እንዳታለሉ ዝኸዱ፡ ወይ ከኣ ንርእሶም ከም ኣመንቲ ጌሮም ብርእሰ-ምትላል ዝቖጽሩ፡ ግን ከኣ ናይ ብሓቂ ኣመንቲ ዘይኮኑ ዝተጻሕፈ፡ እዩ ዝብል እዩ። ብኻልእ ኣዘራርባ፡ መጠንቀቕታ ብዛዕባ ምጥፋእ ምድሓን ነቶም ካብ መጀመርታ ምድሓን ዘይረኸቡ፡ ዘይተሓደሱ፡ ዳግም ዘይተወልዱ እዩ፡ ማለት እዩ!

እዚ ኣበሃህላ፡ ነታ ናይ መጀመርታ ቤተክርስትያን፡ ከምዛ ናይ ሎሚ ቤተክርስትያን፡ ብሰማውያን፡ ናይ ብሓቂ ዘይኮኑ ኣመንቲ መሊኣ ከም ዝነበረት ጌሩ ዝርእይ፡ እዩ። ግና፡ እዚ ኣብ መንጎ እታ ዘይትርእ ናይ ብሓቂ ማሕበርን (ዳግም ዝተወልዱ ናይ ሓቂ ኣመንቲ ዘለውዋ)፡ እታ ትርእ ሕውስዋስ (ናይ ሓቂ ኣመንትን፡ ኣመንቲ ኢና ዝብሉ ዘይኣመንትን ዘለውዋ) ማሕበርን፡ ዝግበር ምፍልላይ፡ ኣብ ሓድሽ ኪዳን ዘይንረኽቦ፡ ናይ ዘመንና ፈጠራ እዩ። ብዙሓት፡ ንማሕበር ክርስቶስ ብኸምዚ ኣገባብ ፈላልዮም ዝርእይዋ ሰባት፡ ነቲ ኣብ ማቴዎስ 13 ዘሎ፡ ብሓንሳብ ምዕባይ ናይ ስርናይን ክርዳድን እዮም ዝጠቕሱ። ይኹን እምበር የሱስ፡ እቲ ክርዳድ ዚቦቕለሉ ሜዳ፡ 'ዓለም' እምበር፡ እታ ማሕበር ክርስቶስ ከም ዘይኮነት፡ ብንጹር ገሊጽዎ እዩ። (ማቴ 13.38) ።

እታ ግራት ከኣ ዓለም እያ፡ እቲ ጽቡቕ ዘርኢ ድማ ደቂ መንግስቲ እዮም፡ እቲ ኽርዳድ ግና ደቂ እቲ ኽፉእ እዮም። ማቴ 13.38

እቲ ሓቂ እዚ እዩ። እቲ መጠንቀቕታታት ዘለዎ ዓምደ ጽሑፍ ኩሉ እንተርኢናዮ፡ ንዘይኣምኑ ተባሂሉ ከም ዝተጻሕፈ ዘእንፍት ነገር ፈጺሙ የብሉን። ኩሉን፡ ብጀካ ሰለስተ መጻሕፍቲ ሓድሽ ኪዳን፡ ነቶም 'ንታ መንገዲ' ፈልጦም፡ ኣብኣ ምምልላስ ዝጀመሩ ኣመንቲ ዝተጻሕፋ እየን።

እቶም፡ ንቓል ኣምላኽ ብዕቱብ ዝሕዝዋ ተመሃሮ መጽሓፍ ቅዱስ፡ እዞም

ዝረኣናዮም መልእኽታትን መጠንቀቕታታትን ብዛዕባ ምድሓን፡ ንዘይኣምኑ ሓጥኣን ዘይኮነስ ንዝኣምኑ ቅዱሳን ከም ዝተጻሕፈ ይቕበልዎ እዮም። ግና፡ ነዚ ዘቕረብናዮ መርትዖታት ንኽይቅበሉ፡ ዝተራቐቐ ግብረ መልሲ ይህቡ።

ንሶም ከም ዝብልዎ፡ ኩሎም እዞም መጠንቀቕታታት፡ ኣብ ግብሪ ዝውዕሉ መጠንቀቕታታት ኣይኮኑን። እቶም ኣብ ቃል ኣምላኽ ተጻሒፎም ዘለዉ ኩሎም መጠንቀቕታታት ኣይከጋጥሙን እዮም። ሕጂ፡ ምድሓንና ብዕቱብ ሒዝና ንኽንፍጽሞ ዘተባብዑን፡ ዘጠንቅቑን ቃላት እምበር፡ እንተ ዘይተጌርናዮም ኣባና ዝፍጸሙ ሓደጋታት ኣይኮኑን። ስለዚ፡ ውጽኢቶም ንሕጂ እምበር፡ ኣብቲ ዝመጽእ ህይወት ዝፍጸም ኣይኮነን። ብኻልእ ኣዘራርባ፡ ኣምላኽ ነዞም መጠንቀቕታታት ንዓና ዝሃበሉ ምኽንያት፡ መታን ከፈራርሃናን፡ ካብቲ ፍርሂ ተላዒልና ድማ ክሳዕ መወዳእታ ንኽንዕገስን እዩ። ኣምላኽ፡ ነዞም መጠንቀቕታታት፡ ዝኾነ ይኹን ፍጹም ከም ዘይክሕደና እንዳፈለጠ ዝሃቦም እዮም።

ሕሉፍ ሓሊፎም፡ እቶም ናይ ብሓቂ ዳግም ዝተወልዱ፡ ነዞም መጠንቀቕታታት ናይ ግድን ክሰምዕዎምን ኣብ ህይወቶም ክፍጽምዎምን እዮም። ካብቶም ናይ ብሓቂ ዝደሓኑ፡ ሓደ'ኳ ዝጠፍእ የለን። ስለዚ፡ እዞም መጠንቀቕታታት፡ እቶም ናይ ብሓቂ ዳግም ዝተወልዱ፡ ክሳዕ መወዳእታ ብትዕግስቲ ንኽዕቀቡ ዝሕግዙ እዮም።

ናይዚ ካልኣይ ዝተራቐቐ መግለጺ ቀዳማይ ጸገም፡ ንኣምላኽ ሓሳዊ ስለ ዝገብር እዩ! ኣምላኽ መታን ክንቅደሰ ኢሉስ፡ ሓቂ ብዘይኮኑን ኣባና ብዘይፍጸሙን መጠንቀቕታታት የፈራርሃና ኣሎ፡ ማለት እዩ።

ካልኣይ፡ እዞም መጠንቀቕታታት፡ ናይ ብሓቂ ኣይክፍጸሙን እዮም ኢሉ ኣብ ንዝኣመነ ሰብ፡ ከመይ ኢሎም ውጽኢታውያን ይኾኑ፧ ከም ዘይፍጸም እንተ ኣሚንካ፡ ሓይሊ እቲ ቓል ኣባኻ ድኹም እዩ። ስለዚ፡ ቅዱሳን ምድሓኖም ዘይጠፍእ'ኳ እንተኾነ፡ ከም ዝጠፍእ ግና ክንነገሩ ኣለዎም ምባል፡ ከመይ ጌሩ ምኽንያታዊ ይኸውን፧

ክልቲኦም፡ ማለት፡ እተ ቀዳማይ ቀሊል መልስን፡ እቲ ካልኣይ ዝተራቐቐ መግለጽን፡ ኣብ ዓቢ ምትላል ዝተመርኮሱ እዮም። ኣብቲ ቐዳማይ፡ እቲ ምትላል ብወገን ሰብ፡ ኣብቲ ካልኣይ ድማ፡ እቲ ምትላል ብወገን ኣምላኽ እዩ።

ኣታ ኣንባቢ፡ እቲ ኣምላኽ ሓቂ፡ ኣብ ቃሉ፡ ክንድዚ ዝኣክል ዘጠራጥር ነገር ክህሉ ከፍቅድ ይኽእል ድዩ ኣይክእልን፡ ምውሳን የድልየካ። ኣምላኽ ዝዛረቦ ኩሉ ማለቱ ኮይኑ ከም ዝብሎ፡ ማለቱ ዝኾነ ጥራይ ድማ ከም ዝዛረብ፡ ወይ ድማ፡ ዝገብሮ ጥራይ ከም ዝዛረብ፡ ዝተዛረቦ ድማ ከም ዝገብሮ፡ ጌርና ክንቅበሎ ይግብኣና *(God means what He says and*

Says what He means) ።

ሰባት ከመይ ጌርም ነዚ፡ ካብ ቅዱሳት ጽሑፋት፡ ኣዋህሊልናዮ ዘለና መጠቀቕታታት፡ ምኽንያታት ብምቕራብ ከም ዝነጽግዎ ርኢና ኣለና። እቲ ካብዚ ዘገድስ ሕቶ፡ ሰለምንታይ፡ ነቲ መጠንቀቕታታት ከም ዘለዎ ንኸይቅበሉ፡ ምኽንያታት የቕርቡ፡ ዝብል እዩ።

እቲ ቀሊል መልሲ ናይዚ ሕቶ፡ እንታዋይ ሰብ እዩ፡ ምድሓኑ ክጠፍእ ከም ዝኽእል ክንገር ዝደሊ፧ ዝብል እዩ።ይኹን እምበር፡ ክንፈልጦ ዘለና ሓደ ነገር ግና ኣሎ። እዚ 'ሓንሳእ እንተድሒንካ፡ ኲሉ ሳዕ ድሒንካ' ኢኻ ዝብል ትምህርቲ፡ ብዙሓት ሰባት ብርትዒ ከም ዝቕበልዎን፡ ከም፡ ኣብ ታሪኽ ቤተክርስትያን፡ ወግዓውን ሰፊሕን ተቐባልነት ዝረኸበን ትምህርቲ ጌርም ከም ዝቖጽርዎን፡ ክንፈልጥ ይግባእ። ብዙሓት፡ እንተላይ ታሪኻውያን ኣቦታት ክርስትና፡ ብዛዕባ እዚ ትምህርቲ ተጋግዮም እዮም ኢልካ ክትሓሰብ ኣሸጋሪ እዩ። ንባህልን ልምዳዊ ትምህርትን ኣብ ምልክት ሕቶ ከተእቱ ዓቢ ትብዓት ይሓትት። እቲ ሓቂ ጥራይ ንሰባት ሓራ ከም ዘውጽእ ግና ክንርስዕ የብልናን።

በዚ ኣቢልና፡ ኣብዚ ሰዒቡ ዝቕጽል ምዕራፍ፡ ናብ ታሪኻዊ ምርምር ናይዚ 'ሓንሳእ ምድሓን፡ ኲሉ ሳዕ ምድሓን፡ ዝብል ትምህርቲ ክንኣቱ ኢና።

ምዕራፍ ራብዓይ

ታሪኻዊ ልምምዳት ቤተክርስትያን

ዝኾነ ሰብ፡ እቲ ዝኽተሎ ዶክትሪን፡ መጽሓፍ ቅዱሳዊ ምኳኑ ክዛረብ፡ ቀሊል እዩ። ብግብሪ ክንርእዮ ከለና ግና፡ ኩልና፡ እንተሰ ንጽቡቕ እንተሰ ንሕማቕ፡ ብዝተፈላለዩ መንገድታት፡ በቶም ኣብ ታሪኽ ቤተ-ክርስትያን፡ ኣብ ዝሓለፉ ዕሰራ ክፍለ-ዘመናት፡ መንጭዮም ዝፈረዩ ዝተፈላልዩ ትምህርታትን ልምድታትን ሰነ-ሓሳባትን ዝተጸሎና ኢና።

ቃል ኣምላኽ፡ ካብ ወለዶ ናብ ወለዶ ክሳገር እንከሎ፡ ብባህልን ልምድታትን ደቂ-ሰባት፡ ብቐሊሉ እንዳተበከለ ክኸይድ ዝኽእል ከም ዝኾነ ክንፈልጥ፡ ፈሊጥና ድማ ክንጥንቀቕ ኣዝዩ ኣገዳሲ እዩ።

እዚ፡ 'ሓንሳእ ድሒንካ ኩሉ ሳዕ ድሒንካ'፡ ዝብል ዶክትሪን ድማ ናቱ ዝኾነ ታሪኻዊ ኣመጻጽኣ ኣለዎ። ብዙሓት፣ እዚ ዶክትሪን ኣካታዒ ካብ ዝኸውን ኣርባዕተ ሚእቲ ዓመት ጥራይ ዝገበረ እዩ ዝመስሎም። ምኽንያት ናይዚ፡ እቶም ክልተ ወገናት ናይዚ ክትዕ፡ ካልቪናውያንን (ምድሓን ክጠፍእ ኣይክእልን እዩ ዝብሉ)፡ ኣርሚናውያንን (ምድሓን ክጠፍእ ይኽእል እዩ ዝብሉ)፡ ተባሂሎም ሰለ ዝፍለጡ እዩ። ካልቪንን ኣርሚንዩስን፡ ክልተ ኣብ ዓሰርተው ሽዱሽተ ክፍለ ዘመን ዝቕመጡ ዝነበሩ ሰነ-መለኮታውያን እዮም።

ግናኸ፡ ከምዚ ሰዒብና ንርእዮ፡ መሰረት ዶክትሪን 'ሓንሳእ ምድሓን፡ ኩሉ ሳዕ ምድሓን፡ ቅድሚ እዞም ክልተ ሰባት፡ ቅድሚ ሽሕ ዓመት እዩ ተነጺፉ። ቅድሚኡ ውን፡ ናብ ታሪኽ ናይታ ኣብተን ቀዳሞት ዘመናት፡ ኣብ ትሕቲ እቶም ቀዳሞት ኣቦታት እምነት ክርስትና ተሰፋሕፍሐ ዝነበረት ቤተክርስትያን፡ ከይድና ክንምርምር ከድልየና እዩ።

ኣብቶም ኣብ ዘመን ናይታ ቀዳመይቲ ቤተክርስትያን ዝተጻሕፉ ጽሑፋት፡ ብዛዕባ 'ሓንሳእ ድሒንካ ኩሉ ሳዕ ድሒንካ'፡ ዝዛረቡ ትሕዝቶታት ፈጺምና ኣይንረክብን ኢና። እዚ ድማ፡ ኣብ ግዜ እታ ቀዳመይቲ ቤተክርስትያን፡ 'ሓንሳእ ድሒንካ፡ ኩሉስ ሳዕ ድሒንካ' ዝብል ትምህርቲ ከም ዘይነበረ ዘመልክት እዩ። ይኹን እምበር፡ ካብቲ ጽሑፋት ናይቲ ግዜ፡ ብዛዕባ 'ሓንሳእ ድሒንካ፡ ኩሉ ሳዕ ድሒንካ' እንታይ ምበሉ፡ ኣንፈት ክንረክብ ይከኣል እዩ።

ብመጀመርታ፡ እታ ቀዳመይቲ ቤተክርስትያን፡ ርድኢታ ብዛዕባ ጥቕሚ

ስርዓት ጥምቀት ኣብ ምሕጻብ ካብ ሓጢኣት ዝምልከት፡ ምስ ምህሮ ሃዋርያት ብዛዕባ ጥምቀት ሓደ እዩ ኔሩ። (ግብ 2.38, 22.16፡ ኤፌ 5.26, 1 ጴጥ 3.21) ። እቲ ናይ ኒቅያ ኣዋጅ ናይ 325 ዓ.ም.፣ 'ሓንቲ ጥምቀት ንሕድገት ሓጢኣት' ከም ዶክትሪን ኣጽዲቖዋ) ።

ጴጥሮስ ከኣ፡ እቲ ተሰፋ ንኣኻትኩምን፡ ንደቅኹምን፡ ነቶም፡ ኣብ ርሑቕ ዘለዉ ኹሎም፡ እግዚኣብሄር ኣምላኽና ዚጽውዖም ዘበሉን እዩ እተዋህበ እሞ፡ ተነሰሑ፡ ነፍሲ ወከፍኩም ከኣ፡ ***ብስም የሱስ ክርስቶስ ንሕድገት ሓጢኣት ይጠመቕ፡*** *ህያብ መንፈስ ቅዱስ'ውን፡ ክትቅበሉ ኢኹም በሎም። ግብ.2:38-39*

ሕጂኸ ንምንታይ እትድንጉ፡ ***ተንሲእካ ተጠመቕ፣ ስም ጐይታ ጸዊዕካ፡ ካብ ሓጢኣትካ ተሓጸብ፡*** *በለኒ። ግብ.2:16*

ክርስቶስ፡ ***ብቓሉ ገይሩ ብምሕጻብ ማይ ምስ ኣጽረያ፡*** *ምእንቲ ኪቕድሳ፡ ርሰሓት፡ ወይስ ዕጣር፡ ወይስ፡ ገለ ነዚ ዚመስል ዜብላ፡ ብዘይ መንቅብ፡ ቅድስትን ክብርትን ማሕበር ገይሩ ንእኡ ምእንቲ ኪቘውማ ኢሉ፡ ርእሱ በጃኣ ሃበ። ኤፌ.5:26-27*

እቲ ማይ ድማ ሕጂ ብተምሳሉ፡ ማለት ጥምቀት፡ የድሕነኩም ኣሎ፡ *እዚ ኸኣ፡ ብትንሳኤ የሱስ ክርስቶስ፡ ልማኖ ሰናይ ሕሊና ናብ ኣምላኽ እዩ እምበር፡ ምሕጻብ ርሰሓት ስጋ፡ ኣይኮነን። 1ጴጥ.3:21*

እዚ ርድኢት ዘልዕሎ ሕቶ፣ ድሕሪ ጥምቀት ዝተገብረ ሓጢኣት'ከ ብኸመይ ይጸሪ፡ ዝብል እዩ። ካብዚ ተበጊሶም፡ ገሊኦም፡ ንጥምቀቶም ክሳዕ ኣጋ ሞት ዝበጽሖ፡ ከደናጉይዎ፡ ይፍትኑ ኔሮም (ሃጸይ ቆንስታንቲን ሓደ ካብኣቶም ኔሩ) ። 'ኣብ ጸጋ ከሎኻ ምሟት'፡ ኣገዳሲ ኔሩ። እዚ ድሕረ-ባይታ እዩ፡ ኣብ መንጎ ናብ ሞት ዘብጽሕ ሓጢኣትን፣ (ማለት፡ ድሕሪ ጥምቀት፡ ሕድገት ዘይረክብ ሓጢኣትን)፡ ናብ ሞት ዘየብጽሕ ሓጢኣትን (ድሕሪ ጥምቀት ሕድገት ዝረክብ ሓጢኣትን) ፣ ዝብል ምፍልላይ ኣምጺኡ። ብኻልእ ኣዘራርባ፡ ገሊኡ ድሕሪ ጥምቀት ዝግበር ሓጢኣት ካብ ክብደቱ ዝተላዕለ ነታ ጥምቀት ኣወጊዱ፡ ምድሓን ከጥፍእ ይኽእል እዩ። ስርዓት ጥምቀት ድማ ዳግማይ ክፍጸም ስለ ዘይከኣል (ሓንቲ ጥምቀት ንሕድገት ሓጢኣት)፡ ስለዚ፡ ምጥፋእ ምድሓን ዘይዕረ እዩ።

ካልኣይ፡ ኣብ ግዜ እታ ቀዳመይቲ ቤተክርስትያን ዝነበረ ሰደት እዩ። ኣብተን ቀዳሞት ሰለስተ ሚእቲ ዓመታት፡ እታ ቤተክርስትያን፡ ብሰንኪ እቲ ዝገጥማ ዝነበረ መንግስታዊ ተጻብኦታት፡ ብዙሕ ማዕበላት ይገጥማ ኔሩ እዩ። ብሰንኪ እዚ ሰደት ድማ፡ ብዙሓት ናይ እምነት ሰማእታት ኮይኖም እዮም። እዚ ነታ ቤተክርስትያን ንምጥፋእ ዝዓለመ ማዕበላት ሰደት፡ ብኣንጻሩ፡ ብኣዝዩ ቅልጡፍ ናህሪ ከም ትዓብን ትሰፍሕን እዩ ጌርዋ። ብሓቂ፡ ደም እቶም ናይ እምነት ሰማእታት፡ ንምሰፋሕ እታ ቤተ-ክርስትያን ዘርኢ እዩ ዝኾውን ኔሩ።

እዚ ማለት ግና፡ ኩሎም ክሳዕ ሞት እሙናት ኔሮም ማለት ኣይኮነን። ካብ ጸቕጢ፡ ሰቓይን ፍርሒ ሞትን እተላዕለ፡ ብዙሓት ንክርስቶስ ክሒዶም፡ ንእምነቶም ደርብዮም እዮም። እዚ ምኽሓድ እምነት ናይ ገሊኦም ድማ፡ ነታ ቤተ-ክርስትያን፡ ብዙሕ ጸገም ይፈጥረላ ኔሩ። ሰደት ምስ ኣቋረጸ፡ እቶም እምነቶም ደርብዮም፡ ካብ ሞት ዘምለጡ፡ ናብ ሕብረት ቤተ-ክርስትያን ክምለሱ ምስ ዝደልዩ፡ እታ ቤተክርስትያን እንታይ ትግበር፧

እታ ቀዳመይቲ ቤተ-ክርስትያን፣ ከም'ታ ፈላሚት ናይ ሓድሽ ኪዳን ቤተ-ክርስትያን፡ ሰርዓትን ምቕጻዕ ኣባላታ እተለማመደት እያ ኔራ። እዞም ሰርዓታት፡ ካብ ሕብረት ምስጓግን፡ ናብ ሕብረት፡ብፍላይ ድማ ኣብ መኣዲ ድራር ጎይታ፡ ክትጽምበር ምፍቃድን ዘይምፍቃድን፡ የጠቓልሉ።ድሕሪ ጥምቀት፡ ናብ ሞት ዘብጽሕ ሓጢኣት ምግባርን፡ ንክርስቶስ ብግህዶ ምኽሓድን፡ እቲ ዝኸበደ መቕጻዕቲ፡ ማለት፡ ካብ'ታ ቤተ-ክርስትያን ምእጋድ *(excommunication)* ዘሰዕብ እዩ ኔሩ። እቶም ድሕሪ ጥምቀት ናብ ሞት ዘብጽሕ ሓጢኣት ዝገብሩ ሰባት፡ ናይ ንስሓን ምሕዳስን ተኽእሎ ኣለዎም'ዶ፧ ዝብል ሕቶ፡ ኣብታ ቀዳመይቲ ቤተክርስትያን ዘይምስምማዕ የሰዕብ ኔሩ።

ኣብዚ፡ እቲ ኣዚና ከነተኩረሉ ዘለና፡ እቶም ድሕሪ ጥምቀት፡ ናብ ሞት ዘብጽሕ ሓጢኣት ዝፈጸሙ ወይ ድማ እምነቶም ብሰንኪ ሰደት ዝኽሓዱ ሰባት፡ 'ካብ መጀመርታ ውን ዳግም ዘይተወልዱ ዝነበሩ እዮም'፡ ዝብል ኣተሓሳስባ፡ ኣብታ ቀዳመይቲ ቤተክርስትያን፡ ፍጹም ኣይነበረን። ሓቅነት ናይ መጀመርታ እምነቶምን ዳግም ምውላዶምን ኣብ ምልክት ሕቶ ፈጺሙ ይኣቱ ኣይነበረን። ብኣንጻሩ፡ እቲ ኣብ ሓደ እዋን ዝነበሮም ምድሓን ከም ዘጥፍኡን፡ ደጊም ኣካል ህዝቢ ኣምላኽ ካብ ምኧን ድማ ከም ዘቋረጹን ጌሮም እዮም ብዛዕባኦም ዝሓሰቡ።

እዚ ኹሉ፡ ኣብ መበል ሓምሻይ ክፍለ-ዘመን ክቕየር ጀሚሩ። ሃጸይ ቆንስታንቲን፡ ክርስትያን ምስ ኮነ፡ ንክርስትና፡ ወግዓዊ እምነት ናይ'ቲ ግዝኣት ብምግባር፣ ንኻልእ ኩሉ ሃይማኖታት፣ እንኮላይ ንኣይሁድ ከይተረፈ፡ ከም ዝእገድ ጌሩ። ብድሕርዚ፡ እቶም፡ ክሳዕ ሽዑ፡ ዝሰደዱ ዝነበሩ ክርስትያናት፣

ንኻልኦት፡ ከሳድዱ ጀሚሮም። ክርስትያናት ዘምልኹሉ፡ ብዙሕ ዘደንቑ ህንጻታት ኣብ ፈቐዶኡ ተሃኒጾም። እታ ቤተ-ክርስትያን’ውን፡ ኣብ መላእ ዓለም ክትዕብልልን ንዓለም እንዳተቖጻጸረት ክትከይድን ጀሚራ።

ከም ሓቂ ግና፡ እታ ቤተክርስትያን ዘይኮነት ንዓለም ትቆጻጸር ዝነበረት፡ ዓለም እያ ናብ’ታ ቤተ-ክርስትያን ክትኣቱ ጀሚራ። ናይ’ቲ ምድራዊ መንግስትን ግዝኣትን መሳርሒት ክትከውንን፡ ናብ ውድቀት ገጻ ድማ ከተንቆልቁልን፡ ጀሚራ። ከም ተቓውሞ ናይዚ ሞራላውን መንፈሳውን ውድቀትን ድኻምን እታ ቤተክርስትያን ድማ፣ ብዙሓት ደብርታት ክምስረታ ጀሚረን። እቶም ፈለስቲ፡ መጀመርታ፡ ንበይኖም ብምንጻል፣ ደሓር ድማ፡ ኣብ ማእከል ሕብረተ-ሰብ፡ ኮይኖም፡ ነታ ቤተክርስትያን ናብቲ ናይ ጥንቲ ምህሮ ክርስቶስ ንምምላስ ብዙሕ ይጽዕሩ ኔሮም።

እታ ቤተክርስትያን ኣብ ከም’ዚ ድሕረ-ባይታ እንከላ፡ ክልተ፡ ኣውጉስቲንን፡ ፐላጅዩስን ዝተባህሉ ሰብኡት፡ ብዛዕባ ሞራላዊ ንጽህና እታ ቤተክርስትያን ካብ ዝነበሮም ሻቕሎት ተላዒሎም፡ ኣብ ርሱን ስነ-መለኮታዊ መጎተ ክጽመዱ ጀሚሮም። ቀጺልና ናብቲ መጎቶኦም ከነተኩር ኢና።

ኣውጉስቲንን ፐላጅዩስን

ብሪጣንያዊ ፈላስፋ ዝነበረ ፐላጅዩስ፡ ኣብ መበል 400 ዓ.ም. ናብ ሮማ ተሰዲዱ። ኣብኡ፡ በቲ ኣብተን ማሕበራት ዝርእዮ ዝነበረ ሸለልትነት ብዛዕባ ሓጢኣት፡ ነፍሱ ብዙሕ ክትሰቀ ጀሚረት። ፐላጅዩስ፡ ርድኢቱ፡ ኦርቶዶክሳዊ (ማለት፡ ዘይስሓተ) እዩ ኔሩ። (ሓንቲ ካብተ ዝጸሓፈን መጻሕፍቲ፡ ‘እምነት ኣብ ሰላሴ’ ትብል ኔራ) ። ብዛዕባ ሞራላዊ ንጽህና ካብ ዝነበሮ ቅንኢ ዝተላዕለ፣ ነቲ ኣብታ ቤተክርስትያን ዝርእዮ ዝነበረ፡ ንቕድስና፡ ብሃይማኖታዊ ስርዓታት ናይ ምትካእ ልማድ፡ ብትሪ ክቃወሞ ጀሚሩ። እቲ ልምዶም፡ ንሓጢኣት ከም ዘተባብዕን፡ ነቶም ኣባላት እታ ቤተክርስትያን ድማ ብዛዕባ ሓጢኣት ሸለልተኛታት ከም ዝገብርን ድማ ተገንዚቡ።

ፐላጅዩስ፡ ‘ጽድቂ ብእምነት ጥራይ እዩ’፡ ኢሉ ክሰብኽ ዝጀመረ ቀዳማይ መምህር እዩ። (ፐላጅዩስ፡ ነቲ ናይ ጳውሎስ፡ ‘ብጸጋ፡ ብእምነት ድሒንኩም’ ዝብል ቃል፡ ‘ብእምነት ጥራይ’ ኢሉ ዝወሰኸሉ ቀዳማይ መምህር እዩ። ማርቲን ሉተር ድማ፡ ድሕሪ ነዊሕ ዘመናት፡ ነዚ ናይ ፐላጅዩስ ትምህርቲ ብምኽታል፡ ምድሓን ‘ብእምነት ጥራይ’ ኢሉ ምሂሩ) ።

ብመሰረት ፐላጅዩስ፡ ጸጋ፡ ኣባና ዝግለጸሉ ቀዳማይን ቀንድን መንገዲ፡ ብመልክዕ ምግላጽ እዩ። ማለት፡ ጸጋ፡ ኣምላኽ ብኸመይ ክንነብር ከም ዝደልየና፡ ብትምህርትን ኣብነትን ክርስቶስ ኣቢሉ፡ ዘፍልጥን ነእምሮና

መብራህቲ ዝህብን ሓይሊ እዩ። ጸጋ፡ ነታ መንገዲ ጥራይ ዘይኮነ ዘርእየና፡ ኣብ'ቲ መንገዲ መታን ክንመላለስ ውን ሓይሊ ይህበና። ብድሕሪኡ ግን ናባና እዩ ዝግደፍ፡ ይብል ፐላጅዩስ።

ኣተኩሮ ፐላጅዩስ፡ ኣብ ሞራላዊ ሓላፍነት ሰብን፡ ውጽኢት ናይዚ ሓላፍነትን፡ ማለት፡ ናእዳ ወይ ውርደት፡ ዓሰቢ ወይ መቕጻዕቲ፡ እዩ ኔሩ። ቀጺሉ፡ ፐላጅዩስ፡ ኣምላኽ፡ ክንገብሮ ዘይንኽእል ገለ'ኳ ኣይእዝዘናን እዩ፡ እቲ 'ፍጹማት ኩኑ ዝብል ትእዛዝ ውን እንተኾነ፡ ክንገብሮ ዘይንኽእል ትእዛዝ ኣይኮነን፡ ይብል። ስለ ዝኾነ፡ ይብል ፐላጅዩስ፡ ኒሕ ብዝመልኦ ጻዕሪ፡ ቅዱሳን ክንከውን ንኽእል ኢና፣ ክንክወን ድማ ኣለና።

ብመሰረት ፐላጅዩስ፡ ንሓጢኣት፡ ከም ክትቆጻጸሮ ዘይትኽእል ሓይሊ ጌርካ ምቕባል፡ ጉድለት እምነትን ድኻም ፍቓድ ሰብን እዩ። ከምዚ ዝብል ኣረኣእያ ስለ ዝነበሮ፡ ነታ ናይ ኣውጉስቲን *'Confessions'* (ኑዛዜታት) ትብል መጽሓፍ ምስ ኣንበበ፡ ናይ ዝተሳዕረን፡ ተሰፋ ዝቖረጸን፡ ኣብ ተፈጥሮ ሰብ ድማ ተሰፋ-ቖረጽ ኣጠማምታ ናይ ዘለዎ ሰብ እዩ፡ ብምባል ገሊጽዋ። ቅዱሳን ክንክወን እንተ ደሊና፡ ኣእምሮና ድማ፡ ናብኡ እንተ ኣቕሊብናዮ፡ ቅዱሳን ክንክወን ንኽእል ኢና፡ ድማ ይብል።

ፐላጅዩስ፡ ኣበይን ብኸመይ መንገድን ከም ዝተጋገየ ንምርዳእ፡ ቀሊል እዩ። ካብቲ፡ ኣብቶም ኣባላት ናይታ ቤተክርስትያን፡ ቅድሰና ክርኢ ዝነበሮ ምሒር ቅንኢ ዝተላዕለ፡ ንሓይሊ ፍቓድ ሰብ፡ ኣመና ኣልዒሉ ይርእዩ ኔሩ። እዚ ርእሰ-ኒሕ *(self determination)* ንኣመንትን ዘይኣመንትን፡ ዝተዋህበ ውህበት ጸጋ እዩ ኢሉ ብምቑጻር፡ ኩሉ ሰብ ጽቡቕ ክገብርን፡ ብጽድቂ ንኽመላለስ፡ ክመርጽን ይኽእል እዩ፡ ኢሉ ይኣምን ኔሩ።

ፐላጅዩስ፡ ኩልና ከም ኣዳም፡ ንጹሃትን፡ ጽቡቕን ክፉን ክንመርጽ ንኽእልን ኮይንና ኢና ተወሊድና፡ካብ ኣዳም ዝተወርሰ ብልሽውና ወይ ክፉእ ትምኒት የብልናን፡ ዓለምን ኣብኣ ዘሎ ኩሉ ሰብን ድማ ካብ ኣምላኽ ዝተቐበሎ ሰናይ ኣለዎ፡ ብምባል፡ ነቲ ሰብ ካብ ኣዳም ዝወርሶ መንነት ሓጢኣት ይኽሕዶ። ስለ'ዚ፡ ውድቀት ሰብ ብምኽሓድ፡ ዕርቂ ምስ ኣምላኽን፡ ዳግም ምውላድን፡ ኣየድልን እዩ ኢሉ ይድምድም። ፐላጅዩስ ከም ዝብሎ፡ ሰባት፡ እታ ቅንዕቲ መገዲ ዘርእዮምን፡ ብእኣ መታን ክመላለሱ ድማ ሓይሊ ጥራይ እዩ ዘድልዮም።

እዚ ፐላጅዩስ ብዛዕባ ሰብ ዝመሃሮ ትምህርቲ፡ ምስቲ ኣብቲ ግዜ፡ ንቖልዑ፡ ካብቲ ካብ ኣዳም ዝውረሰ ሓጢኣት ክጸርዩን፡ ካብ ገሃነም እሳት ክድሕኑን ተባሂሉ፡ ዝዝውተር ዝነበረ ጥምቀት፡ ዝጻረር እዩ ኔሩ። ፐላጅዩስ፡ ጥምቀት፡ ብኽመርጹ ዝኽእሉ፡ ሓላፍነት ዝርድኡም እኹላት ኣመንቲ ዝግበር

ክኸውን ኣለዎ፡ ድማ ይብል።

እቲ ዝነጸረን ዝኸበደን ሳዕቤን ትምህርቲ ናይ ፐላጅዩስ፡ ምድሓን፡ ኣብ ክንዲ ብጸጋ ብእምነት፡ ብግብሪ እዩ ዝመጽእ ንዝብል ርድኢት የተባብዕ ምኳኑ እዩ። ንርእሰና፡ ብናይ ገዛእ ርእሰና ሞራላዊ ጻዕሪ፡ ከነድሕን ንኽእል ኢና፡ ዝብል ምርዳእ፣ ኣብ ኩለን ሃይማኖታት፣ ብፍላይ ከኣ፡ ኣብ መበቈል ዓዲ ፐላጅዩስ (ብሪጣንያ) ህቡብ እምነት እዩ ኔሩ። ህዝቢ ብሪጣንያ፡ ንክርስትና ምስ 'ሰናይ ምግባር' ኣመዓራርዮም እዮም ዝርእይዎ ኔሮም። እዚ ዓይነት ኣረዳድኣ ብዛዕባ ምድሓን፡ ብዛዕባ ርእሰኻ ልዕል ዝበለ ኣተሓሳስባ ከም ዝህልወካ ዝገብር፡ ንኣንነት ሰብ ድማ፡ ኣፍደገ ዝኸፍት እዩ። ፐላጅዩስ፡ እዚ ርድኢት ንኽምዕብል ጠንቂ ኮይኑ ድዩ ኣይኮነን፣ ኣካታዒ እዩ።

ንሮማ ድሕሪ ምግዳፉ፡ ፐላጅዩስ፡ ናብ ሲሲሊ፡ ብእኡ ኣቢሉ ድማ ናብ ሰሜን ኣፍሪቃ፡ ኣብ መወዳእታ ድማ፡ ናብ ፍልስጤም ከይዱ። ኣብኡ፡ ትምህርቲ ሓሶት ምሂርካ ተባሂሉ፡ ክሲ ተመስሪትሉ፡ ናብ ፍርዲ ድሕሪ ምቕራቡ፡ ነጻ ተባሂሉ። ፐላጅዩስ፡ ካብ ሰለስትዩስ ዝበሃል መሳርሕቱን ብጸዩን ዝነበረ እሞ፡ ካብቲ ኦርቶዶክሳዊ (በታ ቤተክርስትያን ቅቡል ዝነበረ) ትምህርቲ ወጻኢ ክምህር ዝጀመረ፡ ብወግዒ፡ ተፈለዩ።

እዚ ከምዚ ኢሉ እንከሎ፡ ኣውጉስቲን፡ ጳሳ ናይታ ሂፖ ትበሃል ኣብ ካርታጅ ሰሜን ኣፍሪቃ ትርከብ ቤተክርስትያን ዝነበረ፡ ንፐላጅዩስን ሰለስትዩስን፡ ከም መሳርሕትን፡ ሓደ ትምህርቲ ዝምህሩን፡ ጌሩ ብምጥቃን፡ ንኽልቲኦም፡ 'ናይ ሓሶት ትምህርቲ እዮም ዝምህሩ' ኢሉ ብምኽሳስ፡ ከም ናይ ስሕተት መምሃራን ከወግዞም ይፍትን ኔሩ።

ናይ ግሪኽን ላትኒንን ምሁር ዝነበረ ኣውጉስቲን፡ ንትምህርቲ ክልተኣውነት ኣካልን ነፍስን፡ ስጋን መንፈስን፡ ካብ ፕላቶናውያንን[2] ማኒከይያውያንን[3]፡ ዝቐሰመ እዩ። ኣውጉስቲን፡ ኣብ መጀመርታ ህይወቱ፡ ብክቱር ምንዝርና ዝሳቐ ሰብ ኔሩ። ኣብ ሚላን እንከሎ፡ ብሳላ ጸሎት እታ ውፍይቲ ኣዲኡ፡ ኅይታ ረኺቡ ምስ ተለወጠ፣ ብዛዕባ ናይ ሰብ ባህሪ ኣዝዩ ትሑት፡ ብዛዕባ ጸጋ ድማ፡ ኣዝዩ ልዑል ኣረኣእያ፡ ክህልዎ ክኢሉ። ኣውጉስቲን፡ ኣንጻር እቲ ፐላጅዩስ ዝመሃሮ ትምህርቲ፡ ድሕሪ ውድቀት ኣዳም፡ ሰብ ብባህሪኡ ኣዝዩ ብልሹው ካብ ምኳኑ ዝተላዕለ፡ ጽቡቕ ክመርጽ ኣብ ዘይክእሉ ደረጃ እዩ ወዲቑ እዩ፡ ኢሉ ይምህር ኔሩ።

---

[2] (ሰዓብቲ፡ ግሪኻዊ ፈላሰፋ፡ ፕላቶ)

[3] (ኣብ ሳልሳይ ክፍለ ዘመን ዝተማህዘ፡ ካብ፡ ማኒ ዝበሃል ነቢዪ ጴርጥዮስ፡ ዝመንጨወ እምነት፡ መሰረቱ፡ ካብ ክርስትና፡ ግኖስቲስዝምን ፓጋንን፡ ዝኾነ፡ ኣብ ክልተኣውነት ግኡዝ ዓለም፡ (ማለት ጸልማት)፡ መንፈሳዊ ዓለም፡ (ማለት ብርሃን) ዝኣምን፡ ናብ ግዝኣት ሮማን ኤስያን፣ ካብ ሳልሳይ ክሳዕ ሳብዓይ ክፍለ ዘመን፡ ብቕልጡፍ ድሕሪ ምልባዑ ዝጠፈአ፡ እምነት እዩ።)

ግብረ-መልሲ ኣውጉስቲን ንናይ ፐላጅዩስ ትምህርቲ፡ እንታይ ከም ዝኾነ ካብዚ ክንግምቶ፡ ንኽእል ኢና። ኣውጉስቲን፡ ፐላጅዩስ ነቲ ናይ መጀመርታ ሓጢኣት ብምኽሓዱ፡ ነቲ ካብዚ ሓጢኣት ንምድሓን ዝግበር ጥምቀት ቆልዑ ብዘይምቕባሉ፡ ሕድገት ሓጢኣት ንዝሓለፈ ሓጢኣት እምበር ንዝመጽእ ሓጢኣት ኣይኮነን ምባሉ፡ ሰብ ኣብዛ ዓለም እንከሎ ናብ ፍጽምና ክበጽሕ ከም ዝኽእል ጌሩ ምእማኑ፡ ልዕሊ ኩሉ ድማ፡ ጸጋ ንኽንቅደስ ደገፍ ዝህበና ሓይሊ ጥራይ እዩ ምባሉ፡ በዚ ይሰቀቕ ኔሩ። ንናይ ፐላጅዩስ ትምህርቲ ክገልጾ እንከሎ፡ ካብ ፍልስፍና ዓለም ዘይሓይሽ፡ ትምህርቲ ሰብኣውነትን ሞራላውነትን፡ ኢልዎ።

ኣውጉስቲን፡ ንናይ ፐላጅዩስ ትምህርቲ ዝሃቦ ግብረ መልሲ፡ ሚዛናዊ ዘይኮነ፡ ናብቲ ሓደ ጫፍ ዝዘምበለ እዩ። ፐላጅዩስ፡ ናብ ሓደ ጫፍ ብምዝባል፡ ሰብ ኩሉ ሰናይ ክገብር ይኽእል እዩ፡ ክብል እንከሎ፣ ኣውጉስቲን ድማ፡ ብኣንጻሩ፡ ናብ’ቲ ሓደ ጫፍ ብምዝምባል፡ ሰብ፡ ፈጺሙ ጽቡቕ ክገብር ኣይክእልን፣ ጽቡቕ ክመርጽ ካብ ዘይከኣለ ድማ፡ ምድሓን ክመርጽ ዘይሕሰብ እዩ፡ ይብል።

ብተወሳኺ፡ ኣውጉስቲን፡ ምድሓን፡ ካብ’ቲ በይኑ፡ መን ይድሕንን ዘይድሕንን ዝመርጽ፡ ኣምላኽ እዩ ድማ ይብል። ነዚ ብምባሉ፡ ኣውጉስቲን፡ ነቲ ኣብ ቀዳማይ ጢሞቴዎስ 2:4 ዘሎ፡ ‘እቲ ኹሉ ሰብ ኪድሕን ናብ ፍልጠት ሓቂውን ኪመጽእ ዚፈቱ እግዚኣብሄር መድሓኒና’፡ ዝብል ቃል ይኽሕዶ። ኣውጉስቲን፡ መን ንስሓን እምነትን ተቐቢሉ ይድሕን፡ ናይ ኣምላኽ ቅድመ-ሕርየት እዩ ዝውስኖ ድሕሪ ምባል፡ እዚ ጸጋ ድማ፡ ካብ’ቲ ኩሉ ዝኽእል ኣምላኽ ዝምንጩ ስለ ዝኾነ፡ ክትሕረሞ ይኹን ክትነጽጎ፡ ፍጹም ኣይከኣልን እዩ፡ ይብል። ኣምላኽ፡ በቲ ዘይምርመር፡ ዘይብጻሕ ጥበቡ፡ ብልክዕ ክንደይ ቁጽሪ (ኮታ) ሰብ ከም ዝድሕኑ፡ ወሲኑ ኣሎ፡ ነዚ፡ ከይፍጸም ክኽልክል ዝኽእል ሓይሊ ድማ ፍጹም የለን፡ ድማ ይብል። ካብ’ዚ እምነት ዝተላዕለ፣ ኣውጉስቲን፡ ሰብ ብዘይፍቓዱ፡ ብግዲ ከም ዝልወጥ ይኣምን ኔሩ፡ (ነዚ ርድኢቱ ቃል ኣምላኻዊ ደገፍ ንምልባስ ድማ፡ ነቲ ኣብ ሉቃስ 14:23 ዘሎ ‘ቤተይ ምእንቲ ክትመልእ ክኣትዉ ተጋደሎም’ ዝብል ቃል፡ ይጥቀም ኔሩ) ።

እዚ ብኣውጉስቲን ዝተኣታተወ፡ ሰብ ብዘይ ፍቓዱ፡ ብግዲ ክልወጥ ከም ዝኽእል ዝምህር ትምህርቲ፡ ኣብተን ድሒረን ዝሰዓባ ክፍለ ዘመናት፡ ኣብ ዓለም ኣዝዩ ብዙሕ ዕንወት ኣኽቲሉ እዩ፡ (ሓደ ካብኡ፡ እቲ ‘ኢንክዊዚሽን’ ተባሂሉ ዝጽዋዕ፣ ብቤተክርስትያን ካቶሊክ ዝግበር ዝነበረ፡ ብኽሕደት ንዝተጠርጠሩ ክርስትያናት እናሳቐኻ ዝግበር ግዱድ መርመራ፡ ማእለያ ዘይብሎም ሰባት ድማ ግዳያት ሞት ዝኾኑሉ ጭቆና እዩ) ።

ክስታት ኣውጉስቲን ኣብ ልዕሊ ፐላጅዩስ፡ በታ ቤተክርስትያን፡ ቀልጢፉ ተቐባልነት ኣይረኸበን። ብዙሓት ኢጣልያውያን መራሕቲ ቤተክርስትያን፡ ብሓደ ጁልያን ዝተባህለ እንዳተመርሑ፡ ንፐላጅዩስ ይማጎቱሉ ኔሮም እዮም። ነቲ ኣውጉስቲን፡ ብዛዕባ ቅድመ-ምደባ *(predestination)* ዝመሃሮ፡ ኣብ ሰብ ዘሎ ድሌት ብዘየገድስ፡ ኣምላኽ ብገዛእ ድሌቱ ንገሊኦም ክጠፍኡ፡ ንገሊኦም ድማ ክድሕኖም ቀደም መዲብዎም እዩ ዝብል ትምህርቲ፡ ንኣምላኽ ፍትሒ ከም ዘይብሉ ጌሩ ዘርኢ እዩ፡ ብምባል፡ ነጺጎምዎ። ብተወሳኺ፡ ኣውጉስቲን፡ ነቲ ኣብ መንጎ ሰብኣይን ሰበይትን ዝግበር ምፍላጥ ከይተረፈ፡ ከም ሓጢኣት ምኹናኑ፡ ተጻሪሮምዎ። (ኣውጉስቲን፡ ነቲ ኣብ መንጎ ሰብኣይን ሰበይትን ዝግበር ምፍላጥ፡ መባዝሒ እቲ ቀዳማይ ሓጢኣት እዩ ብምባል፡ ይኹንኖ ኔሩ እዩ) ።

ኣውጉስቲን ብወገኑ ኣንጻርም ካብ ምልዓል ድሕር ኣይበለን። ኣውጉስቲን፡ ንጳጳስ ኢኖሰንት I፡ ነቲ ኣንጻር ሰለስትዩስ ዝነበሮ ክሲ ኣእሚኑ፡ ኣብ ጉባኤ ኤፌሶን ናይ 431 ዓ.ም፡ ንሰለስትዩስ ከም ናይ ስሕተት መምህር ከም ዝኹነን ጌሩ። (ሰለስትዩስ ተተኾኒኑ፡ እቲ መምህሩ ዝነበረ ፐላጅዩስ ድማ ክኹነን እ ማለት እዩ) ።

ይኹን እምበር፡ ብዙሓት፡ ንናይ ፐላጅዩስን ናይ ኣውጉስቲንን ትምህርታት፡ ከም ሚዛን ዝጎደሎም ትምህርቲ ጌሮም ብምርኣይ፡ ክነጽግዎም ጀሚሮም እዮም። ብፍላይ፡ ኣብ ደቡብ ፈረንሳ ዝነበሩ ፈለስቲ፡ ናይ ፈለስቲ ምንቅስቓስ ብምጅማር፡ ናብ'ቲ ሚዛናዊ ዝኾነ ትምህርቲ መጽሓፍ ቅዱስ ክምለሱ ይፍትኑ ኔሮም እዮም። ገለ ካብቲ ኣብ ትምህርቲ ኣውጉስቲን ዝነበሮም ፍርሒ፡ እቲ፡ ኣምላኽ፡ ናይ ሰብ ተራ ብዘየገድስ፡ ነቶም ዝድሕኑን ዝጠፍኡን ኣቐዲሙ ሓርይዎም እዩ፡ ዝብል ርድኢትን፡ እቲ ንሱ ዝህቦ ግጉይ ውሕስነት ምድሓንን እዩ። እቲ ዝተመርጸ ጥራይ እዩ ዝድሕን፡ እቲ ዝተመርጸ ድማ፡ እግዚኣብሄር ስለ ዝመረጾ፡ ፍጹም ኣይጠፍእን እዩ ዝብል ትምህርቲ፡ናብ ሞራላዊ ውድቀትን፡ መንፈሳዊ ድኻምን ከም ዘምርሕን፡ ንኣገዳስነት ምስባኽ ወንጌል ንሓጥኣንን፡ ኣመንቲ ብቐድስና ንኽመላለሱ ምትብባዕን ድማ ኣብ ምልክት ሕቶ ዘእቱ ኮይኑ ረኺቦሞ።

እዞም ፈለስቲ፡ ምህላው ናይ መጀመርታ ሓጢኣት፡ ማለት፡ ካብ ሓጢኣት ኣዳም ናብ ኩሉ ሰብ ብትውልዲ ከም ዝሓልፍን፡ ብዘይ ጸጋ ድማ ምድሓን ከም ዘየለ፡ ኣርጊጾም ይኣምኑ ኔሮም። ይኹን እምበር፡ እዚ ናይ መጀመርታ ሓጢኣት፡ ንሰብ ፈጺሙ ስናይ ክመርጽ ዘይክእል ከም ዘይገብሮን፣ እዚ ናይ ሰብ ናይ ምምራጽ ክእለት ድማ፡ ንሰብ ሞራላዊ ሓላፍነት ክህልዎ ከም ዝገብር፡ ሰብ ናይ ምምራጽ ክእለት እንተዘይነብሮ ድማ፡ ፍርዲ ኣምላኽ

ርትዓውነት ኣይምሃለዎን። ምጅማር እምነት፡ ውጽኢት ናይ ሰብ ምርጫ እዩ፡ ብድሕርዚ ድማ ብቕጽበት ጸጋ ኣምላኽ ይረድኣና። ምቕባል እቲ ናይ መጀመርታ ጸጋን፡ እቲ ዝቕጽልን ጸጋን፡ ውጽኢት ናይ ሰብ ውሳኔ እዩ፡ ብምባል ኣትሪሮም ይምህሩ ኔሮም።

ስለዚ፡ ንናይ ኣውጉስቲን ትምህርታት፡ ብዛዕባ ቅድመ-ምደባ *(rigid predestination)*፡ ክትነጽጎ ዘይትኽእል ጸጋ ኣምላኽ *(irresistible grace)*፡ ዘይተሕፍር (ዘይትወድቕ) ትዕግስትን *(infallible perseverance)*፡ ብትሪ ተቓዊሞሞ። እዞም ፈለስቲ፡ ቅድመ-ምደባ፡ ኣብ መለኮታዊ ቅድመ-ፍልጠት *(foreknowledge)* ናይ ኣምላኽ ዝተመርኮሰ ከም ዝኾነ ይኣምኑ ኔሮም። እዚ ማለት፡ ኣምላኽ፡ በቲ መለኮታዊ ቅድመ-ፍልጠቱ *(divine foreknowledge)* ኣቐዲሙ፡ መን ከም ብሰሙ ከም ዝኣምን ይፈልጥ እዩ፡ ካብዚ ፍልጠቱ ዝተላዕለ ድማ እዩ ንኽድሕኑ ኣቐዲሙ ዝመርጾም (‘elects’, ‘chooses’) ።

ሰይፊ ኣውጉስቲን ብርዑ እዩ ኔሩ። ነቶም ዝጻረርዎ ዝነበሩ መልሲ ንምሃብ፡ ‘ጸጋን ነጻ ፍቓድን’ *(Grace and Free Will)*፡ ‘ምቕናዕን ጸጋን’ *(Correction and Grace)*፡ ‘ቅድመ-ምደባ ቅዱሳንን ውህበት ትዕግስትን’ *(Predestination of the Saints and the Gift of Perseverance)* ዝብላ መጻሕፍቲ ጽሒፉ።

እምበኣር፡ እቲ ‘ሓንሳእ ድሒንካ፡ ኩሉ ሳዕ ድሒንካ’ ዝብል ትምህርቲ፡ ካብ’ዚ ዝረኣናዮ ታሪኻዊ መጎተታት ዝመንጨወ እዩ።

ኣብ መወዳእታ፡ ናይ ኣውጉስቲን ሓያል ባህርን፡ ናይ ምጽሓፍ ዓቕሙን እዩ ተዓዋቲ ኮይኑ። እቶም ፈረንሳውያን ፈለስቲ ድማ፡ ድሕሪ ቅሩብ ዓመታት፡ ኣብ ጉባኤ ናይ ኦራንጅ *(Council of Orange)*፡ ተዓቢሊሎም ተሪፎም። ይኹን እምበር፡ ሓሳቦም፡ ጠቕሊሉ ኣይጠፍአን። ብጀስዊትስ ዝተባህሉ ምንቅስቓስ፡ ድሒሮም፡ ኣብ መበል ዓሰርተ ሽዱሽተ ክፍለ ዘመን ድማ ብሉተራውያን ሓውሲ-ፐላጂሳውያን ተባሂሎም ዝተጸውዑ፡ ቀጺሉ እዩ። ሉተራውያን፡ ንጀስዊትስ፡ ከም ቀጸልቲ ናይ ፐላጅዩስ ትምህርቲ ጌሮም ዝጠቀንዎም ምኽንያት፡ ከም ደገፍቲ እቲ ንሳቶም ዝቃወምዎ ዝነበሩ፡ ምድሓን ብግብሪ እዩ፡ ዝብል ትምህርቲ ጌሮም ኣጸሊሞም፡ ንምጥፋኦም መታን ክጥዕሞም እዮም። ከም ሓቂ ግን፡ እቲ ጀስዊትስ ዝኽተልዎ ዝነበሩ ትምህርቲ ናይ ፈለስቲ ደቡብ ፈረንሳ፡ ካብ ምስ ናይ ፐላጅዩስ ትምህርቲ፡ ምስ ናይ ኣውጉስቲን ትምህርቲ እዩ ዝያዳ ምምስሳል ዝነበሮ።

ትምህርታት ኣውጉስቲንን፡ ኣውጉስቲናውነትን፡ ኣብ ማእከላይ ዘመናት *(Middle Ages)* ከም ዓብላሊ ርድኢት ናይ ቤተ-ክርስትያን ኮይኑ፡ ቀጺሉ። ኣብ መበል ዓሰርተ ሽዱሽተ ክፍለ- ዘመን ድማ፡ መራሕቲ ናይ ከንሻ ተሃድሶ

(protestant reformers): ንትምህርቲ ኣውጉስቲን ተቐቢሎም፡ ቀጻልነቱ ክሳዕ ሎሚ ኣረጋጊጾም። 'ሓንሳእ ድሒንካ፡ ኩሉ ሳዕ ድሒንካ'፡ ኣብ ታሪኽ ቀጻሊ እንዳተበድሀ፡ ንኣስታት ሽሕን ሓሙሽተ ሚእትን ዓመታት፡ ሰዓብቲ ዝጸንሕዎ ትምህርቲ እዩ። ስለዚ፡ ቤተክርስትያን ነዚ ትምህርቲ ብቐሊሉን ብቕልጡፍን ክትርሕርሖ ቀሊል ኣይኮነን።

ማርቲን ሉተርን ኢራስሙስን

ወዲ ኣብ ኔዘርላንድ ትርከብ ከተማ ሮተርዳም ዝነበረ ኢራስሙስ፡ ትምህርታት ብምድላው፡ ኣብታ ቤተክርስትያን ዝነበረ ድንቁርና ንምእላይ ዝጽዕር ዝነበረ እዩ። ብራዘርስ ኦፍ ኮሞን ላይፍ *('Brothers of the Common Life'* - 'ኣሕዋት ሓባራዊ ህይወት')፡ ብዝበሃሉ ጉጅለ ዝተማህረ ኢራስሙስ፡ ንኣስታት 6 ዓመታት ኣብ ፈረንሳ ከም ፈላሲ ኾይኑ ተቐሚጡ። ካብኡ፡ ኣብ ዓዲ እንግሊዝ ንዝነበረ፡ ቶማስ ሞር፡ ዝበሃል ክበጽሖ ከይዱ። ኣብ ዓዲ እንግሊዝ ኮይኑ ድማ፡ ንጹርን ጥዑይን ርድኢት ቃል ኣምላኽ መታን ክህልዎ፡ ንመጽሓፍ ሓድሽ ኪዳን፡ ካብቲ መበቆላዊ ቋንቋኡ ግሪኽ ክትርጉሞ ጀሚሩ።

ኢራስሙስ፡ ንሰብኣውያንን *(humanists)*፡ ንናይ ቤተክርስትያን ሰባትን ብዘይኣፈላላይ ይነቕፎም ኔሩ። ን ፖለቲከኛታትን ምሁራት ሕግን፡ ድማ ኸምኡ። እዚ እንዳገበረ ግና፡ ንጉዳያት ቤተ-ክርስትያንን ኣመልኪቱ ካብ ትምህርታት ሰብኣውያን ይልቃሕ ኔሩ እዩ። ዕላማ ኢራስሙስ፡ ነታ ቤተክርስትያን፡ ናብቲ ናይ መጀመርታ (ናይ ሓድሽ ኪዳን) ሓቅን መልክዕን ንምምላስ እዩ ኔሩ።

ኢራስሙስ፡ ኣብ መጀመርታ፡ ነቲ ኣብ ጀርመን ዝነበረ ማርቲን ሉተር ዝተባህለ መራሒ ምንቅስቓስ ተሃድሶ ከኒሻ፡ ይድግፎ ኔሩ እዩ። ድሕሪ ምስ ሉተር፡ ኣብ ለይፕዚግ፡ ጀርመን፡ ዝገበሮ ክትዕ ግና፡ ማርቲን ሉተር ንናይ ኣውጉስቲን ትምህርቲ፡ ብዛዕባ ልኡላውነት ኣምላኽን፡ ሰብ ጽቡቕ ክመርጽ ከም ዘይክእልን፡ ከም ዝኽተል ተረዲኡ። ብድሕርዚ፡ ካብቶም ቀንዲ ነቐፍቲ ማርቲን ሉተርን፡ ምንቅስቓስ ተሓድሶ ከኒሻን ኮይኑ። ኣብ 1524 *'Diatribe on Free Will'*፡ ማለት፡ 'ተሪር ተቓውሞ ብዛዕባ ነጻ ፍቓድ' ዝብል መጽሓፍ ብምሕታም፡ ንናይ ሉተር 'ዘይነጻነት ፍቓድ'፡ ኣትሪሩ ነቒፍዎ።

መልሲ ሉተር ንኢራስሙስ፡ ኣብታ ህብብቲ፡ 'ማእሰርቲ ፍቓድ' *(Bondage of the Will)* እትብል መጽሓፉ፡ ይርከብ። ማርቲን ሉተር፡ ኣብ መጽሓፉ፡ ካብ ኣውጉስቲን ንላዕሊ፡ ኣውጉስቲናዊ፣ ካብ ካልቪን ንላዕሊ ድማ ካልቪናዊ ኮይኑ እዩ ዝቐርብ። እዛ መጽሓፍ ሉተር፡ ነቲ ቀንዲ ምንቅስቓስ ተሃድሶ ከኒሻ

ኣዝያ ጸላዊት ምንባራ ዝፍለጥ እዩ።

ሉተር፡ ድሕረ-ባይታኡ፡ ካብ ብሕታውያን ናይ እርፉርት *(Hermits of Erfurt)*፡ ዝተባሃሉ ኣውጉስቲናውያን እዩ ኔሩ። መምሃራን ሉተር፡ ምስ ናይ ፐላጅዩስ ዝመሳሰል፡ ማለት፡ 'ምድሓን ብነጻ ፍቓድ ብዝግበር ምርጫ እምነት እዩ ዝጅምር'፡ ኢሎም እዮም ዝምህሩ ዝነበሩ። ሉተር፡ ብሃንደበታውን ቅጽበታውን ለውጢ ድሕሪ ምልዋጡ ግና፡ ምድሓን ምሉእ ብምሉእ ኣብ ፍቓድ ናይቲ ኩሉ ዝኽእል ኣምላኽ ጥራሕ እዩ ዝምርኮስ፡ ኢሉ ክኣምን ተደሪኹ። ብመሰረት ሉተር፡ ሰብ ኣብቲ መንፈሳዊ ጽፍሒ፡ ፍጹም ናይ ምምራጽ ነጻነት የብሉን። እቲ ቀንዲ ዶክትሪን ናይ ሉተር፡ ማለት 'ምድሓን፡ ብእምነት **ጥራይ**' ዝብል (መጀመርታ፡ ብፐላጅዩስ ዝተባህለ!)፡ ብዝበለጸ፡ ካብዛ ዝበላ ዘረባኡ ክንረኽቦ፡ ንኽእል ኢና።

> *ሓጢኣተኛ ሰብ፡ ማለት፡ እቲ ብሓጢኣት ኩለንትናኡ ዝተበላሸወን ዝሞተን ሰብ፣ ብፍቓዱ፡ ይኹን ብድሌቱ፡ ወይ ብዝበለጸ ጻዕሩ፡ ይኹን ብግብሩ፡ ንምጽዳቑ፡ ንምልዋጡ ወይ ንምድሓኑ፡ ከበርክቶ ዝኽእል ወልሓንቲ ነገር የለን።*

ሉተር፡ ኣብ ጽድቂ *(justification)* ጥራይ ካብ ምትኳሩ ዝተላዕለ፡ ርድኢቱ ብዛዕባ ቅድሰና ንጹር ኣይነበረን። ኣድህቦኡ፡ ኣብ፡ 'እምነት ጥራይ' ብምግባሩ፡ ግብሪ ኣብ ህይወት ክርስትና፡ ፈጺሙ ቦታ የብሉን ክብል ጌርዎ። ኣብ 'እምነት ጥራይ' ብምድሃቡ ድማ፡ ኣብ ልዕሊ መጽሓፍ ያእቆብ፡ ጽልኣት ብምሕዳር፡ ንመጽሓፍ ያእቆብ፡ 'ንቑጽ መልእኽቲ' ክብል ጸዊዕዎ። ኣብ መልእኽቲ ያእቆብ ካብ እንረኽቦ ቀንዲ ሓሳብ 'ሰብ፡ ብግብሪ ኸም ዚጸድቕ፡ ብእምነት ጥራይ ከም ዘይኮነ፡ ትርእዩ ኣሎኹም።' (ያእ.2:24) ዝብል እዩ።ብሰንኪ እዚ ድማ፡ ሉተር፡ ንመጽሓፍ ያእቆብ፡ ራእይ ዮሃንስ፡ መልእኽቲ እብራውያንን ይሁዳን፡ 'ኣከራኸርቲ መጻሕፍቲ' ክብል፡ ኣብ'ቲ ንሱ ዝተርጎሞ ሓድሽ ኪዳን፡ ኣብ መወዳእታ፡ ፈልዩ ኣሰፊርወን።

ናይ ማርቲን ሉተር ጸገም፡ ያእቆብ፡ ንመልእኽቱ፡ ናብ ብክርስቶስ ኣሚኖም ድሮ ዝደሓኑ፡ ከመይ ኢሎም ከም ድሑናት ክመላለሱ ከም ዘለዎም ንምምሃር፡ ዝጸሓፎ ምዃኑ ዘይምርዳኡ እዩ። እቶም ዝጽሕፈሎም ዘለዉ ቅዱሳን፡ ኣብ እምነት ክርስትና ነዊሕ ዝጸንሑ ከም ምኳኖም መጠን፡ ብክርስቶስ ብምእማን ዝርከብ ጽድቂ ድሮ ከም ዝፈልጥዎ ቆጺሩ፡ ኣብ ፍረ እምነት ወይ ግብሪ እምነት (ቅድሰና) ኣተኩሩ እዩ ዝምዕዶም ዘሎ።

ማርቲን ሉተር፡ ብዛዕባ 'ሓንሳእ ድሒንካ፡ ኩሉ ሳዕ ድሒንካ'፡ ብቐጥታ

ክዛረብ ኣይንርእዮን ኢና። ብዛዕባኡ ዝነበሮ ርድኢት ግና፡ ካብቲ ምስ፡ ሓደ ካብ ብጾቱን ከምኡ ናይ ስነ መለኮት ምሁር ዝነበረ፡ ንሉተራውያን ቤተክርስትያናት ኢሉ ድማ፡ 'ኑዛዜታት ኣውግስበርግ' *('The Augusburg Confession')* እትብል መጽሓፍ ዝጸሓፈ፡ ፊሊፕ መላንክቶን ዝበሃል ሰብ፡ ዝገበሮ ዝርርብ ክንግምት ንኽእል ኢና።

ፊሊፕ መላንክቶን፡ ከምቲ ቃል ኣምላኽ ዝምህሮ፡ 'እምነት ጥራይ እያ ተድሕን፡ እታ እተድሕን እምነት ግና በይና ኣይኮነትን' ኢሉ ይምህር ኔሩ። ንሱ፡ ግብሪ እምነት ዝበሃል ከም ዘሎን፡ እምነት ድማ ብተግባር፡ ብሰናይ ግብሪ፡ ከም ትርእን ይምህር ኔሩ።

ሉተር፡ ነቲ መላንክቶን ዝጸሓፎ፡ ብደብዳቤ ክምልስ እንከሎ ከምዚ ዝሰዕብ ይብል፡

> *ነቲ ሓጢኣት ዓለም ዝጸውር ገንሸል ኣምላኽ ምዝካር፡ እኹል እዩ። ሓጢኣት፡ ወላ፡ ኣብ ሓንቲ መዓልቲ፡ ሽሕ ግዜ ሽሕ እንተ ንምንዝር ወይ እንተንቐትል፡ካብዚ (ካብ የሱስ)፡ ፍጹም ክፈልየና ኣይክእልን እዩ።*

ካብ'ዚ ተበጊሰና፡ ማርቲን ሉተር፡ 'ሓንሳእ ምስ ደሓንካ፡ ብድሕሪኡ እንታይ ትገብር ብዘየገድስ፡ ኩሉ ግዜ ድሒንካ ኢኻ፡' ዝብል ርድኢት፡ ከም ዝነበሮ፡ ክንግምግም ንኽእል ኢና። (ኣብ ምዕራፍ ሓደ፡ ርድኢት ኣልፋ ኢልናዮ ዘለና።)

እዚ ኣብ መንጎ መላንክቶንን ሉተርን ዝነበረ ፍልልያት፡ ኣብ ምንቅስቓስ ተሃድሶ ከኒሻ፡ ምፍልላይ ኣምጺኡ እዩ። እዚ ኣብ መንጎ ሰዓብቲ መላንክቶንን ሉተርን ዝነበረ ምፍልላይ፡ ብስምምዕ፡ 'ፎርሙላ ኦፍ ኮንኮርድ' ናይ 1577፡ ኣኽቲሙ። ውጽኢት ናይዚ ስምምዕ፡ ምጽዳቕ ናይ ሉተር ትምህርታት ብዛዕባ ቅድመ-ምደባን ዘይምህላው ነጻ ምርጫን፡ እዩ ኔሩ። እዚ ስምምዕ፡ ሉተራውያን፡ ንኣገዳስነት ቅድሰና *(sanctification)* ኣብ ምድሓን ኣወንዚፎም፡ ንጽድቂ *(justification)* ጥራይ ከም ሕመረት ምድሓን ከም ዝርእዩ ጌርዎም።

ካልቪንን ኣርሚንዩስን

ጆን ካልቪን ዝበሃል ፈረንሳዊ ጠበቓ ሕጊ፡ ወዲ 24 ዓመት እንከሎ፡ ነታ ብዙሕ ግዜ እንዳተማሓየሸት ዝተሓትመት፡ *'Institutes of Christian Religion'* ('መሰረታት እምነት ክርስትና')፡ እትብል መጽሓፉ፡ ጽሒፉዋ።

እዛ ሰፊሕ ስነ-መለኮታዊ መጽናዕቲ ዝሓዘለት መጽሓፉ፡ *'systematic Augustianism'*፡ ማለት፡ ሜላዊ መጽናዕቲ ናይ ኣውጉስቲን ትምህርታት፡ ተባሂላ ትፍለጥ እያ። ኣብ መንጎ ኣውጉስቲንን ካልቪንን ናይ ሽሕ ዓመታት

ፍልልይ እኳ እንተሃለወ፡ እዛ ናይ ካልቪን መጽሓፍ፡ ካብ ናይ ኣውጉስቲን ሓሳባት ብዙሕ እያ ትልቃሕ። ናይዛ መጽሓፍ ኣተኩሮ፡ ኣብ ናይ ኣምላኽ መለኮታዊ ልኡላውነትን ዘይምርመር ፍቓዱን፡ ቅድመ-ምደባዊ ሕርየት ዝድሕኑ ሰባትን *(predestining election)*፡ ክትጻረሮ ዘይትኽእል ጸጋን፡ እዩ። ይኹን እምበር፡ ካልቪን፡ ካብ ኣውጉስቲን ብኽልተ ነጥብታት ይፈላለ እዩ።

እቲ ቀዳማይ፡ ዘይከም ኣውጉስቲን፡ ካልቪን፡ የሱስ ክርስቶስ ንኹላ ዓለም እምበር፡ ንውሱናት ኣምላኽ ኣቐዲሙ ዝሓረዮም ሰባት ጥራይ ከም ዘይሞተ ይኣምን። ብዛዕባ ወንጌል ማርቆስ ክትንትን ከሎ፡ ካልቪን 'የሱስ ንዕዳ ሓጢኣት ብዘላ ዓለም ክኸፍል ከም ዝመጸ ዘካትዕ የለን፡' ክብል ጽሒፉ ኣሎ።

ካልኣይ፡ ካልቪን፡ ምድሓን ክጠፍእ ከም ዝኽእል ዘእንፍት መልእኽታት ሂቡ ኣሎ። ካልቪን ይብል፡ 'የሱስ ናብቲ ናይ መወዳእታ ዕላማ ምድሓንና ኣቢሉ እንተዘይመርሓና፡ ምድሓንና ዘይፍጹም ይኸውን። ስለዚ፡ ካብታ ካብ የሱስ፡ ቁሩብ ውን እንተኾነ፡ ንዝምብለላ እዋን ኣትሒዙ፡ እቲ ኣብ ክርስቶስ ብጽኑዕ ዝተሰረተ ምድሓንና ቐስ ብቐስ እንዳጠፍእ ይኸይድ እዩ። ብኸምዚ፡ ኩሎም እቶም ኣብኡ ዘየዕርፉ ዘበሉ፡ **ብፍታው ፍቓደም ንጸጋኡ ይሕረሙ።'**

ኩሉ ብሰም ካልቪን ዝበሃል፡ ካብ ካልቪን ዝመጸ ማለት ከም ዘይኮነን ሰሙ ከም ዘጽርፍን ክንፈልጥ ግቡእ እዩ። ከም ሓቂ፡ ንናይ ካልቪን ትምህርታት መልክዑ ቀይሩ ናብ ግብሪ ከውዕሎ ዝፈተነ፡ እቲ ቲዮዶር ቤዛ *(Theodore Beza)* ዝተባህለ ተካኢኡ እዩ። እዚ ኣባል ካልኣይ ወለዶ ምቅስቓስ ተሃድሶ ከንሻ ዝነበረ ቤዛ፡ ነቲ ኣቐዲምና ዝረኣናዮ ፍልልይ ሓሳብ ኣብ መንጎ ካልቪንን ኣውጉስቲንን ብምውንዛፍ፡ ነቲ 'ዉሱን ዕርቂ' (ማለት ክርስቶስ ኣምላኽ ኣቐዲሙ ንዝሓረዮም ዉሱናት ሰባት ጥራሕ እዩ ሞይቱ)፡ 'ክሳዕ መወዳእታ ምዕጋስ ቅዱሳን' (ማለት ዳግም ዝተወልደ ዘበለ ኩሉ ናይ ግድን ክሳዕ መወዳእታ ክዕገስ እዩ)፡ ዝብሉ ትምህርታት ናይ ኣውጉስቲን ዳግማይ ኣጽዲቕዎም። እዚ ትምህርታት ድማ 'ዝተሓደሰ ስነመለኮት' *(Reformed Theology)* ተባሂሉ እንዳተጸውዐ መጺኡ። ናይ ቤዛ ነገር፡ ተማሃራይ ካብ መምህሩ ንላዕሊ ኣኽራሪ ክኸውን እንከሎ፡ ዘርኢ ኣብነት እዩ።

ቤዛ፡ ኣብ ኣተረጋጉማኡን መደምደምታኡን ሚዛን ዝጎደሎ ሰብ እዩ ነሩ። ሕሉፍ ሓሊፉ፡ ኣምላኽ ቅድሚ ዝኾነ ሰብ ምፍጣሩ፡ ቅድሚ ውድቀት፡ ቅድሚ ምድሓን ኣድላዪ ምዃኑ፡ ዝድሕኑን ዘይድሕኑን መዲቡ ክኸውን ኣለዎ፡ ይብል። እዚ ኣበሃህላ፡ ኣምላኽ ንዝድሕኑን ዘይድሕኑን ባዕሉ ከም ዝፈጠሮም፡ ስለዚ ድማ ሓጢኣት ከይተረፈ ኣምላኽ ባዕሉ ከም ዝፈጠሮ፡ ናብ ዝብል ርድኢት ዝመርሕ እዩ። (እዚ ርድኢት ሱፕራላፕሳርያን ተባሂሉ

ዝፍለጥ፡ ኣብ ስነመለኮታዊ ግምት፡ *(theological speculation)*፡ እምበር ኣብ ቃል-ኣምላኽ ዘይተመርኮሰ ትምህርቲ እዩ ። ናይ ቤዛ ጽልዋ ኣብ መላእ ዓለም፡ ብፍላይ ድማ ኣብ ሰሜን ኤውሮጳ፡ ኣሰፋሕፊሑ እዩ።

እተን ፍሉጣት ሓሙሽተ ነጥብታት ናይ ካልቪኒዝም፡ ኣብ ሆላንድ፡ ከም ግብረ-መልሲ፡ ንትምህርታት ጀይኮብ ኣርሚንዩስ ዝተባህለ ሆላንዳዊ ሰብኣይ፡ ዝቖማ እየን። ኣርሚንዩስ፡ ብብዙሓት፡ ብጌጋ ከም ተቓዋሚ ናይ ካልቪን ትምህርቲ እዩ ዝውሰድ። ከም ሓቂ ግና፡ ካልቪን ክመውት እንከሎ፡ ኣርሚንዩስ ወዲ ኣርባዕተ ዓመት እዩ ኔሩ። ብርግጽ፡ ኣርሚንዩስ ናብ ጀነቫ ከም ተማሃራይ ስነ-መለኮት ኮይኑ ከይዱ ኔሩ እዩ። ግን ብቤዛ እዩ ተማሂሩ። ኣርሚንዩስ፡ ብናይ ቤዛ ትምህርቲ፡ ብፍላይ ድማ፡ በቲ፡ ቤዛ፡ ንመጽሓፍ ቅዱስ ምስ ትምህርቱ ንምትዕራቕ ዝገብሮ ዝነበረ ምቅይያር ገለ ቃላት ካብ ቃል ኣምላኽ፡ ደስ ኣይብሎን ኔሩ። (ንኣብነት፡ ኣብ እብራውያን ምዕራፍ 10.28-29 ዘሎ፡ ምስቲ ንሱ (ቤዛ) ዝምህሮ፡ 'ጻድቕ ንድሕሪት ተመሊሱ ክጠፍእ ኣይክእልን እዩ'፡ ኢሉ ዝምህሮ ትምህርቲ መታን ክኸደሉ፡ ብዛዕባ 'ዝኾነ ሰብ' *(any man)* ይዛረብ ከም ዘሎ ጌሩ እዩ ዘቕርቦ። እቲ ቓል ኣምላኽ ግና፡ 'ንሱ' ማለት 'he'፡ እዩ ዝብል እምበር 'ዝኾነ ሰብ' ኣይኮነን ዝብል) ።

> *How much worse punishment, do you think,* ***will he be judged*** *worthy of, who has trodden under foot the Son of God, and has counted the blood of the covenant with which he was sanctified an unholy thing, and has insulted the Spirit of grace፧ እብ 10.29*

> ***[ንሱ]*** *ንወዲ ኣምላኽ ዝረገጸ፡ ነቲ እተቐደሰሉ ደም ኪዳን ከኣ ዘርከሰ፡ ንመንፈስ ጸጋውን ዝጸረፈ ግዳ ኽንደይ ዝገደደ ቕጽዓት ዘይግብኦ ይመስለኩም። እብ 10.29*

ኣርሚንዩስ፡ ኣብ ጀነቫን ባዝልን ተማሂሩ ናብ ዓዱ ሆላንድ ምስ ተመልሰ፡ ኣብ ለይደን ዝበሃል ፕሮፈሰር ኮይኑ ክሰርሕ ጀሚሩ። ካብዚ ኣትሒዙ ድማ፡ ነቲ ኣዕናዊ ዝበሎ ጽልዋ ትምህርታት ናይ ቤዛ ብንጥፈት ክቃወሞን ኣንጻሩ ክምህርን ጀሚሩ።

ኣሪሚንዩስ፡ ብዛዕባ ቅድመ-ምደባ ኣመልኪቱ፡ ናይ ኣምላኽ ሕርየት ኣብ ቅድመ-ፍልጠቱ ዝተመርኮሰ እዩ ኢሉ ይምህር። ኣምላኽ፡ ንኹሎም ብንሰሓ ናብኡ ዝመጹ፡ ዝኣምኑን ክሳዕ መወዳእታ ዝዕገሱን ከድሕኖም እዩ። ኣምላኽ፡

መን ብንሰሓ ናብኡ ከም ዝመጽእ፡ መን ከም ዝኣምንን ክሳዕ መወዳእታ ከም ዝዕገስን፡ ኣቐዲሙ ስለ ዝፈልጥ፡ ካብዚ ቅድመ-ፍልጠት ተበጊሱ ናብ ክብሪ ክምድቦም ይኽእል።

ቀጺሉ፡ ይብል ኣርሚንዩስ፡ ጸጋ ንኹሉ ክወሃብ ዝኽእል እኳ እንተኾነ፡ ኩሎም ግን ነዚ ጸጋ ክቕበሉ ርእሶም ኣይህቡን እዮም። እቲ ቀዳማይ ጸጋ *(prevenient grace)*፡ ማለት፡ እቲ ነቲ ናይ ምድሓን መሰርሕ ኣባና ዝጅምር ጸጋ፡ ሰባት ንወንጌል ክቕበሉ ወይ ክነጽጉ ዕድል ይህቦም እኳ እንተኾነ፡ ነቲ ቅኑዕ ወይ ግጉይ ምርጫ ንኽመርጹ ግና ፍጹም ኣይግድዶምን እዩ። ስለዚ፡ ኣብ ምድሓን፡ ፍቓድ ሰብ ምስ ፍቓድ ኣምላኽ ክተሓባበር ኣለዎ። ምድሓን ክፍጸም እንተኾይኑ ድማ፡ እዚ ምትሕብባር ኣብ መንጎ ፍቓድ ሰብን ፍቓድ ኣምላኽን ቀጻሊ ክኸውን ኣለዎ። ስለዚ፡ ካብ ጸጋ ምሉእ ብምሉእ ክትወድቕ ይከኣል እዩ።

ሕመረት ሓሳብ ናይ ኣርሚንዩስ፡ ሰብ ንናይ ኣምላኽ ጸጋ፡ ቅድሚ ኣማኒ ምኻኑን ድሕሪኡን፡ ክጻረርን ክነጽጎን ይኽእል እዩ፡ ዝብል እዩ። ጸጋ፡ ኣብ ልዕሊ ዝኾነ ሰብ፡ ብዘይ ፍቓድ እቲ ሰብ፡ ክወሃብ ኣይከኣልን እዩ፡ ኣብቲ ሰብ ክሰርሕን ውጽኢታዊ ክኸውንን እንተኾይኑ ድማ ናይቲ ሰብ ኣወንታዊ መልሲ የድልዮ።

ኣርሚንዩስ ብህይወቱ እንከሎ፡ ብዛዕባ እዚ ትምህርቱ ወልሓንቲ ቀጥታዊ ተቓውሞ ኣይረኸበን። ብኣንጻሩ፡ ካብቲ ቅዱስ ኣካይዳኡን ንኣምላኽ ዝተወፈየ ህይወቱን ዝተላዕለ፡ ወልሓደ ደፊሩ ከጥቅዖ ዝፈተነ ኣይነበረን፡ ይበሃል። ኣብ ወግዓዊ ሰርሑ እንከሎ፡ ሓደ ካብቲ ኣብ ቅድሚ ሰብ ተሓቲቱ ዝሃቦ መልሲ ገላጺ እዩ፡

‘ሕጂ፡ ኣብዛ ቦታ፡ ብሓቅን ብግህደን ከረጋግጸልኩም፡ ሓደ ናይ ብሓቂ ዝኣምን ሰብ ፈጺሙ ወይ መወዳእታ ካብ ጸጋ ወዲቑ ክጠፍእ ከም ዝኽእል ምሂረ ኣይፈልጥን እየ።’ እዚ ምስ በለ ግና፡ ‘ናይ ብሓቂ ኣማኒ ሓደ ክሳዕ መወዳእታ ኣብ እምነት ዝነብር ማለት እዩ፡’ ኢሉ ይገልጽ።

(ብተመሳሳሊ፡ ካልቪን፡ ኣብ መንጎ ግዝያዊ እምነትን፡ ናይ ብሓቂ እምነትን ይፈላሊ እዩ። ነቲ ናይ ብሓቂ እምነት ዝብሎ ጥራይ እዩ ድማ ‘ዘድሕን እምነት’ ኢሉ ዝገልጾ።)

ኣርሚንዩስ፡ ከምቲ ንካልቪን ዘጋጠሞ፡ ትምህርቱ ብተኻእቱ ተጨውዩ እዩ። ግሮትየስ፡ ሓደ ካብ ተኻእቲ ኣርሚንዩስ፡ ን ፔናል ሳብስቲቱሽን ቲዮሪ፡ ማለት፡ ክርስቶስ ነቲ ብሰንኪ ሓጢኣት ዝግበኣና ዝነበረ መቕጻዕቲ ከፊልዎ

ስለ ዝኾነ፡ እቶም ንክርስቶስ ተቐቢሎም ናብ ኣምላኽ ዝመጹ፡ ሕድገት ሓጢኣት ረኺቦም ምስ ኣምላኽ ክተዓረቑ ይኽእሉ እዮም፡ ዝብል ትምህርቲ ተቓዊምዎ። ኤጲስቆጶዱስ ዝበሃል ድማ፡ ንኣምላኽነት ክርስቶስን መንፈስ ቅዱስን ዝኽሕድ ሰብ ኔሩ።

ይኹን እምበር፡ ምስፍሕፋሕ ትምህርቲ ኣርሚንዩስ፡ ንትምህርታት እታ 'ዝተሓደሰት ቤተክርስትያን' *(Reformed Church)* ኣስጋኢ እንዳኾነ መጺኡ። ሰዓብቲ ኣርሚንዩስ፡ ንትምህርታት ተካኢ ካልቪን ዝኾነ፡ ቤዛ፡ ይቃወሙ ብምንባሮም ንዕኦም 'ተጻረርቲ' *(Remonstrants)* ነቲ ምንቅስቓሶም ድማ 'ምጽራር' *(Remonstrance)* ኢሎም ክጽውዕዎም ጀሚሮም። እዚ ኹሉ፡ ድሕሪ ሞት ኣርሚንዩስ፡ ድሕሪ ሓደ ዓመት ኣቢሉ ዝተፈጸመ እዩ።

ኣብ 1618 ዓ.ም.፡ ሲኖዶስ ናይ ዶርት፡ እዚ ምፍልላያት ንዘሰዓቦ ቅልውላው ንምፍታሕ ጻውዒት ቀሪብሉ። እቶም ተጻረርቲ ተባሂሎም ዝተጸውዑ፡ ዝኽተልዋ ትምህርቲ ሓውሲ-ፔላጅያውነት (ናይ ፔላጅዩስ ትምህርቲ) ከም ዝኾነ ክሲ ቀሪብሎም። እዚ፡ ንትምህርቲ ኣርሚንዩስ ምስ ትምህርቲ ፔላጅዩስ ከም ዝሰማማዕ ጌርካ ምቕራብ፡ ነቶም ንትምህርቲ ኣውጉስቲን ዝተጻረሩ ሰዓብቲ ኣርሚንዩስ፡ ሰሞም ኣጸሊምካ ገበነኛታት ኮይኖም ከም ዝረኣዩ ንምግባር፡ ዝዓለመ ሜላ እዩ ኔሩ። ንትምህርታት ኣውጉስቲን ብዛዕባ፡ ዕርቂ ምስ ኣምላኽ፡ (ማለት፡ መቕጻዕቲ ሓጢኣት፡ ክልተ ግዜ፡ ካብ የሱስ ክርስቶስን ካብቲ ዘይተናሰሐ ሓጥእን ክኽፈል ስለ ዘይክእል፡ የሱስ ክርስቶስ መቕጻዕቲ ናይቶም 'ዝተሓርዩ' ጥራሕ እዩ ከፊሉ ዝብል)፡ ብዛዕባ ውሕስነት ምድሓን፡ (ማለት፡ ብዛዕባ መወዳእታ ምድሓን ሓደ ርግጸኛ ክኸውን ዝኽእል የለን ዝብል)፡ ኣፍሪሰኩም ተባሂሎም ክሲ ቀሪብሎም።

ሲኖድ ናይ ዶርት፡ ንሓሙሽተ ሓሳባት ናይ ኣርሚንዩስ ብምቅዋም፡ ነዘን ዝሰዕባ ሓሙሽተ ኣንጻር ነጥብታት ነዲፉ፡

- ፍጹም ክፍኣት ሰብ *(Total Depravity)*
- ዘይቅድመ-ኩነታዊ ሕርየት *(Unconditional Election)*
- ንውሑዳት ምሩጻት ጥራይ ዝምልከት ምኽፋል ዕዳ ሓጢኣት *(Limited Atonement)*
- ክትጻረሮ ዘይትኽእል ጸጋ *(Irresistible Grace)*
- ትዕግስቲ ክሳዕ መወዳእታ ቅዱሳን *(Perseverance of the Saints)*

እዘን ሓሙሽተ ነጥብታት *(T-U-L-I-P)* ብዝብል ኣሕጽሮተ-ቃል እየን

ዝፍለጣ። ኣጋጣሚ ኮይኑ፡ ቱሊፕ *(Tulip)* ዝብል ቃል፡ ነቲ ህቡብ ፍርያት ናይ ሆላንድ ዝኾነ ዕምባባ ዝውክል እዩ። (ሆላንድ ብግራውቲ ዕምባባታት ትፍለጥ ሃገር እያ) ።

ነዘን ሓሙሽተ ነጥብታት፡ ኣብ ሆላንድ፡ ፈረንሳ፡ ደቡብ ኣፍሪቃ ዝነበሩ ኣገልገልቲ ክፍርሙለን ተገዲዶም እዮም። እቶም ነዘን ሓሙሽተ ነጥብታት ምፍራም ዝኣበዩ ኣገልገልቲ ድማ፡ ካብ ኣገልግሎቶም ተባሪሮም ክሰደዱ ተገደዲዶም። ብኸምዚ ኣገባብ፡ ትምህርታት ኣርሚንዩስ ተዓፊኖም ተሪፎም፡ ክሳዕ ሎሚ ድማ፡ ኣብ ሃገረ ሆላንድ ፍሉጣት ኣይኮኑን።

እዘን ብሲኖድ ናይ ዶርት ዝቖማ ሓሙሽተ ነጥብታት፡ ኣብቲ ኣብ 1646 ዝተኻየደ ናይ ዌስትሚኒስተር ጉባኤ፡ መሰረታዊ ጽልዋ እዩ ኔሩወን። ዕላማ ጉባኤ ዌስትሚኒስተር፡ ኣብ ዓዲ እንግሊዝን ስኮትላንድን ንዝነበራ ቤተክርስትያናት ከሕብረን ዝኽእል ሰረተ-እምነታዊ ኑዛዜ ንምንዳፍ እዩ ኔሩ። እዚ ናይ ዌስትሚኒስተር ኑዛዜ፡ ንትምህርቲ ድርብ ቅድመ-ምደባ *(Double predestination)* (ማለት፡ ዝድሕኑን ዝጠፍኡን ኣቐዲሞም ብኣምላኽ ተመዲቦም እዮም ዝብል ትምህርቲ)፡ ከምኡ ውን ንትምህርቲ፡ 'ምዕጋስ ክሳዕ መወዳእታ ቅዱሳን'፡ ከም ዶግማ ብምጽዳቑ፡ ንትምህርቲ ካልቪን ዘይኮነስ፡ ንትምህርቲ ቤዛ ዘድመቐ እዩ ኔሩ።

እዚ ኑዛዜ ዌስትሚኒስተር *(Westminister Confession)* ተባሂሉ ዝፍለጥ ውጽኢት ጉባኤ ዌስትሚኒስተር፡ ብቤተክርስትያን ስኮትላንድ እምበር፡ በታ ናይ ዓዲ እንግሊዝ ቤተክርስትያን ተቐባልነት ኣይረኸበን። (እታ ቤተክርስትያን ናይ ስኮትላንድ፡ ንኑዛዜ ዌስትሚኒስተር ክትቅበሎ ዝጸለዋ ቀንዲ ትሕዝቶ፡ እቲ ብዛዕባ ምኽባር ሰንበት ዝምልከት፡ ትሕዝቶ ናይቲ ኑዛዜ እዩ ኔሩ *('Sabbatarian' view of Sunday)* ። ይኹን እምበር፡ መብዛሕትኦም ናይ ዓዲ እንግሊዝ ኣገልገልቲ ፕዩሪታንስ[4]፡ ብጀካ ሓደ ጉድዊን ዝበሃል፡ ንትምህርቲ ስነ-መለኮት ናይ ካልቪን ኣጥቢቖም ይኽተሉ ኔሮም እዮም።

ጸኒሖም፡ ቤተ-ክርስትያን ዓዲ እንግሊዝ፡ ዋጋ ዕዳጋ ብምግባር፡ 'ማእከላይ ካልቪናውነት' ኣብ ዝብል 'ሚዛናዊ' ዝበልዎ ሓሳብ፡ ርዒሞም። ኣብቲ፡ ኩሎም ኣገልገልቲ ቤተክርስትያን ዓዲ እንግሊዝ ኮይኖም ዝተሸሙ ክሰማምዑሉ ዘለዎም፡ ሰላሳን ትሽዓተን ዓንቀጻት ዝሓዘለ መዝገብ፡ ከምዚ ዝብል፡ ምስ ኣርእስትና ዝኸይድ ጽሑፍ ኣሎ።

[4] ንምንቅስቓስ ተሃድሶ ከኒሻ ዓዲ እንግሊዝ፡ እኹል ኣይኮነን ብምባል፡ ኣብ'ታ ማሕበር፡ ዲሲፕሊን መንፈሳዊ ልምምድ ብምእታው፡ ናብ ፍጹም ጽሬት ቅድስና ከምጽኡ ዝፍትኑ ዝነበሩ ምንቅስቓስ።

ኩሉ፡ ድሕሪ ጥምቀት፡ ብፍታው ፍቓድ ዝግበር ናብ ሞት ዘብጽሕ ሓጢኣት፡ ናይ ግድን ሓጢኣት ኣንጻር መንፈስ ቅዱስን፡ ሕድገት ዘይረክብን ኣይኮነን። ስለ'ዚ፡ ከም፡ ድሕሪ ጥምቀት ናብ ሓጢኣት ምምላስ ተራእዩ፡ ንሰሓ ክንፈጎም ኣይግባእን። መንፈስ ቅዱስ ምስ ተቐበልና፡ ካብቲ ዝተዋህበና ጸጋ ክንእለ ንኽእል ኢና፤ ብጸጋ ኣምላኽ ግና፡ መሊስና ተንሲእና፡ ህይወትና ከነዐሪ፡ ይከኣል እዩ።

ተሰፋ ዳግመ-ምሕዳስ ከም ዘሎ ቅድሚ ምድምዳሙ፡ እዚ ዓንቀጽ፡ ብንጹር ኣስፊርዎ ዘሎ፡ ኣብ ዝተጠመቑ ኣመንቲ፡ ይቕረ ዘይበሃሎ ሓጢኣት ክህሉ ከም ዝኽእል፡ ካብ ካልኦት ነኣሽቱ ሓጢኣታት ድማ ከይትምለስ ከም ዝከኣልን፡ ዝብል እዩ። ስለዚ፡ ናይ ኣንግሊካን (ቤተክርስትያን ዓዲ-እንግሊዝ) ርድኢት፡ ምስ ርድኢት ኣርሚንያውያን ይመሳሰል እዩ። ሽሕ'ኳ ገሊኦም፡ እቲ ዝተጠቕምሉ ቃላት ንጹር ኣይኮነን፡ ብምባል ይማጎቱ እንተኾኑ።

እዞም ክልተ፡ ንካልቪንን ኣርሚንዩስን ብግቡእ ዘይውክሉ፡ ግን ከኣ፡ ብስም ካልቪንን ኣርሚንዩስን ተጸዊዖም ዘለዉ ተጻረርቲ ሓሳባት ብዛዕባ ምድሓን፡ ድሒሮም፡ ኣብ ጨናፍር እታ 'ነጻ ቤተክርስትያን ዓዲ እንግሊዝ' *('Free Church')* እትበሃል ተንጸባሪቖም ኣለዉ።

ዋይትፊልድን ዌስሊን

ኣብ መንጎ ቤተ-ክርስትያናት ናይ ስኮትላንድን፡ ናይ ዓዲ እንግሊዝን ዝነበረ ፍልልይ፡ ኣብ 18 ክፍለ-ዘመን ኣብ ዝነበረ ምንቕቓሕ፡ ጆርጅ ዋይትፊልድ ምስ ጆን ዌስሊ፡ ብዛዕባ 'ሓንሳእ ድሒንካ፡ ኩሉ ሳዕ ድሒንካ'፡ ድሕሪ ዝገበሮ መጎተ እዩ እንዳነጸረ መጺኡ። ክልቲኦም፡ ብሓንሳብ ዘገልግሉ፡ ኣባላት ናይታ ኣብ ኦክስፎርድ ዝነበረት ናይ ሜቶዲስት ክለብ እዮም ኔሮም። ኣብ ብሪስቶል ንዝነበሩ ሰራሕተኛታት ዕደና ማዕድን ድማ፡ ብሓደ ወንጌል ይሰብኩ ኔሮም። ኣብ መወዳእታኡ፡ ብሰንኪ፡ ብዛዕባ 'ሓንሳእ ድሒንካ፡ ኩሉ ሳዕ ድሒንካ' ዝነበሮም ዶክትሪናዊ ዘይምርድዳእ ተፈላልዮም።

ዌስሊ፡ ሽሕ'ኳ፡ ብዛዕባ ኣገዳስነት ጸጋ ኣምላኽ ኣብ ምድሓን ብንጹር ይዛረብ እንተነበረ፡ ንርእሱ ውን ናብ ትምህርቲ ካልቪን ከም ዝቐርብ ጌሩ እንተቖጸራ፡ ብሰባት ግና፡ ኣርሚንያዊ ተባሂሉ እዩ ዝጽዋዕ ዝነበረ። ዌስሊ፡ ኣብ ሰብከታቱ፡ ከምቲ ሓዉ ቻርልስ ኣብ መዛሙራቱ ዝብሎ ዝነበረ፡ ሕድገት ሓጢኣት ተገይርሉ ምሕረት ዝረኸበ ሰብ፡ ካብ ጸጋ ክወድቕ ከም ዝኽእል፡ ብንጹር ይምህር ኔሩ እዩ። ዌስሊ፡ ኣምላኽ፡ ንምንቅስቓስ ሜቶዲዝም፡ መጽሓፍ ቅዱሳዊ ቅድስና ኣብ ምድሪ ንምስፋሕ እዩ ኣተንሲእዎ፡ ዝብል

እምነት ኔርዋ። ንዌስሊ፡ ጽድቂ *(justification)*፡ ልክዕ ከም ቅድሰና *(sanctification)*፡ ንምድሓን (ማለት፡ መንግስቲ ሰማይ ንምውራስ)፡ ኣገዳሲ፡ እዩ። እንጸር፡ ግጉይ (ናይ ሓሶት) ሰምዒት ውሕስነት ብዛዕባ ምድሓንን፡ ንሱ ዘኽትሎ ሞራላዊ ሸለልትነትን፡ ኣምሪሩ ይጽሕፍን ይዛረብን ኔሩ። ነዚ እንዳገበረ ድማ፡ ንርእሱ ምስ ዋይትፊልድ፡ ቶፓልዲ (ጸሓፊ ናይታ 'ከውሒ ዘመናት/*Rock of Ages'* ትብል መዝሙር ውዳሴ)፡ ከምኡ ውን፡ ምስ ልዕልቲ ሃንቲንግዶን (ናታ ኮለጅን ኣብያተ ክርስትያናትን ዝነበራ)፡ ክትጻረር ረኺብዋ።

ድሒርም ዝመጹ ወንጌላውያን ውን ብዛዕባ 'ሓንሳእ ድሒንካ፡ ኩሉ ሳዕ ድሒንካ' ዝተፈላለየ ርድኢታት ኔርዎም። ኣብ ኣመሪካ፡ ጆናታን ኤድዋርድስ፡ ካልቪናዊ ኔሩ። ድዋይት ኤል ሙዲ ድማ፡ ኣርሚንያዊ ኔሩ።

ሎሚ'ኸ፡ ብዙሓት ወንጌላውያን ኢና ዝብሉ፡ ተኸተልቲ ዶክትሪን 'ሓንሳእ ድሒንካ፡ ኩሉ ሳዕ ድሒንካ' እዮም። ኣብ ለንደን ዝርከብ ቤት ጽሕፈት 'ምሕዝነት ወንጌላውያን' *(Evangelical Alliance)* ብስም ዋይትፊልድ እምበር ብስም ዌስሊ ዘይምስያሙ፡ ሱቕ ኢሉ ኣይኮነን። ጽልዋ ናይቶም ኣብ 'ሓንሳእ ድሒንካ፡ ኩሉ ሳዕ ድሒንካ' ኣጥቢቖም ዝኣምኑ፡ ኣሕዋት (Brethren)፡ ተባሂሎም ዝፍለጡ ዝነበሩ፡ ኣብ ምዝርጋሕ ትምህርቲ 'ሓንሳእ ድሒንካ፡ ኩሉ ሳዕ ድሒንካ'፡ ምስ ቁጽሮም ዘይዳረግ እዩ። ታሪኻዊ ጽልዋ ስነ-መለኮት ናይ ፕዩሪታናውያን *(Puritans)*፡ ኣብ ኣገልግሎት፡ ዶክተር ማርቲን ሎይድ-ጆንስ፡ ኣብ ቤተክርስትያን ዌስትሚኒስተር፡ ዓቢ ተራ ኔርዋ እዩ። (ተካኢ ናይ ሎይድ-ጆንስ፣ ዶር. ኣር. ቲ. ኬንዳል፡ ልክዕ ከምዛ መጽሓፍ ናተይ፡ 'ሓንሳእ ድሒንካ፡ ኩሉ ሳዕ ድሒንካ' ዘርእስታ፡ ግና ብዘይ ምልክት ሕቶ፡ ጽሒፉ ኣሎ) ።

እዚ ማለት ግና፡ ዝበዝሑ ወንጌላውያን፡ ነተን ሓሙሽተ ነጥብታት ካልቪናውያን፡ ይቕበልወን እዮም ማለት ኣይኮነን። ዶር. ጂም ፓከር ዝበሃል፡ ኣብ ቫንኮቨር ዝርከብ ሪጀንት ኮለጅ ዝምህር፣ እተን 5 ነጥብታት ካልቪን፡ ካብ ሓድሕደን ፈላሊኻ ክረኣያ ዘይክእላ፣ ንሓንቲ ካብአን ፈሊኻ ምቕባል ድማ፡ ንኹለን ትርጉም ከም ዘይብለን ምግባር እዩ፡ ኢሉ ተማጉቱ ኣሎ። 'እተን ሓሙሽተ ነጥብታት ካልቪናውያን፡ ብሓንሳብ ዝኸዳ እየን፤ ንኹለን ከይነጸግካ ድማ፡ ንሓንቲ ካብአን ክትነጽግ ኣይከኣልን እዩ፡ ይብል።' (ምንጪ፡ *Among God's Giants, Kingsway, 1991, p.169)* ።

ኣነ ምስዚ ዝበሎ ይሰማማዕ እየ። ንኣብነት፡ ምዕጋስ ቅዱሳን ክሳዕ መወዳእታ፡ ኣብ'ቲ ክትጻረሮ ዘይትኽእል ጸጋ ኣምላኽ፡ ዝተመርኮሰ እዩ። ይኹን እምበር፡ ዳይረክተር ምሕዝነት ወንጌላውያን፡ ክሊቭ ካልቨር፡ እተን ናይ መጀመርታ ኣርባዕተ ነጥብታት ካልቪን፡ ብፍላይ ኣብቶም ብዕድመ

ሓንሳእ ድሒንካ፡ ኩሉ ሳዕ ድሒንካ፧

ዝነኣሱ ኣመንቲ፡ ብዙሕ ሰዓብቲ ዘይብለን እናኾና ይመጸ ኣለዋ፡ ኢሉ ነጊሩኒ ኣሎ። ይኹን እምበር፡ ነታ ሓምሰይቲ ነጥቢ ግን (ምዕጋስ ቅዱሳን ክሳዕ መወዳእታ) ኣጽኒዖም ክሕዝዋ እዮም ዝደልዩ። ምኽንያቱ፡ ናይ’ዚ ወለዶ’ዚ ክቱር ድሌት፡ ውሕስነት ምድሓን እዩ። ነተን ቀዳሞት ኣርባዕተ ነጥብታት ካልቪን ገዲፎም፡ ነታ ሓምሰይቲ ነጥቢ፡ ማለት ክሳዕ መወዳእታ ምዕጋስ ቅዱሳን፡ ክሳዕ መዓስ ኣጺኒዖም ክሕዝዋ እዮም፡ ኣብ ቀጻሊ ዝርአ ይኸውን።

ካብ ቁጽሪ ወንጌላውያን ንላዕሊ፡ ብፍላይ ኣብ ሳልሳይ ዓለም፡ ብቑጽሪ እንዳዓበየ ዝኸይድ ዘሎ፡ ቁጽሪ ጴንጠ *(Pentecostals)* እዩ። ጴንጠን ወንጌላውያንን ኣብ ሓደ ወንጌል ዝኣምኑን፡ ብቃል ኣምላኽ ድማ ተመሳሳሊ ርትዒ ዘለዎም እኳ እንተኾኑ፡ ጴንጠ ግን፡ ንጥምቀትን፡ ውህበታትን መንፈስ ቅዱስን ኣብ ዘመንና ፍሉይ ኣተኩሮ እዮም ዝህብዎ።

ጴንጠ ናብ ኣርሚናውያን እዮም ዝቐርቡ። ምኽንያቱ፡ ኣመጻጽኣ ጴንጠ፡ ምስቲ፡ ካብቲ ናይ 18 ክፍለ-ዘመን ምንቕቓሕ ጆን ዌስሊ ዝተበገሰ፡ ናይ 19 ክፍለ-ዘመን ምንቅስቓስ ቅድስና *(Holiness Movement)* እዩ ዝተኣሳሰር። ውሑዳት ካብ ጴንጠ፡ ንገለ ትምህርታት ናይ ሰነ-መለኮት ተሃድሶ *(Reformed Theology)* ይቕበሉ እዮም። ይኹን እምበር፡ መብዛሕትኦም፡ ን ‘ሓንሳእ ድሒንካ፡ ኩሉ ሳዕ ድሒንካ’ ኣይድግፉን እዮም።

እዚ ዘለናዮ መበል 21 ክፍለ-ዘመን፡ ብዙሓት ካብ ትምህርቲ ‘ሓንሳእ ድሒንካ፡ ኩሉ ሳዕ ድሒንካ’ ዝእለይሉ ዘመን ክኸውን ይኽእል እዩ። ኣብዚ ምእላይ ካብዚ ትምህርቲ፡ እዛ መጽሓፍ ንኡስ ተራ ክትጻወት ትኽእል ትኸውን። ብትዕግስቲ ጸኒሕና ክንርእዮ ኢና። ንዘመናት ብኽንክን ዝተታሕዙ ልምዳውያን ትምህርትታት ብቐሊሉ ዝግደፉ ኣይኮኑን፡ ሽሕ’ኳ እዚ ዘመንና ቅልጡፍ ለውጥታት ቅዲ ዝረኣየሉ እንተኾነ።

ኣብ መወዳእታ፡ ናይ ክልተ ሽሕ ዓመት ታሪኽ ቤተክርስትያን፡ ሽሕ’ኳ ኣብ ሓንቲ ኣርእስቲ ጥራሕ ዘተኮረ ጥራይ እንተኾነ፡ ኣብ ሓንቲ ሓጻር ምዕራፍ ክትሸፍኖ ግን ዝከኣል ኣይኮነን። ግን፡ እዚ ዘቕረብክዎ ትንታኔ ብዛዕባ ታሪኻዊ ኣመጻጽኣ ‘ሓንሳእ ድሒንካ፡ ኩሉ ሳዕ ድሒንካ’፡ ሰፊሕ እኳ እንተዘይኮነ፡ ኣድልዎ ብዘይብሉ ኣገባብ ኣቕሪበዮ እንተኾይነ ክፈርድ ንኣንባቢ ይገድፎ። ሓንቲ ካብ ኣንባቢ ዝጠልባ፡ ዝኾነ ክሲ ኣንጻር እዚ ዘቕረብክዎ ትንታኔ ታሪኽ ምስ ዝህሉ፡ ኣብ ጽጹይ መጽናዕቲ ታሪኽ ቤተክርስትያን እምበር፡ ኣብ ውልቃዊ ምርጫ ዶክትሪን ዝተመርኮሰ ከይከውን፡ ብትሕትና ይላቦ።

ነቲ ናይ ዘመናት ታሪኽ ቤተክርስትያን ክምርምር ኣብ ዝፈተንክሉ ግዜ፡ ካብ ዝገረመኒ ነገር፡ ኣብ መንጎ እዚ ሒዝናዮ ዘለና ኣርእስትን ካልኦት ዶክትሪናትን ዘሎ ተነጻጻርነት እዩ። እቲ ጎሊሑ ዝረኣይ፡ ታሪኻዊ

ጵልዋ ኣውጉስቲን፡ ኣብቲ ሰዒቡ ዝመጸ ዶክትሪናትን ልምድታትን እታ ቤተክርስትያን፡ ክሳዕ ክንደይ ዓቢ ምኳኑ እዩ። ኣውጉስቲን፡ ንካቶሊክን፡ ብመንገዲ ሉተርን ካልቪንን ኣቢሉ ድማ፡ ንከንሻ፡ ክሳዕ እዚ ዘለናዮ እዋን ቀሪጽወን እዩ። እቲ ዝገርም፡ ኣውጉስቲን፡ ንመጽናዕቲ መጽሓፍ ቅዱስ (ሰነ-መለኮት) ካብ ቋንቋ እብራይስጢ፡ ናብ ቋንቋ ግሪኽ ብምስግጋር፣ ካብ'ታ ናይ መጀመርታ ቤት-ክርስትያንን ካብ ሓድሽ ኪዳንን፡ ኣዝዩ ከም ዝዘምበለ፡ ውሑዳት ሰባት ጥራይ ምስትውዓሎም እዩ።

ዕቤት ጵልዋ ኣውጉስቲን፡ ኣብ'ቲ ኣውጉስቲን፡ ብዛዕባ ናይ ሽሕ ዓመት መንግስቲ ክርስቶስ ዝመሃሮ ብንጹር ክንርእዮ ንኽእል ኢና። ኣውጉስቲን፡ ናይ ሽሕ ዓመት ንግስነት የሱስ ኣብዛ ናይ ሕጂ ምድሪ፡ ኣብ መንጎ ምጽኣቱን እታ ናይ መወዳእታ መዓልቲ ፍርድን ዘሎ ግዜ፡ ከም ዝኸውን እዩ ዝምህር ኔሩ። እዚ ርድኢት፡ ኣብ ራእይ ዮሃንስ ምዕራፍ 19 ን 20 ን ዝተመርኮሰ እዩ። ኣብተን ቀዳሞት ውሑዳት ዘመናት ናይ ታሪኽ ቤተክርስትያን፡ እዚ ርድኢት ጥራሕ እዩ ግኑን ኔሩ። ኣውጉስቲን ከይተረፈ፡ ኣገልግሎቱ ክጅምር ከሎ፡ በዚ ርድኢት *(pre-millenialism)* እዩ፡ ጀሚሩ።

ድሒሩ ግን፡ እቲ ብዛዕባ ዝጭበጥ ነገር *(matter)* ዘበለ ዝነበሮ ፕላቶኣዊ ምጥርጣር (ማለት፡ ንነገር ዘበለ ምስ ጸልማት፡ ንመንፈሳዊ ዘበለ ድማ ምስ ብርሃን ምትሕሓዝ)፡ እቲ ናይ ሽሕ ዓመት ንግስነት የሱስ፡ ኣብ ክንዲ ድሕሪ ምጽኣት ክርስቶስ፡ ቅድሚ ምጽኣት ክርስቶስ፡ ኣብ ዘመን ቤተክርስትያን፡ እዩ ዝኸውን፡ ኢሉ ክምህር ደሪኹዎ። (ብኻልእ ኣዘራርባ፡ ራእይ ምዕራፍ 20 ቅድሚ ራእይ ምዕራፍ 19 እዩ ዝፍጸም ክብል ጀሚሩ።)

እዚ ትምህርቲ ኣውጉስቲን ብዛዕባ ሽሕ ዓመት መንግስቲ፡ መሰረት ናይቶም ድሒሮም ዝመጹ፡ ብዙሓት ናይ ሎሚ ቤተክርስትያናት ዝኽተልኦ ቀንዲ ርድኢታት ብዛዕባ ሽሕ ዓመት መንግስቲ፡ እዩ። እቲ ቀዳማይ፡ *'a-millennial'* (ብዘይ-ሽሕ ዓመት) ተባሂሉ ዝፍለጥ፡ ማለት' ናይ ሽሕ ዓመት ንግስነት ክርስቶስ ምስ ቅዱሳኑ ፍጹም የለን ዝብል፡ እዩ። እቲ ካልኣይ ድማ፡ *'post-millennial'* (ድሕሪ-ሽሕ ዓመት) ዝበሃል፡ ናይ ሽሕ ዓመት ንግስነት ክርስቶስ ምስ ቅዱሳኑ፡ ቅድሚ ክርስቶስ ምምጻኡ፡ ኣብ'ዛ ናይ ሕጂ ምድሪ ዝኸውን ናይ በረኸት ግዜ እዩ፡ ዝብል እዩ።

ኣውጉስቲን፡ ነቲ ናይ ሽሕ ዓመት መንግስቲ ትምህርቱ ካብ ዝምህር ኣትሒዙ፣ ብዛዕባ እታ ትመጽእ ሓዳስ ምድሪ ምዝራብ፡ ካብ ቤተክርስትያን ክጠፍእ ጀሚሩ። ናይ ሽሕ ዓመት ንግስነት ክርስቶስ ምስ ቅዱሳኑ፡ ኣብዛ ናይ ሕጂ ምድሪ፡ ድሕሪ ምጽኣት ክርስቶስን፡ ቅድሚ እታ ናይ መወዳእታ መዓልቲ ፍርድን እዩ *(pre-millenialism)*፡ ኢልካ ምዝራብ፡ በቲ ንትምህርቲ ፐላጅዩስ

ዝኾነን ጉባኤ፡ ከም ናይ ስሕተት ትምህርቲ ተቐጺሩ፡ ተኾኒኑ። ናይ ኣውጉስቲን ትምህርታት፡ ነታ ቤተክርስትያን፡ ኣዝዩ ካብ ምዕብላሉ ዝተላዕለ፡ ዝኾነ ዘይምስምማዕ ምስ ትምህርታት ኣውጉስቲን፡ ከም ስሕተት ክቑጸር ጀሚሩ። እቶጢ ድሒሮም ዝመጹ መራሕቲ ተሃድሶ ከንሻ *(Protestant Reformers)*፡ ነቲ ናይ ማእከላይ ዘመን ጌጋታት ናይ ካቶሊክ ቤተክርስትያን ክብድሁ ድሉዋት እኳ እንተ ነበሩ፡ ንናይ ኣውጉስቲን ትምህርታትን ነተን ብትምህርታቱ ዝተጸልዋ ጉባኤታትን ክብድሁ ግና ድሌት ኣይነበሮምን።

ሕጂ፡ ድሕሪ ምሕላፍ ክንደይ ዘመናት ጽልዋ ናይ ኣውጉስቲን፡ ኣብ ዘመንና ንትምህርታት ኣውጉስቲን ምብዳህ ዝያዳ ይኸብድ። ኣብ መበል ዕስራ ክፍለ-ዘመን ክርእ እንከሎ ከኣ'ሞ፡ ናይ ኣውጉስቲን ትምህርታት ምስ ሓድሽ ኪዳን ኣዝዩ ከም ዝቀራረብ ጥራሕ ዘይኮነስ፡ ከም መቐጸልታ ትምህርታት ሃዋርያትን፡ ከም ውርሻ እታ ቀዳመይቲ ቤት-ክርስትያን እዩ ዝቑጸር። ዝኾነ ኣብ መንጎ ትምህርታት ኣውጉስቲንን ትምህርቲ ሃዋርያትን ዘሎ ፍልልይ ከጽንዕ ንዝብገስ ሰብ፡ እቲ ዝረኽቦ ፍልልያት፡ ከም ሓድሽ ምግላጽ ኮይኑ እዩ ዝረኣዮ።

ናይ ኣውጉስቲን ትምህርታት፡ ኣብ ክርስትና መሰረታዊ ለውጢ ካብ ዘምጽኡን፡ ኣብ ማሕበር ክርስቶስ ድማ ናይ ብሓቂ ምፍልልያት ካብ ዝፈጠሩን እዮም። ከም ኣብነት፡ ሓደ ካብቲ ፍልልያት፡ እቶም ኣቐዲምና ዝረኣናዮም፡ ሰለስተ ዝተፈላለዩ ርድኢታት ብዛዕባ ካልኣይ ምጽኣት ክርስቶስን ንግስነት ሽሕ ዓመትን እዮም። እቲ ፍልልይ፡ ኣብ መንጎ፡ ቅድመ-ሽሕ ዓመትን *(pre-millennialism)*፣ ድሕረ-ሽሕ ዓመትን *(post-millennialism)*፡ ብዘይ-ሽሕ ዓመትን *(amillennialism)* እዩ። እዞም ሰለስተ ርድኢታት ኣብታ ማሕበር ክርስቶስ ካብ ምስፍሕፋሖም ዝተላዕለ፡ ብዙሓት ሰባት፡ ንሰለስቲኡ ርድኢታት ብማዕረ፡ መጽሓፍ ቅዱሳውያን ትምህርታት ጌሮም ብምውሳድ፡ ነየናይ ዶክትሪን ከም ትኣምን ምውሳን፡ ናይ ውልቂ ምርጫ ከም ዝኾነ ንኽሓስቡ ጌርዎም እዩ። እቲ ዘሕዝን፡ እዚ ኣርእስቲ፡ ብመጽሓፍ ቅዱስ ንጹር መልሲ ዘይርከቦ፡ ከቢድ ግድል ጌርካ ሰለ ዝተወሰደ፡ ብዛዕብኡ ሰረታዊ ምርጫ ክትገብር ከም ዘይከኣል ጌርካ ምቑጻሩ እዩ። ከም ውጽኢት ናይዚ ኣተሓሳስባ፡ ኣርእስቲ ካልኣይ ምጽኣት ክርስቶስ፡ ብኣገዳስነቱ ካልኣዊ ኮይኑ ንረኽቦ።

ብዛዕባ እዚ ንዛረበሉ ዘለና ኣርእስቲ፡ 'ሓንሳእ ድሒንካ፡ ኩሉ ሳዕ ድሒንካ' ድማ ልክዕ ከምዚ እዩ ኣጋጢሙ። ናይ ኣውጉስቲን ርድኢት ብዛዕባ ጸጋ፡ ቅድመ-ምደባ፡ ሓጢኣት ሰብ፡ ወዘተ፡ መሰረት ናይተን ሓሙሽተ ነጥብታት ካልቪናውነት ኣብ ርእሲ ምኳኑ፡ ንክርስትያናት ናብ ክልተ፡ ካልቪናውያንን

ኣርሚናውያንን ዝበሃሉ ጉጅለታት፡ ከም ዝገማምዑ ጌርዎም ኣሎ። እዚ ፍልልያት ድማ፡ ነዞም ክልተ ጉጅለታት፡ ንሓድሕዶም ከም ከሓድትን ንቓል ኣምላኽ ዘይእሙናትን ጌሮም ከም ክካሰሱ ጌርዎም ይርከብ። ከም ዝመስለኒ፡ እዚ ምግምማዕ ማሕበር ክርስቶስን፡ ንሱ ዘሰዓቦ ኣዝዩ ዘሕዝን ህሉው ኩነታትን፡ ብዘይ ኣውጉስቲን ኣይመጋጠመን ኔሩ።

ምናልባት ንኹልና ዘድልየና ነገር፡ ኣባል ማሕበር ክርስቶስ ካብ ንኸውን ኣትሒዝና፡ ክሳዕ ክንደይ፡ ብታሪኻዊ ልምድታት ቤተክርስትያን ከም ዝተጸሎና ክንፈልጥ እዩ። በዚ መሰረት፡ ቃል ኣምላኽ ከነንብብ ከሎና፡ ንቃል ኣምላኽ፡ በቲ ካብ ጽልዋ ታሪኻዊ ልምድታት ቤተክርስትያን ዝሓዝናዮ ርድኢታት ጌርና ከይንርእዮን፡ ንዕኡ ከረጋግጸልና ኢልና ከይነንብቦን ኣዚና ክንጥንቀቕ ይግብኣና።

ብተወሳኺ፡ ብዛዕባ ፍልልያትና ክንላዘብ እንከለና፡ ነቲ ንሰማማዓሉ ነጥብታት ምዝካር ከድልየና እዩ። ከም ሓቂ፡ እቶም ናይ ብሓቂ ካልቪናውያን (ማለት፡ ነቲ ኦሜጋ ዝበሃል ርድኢት ብዛዕባ 'ሓንሳእ ድሒንካ፡ ኩሉ ሳዕ ድሒንካ' ዝኽተሉ)፡ ምስ ኣርሚናውያን ብዙሕ ተመሳሳልነት እዩ ዘለዎም። ክልቲኦም፡ ነቲ ሓንሳእ ምስ ደሓንካ፡ ዝገበርካ እንተ ገበርካ፡ (ናብ ሓጢኣት እኳ እንተተመለስካ)፡ ድሒንካ ኢኻ፡ ዝብል ትምህርቲ፡ ኣይቅበልዎን እዮም። ክልቲኦም፡ እቶም ክሳዕ መወዳእታ ኣብ እምነት ብትዕግስቲ ደው ዝብሉ ጥራይ፡ ኣብ መወዳእታ ከም ዝድሕኑ፡ ይሰማምዑ። እቲ ኣገዳሲ ፍልልይ ኣብ መንጎ ክልቲኦም፡ ካልቪናዉያን፡ ዝኾነ ይኹን፡ ክሳዕ መወዳእታ፡ ኣብ እምነት ደው ኢሉ ዘይዕገስ፡ ካብ መጀመርታ'ውን፡ ናይ ብሓቂ ዘይደሓነ እዩ ኢሎም ምእማኖም እዩ። ብኣንጻሩ፡ ኣርሚናውያን፡ ኩሎም'ኳ እንተዘይኮኑ፡ ገለ ካብቶም ንድሕሪት ዝምለሱ፡ ናይ ብሓቂ ድሒኖም ዝነበሩ ኣመንቲ እዮም፡ ይብሉ።

ካብዚ ኣብ ላዕሊ ዝረኣናዮ ወጻኢ፡ ክንርእዮም ዝግበኣና፡ ካልኦት ክብድ ዝበሉ ፍልልያት ኣብ መንጎ ካልቪናውያንን ኣርሚናውያንን ኣለዉ። ነዚኦም፡ ኣብ ዝቕጽል ምዕራፍ፡ ከነጽንዮም ኢና።

ምዕራፍ ሓሙሽተ

ስነ-መለኮታዊ መጎተታት

ነዚ ክሳዕ ሕጂ ዝረኣናዮ ትሕዝቶ እዛ መጽሓፍ ኣጸቢቕም ዘየስተውዓልሉ ኣንበብቲ፡ እዛ መጽሓፍ ተጣባቒት ርድኢት ኣርሚናውያን፡ ብዛዕባ 'ሓንሳእ ድሒንካ፡ ኩሉ ሳዕ ድሒንካ' እያ፡ ኢሎም ክድምድሙ ይኽእሉ እዮም።

መሰረት እቲ ሰዓብቲ ርድኢት ኣልፋ፡ ኣንጻር ኣርሚንያዊ ርድኢት ብዛዕባ ምድሓን ዝገብርዎ ተቓውሞ፡ ስነ-ኣእምሮኣዊ *(psychological)* እዩ። እዚ ማለት፡ መጎትኦም ካብቲ ዘለዎም ክቱርድ ድሌት ውሕስነት ምድሓን ዝነቅል እዩ። ብኣንጻሩ፡ ተኸተልቲ ርድኢት ኦሜጋ፡ ኣንጻር ኣርሚናውያን ዘለዎም ተቓውሞ፡ መሰረቱ ስነ-መለኮታዊ *(theological)* እዩ። እዚ ማለት፡ መጎትኦም፡ ኣርሚናውያን ብዛዕባ ምድሓን ዘለዎም ርድኢት ሰሑት ከም ዝኾነ እዮም ዝኸሱ።

ቀጺልና፡ ሓሙሽተ ካብቶም ቀንዲ መጎተታት ካልቪናውያን፡ ኣንጻር ኣርሚንያዊ ርድኢት ብዛዕባ ምድሓን፡ ኣብዛ ምዕራፍ ብዝርዝር ክንርእዮም ኢና።

ብመሰረት ካልቪናውያን፡ ዶክትሪን ኣርሚናውያን ብዛዕባ ምድሓን፡ ንጸጋ ኣምላኽ የነኣእሰ፡ ንቕድመ-ምደባ ይኽሕድ፡ ንምልዋጥ ኣመንቲ *(conversion)* የቆናጽብ፡ ንውሕስነት ምድሓን የጥፍእ፡ ከምኡ ውን፡ ግብሪ ሰብ ይጠልብ። እዞም ክሰታት ከበድቲ ሰለ ዝኾኑ፡ በብሓደ ክንርእዮም ኣገዳሲ እዩ።

ንጸጋ ኣምላኽ የነኣእሱ፧

ሓንቲ ካብተን ኣዝየ ዝፈትወን ጥቕስታት ሓድሽ ኪዳን (ኤፌ 2.8-9)፡ ምንጪ ክንድዚ ዝኣክል ክትዕ ክትከውን ኣዝዩ እዩ ዘሕዝነኒ። እቲ 'ሓንሳእ ድሒንካ፡ ኩሉ ሳዕ ድሒንካ' ዝብል ሓረግ፡ 'ሓንሳእ ብጸጋ፡ ኩሉ ሳዕ ብጸጋ' ተባሂሉ ውን ይፍለጥ እዩ።

ጸጋ ዝብል ቃል፡ ምሰቲ መድሓኒና ዝኾነ የሱስ ይተኣሳሰር (ጸጋ ጎይታና የሱስ ክርስቶስ) እዩ። ምስ ምድሓን ድማ ይተኣሳሰር (ብጸጋ ኢኹም ዝደሓንኩም) እዩ ። ርእሰና ከነድሕን ይኹን፡ ካብቲ ናይ ሓጢኣት ኩነታትና

ብርእሰና ክንሃድም ፍጹም ኣይንኽእልን ኢና። እግዚኣብሄር፡ ንወዱ ልኢኹ እንተዘየድሒኑና፡ ንዘልኣለም ጥፉኣት ኢና። እዚ ድማ ካብ ኣምላኽ ዝኾነ እዩ። ነቲ ክውገድ ዘይከኣል መወዳእታ ናይ ሓጥኣን፡ ማለት ዘልኣለማዊ ጥፍኣት፡ ክንሓሰብ ከለና፡ ኲሉ ኣማኒ ብቕጽበት ዝርድኦ፡ 'ካብ ጸጋ ኣምላኽ እንተዘይከውን፡ ኣነ ውን ምጠፋእኩ' ዝብል እዩ።

በዚ ነጥቢ፡ ኣርሚናውያንን ካልቪናውያንን ምሉእ ሰምምዕ ከም ዘለዎም ክንፈልጥ ኣገዳሲ እዩ። ፐላጅዩስ፡ ነታ ክንከደላ ዝግበኣና ቅንዕቲ መንገዲ ዝርእየና ጸጋ ጥራሕ እዩ ዘድልየና እምበር፡ ነታ ቅንዕቲ መንገዲ ምስ ፈለጥና ብርእሰና ኣብታ ቅንዕቲ መንገዲ ክንጎዓዝ ንኽእል ኢና፡ ኢሉ ምሂሩ እኳ እንተኾነ፡ ኣርሚንዩስ ግን፡ ልክዕ ከም ካልቪን፡ ዘድሕን ጸጋ፡ (ማለት፡ ካብ መቕጻዕቲ ሓጢኣት ሓራ ክንከውን፡ ብጽድቂ ድማ ክንመላለስ ዘኽእለና ሓይሊ ኣምላኽ)፡ ከም ዘድልየና ብንጹር ተዛሪቡ እዩ። ብዘይ እዚ ጸጋ፡ ኣብ ደገፍን ተሰፋን ዘይብሉ ዘደንግጽ ኩነታት ምነበርና።

ካልቪናውያንን ኣርሚናውያንን፡ ብዛዕባ መሰረታዊ ትርጉም ጸጋ ውን ይሰማምዑ እዮም። ማለት፡ ጸጋ፡ ዘይግባእ መጎሰ፡ ኣምላኽ ካብ ምሕረቱ ዝተላዕለ፡ ንሰብ ብነጻ ዝሃቦ ውህበት እዩ። ነዚ መጎሰ መታን ከም ዓሰቢ (ግቡእ) ክንቅበል ብርእሰና ክንገብሮ ንኽእል ወልሓደ የለን። ጸጋ ዓሰቢ ግብርና ኣይኮነን፡ ክኸውን ድማ ኣይክእልን እዩ። እቲ ብኸምኡ ጸጋ ዝህብ ኣምላኽ፡ ጸጋኡ ንመን ይህብ ከም ድሌቱ ይመርጽ። 'ዝምሕሮ፡ ኽምሕር፣ ንዝድንግጸሉ'ውን፡ ክድንግጸሉ እየ፣ ይብል እግዚኣብሄር፡' ይብል (ሮሜ 9.15፡ ዘጽ 33.19) ። እዚ ሓቂ፡ ኣብ ማቴዎስ 20.15፡ ኣብ ምሰላ እቶም ዓየይቲ ግራት ወይኒ፡ ድማ ተገሊጹ ኣሎ። ጸጋ መለኮታዊ ሳህሊ፡ መለኮታዊ ርሕራሔ እዩ። ምድሓን ድማ ነጻ ውህበት ኣምላኽ እዩ (ኤፌ 2.8) ።

ካብቲ ጸዋዒ እዩ እምበር፡ ካብ ግብሪ ኣይኮነን እሞ፡ እቲ ምኽሪ ኣምላኽ ብምሕራይ ምእንቲ ኺጸንዕሲ፣ ከምቲ፡ ንያእቆብ ኣፍቀርኩ፡ ንኤሳው ግና፡ ጸላእኩ፡ ዚብል ጽሑፍ ዘሎ፡ እቶም ደቂ ገና ኸይተወልዱ ኸለዉ፣ ጽቡቕ ኰነ ወይ ክፉእ ከይገበሩ፣ እቲ ዓብዩ፡ ነቲ ንእሽቶ ኺግዝኦ እዩ፡ ኢሉ፡ ተባህለላ። እምብኣርሲ፣ እንታይ ክንብል ኢና፡ ኣብ ኣምላኽዶ፡ ዓመጻ ኣሎ፧ ያእ! የልቦን። ንሙሴ፣ ***ንዝምሕሮ፡ ኽምሕሮ፣ ንዝድንግጸሉ'ውን፡ ክድንግጸሉ እየ፣*** *ኢልዎ እዩ እሞ፡ ስለ'ዚ፡ ናይ'ቲ ዚምሕር ኣምላኽ እዩ እምበር፡ ናይ'ቲ ዚደልን ዚጐዪን፡ ኣይኮነን፣ ሮሜ.9:11-16*

ንሱ ኸኣ፡ ኩሉ ለውሃተይ፡ ኣብ ቅድሜኻ፡ ኸሕልፍ እየ፣ ሰም እግዚኣብሄር ድማ፡ ኣብ ቅድሜኻ፡ ኽእውጅ እየ። ***ነቲ ኽምሕሮ ዝደሌኹ፡ ኽምሕሮ እየ፣ ነቲ ኽምሕር ዝደሌኹ ድማ፡ ክምሕር እየ፡*** *በለ። ዘጸ.33:19*

ወይስ፡ በቲ ገንዘበይ፡ ዝደሌኽዎ ኽገብርዶ፡ ኣይተፈቕደለይን እዩ፧ ወይስ፡ ኣነ፡ ሕያዋይ ብምዃነይዶ፡ ዓይንኻ፡ ቐናእ እያ፧ ማቴ.20:15

ሓደ እኳ፡ ኸይምካሕሲ፡ ካብ ግብሪ ኣይኰነን እሞ፡ ብእምነት፡ ***ብጸጋ ኢኹም ዝደሓንኩም፡ እዚ ኸኣ፡ ውህበት ኣምላኽ እዩ እምበር፡ ካባኻትኩም ኣይኰነን።*** *ኤፌ.2:8-9*

ኣብ መንጎ ካልቪናውያንን ኣርሚናውያንን ብዛዕባ ጸጋ ዘሎ ዘይምስምማዕ፡ ግብራዊ ሕቶታት ክለዓል እንከሎ እዩ እንዳነጸረ ዝመጽእ። ነዚ ነጻ ውህበት (ጸጋ) ክትነጽጎ ይከኣል'ዶ፧ ነዚ ነጻ ውህበት ቅድሚ ምቕባልና ክንገብሮ ዘድልየና ነገር ኣሎ ድዩ፧ መልሲ ካልቪናዊ ንክልቲኡ ሕቶታት፡ 'ኣይፋል'፡ እዩ። መልሲ ኣርሚናዊ ንክልቲኡ ሕቶታት፡ 'እወ'፡ እዩ።

እቲ ካልቪናዊ፡ ኣብ መንጎ፡ ጸጋ ንኽትቅበል ትገብሮን፡ ጸጋ ንኽግበኣካ ትገብሮን፡ ክፈላሊ ዘይክእል ይመስል። ንኽልቲኡ፡ ናይ ሰብ ኣበርክቶ ንምድሓን እዩ፡ ኢሉ ብምጽዋዕ ይነጽጎ። ንኣብነት፡ ንካልቪናዊ፡ ሓደ ቆልዓ፡ ካረሜላ ንኽቕበል ኢዱ እንተዘርጊሑ፡ ዋጋ ናይቲ ካረሜለ ይኸፍል ከም ዘሎ እዩ ዝቖጽር። ስለዚ፡ እቲ ወሃቢ ካረሜላ፡ ነቲ ካረሜላ፡ ኣብ ኣፍ እቲ ቆልዓ ከእትዎ ኣለዎ። ሕሉፍ ሓሊፉ፡ እቲ ቆልዓ፡ ነቲ ካረሜለ ካብ ኣፉ መታን ከየውጽኦ፡ ክሳዕ ጎረርኡ ደፊኡ ከውርደሉ ኣለዎ። እቲ ወሃቢ ከምዚ ምስ ዝገብር ጥራይ እዩ፡ ውህበቱ ናይ ብሓቂ ምሉእ ብምሉእ ነጻ ዝኸውን።

በዚ ካልቪናዊ ርድኢት እንተኸይድና፡ ጸጋ፡ ካብ ነጻ፡ ዘይግባእ መለኮታዊ ውህበት፡ ናብ ክትነጽጎ ወይ ክትጻረሮ ዘይትኽእል ሓይሊ ተቐይሩ ኣሎ። ናይ ሰብ ምርጫ ኣብ ምቕባል ጸጋ ቦታ የብሉን። ጸጋ፡ ብወለንታዊ ፍቓድ ሰብ ይኹን፡ ብዘይ ፍቓድ ሰብ ኣብቲ ሰብ ዝሰርሕ ሓይሊ እዩ። ድሒንና ናብ ክብሪ ክንበጽሕን ክሳዕ መወዳእታ ክንዕቀብን፡ ናይ ኣምላኽ መለኮታዊ ኣዋጅ እንተኾይኑ፡ ፍቓድና ንኣምላኽ ክንህብ ንወስን ኣይንወስን ናይ ግድን ክኸውን እዩ። ፍቓዱ እምበር፡ ፍቓድና ኣይኮነን ዝፍጸም። ስለዚ፡ ምድሓን ምሉእ ብምሉእ 'ካብ ጸጋ እዩ'፡ ምኽንያቱ፡ ፈጺሙ ናይ ሰብ ግደ የብሉን። ካብቶም ኣምላኽ ተቐበልቲ እዚ ናይ ምድሓን ጸጋኡ ክኾኑ ዝመረጸም ሰባት

ክንከውን ተሰፋ ካብ ምግባር ሓሊፍና፡ ንኽንድሕን ኢልና ክንገብሮ ንኽእል፡ ወይ ካባና ዝድለ ወይ ክንገብሮ ዝግበኣና ወልሓንቲ የለን።

ገሊኦም፡ ነቲ ኣብዛ ዝሓለፈት ሕጡበ-ጽሑፍ ኢለዮ ዘለኹ፡ ኣጋኒንዎ ኣሎ ኢሎም ይኸሱ ይኾኑ። ይኹን እምበር፡ ነቲ ካልቪናውያን ብሓቂ ዝኣምንዎ ብንጹርን፡ ቀጥታውን መንገዲ ዝገልጽ እዩ።

ካልቪናውያን፡ ንእምነት ኣርሚናውያን ክገልጹ ከለዉ፡ ብዙሕ ምግናን ይጥቀሙ እዮም። ንኣብነት፡ ሮይ ክለመንትስ፡ ኣብ ናይ ቀረባ ግዜ መጽሓፉ[5]፡ ነቲ ኣብ መንጎ ካልቪናውያንን ኣርሚናውያንን ዘሎ ፍልልይ ብኸምዚ ዝሰዕብ ኣገባብ ገሊጽዎ ኣሎ። ካልቪናዊ፡ ሓደ ኣብ ዒላ ጥሒሉ ኣብ ዓቕሊ ጽበት ዘሎ ሰብኣይ፡ ካልእ ሰብ ዘሊሉ ኣትዩ፡ ናብ ምድሓን ክሰሕቦ እዩ ይብል። ኣርሚናዊ ወይ ፐላጅያዊ፡ (ንፔላጅያውያንን ኣርሚናውያንን ከም ሓደ ጌሩ ምጥቃሱ ተመልከት)፡ ግን ነቲ ዝጥሕል ዘሎ ሰብኣይ፡ 'ክትድሕን እንተ ደሊኻ፡ ኣጸቢቕካ ጽዓር። ካብ ምጥሓል ኣድሒኑ፡ ናብ ደንደስ ክትበጽሕ ዝገበረካ ናይ ርእስኻ ጻዕሪ እዩ። ክትመርጽ ኣለካ፡ ፍቓድካ ክትህብ ኣለካ፡ ክትፍትን ኣለካ፡' ምበልዎ። (ነቲ ጻዕሪ ዝብል ሓሳብ ከመይ ጌሩ ኣጉሊሑ ከም ዝዛረበሉ ተመልከት) ። እዚ ክለመንትስ ዝሃቦ ኣብነት ናይቲ ዝጥሕል ዘሎ ሰብን፡ እቲ ዘይካልቪናዊ ግብረ-መልስን፡ ንዶክትሪን ናይ ፐላጅዩስ ኣመልኪትካ ክበሃል ዝከኣል እኳ እንተኾነ፡ ብዛዕባ ኣርሚንዩስ ወይ ንኣርሚናውያን ከምኡ ምባል ግን ጸርፍን ምክፋእን እዩ።

ብኣንጻሩ፡ ናይ ኣርሚናውያን ርድኢት፡ ብትኽክለኛ መንገዲ፡ ብኸምዚ ዝሰዕብ ኣገባብ ክግለጽ ይከኣል። ሓደ ሰብ፡ ነቲ ዝጥሕል ዘሎ ሰብ መታን ከድሕን ገመድ ይድርብየሉ እሞ፡ 'ነዚ ገመድ ኣጽኒዕካ ሓዞ፡ ክሳዕ ናብ ምድሓን፡ ናብዚ ደንደስ፡ ዝሰሕበካ ድማ ነቲ ገመድ ኣጽኒዕካ ካብ ምሓዝ ኣይተቋርጽ፡' ይብሎ። ዝኾነ፡ ብኸምዚ ኣገባብ ካብ ምጥሓል ዝደሓነ፡ ንርእሱ ባዕሉ ከም ዘድሓነ ጌሩ ይኹን፡ ንምድሓኑ ዘብቅዖ ኣበርክቶ ከም ዝገበረ ክዛረብ ኣይክእልን እዩ። ብኣንጻሩ፡ ነቲ ገመድ ሰዲዱ፡ ካብ ምጥሓል ሰሒቡ ዘድሓኖ ሰብ ካብ ምምስጋን ኣየዕርፍን። ልቡ፡ ምስጋና ብዛዕባ እቲ ዘድሓኖ ሰብ እዩ ዝመልእ።

ክሳዕ ሕጂ፡ ብዛዕባ ዶክትሪን 'ክትጻረሮ ዘይትኽእል ጸጋ፡ ካብ መጀመርታ ምድሓን ክሳዕ ምፍጻም ምድሓን ዝሰርሕ ጸጋ'፡ ርኢና ኣለና። ካብዚ ዝተፈልየ፡ ብወንጌላውያን *(Evangelists)* ዝዝውተር፡ ምስ ርድኢት ኣልፋ

---

[5] ቀደም ኣርእስታ 'ብኣምላኽ እተመርጹ' [Chosen by God] እትብል ዝነበረት፡ ተሓዲሳ 'ምድሓን' *[Rescue]* ብዝብል ኣርእስቲ ዳግማይ ብ ኣር. ክለመንትስ፣ ጂ. ሃሰላም፡ ፒ. ልዊስ እተጻሕፈት መጽሓፍ፡ ኣብ 'ክትነጽጎ ዘይትኽእል ውህበት' *[An Offer you can't refuse]* እትብል ምዕራፍ።

ዝዛመድ ርድኢት ድማ ኣሎ። እዚ ርድኢት፡ ብሕጽር ዝበለ መንገዲ፡ ጸጋ ክሳዕ ትልወጥን፡ ኣብ መሰርሕ ምልዋጥ እንከለኻን ክትጻረሮ ይከኣል እዩ፡ ብድሕሪኡ ግና ክትጻረሮ ኣይከኣልን እዩ፡ ዝብል እዩ። ስለዚ፡ ሰብ ብፍቓዱ ንጸጋ ክነጽግ፡ ወይ ተቐቢሉ ክድሕን ይኽእል እዩ። ምስ ደሓነ ግና፡ ጸጋ ኣብ ልዕሊ ፍቓዱ ክገዝእ ይጅምር፡ ኣብ ልዕሊ ፍቓዱ እንዳገዝአ ድማ ይቕጽል። እቲ ሰብ ዝገበረ ይግበር፡ ጸጋ ኣይሓድጎን እዩ። ጸጋ፡ ክሳዕ መወዳእታ ምድሓን ንኽዕቅቦ እኹልን ኣድማዕን እዩ፡ ይብል።

ስለዚ፡ ሕመረት ናይ ሕቶና፡ ጸጋ፡ ቅድሚ ምልዋጥ (ንጎይታ ምቕባል) ይኹን ድሕሪ ምልዋጥ፡ ክትጻረሮ ይከኣል ድዩ፧ ዝብል እዩ። ነዚ ንምምላስ፡ ቃል ኣምላኽ ብዛዕባ እዚ እንታይ ይብል፡ ናይ ግድን ክነጽንዖ ኣለና።

ሃዋርያት፡ ነቲ ካብ ኣምላኽ፡ ብክርስቶስ ዝተዋህበ ጸጋ፡ ንምቕባል እንታይ ክንገብር ከም ዘለና ብዘየጠራጥር መንገዲ ካብ ምንጋር ድሕር ኣይበሉን። ሃዋርያት፡ ነቶም ወንጌል ዝሰብኩሎም ዝነበሩ ሰባት፡ ክንስሑ፡ ክኣምኑን ክጥመቑን ይነግርዎምን ይእዝዝዎምን ኔሮም እዮም፡ ፍጹም ግና ኣየገደድዎምን። ነቲ ዝሰበኹሎም ወንጌል ሰሚዖም፡ ክቕበልዎ ወይ ክነጽግዎ ናቶም ምርጫ እዩ ኔሩ። እቶም ነቲ ዝሰምዕዎ ወንጌል ዝነጸጉ ድማ፡ ንጸጋ ኣምላኽ ብምጽራሮም ተነቒፎም። እቶም ካብ ሓጢኣቶም ዝተናሰሑ ድማ፡ እምነቶም ኣብ መድሓኒኦም ብምግባር፡ ንርእሶም ንጥምቀት ብማይ ኣግዚኦም። እቶም፡ ክናሰሑ፡ ክኣምኑን ክጥመቑን ዝወሰኑ፡ ነዚ ብምግባሮም፡ ኣብ ምድሓኖም ኣበርክቶ ከም ዝገበሩ፡ ወይ ብዛዕባ ርእሶም፡ ምድሓን ከም ዝግብኦም ጌሮም ክሓስቡ፡ ፍጹም ኣይገበሮምን። ብኣንጻሩ፡ ኩሎም፡ በቲ ዝተቐበልዎ ናይ ምድሓን ጸጋ ክምስጡ ጥራሕ ኢና ንርእዮም።

ልዕሊ ኩሉ፡ ክናሰሑ፡ ክኣምኑ ወይ ክጥመቑ ከለዉ፡ ብኣምላኽ ንኽድሕኑ ቀደም ከም ዝተመደቡን፡ ነቲ ዝውሰንዎ ዝነበሩ ውሳኔታት መሪጾም ይገብርዎ ከም ዘይነበሩን ዘእንፍት ወልሓንቲ ጽሑፍ የለን። ከምኡ ኢልካ ምሕሳብ፡ ወንጌል ንብዘላ ዓለም ዝተዋህበ ውህበት ከም ዘይኮነ ጌርካ ምቑጻር እዩ። ሃዋርያት፡ ኩሉ ንወንጌሎም ዝሰምዕ ዝነበረ ሰብ፡ ብኣምላኽ ይጽዋዕ ከም ዝነበረ እዮም ዝኣምኑ ኔሮም። ነቶም ኣንጻር እዚ ዝሓስቡ፡ እቲ ኣብ ወንጌል ዮሃንስ ምዕራፍ 3.16፡ 'ኣምላኽ **ንዓለም** ክሳዕ ክንድዚ ኣፍቀራ *(God so loved the world'*... 'በቲ ሓደ ወዱ ዝኣምን ዘበለ *(whoever believes)*'፡ ዝብል ቃል፡ ጸገም ክፈጥረሎም ኣለዎ።

ስለዚ፡ ብርግጽ፡ ቅድሚ ምልዋጥካ፡ ንጸጋ ክትጻረሮ ይከኣል እዩ። ብዙሓት ካልቪናውያን፡ ፍቓድ ሰብ ኣዝዩ ካብ ምብልሻዉ ዝተላዕለ፡ ክፉእ ንምግባር ወይ ክፉእ ንምውሳን ጥራሕ እዩ ክመርጽ ዝኽእል፡ ኢሎም እዮም ዝኣምኑ።

ኣዕሙኢኹና እሞ ንሕሰብ፡ ‘ወንጌል ክንቅበል ጸጋ የድልየና እዩ’ እንተ ኢልና፡ ንወንጌል ክንነጽግ ግን ነጻ ኢና ማለት እኮ እዩ። እዚ ማለት ከኣ፡ ጸጋ ክንጸግ ይከኣል እዩ፡ ማለት እዩ።

ድሕሪ ምልዋጥ’ከ ንጸጋ ክትጻረር ይከኣል’ዶ፧ ብርግጽ፡ ጸጋ ሓንሳእ ምስ ተቐበልናዮ፡ ኣብ ልዕሊ ፍቓድና ይገዝእ እዩ፧ ደጊም ኣብ ትሕቲ ቁጽጽር ፍቓድና ኣይኮናን። መታን ክገዝኣና፡ ህይወትና ንኣምላኽ ኣሕሊፍና ምስ ሃብናዮ፡ ንሱ እዩ ተቖጻጻሪ ናይ ህይወትና። ንሱ እዩ ዘዕቅበና። እዚ እቲ ግኑን ርድኢት ብዛዕባ ምድሓን እዩ። ይኹን እምበር፡ እዚ ዓይነት መረዳእታ ብዛዕባ ምድሓን፡ ኣብ ቃል ኣምላኽ ይኹን፡ ኣብ ተመኩሮ ህይወት ሓቅነት የብሉን። እቲ ኣረጊት ሰብ ሞይቱ ክኸውን ይኽእል እዩ። ግና፡ ዓሪፉ ስቕ ኣይብልን እዩ። ቃልሲ ምስ ሓጢኣት፡ ካብ ቅድሚ ምልዋጥ፡ ድሕሪ ምልዋጥ ክዓቢ ይኽእል እዩ። ብዙሓት ድሕሪ ምእማኖም ይወድቁ እዮም፡ ገሊኦም ካብዚ ውድቀት ዘይምለሱ ኣለዉ።

መብዛሕትኡ ጽሑፋት ሓድሽ ኪዳን፡ ንዝኣምኑ ዝተጻሕፈ እዩ። ክሳዕ ኣብ መወዳእታ ዓወት ንረክብ፡ ነቲ ሞራላውን መንፈሳውን ቅልስና ክንቅጽሎ ከም ዘለና ዘጠንቅቕ ማዕዳታት ዝመልእ ድማ እዩ። ጸሓፍቲ ሓድሽ ኪዳን፡ ነንበብቶም፡ ‘ንቕድስናን ንሰላም ምስ ኲሉ ሰብን ሰዓብወን፡ (እብ 12.14)፡ ‘ናብቲ ዓሰቢ ዓወት ናይ ላዕሊ ጽውዓ ኣምላኽ ብክርስቶስ የሱስ እጐዩ እሎኹ።’ (ፊል 3.14)፡ ኢሎም ካብ ምምሕጻን ድሕር ኣይብሉን እዮም። ጸሓፍቲ ሓድሽ ኪዳን፡ ነንበብቶም ብኸምዚ ዝኣመሰለ ጸዓት ምድሓኖም ክፍጽሙ ክምዕድዎም ወይ ከጠንቅቕዎም ከለዉ፡ ካብ ጸጋ ንኣልዮም ኣለና ዝብል ሓሳብ ፍጹም ኣይነበሮምን። ብኣንጻሩ፡ ቅድስና ልክዕ ከም ጽድቅን፡ ሕድገት ሓጢኣትን፡ ውህበት ጸጋ ምዃኑ እዮም ዝኣምኑ ኔሮም።

ግን፡ ጸጋ፡ ኣንጻር ፍቓድም፡ ብዘይ ወለንታዊ ምትሕብባርም፡ ኣይቅድሶምን እዩ። ማለት፡ ዳግም ዝተወልዱ ኣመንቲ፡ ኣብ ክንዲ ጽድቂ ክርስቶስ ዝቕበሉ፡ ናቶም ጽድቂ ከፍርዩ ክብሉ፡ ንጸጋ ኣምላኽ ክድርብይዎ ይኽእሉ እዮም (ገላ 2.21) ። ናብ ግብሪ ሕጊ እንተድኣ ተመሊሶም፡ ‘ካብ ጸጋ ክወድቁ’ ይኽእሉ እዮም (ገላ 5.4) ። ጸጋ ኣምላኽ ንኸንቱ ኣብ ዝተቐበልሉ ደረጃ ክበጽሑ ይኽእሉ እዮም (2 ቆሮ 6.1) ። ሓደ ሱር ዝሰደደ ምረት ኣብ ልቡ ክበቁል ዘፍቀደ ኣማኒ፡ ‘ካብ ጸጋ ኣምላኽ ክጎድል ይኽእል እዩ (እብ 12.15) ።

ዝኾነ፡ ነዚ ዝረኣናዮ ጥቕሰታት ከም ዘለዎ ዝወሰደ ሰብ፡ ጸጋ ምስ ተቐበልካዮ ክትጻረር ዘይትኽእል ሓይሊ እዩ፡ ኢሉ ክማጎት ኣይክእልን እዩ። ሽሕ’ኳ፡ ጸጋ፡ ኲሉ ግዜ፡ ብነጻ ዝወሃብ እንተኾነ፡ ብዘይፍቓድካ እትቕበሎን እትጥቀመሉን ግን ኣይኮነን። ጸጋ ብነጻ ተዋሂቡ ኣሎ፡ ግናኸ፡ ብግዴታ ወይ

ብዘይፍቓድካ ኣባኻ ዝሰርሕ ውህበት ኣይኮነን።

ካልቪናውያን፡ ኣንጻር እዚ ኣብ ላዕሊ ዝተባህለ ከምዚ ኢሎም ይማጎቱ። ሰብ ንጸጋ ክጻረሮ ዝኽእል እንተኾይኑ፡ ጸጋ ኣብ ሰብ ክሰርሕን ከይሰርሕን፡ ኣብ ፍቓድ ሰብ ዝምርኮሰ ድማ ካብ ኮነ፡ ንጸጋ ከም መግለጺ ምሕረት ኣምላኽ ክንርእዮ ኣይንኽእልን ኢና፡ ይብሉ። ቀጺሎም፡ ከምዚ ተኾይኑ ፍቓድ ሰብ፡ ካብ ፍቓድ ኣምላኽ ይሕይል፡ ናይ ሰብ ውሳኔ ድማ፡ ንመለኮታዊ ውሳኔ ኣምላኽ ክዓግቶ ይኽእል እዩ፡ ማለት እዩ። ስለዚ፡ ኣምላኽ ንመን ወይ ክንደይ ሰባት ከድሕን ክመርጽ ኣይክእልን እዩ። ጸጋ፡ 'ተቐበሎ-ወይ-ኣይትቀበሎ' ኢልካ ዝወሃብ፡ ክትቅበሎ ወይ ክትነጽጎ ትኽእል፡ ውህበት ይኸውን። ስለዚ፡ ናይ ፈጣሪ ዘልኣለማዊ ዕላማ፡ በቶም ፍጡራቱ ክኀናደብ ይኽእል እዩ ማለት እዩ፡ ኢሎም ይማጎቱ።

ኣብዚ መሳጢ መኀተ፡ ሓደ ከቢድ ጉድለት ኣሎ። ነቲ ጉድለት፡ ኣሰፊሕና ኣብ ዝቕጽል ምዕራፍ ክንድህሰሶ ኢና። መሰረት ናይዚ ቀዳማይ መኀተ ግና፡ እቲ 'ዘይቅድመ-ኩነታዊ ምርጫ' *(unconditional election)* ወይ ከኣ፡ 'ቅድመ-ምደባ *(predestination)*' ፡ ተባሂሉ ዝፍለጥ ዶክትሪን እዩ። ነዚ ቀጺልና ክንርእዮ ኢና።

ንቕድመ-ምደባ ይነጽጉ፧

ቅድመ-ምደባ *(Predestination)* ዝብል ሓሳብ፡ ኣብ ቃል ኣምላኽ ከም ዝርከብ ዝኽሕዶ ሰብ የለን። ቅድመ-ምደባ ዝብል ቃል፡ ኣብ ቃል ኣምላኽ፡ ብኸመይ መልክዕ ተገሊጹ ኣሎ ኢልና ምስ እንምርምር፡ ከም ስም (noun) ዘይኮነ፡ ከም ግሲ (verb)፡ ኣርባዕተ ግዜ ተጠቒሱ ኢና ንረኽቦ። (ሮሜ 8.29, 30፡ ኤፌ 1.5, 11) ። 'ሕሩያት' ዝብል ቃል፡ ምስ 'ቅድመ-ምደባ' ተኣሳሲሩ ብብዝሒ ዝዝውተር፡ መብዛሕትኡ ግዜ ድማ ብመልክዕ 'ስም' (noun) ዝጥቀሰ፡ ትርጉሙ፡ 'ዝተመርጹ' ማለት እዩ። ካብዚ፡ ከምዚ ዝሰዕብ ዝብል መኀተ ማዕቢሉ ኣሎ፡

> *'ኣምላኽ ኩሉ ዝኽእል እንተኾይኑ፡ ነቶም ቅዱሳኑ ድማ ኣብ ሰማይ ንኽንከውን ኣቐዲሙ መዲቡና (predestined) እንተኾይኑ፡ ከመይ ኢልና ንሕና ይኹን፡ ካልእ ዝኾነ ሰብ፡ ንልኡላዊ ሓይሊ ኣምላኽ ተጻሪርና፡ ነቲ ናይ ዘልኣለም ምኽሩ ከነፍርሶ ንኽእል፧*

ንኽትምልሶ ከቢድ ሕቶ'ዶ ኣይመስለን፧

ከምዚ ዝኣመሰለ፡ ኣብ ርትዓውነት ሰብ *(logic)* ዝተመርኮሰ ዶክትሪን

ክፍጠር እንከሎ፡ ክንገብሮ ዝግበኣና ቀዳማይ ነገር፡ ነቲ ዶክትሪን ክሳዕ መደምደምታኡ ምብጻሕ እዩ። ብመጀመርታ፡ ርትዓውነት ሰብ ኣብ ክውንነት (ሓቂ) ዝተመርኮሰ ክኸውን ኣለዎ። ኣይኮነን'ዶ ኩሉ ሰብ፡ መብዛሕትኡ ሰብ፡ ብጸጋ ዝደሓነ ኣይኮነን። እቲ ሓቂ እዚ እንዳኾነ ከሎ ደኣ፡ ከመይ ጌርና፡ ኣብ ቅድመ-ምደባ ምእማን፡ ምስ ዘልኣለማዊ ጥፍኣት ናይ ብዙሓት ከነተዓርቖ ንኽእል፧ ነዚ፡ ክልተ መልሲ ኣለዎ። ሓደ፡ ተሪር፡ ሓደ ድማ ፎኪስ።

እቲ ተሪር መልሲ፡ እቲ 'ድርብ ቅድመ-ምደባ' *(double predestination)*፡ ወይ 'ኣዋጅ ኩነኔ'፡ ወይ 'ዘርዕድ ኣዋጅ' ተባሂሉ ዝፍለጥ እዩ። ብቕልል ዝበለ መንገዲ፡ 'ድርብ ቅድመ-ምደባ' ማለት፡ ኣምላኽ ንገሊኦም ንኽድሕኑ ኣቐዲሙ ይምድቦም፡ ንኽጠፍኡ ድማ ኣቐዲሙ ይምድቦም፡ ማለት እዩ። ውሳኔታት ወይ ተግባር ናይቶም ኣቐዲሙ ዝምድቦም ሰባት ብዘየገድስ፡ ዘልኣለማዊ ዕጫ ናይ ኩሉ ሰብ፡ ኣምላኽ፡ ባዕሉ እዩ ዝውሰኖ (ኣቐዲሙ ዝምድቦ) ። ኣምላኽ፡ ንምንታይ ከም ዝፈጥሮም ሰለ ዘይገልጸልና ድማ፡ ውሳኔታቱ፡ ሃውራውን *(arbitrary)*፡ ዘይፍትሓውን ይመስል። ገጣማይ ሮቢ በርንስ፡ በቲ ክቕዳሕ ዘይክእል ክእለቱ ጌሩ፡ ከምዚ ዝሰዕብ ኢሉ ይዋዘ።

ኣታ ንርእሰኻ፡ ብርእሰኻ ኣዚኻ ባህ ተብል ኣምላኽ

ንሓደ ትሰዶ ንሰማይ፡
ነቲ ሓደ ድማ ትሰዶ ናብ ገሃነም
ንኽብሪ ናትካ'ምበር
ንኽፉእ ወይ ጽቡቕ ካልእ ዘይኮነ
ንሶም ዝገብርዎ ብዘየገድሰ

እዚ ርድኢት፡ ወይ ዘሰቕቕ ሓቂ እዩ፡ ወይ ድማ ዘፍርህ ዘይፍትሓውነት እዩ።

እቲ፡ ካብዚ ቀዳማይ መልሲ ዝፈኾሰ ካልኣይ መልሲ፡ ኣምላኽ ነቶም ዝድሕኑ ይሓርዮም፡ ነቶም ዘይድሕኑ ግና ወልሓንቲ ኣይመርጸሎምን እዩ፡ ዝብል እዩ። ኩሎም ዝሓጥኡን ናብ ገሃነም ክኸዱ ድማ ዝግብኦም ካብ ኮኑ፡ ኣምላኽ ብዛዕባኦም ኣቐዲሙ ኣይምድብን እዩ። እንታይ ደኣ፧ ነቲ ብሓጢኣቶም ክረኽብዎ ዝግብኦም ዓሰቢ ክረኽቡ ጥራይ እዩ፡ ሱቕ ኢሉ ዝሓድጎም። ኣምላኽ ንኹሎም ብፍትሒ እዩ ዝጥምቶም። ገሊኦም ግና ምሕረት ንኽቕበሉ፡ ኣቐዲሞም ብኣምላኽ ተመዲቦም እዮም።

ክልቲኦም መልሰታት፡ ብቓል ኣምላኽ እንተሕሊፍናዮም፡ ምስቲ ኣብ ቃል ኣምላኽ ሰፊሩ ዘሎ ንጹር መልእኽቲ ዘይቃዶ ሓሳብ ኣለዎም። ንኣብነት፡ ኣምላኽ ንዓለም ከም ዘፍቀራ (ወን ዮሃ 3.16)፡ ፍቓድ ኣምላኽ ድማ፡ ኩሉ

ሰብ ክድሕን እምበር፡ ሓደ ሰብ እኳ ክጠፍእ ከም ዘይኮነ (1 ጢሞ 2.4) ቃል ኣምላኽ ይነግረና። 'ፍቓድ' ኣምላኽ ማለት፡ ድሌት ወይ ከኣ ውሳኔ ኣምላኽ ማለት እዩ።

ዝኾነ ኮይኑ፡ እዚ ክሳዕ ሕጂ ኢልናዮ ዘለና ካልኣዊ ሓሳብ ሰለ ዝኾነ፡ ንሓሳብ ቅድመ-ምደባ ንምቁንጻብ ክንጥቀመሉ ኣየድልየናን እዩ። እዞም ኣቐዲምና ዝረኣናዮም ነጥብታት ግና፡ ቅድመ-ምደባ ናይ ኣምላኽ ብግቡእ ተረዲእናዮ ኣለና'ዶ የለናን ክንምርምር ይሕግዙና እዮም።

ካልቪናዊ ትርጉም ቅድመ-ምደባ፡ ንቅድመ-ምደባ ምስ ቅድመ-ውሳኔ *(predetermination)* ማዕረ ጌሩ ዝርኢ ሓሳብ እዩ። እዞም ክልተ ቃላት ግና ተመሳሰልቲ ዘይክኾኑ ይኽእሉ እዮም። እቲ ቅድመ-ምደባ ዝብል ቃል ኣብ ሰብኣዊ *(personal)* ነገራት፡ እቲ ቅድመ-ውሳኔ ዝብል ቃል ድማ ኣብ ዘይሰብኣዊ *(impersonal)* ነገራት ንጥቀመሉ እዩ። ሰባት ኣቐዲሞም ይምደቡ። ነገራት ድማ ኣቐዲሞም ይውሰኑ። ሰለዚ፡ ቅድመ-ውሳኔ፡ እንታይ ማለት ምዃኑ መታን ከነጻርዮ፡ ኣጸቢቕና ክንገልጾ ከድልየና እዩ። እዚ፡ ብሰለሰተ መንገዲ፡ ድሮ ተጌሩ ኣሎ።

ቀዳማይ፡ ቅድመ-ምደባ ማለት፡ ልዕለ-ተፈጥሮኣዊ *(supernatural)* ፍልጠት ናይ ኣብ መጻኢ ዝኸውን ነገር *(clairvoyant)* እዩ። እዚ ድማ፡ ኣብ ቅድመ-ፍልጠት *(foreknowledge)* ናይ ኣብ መጻኢ ዘጋጥሙ ፍጻሜታት ዝተመርኮሰ እዩ። ኣምላኽ፡ ዝሓለፈን፡ ዝመጽእን፡ መወዳእታ ድማ ካብ መጀመርታ፡ ዝፈልጥ ካብ ኮነ፡ መን ይናሳሕን ይኣምንን፡ ኣቐዲሙ ብልክዕ ይፈልጥ እዩ። ካብዚ ቅድመ-ፍልጠቱ ዝተላዕለ ድማ፡ ን ነፍሲ ወከፍ ብንሰሓ ዝኣምን ዘበለ፡ ክሓርን ኣቐዲሙ ምድሓን ንኽቕበል ክምድብን ይኽእል።

እዚ ርድኢት፡ ብኣርሚንዩስ ዝተጀመረ እኳ እንተዘይነበረ፡ ኣርሚንዩስን ሰዓብቱን ዝተቐበልዎ እዩ። እዚ ርድኢት፡ ቅድሚ ዘመናት (ልዕሊ ሽሕ ዓመታት)፡ ጥልያናውያንን ፈረንሳውያንን ተቓወምቲ ኣውጉስቲን ዝምህርዎ ዝነበሩ እዩ። ከምቲ ኣብ ሮሜ 8.29 ዘሎ፡ ቃል ኣምላኽ ዝድግፎ ርድኢት ድማ ይመስል - **ንቶም ቀደም ዝፈለጦም** *(foreknew)* **፣ ንሱ፡ ንብዙሓት ኣሕዋትሲ፡ በዅሮም ምእንቲ ኪኸውን፡ ንምስሊ ወዱ ኪመስሉ፣ ቐደም መደቦም** *(predestined)*' ይብል። 'ቀደም ዝፈለጦም' ዝብል ቃል፡ ትርጉሙ፡ 'ምፍላጥ ብዛዕባ'፡ ማለት ጥራይ ዘይኮነ፡ ብተወሳኺ፡ ምስቶም ኣቐዲሙ ዝፈልጦም፡ ጥቡቕ ሕብረት ከም ዝጅምር ዘመልክት ሓሳብ እዩ።

ካልኣይ፡ ቅድመ ምደባ፡ ሓባራዊ *(corporate)* እዩ። እዚ ማለት፡ ቅድመ ምደባ፡ ንምምራጽ ህዝቢ ኣምላኽ እምበር፡ ንምምራጽ ሰባት ዘምልከት ኣይኮነን። ንምምራጽ ማሕበሩ እምበር፡ ንምምራጽ ውልቀ-ሰብ ዘምልከት

ኣይኮነን። ስለዚ፡ እስራኤል፡ ኣብ ብሉይ-ኪዳን፡ እታ ማሕበር ክርስቶስ ድማ፡ ኣብ ሓድሽ-ኪዳን፡ ብኣምላኽ ኣቐዲሞም ዝተመደቡ ህዝብታቱ እዮም። ቅድመ-ምደባ ውልቀ-ሰባት፡ ምስ ኣባልነቶም ኣብቲ ምሉእ (እስራኤል ወይ ማሕበር ክርስቶስ)፡ ጥራሕ እዩ ዝተሓሓዝ። ልክዕ፡ ከምቲ ሩትን ረሃብን፡ በቲ ዝወሰድኦ ምርጫ፡ ኣካል ናይቲ ዝተመርጸ (ዝተሓርየ) ህዝቢ ኣምላኽ (እስራኤል) ዝኾና። ብውልቃዊ ምርጫ፡ ወይ ብሰጉምቲ ናይቲ ምሉእ፡ ኣካል ናይቲ ምሉእ ካብ ምዃን እንተተቖሪጾም፡ ነቲ ጽውዕኦም (ቅድመ-ምደብኦም) ከጥፍኡ ይኽእሉ እዮም።

ምስዚ ኣብ ላዕሊ ዝተባህለ ዝኸይድ ሓሳብ፡ ኣምላኽ ንህዝቡ ክሓሪ እንከሎ፡ ንኣገልግሎት እምበር ንምድሓን ኣይኮነን፡ ሓላፍነት *(responsibility)* እምበር፡ ሓለፋ *(privilege)* ኣይኮነን፡ ዝብል እዩ።[6] እዚ ሓሳብ፡ ነቲ ኣብ ወንጌል ዮሃንስ ምዕራፍ 15.15 ከምኡ ውን፡ 6.70፡ ዘሎ 'ኣነ ሐሬኹኹም እምበር፡ ንስኻትኩም ኣይሐሬኹምንን'፡ ዝብል ቃል ብሓድሽ ብርሃን ክንርእዮ የኽእለና እዩ። ክልቲኦን ጥቕሰታት፡ የሱስ ንዘልኣለማዊ ምድሓን ዘይኮነ፡ ንኣገልግሎት ሃዋርያነት ከም ዝሓረዮም ዘርእያ እየን።

> *ኣነ፡ ሓሬኹኹም እምበር፡ ንስኻትኩም፡ ኣይሓሬኹምንን። ክትከዱን፡ ፍረ ኽትፈርዩን፣ ፍሬኹም'ውን፡ ነባሪ ኪኸውን፣ ነቦ፡ ብስመይ ዝለመንኩምዎ ዘበለ ምእንቲ ኺህበኩም፣ ነዚ መደብኩኹም። ዮሃ.15:16*

> *የሱስ ከኣ፣ ኣነስ፡ ንዓሰርተው ክልቴኹምዶ፡ ሐርየኩም ኣይኰንኩን፤ ሓደ ኻባኻትኩም ግና፡ ድያብሎስ፡ እዩ፣ ኢሉ፡ መለሰሎም። ዮሃ.6:70*

ሳልሳይ፡ ቅድመ-ምደባ ኣምላኽ፡ ቅድመ-ኩነታዊ እዩ። ብተወሳኺ፡ ቅድመ-ምደባ፡ ሓፈሻዊ *(general)* እምበር፡ ፍሉይ *(particular)* ሕርየት ኣይኮነን። ኣምላኽ፡ ኩሎም፡ ብንስሓን እምነትን ኣቢሎም፡ ናብኡ ዝመጹ ሰባት፡ ክድሕኑ ኣዊጁ እዩ። እቶም ንወንጌል ብኣወንታ ዝቕበሉ ዘበሉ ኩሎም ድማ፡ ተኻፈልቲ ናይዚ ቅድመ-ምደባ ይኾኑ። እዚ ርድኢት፡ ምስቲ፡ ሓባራዊ ቅድመ-ምደባ *(corporate pre-destination)* ዝብል ሓሳብ ሓደ ዝገብሮ ነገር ኣለዎ። ምስቲ ሰማት ውልቀ-ሰባት፡ ቅድሚ ወንጌል ክቕበሉ ምውሳኖም፡ ኣብ መጽሓፍ

---

[6] (ብዛዕባ እዚ ንምጽናዕ፡ *'The Biblical Doctrine of Election'* ትብል ብ *H.H. Rowley* ኣብ 1950 ዓ.ም. ዝተጻሕፈት መጽሓፍ ኣንብብ)

ህይወት ከም ዝተጸሕፈ ዘርኢ ጥቕሰታት ካብ ቃል ኣምላኽ፡ ክነጻጸር እንከሎ ግን ዘይቃዶ ክመስል ይኽእል እዩ። ይኹን እምበር፡ በቲ ቀዳማይ ነጥቢ፡ ማለት፡ ኣምላኽ፡ ዝሓለፈን፡ ዝመጽእን፡ መወዳእታ ድማ ካብ መጀመርታ፡ ዝፈልጥ ካብ ኮነ፡ መን ይናሳሕን ይኣምንን፡ ኣቐዲሙ ብልክዕ ይፈልጥ እዩ። ካብዚ ቅድመ-ፍልጠቱ ዝተላዕለ ድማ፡ ን ነፍሲ ወከፍ ብንስሓ ዝኣምን ዘበለ፡ ክሓርን ኣቐዲሙ ምድሓን ንኽቕበል ክምድብን ይኽእል፡ ዝብል፡ ሽፋን እዩ።

እነ ከም ዝመስለኒ፡ ካልእ ነጥቢ፡ ካብዞም ኣብ ላዕሊ ዝረኣናዮም ሓሳባት ቅልል ዝበለ፡ ጸጽቡቕ ጎድንታት ናይዞም ዝረኣናዮም ሓሳባት ዝወሰድን፡ ነቲ ቅድመ-ምደባ ዝብል ቃል ድማ እንደገና ክንምርምሮ ዝገብርን፡ መግለጺ ኣሎ። ንሱ ከኣ፡ ኣቐዲምካ-ምምዳብ *(predestine)*፡ ኣብ ክንዲ ንሰባት ዝኸውን ዕጫ ኣቐዲምካ ምውሳን፡ ንዕኦም ዝኸውን ቦታ ኣቐዲምካ ምድላው ማለት እዩ፡ ኢለ ኣብ ምድምዳም በጺሐ ኣለኹ።

ሓደ ቀሊል ኣብነት ጌረ ነዚ ሓሳብ ክገልጾ ክፍትን። ቆልዓ ከለኹ ኣትሒዘ፡ ሕልመይ፡ ሓረስታይ ክኸውን እዩ ኔሩ። ዕረፍተይ ኣብ ሕርሻ ከይደ እየ ዘሕልፎ ኔረ። ካልኣይ ኩናት ዓለም ምስ ኮነ ድማ፡ ናብ ሕርሻ ከነዕቅል ተወሰዲና ኔርና። ወዲ 16 ዓመት ከለኹ፡ ካብ ቤት-ትምህርቲ ምስ ኣዕረፍኩ፡ ኣብ ኖርዝኣምበርላንድን ዮርክሻየርን፡ ኣብ ዝርከቡ ሕርሻታት ይሰርሕ ኔረ። ከምዚ እንዳገበርኩ፡ ብናይ ሕርሻ ዲግሪ ኣብ ኒውካሰትል፡ ካብቲ ሽዑ ኣካል ናይ ደርሃም ዩኒቨርሲቲ ዝነበረ ቅድሚ ምምራቐይ፡ ተመኮሮ ቀሲመ። ኣነ ከይፈለጥኩ፡ እቲ ናይ ሕርሻ ፕሮፌሰር ዝነበረ ኣቦይ፡ ኣቐዲሙ፡ ቅድሚ ትምህርተይ ምውድኣይ፡ ኣነ ተኻርየ ክሰርሓሉ ዝኽእል ንእሽቶ ሕርሻ ክረኽበለይ የጣይቕ ኔሩ። ይኹን እምበር፡ ክሰልጥ ኣይከኣለን። እቲ ናይ ሰማይ ኣቦይ ድማ፡ ኣቐዲሙ፡ ናይ ቃል ኣምላኽ መምህር ክኸውን መደቡ ኣካፊሉኒ። ኣብዚ ክውሰኾ ዝደሊ፡ እቲ ናይ ምድሪ ኣቦይ፡ በዚ ብዙሕ ኣይጎሃየን። ምኽንያቱ፡ እንዳ ፓውሶን፡ ካብታ ጆን ወሰሊ፡ ንሓደ ካብ ቤተሰብ ፓውሶን ዝነበረ፡ ጆን ፓውሶን፡ መገላግልቱ ክኸውን ዝፈልዮ ኣትሒዞም፡ ሰበኽቲ ወይ ሓረስቶት እዮም ኔሮም።

እቲ ክገልጾ ደልየ ዘለኹ ነጥቢ እዚ እዩ። ነቲ ናይ ሕርሻ መደብ እንተዝቕበሎ ኔረ፡ *ካብ ሽዑ ንኹሉ ግዜ፡ ከምዚ ምበልኩ ኔረ፡ 'ኣቦይ ነዚ ኣዳልዩለይ። ኣነ ብዛዕብኡ ዝኾነ ቅድሚ ምፍላጠይ፡ ባዕሉ ብምምዳብ፡ ነቲ ዝምደበለይ ድማ ከም ዝረኽቦ ጌሩ። ኣቦይ፡ ኣቐዲሙ ነዚ መዲቡለይ፡ ነቲ ዝመደበለይ ክገብር ድማ መዲቡኒ። ንኣቦይ፡ በቲ ንዓይ ሕርሻ ክህልወኒ ኣቐዲሙ ዝገበሮ ጻዕሪ ኩሉ ግዜ ከመስግኖ እየ።'*

እቲ ዝኾነ ግን፡ ነቲ ኣቦይ ዘዳለወለይ ክሰዕብ ኣይደለኹን። ዘይምድላየይ

ግና፡ በቦይ ኣቐዲሙ ተመዲቡ እዩ፡ ክብል ፍጹም ኣይክእልን እየ። ሓረስታይ ክኸውን እንተተቐቢለየ፡ ንዕኡ ኣቐዲመ ተመዲበ እየ። እንተዘይተቐበልክዎ ድማ፡ ኣቐዲመ ኣይተመደብኩን።

እዚ ዝረኣናዮ ኣብነት፡ ነቲ ኣብ ቃል ኣምላኽ ዘሎ መልእኽቲ የዕግብ እዩ። እቶም ዝደሓኑ፡ በብውልቆም፡ በቲ ኣቐዲሙ ዝመደበ፡ ሰማያዊ ናይ ፍቕሪ ኣቦ፡ ናብ ክብሪ ኣቐዲሞም ተመዲቦም እዮም። ብኣንጻሩ፡ ቃል ኣምላኽ፡ ንሓሳብ ቅድመ-ምደባ፡ ምስ ዘይደሓኑ ኣተሓሒዙ ፍጹም ኣይጠቕሶን እዩ።

በዚ ርድኢት፡ እቲ መለኮታዊ ተበግሶ ጸጋ ኣይጠሓሰን እዩ። ልዕሊ ኩሉ፡ እቲ ‘ድርብ ቅድመ-ምደባ’፡ ወይ ‘ቅድመ-ምደባ ንኹነኔን ንገሃነምን’ ተባሂሉ ዝፍለጥ ሓሳብ፡ ተነጺጉ ኣሎ።

ገሊኦም፡ እዚ ዝቐረበ ሓሳብ፡ ከም መፍትሒ ናይቲ ንዘመናት፡ ንብዙሓት መምሃራን መጽሓፍ ቅዱስ ኣእምርኦም ዝሓዘ ሕቶ፡ ክርእይዎ ከም ዘይክእሉ ይርደኣኒ እዩ። ኣነ ውን፡ ብዛዕባ እዚ ሓሳብ ምዝራብ ኣብዚ ጠጠው ከብል ኣይኮነን መደበይ። እንተዘይኮይኑ፡ ትዕቢት ክመስል ይኽእል እዩ። ኣብ ዝመጽእ ምዕራፍ፡ እዚ ሓሳብ፡ ምስቲ ኣምላኽ ብወዱ ዝገለጸልና ባህሩን መንነቱን ዝኸይድ ምኳኑ፡ ብዝርዝር ከርኢ ክፍትን እየ።

ንምልዋጥ ሰብ የቆናጽቡ፧

እቶም ኣብ ‘ሓንሳእ ድሒንካ፡ ኩሉ ሳዕ ድሒንካ’ ዘይኣምኑ፡ ንክልተ ኣገደስቲ ገጻት ክርስትና፡ ማለት ጽድቅን *(justification)*፡ ዳግም ምውላድ ወይ ምሕዳስን *(regeneration)*፡ ኣብ ዋጋ ዕዳጋ የእትዉ፡ ዝብል ርእይቶ ኣሎ።

ጽድቂ፡ ማለት *‘justification’* ዝብል ቃል ካብ ቤት ፍርዲ ዝመንጨወ ናይ ሕጊ ቃል እዩ። እዚ ቃል፡ ዳኛ ሕጊ፡ ንሓደ ብገበን ተኸሲሱ ኣብ ቅድሚኡ ዝቐረበ ሰብ፡ ካብቲ ገበን ነጻ ኢኻ ኢሉ፡ ሕልንኡ ከይተኸሰሰ ንክኸይድ፡ ዝጥቀመሉ ኣዋጅ እዩ። ይኹን እምበር፡ ሓደ ገበነኛ ሰብ፡ ካብ ገበኑ ነጻ ክወጽእ ዝኽእል፡ እቲ ግቡእ መቕጻዕቱ ብኻልእ ምስ ዝኸፈል ጥራሕ እዩ። ከምዚ ምስ ዝኸውን፡ ፍትሕን ምሕረትን ክልቲኦም ብሓንሳእ ይፍጸሙ። እቲ ንጹህ ከም ገበነኛ፡ እቲ ገበነኛ ድማ ከም ንጹህ፡ ተቐጺሩ ኣሎ ማለት እዩ። እዚ መተካእታዊ መሰዋእቲ እንተዘይፍጸም ነሩ፡ ምፍታሕ ካብ ቤት ማእሰርቲ ናይቲ ብገበን ዝተኣሰረ እሱር፡ ዘይፍትሓዊ *(miscarriage of justice)* ምኾነ ነሩ። እዚ ጽድቂ *(justification)* ምስ ሕድገት-ሓጢኣት ሓደ እዩ። ኣብዚ ክዝከር ዝግብኦ፡ እዚ ሕድገት-ሓጢኣት፡ ካልእ ብዝኸፈሎ ዋጋ ዝመጸ ምኳኑ እዩ።

እቲ ዝኾነ እዚ እዩ። ሓጢኣት፡ ከም ናይቲ መቕጻዕቲ ሓጢኣት ብሞቱ ኣብ መስቀል ዝኸፈለ መድሓኒ (የሱስ ክርስቶስ) ተቖጺሩ። ጽድቂ ድማ፡ ከም

ናይቲ፡ ሕጂ ናብቲ ናይ ዘልኣለም ዝፋን ኣምላኽ፡ ካባ መለኮታዊ ጽድቂ ተኸዲኑ ክቐርብ፡ ዕድል ዝረኸበ ሓጢኣተኛ ሰብ ተቐጺሩ። ኣዝዩ ዘደንቕ ምቅይያር ቦታ! *(What a beautiful exchange!)*፡ ብዝኾነ መለክዒ ፍትሓዊ ዘይኮነ፡ ግናኸ ብምሕረት ዝተመልአ ግብሪ ኣምላኽ።

ስለዚ፡ ይብሉ ገሊኦም፡ ሓደ ሰብ ብኣምላኽ ነጻ ተባሂሉ ምስ ተኣወጀ፡ ከመይ ጌሩ እንደገና ገበነኛ ይኸውን፧ ከመይ ጌሩ ኣብ ቅድሚ ኣምላኽ ሓንሳእ ምስ ጸደቐ፡ እንደገና፡ ከም 'ዘይጻድቕ' ይቑጸር፧ ጽድቂ *(justification)* ቀዋሚ ምቕያር ኣቃውማ ሰብ ኣብ ቅድሚ ኣምላኽ ክኸውን ኣለዎ፡ ይብሉ።

ኣብ ምዕራፍ ክልተ ከም ዝረኣናዮ፡ ሕድገት ሓጢኣት ናይ ዝሓለፈ እምበር፡ ናይ ዝመጽእ ሓጢኣት ኣይሸፍንን እዩ። ብርግጽ፡ ካብ ክሲ ገበን ነጻ ዝተባህሉ ገበነኛታት፡ ዳግማይ ናብቲ ገበኖም ብምምላስ ንርእሶም ኣብ ቤት ፍርዲ ክረኽብዋ ይኽእሉ እዮም።

እቲ ናይ ብሓቂ መልሲ ናይዚ ሕቶ፡ ዕላማ ጽድቂ ብምርዳእ ኢና ክንምልሶ ንኽእል። ቀዳማይን፡ ልዕሊ ኩሉን፡ ጽድቂ፡ ምስ ኣምላኽ ዕርቂ ረኺብና፡ ሕብረት ንኽህልወና ዘኽእል እንኮ መንገዲ እዩ። ሓጥእ ምስ ኣምላኽ ሕብረት ክህልዎ ኣይክእልን እዩ። በዚ ሕብረት ምስ ኣምላኽ ዝኽፈተልና ካልእ መንገዲ ኣሎ፡ ንሱ ድማ፡ ምልዋጥ ናይቲ ሓጥእ ሰብ፡ ናብ ናይ ብሓቂ ዝተቐደሰ ሰብ እዩ። `ዝጸደቑ ሓጥኣን፡ ብቕጽበት 'ቅዱሳን' ተባሂሎም እዮም ዝጽውዑ። (ሮሜ 1.7) ።

እቶም ቅዱሳን ተባሂሎም ተጸዊዖም ዘለዉ፡ ክቕደሱ ድማ ተጸዊዖም ኣለዉ። ናይ ክርስቶስ ጽድቂ፡ ብኣምላኽ ከም ናቶም ኮይኑ ዝተቖጽረሉ ምኽንያት፡ ተኻፈልቲ እቲ ጽድቂ መታን ክኾኑ እዩ *(imputed to imparted righteousness)* ። ንምቕባል ሕድገት ሓጢኣት፡ ምቕባል ቅድሰና ክሰዕቦ ኣለዎ። ጽድቂ መንገዲ እዩ፡ ቅድሰና መወዳእታ እዩ። ኣብ ኩሉ ካልእ ሃይማኖታት ግን ብግልባጡ እዩ። ማለት ብኣምላኽ ቅቡል ንኽትከውን፡ ቅዱስ ህይወት ክትነብር ኣለካ። ኣብ ክርስትና ግን፡ ቅዱስ ንኽትከውን፡ ብኣምላኽ ቅድም ተቐባልነት ክትረክብ ኣለካ (ምስ ኣምላኽ ክትተዓረቕ ኣለካ) ። እቲ ጥዑም ዜና ወንጌል፡ ኣምላኽ ከም ዘለናዮ ከም ዝቕበለና እዩ። ከም ዘለናዮ ዝቕበለና ምኽንያት ግና፡ ቅዱስ ህይወት መታን ክንነብር እዩ።

ጽድቂ *(justification)* ከም መተካእታ ቅድሰና *(sanctification)* ጌርካ ምሕሳብ መሰረታዊ ጌጋ እዩ። እዚ ከምዚ ዓይነት ኣረዳድኣ፡ ካብ ኣውጉስቲን ዝምንጨወ እዩ። ኣውጉስቲን፡ ኣብ ክንዲ ናይ ቋንቋ ግሪኽ፡ ናይ ቋንቋ ላቲን መጽሓፍ ሓድሽ ኪዳን እዩ ዝጥቀም ኔሩ። ኣብቲ ናይ ግሪኽ ሓድሽ ኪዳን፡ ጽድቂ ንምባል ተጠቒሞሉ ዘሎ ቃል፡ ዲካዩን *(dikaioun)* ዝብል፡ ትርጉሙ

ድማ፡ 'ጻድቕ ኢልካ ምእዋጅ' *(to declare righteous')*፡ ኣብቲ ናይ ላቲን ሓድሽ ኪዳን፡ ብጌጋ፡ ጀስቲፋሰረ *(justifacere)* ትርጉሙ ድማ፡ 'ጻድቕ ምግባር' *(to make righteous)*፡ ብዝብል ቃል፡ ተተኪኡ ኣሎ። እዚ ግጉይ ኣተረጋጉማ፡ ንኣውጉስቲን፡ 'ዝጸደቑ ሰባት፡ በቲ ንሓጥኣን ዘጽድቕ ኣምላኽ፡ ጻድቃናት ዝተገብሩ ሰባት ማለት እንተዘይኮይኑ *(justi facti)*፡ ካልእ እንታይ ማለት ክኸውን ይኽእል፧' ኢሉ ንኽግምግም ጌርዎ። ኣውጉስቲን እዚ ብምባሉ፡ ንዝተቖጽረ ጽድቂ *(imputed righteousness)*፡ ምስ ዝተኻፈልካዮ ጽድቂ *(imparted righteousness)* ማዕረ ጌሩ ብምርኣይ፡ ምስ ኣመንካ ብቕጽበት ከም ትወሃቦ ጌሩ ይዛረብ። እዚ ካብ ኮነ፡ ንመፈጸምታ ምድሓንና ካልእ እንታይ ኣድልዩና፧ ኢሉ ክድምድም ድማ ደሪኽዎ።

እዚ ናይ ኣውጉስቲን፡ ንጽድቂ ምስ ቅድስና ማዕረ ጌርካ ዘርኢ ርድኢት፡ ማርቲን ሉተር ድማ ተኸቲልዎ እዩ። ብማርቲን ሉተር ኣቢሉ ድማ፡ ናብቶም ናይ ከንሻ ምንቅስቓስ ተሃድሶ ሰጊሩ። እዚ ርድኢት፡ ንብዙሓት ኣመንቲ፡ መንግስቲ ኣምላኽ ንምውራስ ዘድልዮም ኩሉ ጽድቂ፡ ከም ዝለበሱ ጌሮም ንርእሶም ክቖጽሩዋ ይገብሮም። ካብዚ ርድኢት፡ ናብ 'ሓንሳእ ድሒንካ፡ ኩሉ ሳዕ ድሒንካ' ንምስጋር፡ ንእሽቶ ስጉምቲ እዩ ዘድሊ። እዚ ስጉምቲ፡ ማርቲን ሉተር ንባዕሉ፡ ዝወሰዶ ስጉምቲ ይመስል።

ነዚ ርድኢት፡ ካብቲ፡ ንናይ ሓድሽ ኪዳን ኣመንቲ ዝተዋህበ፡ ብዙሕ ማዕዳታትን ምሕጽንታታትን መጠንቀቕታታን፡ ሓንቲ ብምውሳድ ጥራሕ ክንብድሆ ንኽእል ኢና።

> *'ብዘይ ቅድስና ሓደ እኳ ንእግዚኣብሄር ኣይኪርእዮን እዩ እሞ፡ ንቕድስናን ንሰላም ምስ ኩሉ ሰብን ሰዓብወን።' እብ 12.14 ።*

ናይ እግዚኣብሄር ትእዛዝ፡ ከምቲ ንሱ ቅዱስ ዝኾነ፡ ንሕና ድማ ቅዱሳን ክንከወን እዩ። እዚ፡ ኣብ ብሉይ ኪዳን ይኹን ኣብ ሓድሽ ኪዳን ሓደ እዩ። ኣይተለወጠን። (ዘሌ 19.2፡ 1 ጴጥ 1.16)

> *ኣነ፡ ቅዱስ እየ እሞ፡ ቅዱሳት ኩኑ፣ ዚብል፡ ጽሑፍ ሰለ ዘሎ፣ ከም'ቲ እቲ ዝጸውዓኩም፡ ቅዱስ ዝኾነ፡ ንስኻትኩም'ውን፡ ብኹሉ ንብረትኩም፡ ቅዱሳት ኩኑ። 1 ጴጥ.1:15-16*
> *(ንብዘሎ ኣኼባ ደቂ እስራኤል ተዛረብ፣ በሎም ድማ፣ ኣነ፡ እግዚኣብሄር ኣምላኽኩም፡ ቅዱስ እየ እሞ፡ ንስኻትኩም ከኣ፡ ቅዱሳን ኩኑ። ዘሌ.19:2)*

ጽድቂ *(justification)* ንበይኑ፡ ነዚ ትእዛዝ ኣየማልኦን እዩ፡ ነዚ ትእዛዝ ንኽነማልኦ ግና የኽእለና።

ምሕዳስ ዝብል ቃል፡ ኣብ ሓድሽ ኪዳን ሳሕቲ ንረኽቦ ቃል እዩ። ክልተ ግዜ፡ ብዛዕባ ምልዋጥ (ምሕዳስ) ሰባትን (ቲቶስ 3.5)፡ ብዛዕባ ምሕዳስ ብዘላ እዛ ዓለምን (ማቴ 19.28)፡ ኣመልኪቱ ተጠቒሱ ኣሎ። ዳግም ምውላድ ዝብል ቃል፡ ምስኡ እንተሓዊስናዮ ከኣ፡ 5 ግዜ ተጠቒሱ ኣሎ። (ንምንጽጻር፡ ብመንፈስ ቅዱስ ምጥማቕ ዝብል 7 ግዜ ተጠቒሱ ኣሎ) ። ብመሰረት ኣመጻጽኣ እቲ ቓል፡ ዳግም ምውላድ ማለት፡ 'ዳግማይ ህይወት ምጅማር' *(to begin life again)* ማለት እዩ። እዚ 'ምሕዳስ' ዝብል ቃል፡ ኣብ ቃል ኣምላኽ ሳሕቲ ንረኽቦ ኽነሱ፡ ከም ዓቢ ሰነመለኮታዊ መሰረት ኮይኑ ግን ኣሎ። ሽሕ'ኳ ሃዋርያት ኣብ ከምዚ ድሕረ-ባይታ ፍጹም እንተዘይተጠቕምሉ፡ ኣብ ናይ ዘመንና ወንጌል ግን መሰረታዊ መሳርሒ ኮይኑ ኢና ንረኽቦ። ብኽምዚ ድማ፡ ምስቲ ኣብ ቃል ኣምላኽ ሳሕቲ ምጥቃሱ ዘይነጻጸር፡ ካብ ዓቐን ንላዕሊ ኣገዳስነት ተዋሂብዎ ኣሎ።

እዚ ምሕዳስ ዝብል ቃል፡ ከም መፍትሒ ናይ ኣሽገርቲ ክፍልታት ብሉይን ሓድሽን ኪዳን ብዙሓት ይጥቀምሉ እዮም። ኣመንቲ ንወንጌል ምስ ዝኽሕዱ፡ 'እወ፡ ግን ናይ ብሓቂ ዝተሓደሱ ድዮም ኔሮም፧' ብተዳጋጋሚ ዝወሃብ መልሲ እንዳኾነ ይመጽእ ኣሎ። ኣብ ብሉይ ኪዳን፡ ብዛዕባ ምውዳቕ ህዝቢ ኣምላኽ ኣብ ሓጢኣት ክዛረብ እንከሎ፡ ፈጺሙ ነዚ ቃል (ምሕዳስ) ከም መለክዒ ኣየቕርቦን እዩ። ኣብ ሓድሽ ኪዳን ውን እንተኾነ፡ ብዛዕባ ኣመንቲ ኔሮም ንድሕሪት ዝተመልሱ ክዛረብ እንከሎ፡ ፈጺሙ ከም መለክዒ ኣይጥቀመሉን እዩ። ኣብ ብሉይ ኪዳን ይኹን፡ ኣብ ሓድሽ፡ እቲ መለክዒ፡ 'ተሓዲሶም (ዳግም ተወሊዶም) ኔሮም'ዶ ኣይነበሩን' ዘይኮነ፡ ኣብ እምነት እንዳተኻዕዙ፡ ካብ እምነት ዘቢሎም'ዶ፧ እዩ።

ድሮ ከም ዝረኣናዮ፡ ምሕዳስ ወይ ዳግም ምውላድ፡ ዘይመዋቲ ኣይገብረካን እዩ። (ምዕራፍ 2) ። ዝኾነ ኮይኑ፡ ሓንሳእ ዝተወለደ፡ ሓንሳእ ክመውት ይኽእል (ኣብ መጽሓፍ ቅዱስ፡ ዳግም ናብ ህይወት ምምላስ፡ ማለት፡ ካልኣይ፡ ሳልሳይ ግዜ ምውላድ ዝበሃል የለን) ። እቶም ክልተ ግዜ ዝተወልዱ ውን እንተኾኑ፡ ክልተ ግዜ ክሞቱ ይኽእሉ። (ኣብ ራእይ ዮሃንስ ከም ዝረኣናዮ፡ ተስፋ ምድሓን ካብቲ ካልኣይ ሞት፡ ነቶም ዝሰዕሩን ዝተቐደሱን ኣመንቲ ጥራይ እዩ ዝወሃብ) ። (ራኢ 2.11, 20.6) ።

ስለዚ፡ ምሕዳስ ወይ ዳግም ምውላድ፡ ካልኣይ ዘይድገምን ዘይግልበጥን ክኸውን ይኽእል እዩ። እዚ ማለት ግን ዘይጠፍእ ማለት ኣይኮነን። ምሕዳስ፡ ብርግጽ፡ መጀመርታ ምድሓን እዩ፡ ዋሕስ ናይ ምፍጻም ምድሓን ግና ኣይኮነን።

ብዛዕባ ምሕዳስ፡ ኣንጻር እዚ ዝተባህለ ምእማን፡ ቃል ኣምላኽ ዘይብሎ ምንባብ እዩ። ካብ መንፈስ ምውላድ፡ በቲ ናይ ቀደም (ዝነበረካ) ስጋን ርእስን፡ እንደገና ከም ብሓድሽ ምጅማር ማለት እዩ። እቲ ፍልልዩ፡ እቲ ቀደም ብሰንኪ ሓጥያት ጠፊኡ፡ ኣብ ምዉት መንፈስ ዝዓዪ ዝነበረ ስጋን ርእስን፡ ሕጂ ብህያው መንፈስ፡ ኣብ ክርስቶስ ተረኺቡ ክዓዪ ይጅምር ማለት እዩ።

ኣብ ክርስቶስ እንዳነበረት፡ ህይወት፡ ከም ሓድሽ ጨንፈር፡ ኣብቲ ናይ ብሓቂ ጉንዲ ወይኒ ተተኺላ፡ ክትውሕዝን፡ ክትዓብን ፍረ ክትፈርን ትጅምር። ብኣንጻሩ፡ ኣብ ክርስቶስ ብዘይምንባር፡ ከም ንቑጽ ቆጽሊ ቀምሲላ፡ ነቒጻ ትመውት። እዚ ኹሉ፡ ን ካብ እግዚኣብሄር ዝተወልዱ ደቀ-መዝሙር ዝተዋህበ መጠንቀቕታ እዩ። (እቲ ኣብ ዮሃንስ ምዕራፍ 1.12-23 ዘሎ፡ ንቶም እተቐበልዎ ዘበሉ ኹሎም ብስሙ ንዚኣምኑ ግና ውሉድ ኣምላኽ ኪኾኑ መሰል ሃቦም፡' ዝብል ቃል፡ ነቶም ደቀ-መዛምርቲ የሱስ ዘይምልከት ተኾይኑ፡ ንወልሓደ ካልእ ክምልከቶ ኣይክእልክን እዩ።)

ንውሕስነት ምድሓን የጥፍኡ፧

እዚ ንነብረሉ ዘለና ዘመን፡ ውሕስነት ዘይርከበሉ ዘመን እዩ። ሰምዒት ቁጥዓን፡ ምርባጽን ግኑን እዩ። ካብዚ ዝተላዕለ፡ ሰብ፡ ሰምዒታዊ፡ ቁጠባዊ፡ ፖለቲካዊ፡ ልዕሊ ኩሉ ድማ፡ መንፈሳዊ ውሕስነት ንምርካብ፡ ብዘለዎ ሓይሊ እንተ ተተምነየ ዘገርም ኣይኮነን።

ወንጌል፡ ከም መማልኢ ናይዚ ድሌት ውሕስነት፡ ከም መድሃኒት ኩሉ ዓይነት ፍርሕታት እዩ ዝሰበኽ። ወንጌላውያን ብብዝሒ ዝሓትዎ ሕቶ፡ 'ምስ ሞትካ፡ ናብ ሰማይ ከም ትኸይድ ከተረጋግጽ ትደሊ'ዶ'፧ ዝብል እዩ። ከምዚ ኢሎም ተሓቲቶም ወንጌል ዝተቐበሉ ሰባት፡ 'ሓንሳእ ምስ ደሓንካ፡ ኩሉ ሳዕ ድሒንካ ኢኻ' ኢሎም እንተሓሰቡ ዘገርም ኣይኮነን። ዶክትሪን 'ሓንሳእ ምድሓን ኩሉ ሳዕ ምድሓን' ምምሃር እኳ ኣየድልዮምን።

ተጣበቕቲ ናይዚ ዓይነት ወንጌል ከምዚ ዝሰዕብ ኢሎም እዮም ዝማጎቱ፡ 'ብርግጽ፡እቲ ናይ ሰማይ ኣቦና፡ ፍቕሩ ከም ዘይገድፈና ኣርጊጽና ፈሊጥና፡ ውሕስነት ክሰመዓና እዩ ዝደሊ'። ስለዚ፡ 'ሓንሳእ ድሒንካ፡ ኩሉ ሳዕ ድሒንካ' ሓቂ እንተዘይኮይኑ፡ ዝኾነ ሰብ ከመይ ጌሩ ከም ዝደሓነ ይፈልጥ፧ ሓደ ሰብ፡ ብዛዕባ ምድሓኑ ውሕስነት እንተዘይተሰሚዕዎ፡ ኩሉ ሳዕ ኣብ ጥርጥር ብምኳን፡ ክሳዕ መወዳእታ 'ንምድሓነይ ይፍጽሞ'ዶ ይኸውን፧' እንዳበለ ክነብር እዩ፡ ማለት እዩ። ስለዚ፡ ይብሉ፡ ነቲ 'ሓንሳእ ድሒንካ፡ ኩሉ ሳዕ ድሒንካ' ዝብል እምነት፡ ኣብ ምልክት ሕቶ ምእታዉ፡ ንውሕስነት ምድሓን ምጥፋእ ማለት እዩ።

ኣብ ቃል ኣምላኽ፡ ንጹር ዶክትሪን ውሕስነት ተጻሒፉ ኣሎ። ኣመንቲ፡ ሕጂ፡ ውሉድ ኣምላኽ ክኾኑ መሰል ዝተዋህቦም ምዃኖም ክፈልጡ ይኽእሉ እዮም ጥራይ ዘይኮነ፡ ኣገዳሲ ድማ እዩ። ኣብ ሓንቲ መጽሓፍ ብሉይ ኪዳን ጥራይ (ትንቢት ህዝቅኤል)፡ 'ሽዑ ክትፈልጡ ኢኹም *(Then you will know)*' ዝብል ቃል 74 ግዜ ተጻሒፉ ኣሎ። ሓንቲ ካብ መጻሕፍቲ ሓድሽ ኪዳን (1ይ ዮሃንስ)፡ ሕመረት መልእኽታ 'መታን ክትፈልጡ' (That you may know) ዝብል እዩ። ኣምላኽ ተሰፋ ክንገብርን ክንኣምንን ጥራሕ ዘይኮነ፡ ክንፈልጥ ውን እዩ ዝደልየና።

እዚ ምስ በልና ግና፡ ክልተ ሕቶታት ኣብ ግምት ከነእቱ የድልየና።

1. ከመይ ኢልና ርግጸኛታት ንኸውን፧
2. ብዛዕባ እንታይ ኢና'ኸ ርግጸኛታት ክንከውን ንኽእል፧

ከመይ ኢልና ርግጸኛታት ንኸውን፧

መጀመርታ፡ እቶም 'ሓንሳእ ድሒንካ፡ ኩሉ ሳዕ ድሒንካ' ዝብሉ፡ ነዚን ክልተ ሕቶታት ብኸመይ ይምልሰወን ንርአ። ኣብ መንጎ እቶም ተኸተልቲ ርድኢት ኣልፋን፡ ርድኢት ኦሜጋን ፍልልይ ኣሎ። ሰለዚ፡ ንናይ ክልቲኦም መልሲ በበይኑ ክንርእዮ ኢና።

ተኸትልቲ ርድኢት ኣልፋ፡ ኣብ ውሕስነት ምድሓን ዘለዎም ርድኢት፡ ምግላጽ ቀሊል እዩ። ሓንሳእ ምስ ኣመንካ፡ ጉዕዞኻ ኣብ ሰማይ ከም ዝውዳእ፡ ርግጸኛ ክትከውን ትኽእል ኢኻ፡ ምኽንያቱ፡ ኣምላኽ ንኹሎም ኣመንቲ ዝሃቦም ተሰፋ ሰለ ዝኾነ፡ ይብሉ። ነዚ ቀሊል ዝመሰል ሓሳብ፡ ብጥንቃቐ ዘርዚርና ምስ እንርኢ፡ ክልተ ሕቶታት ዘልዕሉ ነጥብታት ክንርኢ ንኽእል።

ቀዳማይ፡ እዚ ውሕስነት ምድሓን፡ ኣብ ሕሉፍ ውሳኔ (ማለት፡ ሓንሳእ፡ ቅድሚ መዓልታት ወይ ዓመታት ብዝወሰድካዮ ንክርስቶስ ናይ ምእማን ስጉምቲ)፡ ዝተመርኮሰ እዩ። እቲ መሪሕ ቃል፡ እቲ 'ሓንሳእ' ዝብል ቃል እዩ። ጽቡቕ ጌርካ ንምብርሁ፡ 'ሓንቲ መዓልቲ' *(once upon a time)* ክንብሎ ንኽእል። ብድሕሪ እዛ 'ሓንቲ መዓልቲ'፡ ዝኾነ ውን እንተኾነ፡ ነቲ መጀመርታ ክጸልዎ ኣይክእልን እዩ። ኩሉ በታ 'ሓንቲ መዓልቲ/ ሓንሳእ' እተገብረ ውሳኔ እዩ ዝውሰን። ይኹን እምበር፡ ሓድሽ ኪዳን፡ ሓደ ሰብ ምስ ተለወጠ፡ ከምዚ ዓይነት ናብራ ክህልዎ ኣየተባብዕን እዩ።

ካልኣይ፡ እዚ ውሕስነት ምድሓን፡ ኣብ፡ ካብ ሓፈሻዊ ሓቂ ተበጊስካ ትበጽሖ ውልቃዊ መደምደምታ *(deduction)*፡ ዝተመርኮሰ እዩ። እቲ ቴክኒካዊ ስም ናይዚ ሜላ፡ ሲሎጂዝም *(syllogism)*፡ ማለት፡ ክልተ፡ ቀንድን ንኡስን

ሓሳባት *(premises)* ብምንጽጻር፡ እትበጽሖ መደምደምታ፡ እዩ፡ (ንኣብነት፡ ኩሎም እንስሳታት 4 መሓውር ኣለዎም፡ ከልቢ ድማ እንስሳ እዩ፡ ስለዚ፡ ከልቢ ኣርባዕተ መሓውር ኣለዎ)። ብተመሳሳሊ መንገዲ፡ እዚ ናይ ተኸተልቲ ርድኢት ኣልፋ፡ እምነት ብዛዕባ ውሕስነት ምድሓን፡ ኣብ ከምዚ ዓይነት ርትዒ ዝተመርኮሰ እዩ።

መጽሓፍ ቅዱስ ከምኡ እዩ ዝብል፡
ኣነ ድማ ነቲ ቃል ኣምላኽ ዝበሎ ኣሚነዮ እየ፡
ስለዚ፡ ርድኢተይ ሓቂ እዩ።

ብኸምዚ ኣበሃህላ፡ እቲ ኣብ ቃል ኣምላኽ ዘሎ ተሰፋታት፡ መሰረት ናይዚ ውሕስነት ምድሓን ይኸውን። እቲ ቃል ኣምላኽ ናተይ ውሕስነት ዝኾነሉ መንገዲ፡ ርትዒ *(logic)* እዩ። እምነተይ ኣብቲ ቃል ጌረዮ ኣለኹ፡ ስለዝኾነ ድማ፡ ምስ ርእሰይ ውን እንዳተማጎትኩ ውሕስነት ምድሓነይ ከረጋግጽ ይኽእል እየ። ሓንሳእ ሓንሳእ ድማ፡ ካልእ ሰብ፡ 'ነዚ ቃል ትኣምኖ ዲኻ፧ እንተ ኣሚንካዮ፡ ሰማይ ከም ትኸይድ ርግጸኛ ክትከውን ትኽእል ኢኻ!' ብምባል ከእምነኒ ይኽእል እዩ።

እዚ በዚ መንገዲ ዝመጽእ ሰምዒት ውሕስነት ብዛዕባ ምድሓን (ምውራስ መንግስቲ ሰማይ)፡ ብ ኣእምሮኣዊ ምምኽናይ ዝመጽእ፡ ዘይቀጥታዊ ምስክርነት *(indirect witness)*፡ ብዛዕባ ውሕስነት ምድሓን እዩ። ኣብ ኣእምሮኣዊ መሰርሕ ዝተመርኮሰ ውሕስነት ስለ ዝኾነ፡ ውዒሉ ሓዲሩ፡ ምጥርጣር ክለዓል ብግዲ እዩ። ምኽንያቱ፡ ኣብቲ ቃል እኹል እምነት ከም ዘለንን፡ እቲ ቓል ንዓይ ከም ዝምልከተንን፡ ከመይ ጌረ ከረጋግጽ ይኽእል፧

እዚ ዓይነት ርድኢት ብዛዕባ ውሕስነት ምድሓን፡ (ማለት፡ ኣብ ሕሉፍ ናይ እምነት ስጉምትን፡ ካብ ኣእምሮኣዊ ምኽኑይነትን ዝምንጩ መደምደምታን ዝተሰረተ)፡ ኣብ ዓንኬል ወንጌላውያን ዝገነነ እዩ። ካብ መጽሓፍ ቅዱስ ደገፍ ክትረኽበሉ ግና ቀሊል ኣይኮነን። እቶም ናይ ሓድሽ ኪዳን ኣመንቲ፡ ነዚ 'ቃል ኣምላኽ ዝብሎ ስለ ዝኣመንኩ፡ ከም ዝደሓንኩ ውሕስነት ይሰመዓኒ'፡ ዝብል ኣረዳድኣ ንኽህልዎም ዘኽእል ጽሑፍ ሓድሽ ኪዳን ከማን ኣይነበሮምን! እንታይ ደኣ ኔርዎም፧ ዝምስክረሎም መንፈስ ቅዱስ።

ተኸተልቲ ርድኢት ኦሜጋ፡ ብዛዕባ ውሕስነት ምድሓን ዘለዎም ርድኢት፡ ካብዚ ናይ ርድኢት ኣልፋ ዝተፈልየ እዩ። ቀዳማይ፡ ክሳዕ መወዳእታ ምዕጋስ፡ ምድሓንካ ንምፍጻም ኣገዳሲ ምኳኑ እዮም ዝኣምኑ። ካልኣይ፡ እቶም ክሳዕ መወዳእታ ኣብ እምነት ዝዕገሱ፡ እቶም ናይ ብሓቂ ዳግም ዝተወልዱ እዮም፡

ይብሉ። ስለዚ፡ ብመሰረት እዚ ክልተ ሓሳባት፡ ሓደ ሰብ፡ ውሕስነት ምድሓኑ ከረጋግጽ ዝኽእለሉ እንኮ መንገዲ፡ ክሳዕ መወዳእታ ኣብ እምነት እንተ ተዓጊሱ እዩ፡ ዝብሉ ዘለዉ'ዶ ኣይመስሉን፣ በዚ ኣበሃህላ፡ ትምህርቲ ካልቪን፡ ከም ትምህርቲ ኣርሚንዩስ፡ ንውሕስነት ምድሓን የጥፍእ እዩ፡ ኢልና ክንከሶ ንኽእል ኢና ማለት እዩ። ብርግጽ፡ ከምዚ ቀጺልና ንርእዮ፡ ትምህርቲ ካልቪንን ኣርሚንዩስን ካብቲ ብዙሓት ሰባት ዝጽበይዎ ንላዕሊ ተመሳሳሊ እዩ።

ካልቪን፡ ብዛዕባ ውሕስነት እምነት *(the assurance of faith)* ምሂሩ ኣሎ። ብመሰረት ካልቪን፡ እታ ናይ ሓቂ እምነት (ማለት፡ እታ ካብ ግዝያዊት እምነት ዝተፈልየት፡ እተድሕን እምነት፡) ምስኣ፡ ገምራዊ *(intuitive)*፡ (ማለት፡ ኣብ ንቑሕ ሓሳብ ወይ ርትዓውነት ዘይተሰረተ)፡ ምስክርነት ሒዛ እያ ትመጽእ። እምነት፡ ውህበት ኣምላኽ ስለ ዝኾነ፡ ትሕዝቶ ናይዛ ካብ ኣምላኽ እትውሃብ እምነት፡ ውሽጣዊ ውሕስነት እዩ። ስለዚ፡ እቶም ነዛ ካብ ኣምላኽ ዝኾነት እምነት ዝቕበሉ ሰባት፡ ካብቶም ኣምላኽ ዝሓረዮም ሰባት ምዃኖም፡ ብኡብኡ እዮም ዝፈልጡ።

እቲ ኣርሚናዊ ዝነበረ ጆን ወሰሊ፡ ከምቲ ሓዉ ቻርልስ ኣብ መዛምሩ ዝጽሕፎ ዝነበረ፡ ብዛዕባ ውሕስነት ምድሓን ኣጥቢቑ እዩ ዝምህር ነሩ። ጆን ዌሰሊ፡ ኣብ መንጎ ዝተፈላልዩ ዓይነታት ውሕስነት ፈላልዩ እዩ ዝዛረብ። እቲ ቀዳማይ ዓይነት ውሕስነት፡ እቲ ሓፈሻዊ ውሕስነት ሕድገት ሓጢኣት እዩ። እቲ ካልኣይ ዓይነት ውሕስነት ድማ፡ ሓፈሻዊ ዘይኮነ፡ ውሕስነት ክሳዕ መወዳእታ ምዕጋስ እዩ። እዚ ማለት፡ ገሊኦም፡ ክሳዕ መወዳእታ ተዓጊሶም ምድሓኖም ከም ዝፍጽሙ፡ ውሕስነት ዝህቦም ቅድመ-ፍልጠት፡ ካብ ኣምላኽ ክቕበሉ ይኽእሉ።

እዞም ክልተ ሓሳባት ካልቪንን፡ እቲ ኣርሚንያዊ ዝነበረ ዌሰሊን፡ ካብ ንንሓድሕዶም ኣዝዮም ዝተረሓሓቑ ኣይኮኑን። እዚ ማለት ግና፡ ፍልልይ የብሎምን ማለት፡ ኣይኮነን። ንካልቪን፡ እቶም ናይ ብሓቂ ዝኣምኑ፡ ክሳዕ መወዳእታ ኣብ እምነት ክዕገሱ እዮም። ንዌሰሊ ድማ፡ ገለ ካብቶም ዝኣምኑ፡ ክሳዕ መወዳእታ ኣብ እምነት ከይዕገሱ ይኽእሉ እዮም።

ሓደ ክንዕዘቦ ዘለና ኣገዳሲ ነገር፡ ኣገባብ ኣእምሮኣዊ ርትዒ ምስ እንጥቀም፡ ነቲ ካብ ርድኢት ኦሜጋ ዝምንጩ ውሕስነት ብዛዕባ ምድሓን ብቐሊሉ ክንብድሆ ንኽእል ኢና። ህይወት ግና ልዕሊ ርትዓዊ ኣተሓሳስባ እያ። ንክልቲኦም፡ ካልቪናውያንን ኣርሚናውያንን፡ ውሕስነት ምድሓን ገምራዊ *(intuitive)* እዩ፡ማለት፡ ኣብ ንቑሕ ሓሳብ ወይ ርትዓውነት ዘይተሰረተ እዩ። ማለት፡ ካብ ብናይ ኣእምሮ ውረድ ደይብ (ርትዒ) ዝርከብ ውሕስነት ዘይኮነስ፡ ካብ ምስክርነት መንፈስ ቅዱስ ዝርከብ ውሕስነት ምድሓን እዩ።

እቲ ንመልእኽቲ ሓድሽ ኪዳን ዝቐረበ ርድኢት ብዛዕባ ውሕስነት ምድሓን እዚ እዩ። ውሕስነት ምድሓን፡ ካብቲ ኣብ ደገ ዘሎ ጽሑፍ ቃል ኣምላኽ ዘይኮነስ፡ ካብቲ ኣብ ውሽጥና ዘሎ ምስክርነት መንፈስ ቅዱስ እዩ ዝምንጩ። ካብ ብዙሕ፡ ክልተ ጥቕስታት ካብ ቃል ኣምላኽ ንምጥቃስ፥

ካብ መንፈሱ ሰለ ዝሀበና፡ ንሕና ኣብኡ ኸም እንነብር ንሱውን ኣባና ኸም ዚነብር፡ በዚ ኢና እንፈልጥ። 1 ዮሃ 4.13
ውሉድ ኣምላኽ ምዃንና ኸኣ እቲ መንፈሰ ባዕሉ እዩ ምስ መንፈስና ኰይኑ ዚምስክር። ሮሜ 8.16

ካብዘን ጥቕስታት ጥራይ፡ ብዙሕ ብዛዕባ ውሕስነት ክንመሃር ንኽእል ኢና። ውሕስነትና፡ ስራሕ ናይቲ ኣብ ውሽጥና ዘሎ መንፈስ ቅዱስ እዩ። ሽሕ’ኳ ደጋዊ መግለጺታት እንተሃለዎ (ሮሜ 8.15፡ እቲ ኣባና ዘሎ መንፈስ የሱስ፡ ልክዕ ከምቲ የሱስ ዝገበሮ ጌርና፡ ኣባ፡ ኣቦ ኢልና፡ ብኣፍና ክንጽውዖ ይድርኸና) ። እዚ፡ ቀጥታዊ ምስክርነት መንፈስ ቅዱስ፡ ነእምሮ ዘይኮነ፡ ንመንፈስና እዩ። ንመሃሮ ዘይኮነ፡ ዝሰመዓና እዩ። ልዕሊ ኩሉ፡ ውሕስነት ምድሓን፡ ብዛዕባ ሕጂ እምበር፡ ብዛዕባ ሕሉፍ ኣይኮነን። ቀጻሊ እምበር፡ ንሓንሳእ ጥራሕ ኣይኮነን። ኣብ ሮሜ 8.16 ከም ዝብለና፡ እቲ ‘ዚምስክር’ ዝብል ቃል ብዛዕባ ሕጂ እምበር፡ ብዛዕባ ሕሉፍ ዝገልጽ ኣይኮነን (መሰኪሩልና ዘይኮነ፡ ‘ዝምስክር’ ይብል) ። እዚ ርድኢት፡ ካብቲ ኣብ ርድኢት ኣልፋ ዝረኣናዮ፡ ኣብ ዓንኬል ወንጌላውያን ግኑን ዝኾነ ርድኢት ውሕስነት፡ ኣዝዩ ዝተፈልየ እዩ።

ስለዚ፡ ከመይ ጌርና ኢና ብዛዕባ ምድሓንና ርግጸኛታት ንኸውን፧ መሊሰናዮ ኣለና። ብመንፈስ ቅዱስ። ብመንፈስ ክንምራሕ ከለና፡ ኣብ መንፈስ ክንመላለስ ከለና፡ ቀጻሊ፡ ብምስክርነት መንፈስ ቅዱስ፡ የሱስ ክርስቶስ ምሳና ከም ዘሎ፡ ገምራዊ ርጉጽነት ይህልወና።

ኣብ ርእሰዚ፡ ምስክርነት መንፈስ ቅዱስን ኣብ ክርስቶስ ከም ዘለናን ውን እንተኾነ፡ ሓድሽ ኪዳን፡ መዐቀኒታት ኣለዎ። እዚ ድማ፡ እቲ ገምራዊ *(intuitive)* ርጉጽነትና፡ ካብ ግጉይ ምርሒት ከይከውን ንምርግጋጽ ይጠቕመና። እቶም፡ ብዛዕባ ምድሓንና ዝህልወና ሰምዒት ውሕስነት ቅኑዕ ምዃኑ ንምፍላጥ ዝሕግዙና ኣገድስቲ መዐቀኒታት፡ እዞም ዝሰዕቡ እዮም፥ ጽሩይ ሕልና፡ ፍቕሪ ኣሕዋት፡ ኣብ ሓጢኣት ዘይምምልላስ (ልምዳዊ ሓጢኣት ምቁራጽ) ። (ንምሉእ ዝርዝር ናይዞም መዐቀኒታት፡ ቀዳማይ ዮሃንስ ኣንብብ።) እዚኣቶም፡ ደጋውያን መረጋገጽቲ፡ ናይቲ መንፈስ ቅዱስ ዝምስክረልና ውሽጣዊ ውሕስነት፡ ወይ ድማ፡ ሚዛናውያን መርትዖታት ናይቲ

ውልቃዊ ውሕስነትና እዩም። ከምዚ ንርእዮ ዘለና፡ እዚ ዓይነት ውሕስነት፡ ቃል ኣምላኽ ዝበሎ ካብ ምእማን ዝምንጩ ኣይኮነን።

ብዛዕባ እንታይ ኢና ርግጸኛታት ክንከውን ንኽእል፧

ኣቐዲምና ከም ዝረኣናዮ፡ ውሕስነት ምድሓን ኣብ ናይ ህልው ተመኩሮ እምበር፡ ኣብ ሕሉፍ ፍጻሜ ዝተሰረተ ኣይኮነን። ግና፡ ውሕስነት ሕጂ፡ ከመይ ኢልና ምስ ውሕስነት መጻኢ ነተኣሳስር፧

ብዙሓት ሰባት ዝደልይዎ፡ ናይ ህልው ውሕስነት፡ ማለት፡ ንሶም ኣብ ክርስቶስ ከም ዘለዉ፡ ክርስቶስ ድማ ኣብኦም ከም ዘሎ፡ ጥራይ ዘይኮነስ፡ ውሕስነት ብዛዕባ መጻኢ እንኮላይ እዩም ዝደልዩ። ብኻልእ ኣዘራርባ፡ ውሕስነት ኣንጻር ነብሶም እዩም ዝደልዩ፡ ማለት እዩ! ዘጋጠመ የጋጥም፡ ዝገበሩ ይግበሩ፡ ምድሓኖም ፍጹም ዉሑስ ክኾነሎም እዩም ዝደልዩ።

እዚ ዓይነት ውሕስነት ኣብ መጽሓፍ ቅዱስ ኣይርከብን እዩ። ኣብቲ ኣብ ቃል ኣምላኽ ዝርከብ፡ ዝርዝር ካብ ፍቕሪ ኣምላኽ ክፈልዩኒን፡ ካብ ኢዱ ድማ ክምንጥሉንን ዘይክእሉ ነገራት፡ ዘየለ፡ ኣነ ጥራይ እየ። ንገዛእ ርእሰይ፡ ባዕለይ ካብ ፍቕሪ ኣምላኽ ክፈልያ ከም ዘይክእል ፍጹም ኣይተጻሕፈን (ዝርዝር፡ ኣብ ጥብቆ 1፡ ኣብ መወዳእታ እዚ መጽሓፍ፡ ርአ) ። ኣብ ቃል ኣምላኽ ብምሉኡ፡ ብዛዕባ ንርእሰይ ካብ ክርስቶስ ክፈልያ ከም ዘይክእል፡ ሓንቲ ተስፋ ውን ትኹን፡ ኣይተዋህበን። ብኣንጻሩ፡ ብዙሓት ክፍልታት ቃል ኣምላኽ፡ ሰብ ባዕሉ ንርእሱ ካብ ክርስቶስ ክፈልያ ከም ዝኽእል የጠንቅቑ። (ንኣብነት፡ ገላ 5.4 'ካብ ክርስቶስ ተፈሊኹም') ። ስለዚ፡ ርእስ-ውሕስነት *(self-assurance)* ውህበት መንፈስ ቅዱስ ኣይኮነን! እሞ፡ ብዛዕባ እንታይ ደኣ እየ ርግጸና ክኸውን ዝኽእል፧

ኣመንቲ፡ ብዛዕባ ናይ ሕጂ ሕብረቶም ምስ ጎይታ፡ ምስኡ ይመላለሱ ከም ዘለዉ፡ ኣብታ ናብ ህይወት ትመርሕ፡ ትኽ ዝበለትን ቀጣንን መንገዲ፡ ከም ዘለዉ ርግጸኛታት ክኾኑ ይኽእሉ እዮም። ኣርጊጾም፡ 'ኣብታ መንገዲ' ህይወትን ሰማይን ይጎዓዙ ከም ዘለዉ ክፈልጡ ይኽእሉ እዮም። በዛ መንገዲ እንተተጓዒዞም፡ መወዳእትኦም ኣብቲ ቅኑዕ መዓልቦ ከም ዝኸውን ኣርጊጾም ክፈልጡ ይኽእሉ እዮም። ኣብዚ ጉዕዞ እምነትን ተስፋን ፍቕርን፡ ምጥርጣርን ምጭናቕን ኣየድልን እዩ። መጻኢ እቶም ኣብዛ መንገዲ ዝጎዓዙ ብሩህ እዩ። ክብሪ ተዳልይሎም ኣሎ። እቶም ኣብዛ መንገዲ ዝጎዓዙ፡ 'ናብ ሰማይ ንምእታዉ፡ ኣብ መንገዲ ኣለና'፡ ብምባል ክሕጎሱ ይኽእሉ እዮም።

ካብዚ ንላዕሊ፡ እንታይ ክንሓትት የድልየና፧ ካብዚ ንላዕሊ፡ እንታይ ክንሓትት ንኽእል፧ ኣንጻር ርእስና ውሕስነት እንተ ንወሃብ'ከ፡ ውጺኢቱ

እንታይ ምኾነ ኔሩ፧ ብዓቢኡ፡ ቃል ኣምላኽ፡ ከምዚ ዓይነት ውሕስነት ይህበና ድዩ፧ ኣብ ምዕራፍ 3 ከም ዝረኣናዮ፡ ሓድሽ ኪዳን፡ ብቐጻሊ 'እንተ' ዝብል ቃል እዩ ዝጥቀም። 'እንተ ቀጺልኩም'፡ 'እንተ ኣጽኒዕኩም ሒዝኩም'፡ 'እንተ ተዓጊስኩም'፡ 'እንተ ሰዒርኩም'።

ስለዚ፡ ኣብ ክርስትናዊ ጉዕዚ፡ ትዕግስትን ውሕስነትን ብሓንሳእ መካይዲ ምዃነን ዘገርም ኣይኮነን። ኣመንቲ፡ ብፈተና (ብሓጢኣት) ተፈቲኖም ክወድቁ እንከለዉ፡ እታ ቀዳመይቲ ትጽሎ ነገር፡ ውሕስነቶም እያ። ሽዑ እዩ፡ ምጥርጥራን ፍርሕን ዝመጽእ ። ('እታ ይቕረ ዘይበሃላ ሓጢኣት'ዶ ጌረ ይኸውን፧) ።ስለምታይ እዩ፡ ኣብ ፈተና (ሓጢኣት) ክንወድቕ ከለና (ክንሓጥእ እንከለና)፡ ውሕስነት ዝጎድለና፧ ምኽንያቱ፡ ነቲ ምንጪ ወሕስነትና ዝኾነ መንፈስ ቅዱስ ስለ ነጉህዮ። ብዛዕባ ውሕስነትና ክንጠራጠር ዝገብረና፡ ስምዒት ገበን *(guilt)* ናይቲ ዝገበርናዮ ሓጢኣት እዩ። እዚ ስምዒት ገበን፡ ብሓሳብና ዝመስራሕናዮ ድዩ ወይስ ሓቂ፡ ሞራላዊ ድዩ፡ ወይስ ስነ-ኣእምሮኣዊ፡ ፈላሊና ክንርእዮ ኣገዳሲ እዩ። ከምቲ ሸይክስፒር ዝብሎ፡ 'ሕልና፡ ንኹሉ፡ ከም ዝፈርሕ ይገብር።'

ፈውሲ ስምዒት ገበን *(guilt)* እንታይ እዩ፧ ሕድገት ሓጢኣት። ሕድገት ሓጢኣት ድማ፡ ነቶም ካብ ሓጢኣቶም ዝናዘዙ፡ ኩሉ ግዜ ድሉው እዩ (1 ዮሃ 1.9) ።

> *ሓጢኣትና እንተ ተናዚዝና፡ ንሓጢኣትና ይቕረ ኪብለልና፡ ካብ ኩሉ ዓመጻውን ኬንጽሃና እሙንን ጻድቕን እዩ።*

እቲ ሕብረትና ምስ ኣምላኽ ብንስሓ ምስ ተሓደሰ፡ እቲ ውሕስነት ድማ ምስኡ እዩ ዝምለስ። ሓጢኣትናን ፍርሕናን ቀልጢፍና ናብ ኣምላኽ ብዘምጻእናዮ መጠን፡ ዝበለጸ ይኾነልና።

ሳምሶን ድሕሪ ነቲ ኣብኡ ዝነበረ መንፈስ ቅዱስ ምጥፍኡን፡ ዝተገፍዐን፡ ዝተሰብረን ሰብኣይ ድማ ድሕሪ ምዃኑን፡ ብመንገዱ ናብ ኣምላኽ ተመሊሱ፡ ውሕስነቱ ድማ ተመሊሱ። ብዛዕባ መጻኢኻ ውሑስ ክትከውን ትደሊ'ዶ፧ ምስ ክርስቶስ ጥበቕ።

ካልቪናውያን፡ በዘን ቀዲመን ዘለዋ ሕጡብ-ጽሑፋት፡ ሰንቢዶም ይኾኑ እዮም። እዚ ዝበልክዎ፡ ንካልቪናውያን፡ ጻዕሪ ሰብ ከም ዘቕድም ዘለኹ ኮይኑ ክረኣዮም እዩ። እቲ ሓላፍነት ምድሓን ኣባና እዩ፡ ይብል ከም ዘለኹ ኮይኑ ክሰምዖም ይኽእል እዩ። ንዕኦም፡ እዚ፡ ምድሓን ብእምነት ዘይኮነ፡ ብግብሪ እዩ። ቅድሚ ነዚ ክሲ ምምስራቶም፡ ክሳዕ መወዳእታ እዛ መጽሓፍ ምንባብ

ክቕጽሉ ተሰፋ ይገብር። ንሕጂ ግና ገለ መልሲ ክህብ።

ግብሪ ሰብ ይጠልቡ፧

ኣቐዲምና ከንነጽሮ ዝግበኣና፣ ምድሓን፡ ካብ መጀመርታ ክሳዕ መወዳእታ፡ ብእምነት እዩ (ሮሜ 1.17) ። ሓደ እኳ ከይምካሕሲ ካብ ግብሪ ኣይኮነን (ኤፌ 2.9) ።

> *ከም'ቲ ጽሑፍ፡ ጻድቕ ግና፡ ብእምነት ይነብር፡ ዚብል፣ እቲ ጽድቂ ኣምላኽ፡ ካብ እምነት፡ ናብ እምነት፣ ብእኡ፡ ይገሃድ እዩ። ሮሜ.1:17 ሓደ እኳ ኸይምካሕሲ፣ ካብ ግብሪ ኣይኰነን እሞ፣ ብእምነት፡ ብጸጋ ኢኹም ዝደሓንኩም፣ እዚ ኸኣ፡ ውህበት ኣምላኽ እዩ እምበር፡ ካባኻትኩም ኣይኰነን። ኤፌ.2:9*

እዚ እቲ ንጹር ሓቂ ኮይኑ፡ እምነትን ግብርን ግና፡ ኣብ ኣእምሮ ሰባት ክተሓዋወሰ ይኽእል እዩ። ሓደ ካብዞም ዝተደናገሩ ኣተሓሳስባታት፡ ኣምላኽ ካባና ዝጽበዮ፡ ብዝተኻእለና መጠን ጽቡቕ ግብሪ ክንፈሪ እሞ፡ ነቲ ዝተረፈ ሕማቕ ግብርና ድማ ይቕረ ክብለልና ክንሓቶ እዩ፡ ዝብል እዩ። (ማለት፡ *'Do your best and leave the rest – in his hands'*፡ 'ዝከኣለካ ግበር፡ ዝተረፈ ኣብ ኢድ ኣምላኽ ግደፎ'፡ ዝብል) ።

እቲ ካብዚ ዝተፈልየ ርቕቕ ዝበለ ካልእ ኣበሃህላ ድማ፡ ጽድቂ ብእምነት *(justification by faith)* እዩ፡ ቅድስና ድማ ብግብሪ *(sanctification by works)* እዩ፡ ዝብል እዩ። ብመሰረት ጳውሎስ፡ እዚ ዓይነት ኣተሓሳሰባ፡ 'ብመንፈስ ጀሚርካ፡ ብስጋ ምውዳእ' ተባሂሉ ይጽዋዕ (ገላትያ 3.3) ።

ግብሪ ስጋ፡ ወይ ግብሪ ሕጊ፡ ጸላእቲ ወንጌል እዮም። ካብቲ ብእኡ ጥራይ ክንድሕነሉ ንኽእል ጸጋ ድማ የታርፉና። ክልቲኦም እዞም ኣተሓሳሰባታት፡ ካብቶም ብግብርኻ ጽደቕ ዝብሉ ሃይማኖታት ዝፍለዩ ኣይኮኑን። ንሰብ፡ ኣንነት ከም ዘሕድር ዝገብሩ ድማ እዮም። ኣምላኽ ኣባና ክርእዮ ዝደሊ ጽድቂ፡ ናቱ እምበር፡ ናትና ጽድቂ ኣይኮነን። ኣምላኽ፡ ነቲ ጽድቂ፡ ካባና ይጠልቦ ዘይኮነስ፡ ብክርስቶስ ኣቢሉ ጽድቂ እዩ ዝህበና።

እዚ ኩሉ ሓቂ እዩ። ምሉእ ሓቂ ግና ኣይኮነን። ጥንቑቓት እንተዘይኮንና፡ ጽልኣት ዝኾነ ዓይነት ግብሪ ከነሕድር ንኽእል ኢና። እዚ ከምዚ ዝኣመስለ፡ ንዝኾነ ዓይነ ትግብሪ ዝጸልእ፡ ምርዳእ ድማ፡ ነቲ ብዙሕ ኣብ ሓድሽ ኪዳን ዘሎ ኣዎንታዊ መልእኽታት፡ ብዛዕባ ሰናይ ግብሪ፡ ካብ ምርኣይ ከዑረና ይኽእል እዩ።

ብመጀመርታ፡ ብግብሪ ኣይደሓንናን፡ ግናኸ፡ ንሰናይ ግብሪ ኢና ድሒንና (ኤፌ 2.10) ። ኣብ ክንዲ፡ ኣምላኽ ይቕበሎ እዩ፡ ኢልና ንሓሰቦ ግብሪ ምግባር፡ ኣምላኽ ንዓና ዘዳለዎ ሰናይ ግብሪ ክንገብር ኢና ተጸዊዕና። ስለዚ፡ ምግባር እዚ ኣምላኽ ዘዳለወልና ሰናይ ግብሪ፡ ዓቢ ክፋል ናይ ክርስትናዊ ጉዕዞ እዩ። እቲ ኣምላኽ ኣባና ዝገብሮ ግብሪ፡ ኣብ ህይወትና ክንፍጽሞ ተኣዚዝና ኢና (ፊልጲ 2.12-13) ።

ልዕሊ'ዚ ዝኸይድ ምትእስሳር፡ ኣብ መንጎ እምነትን ሰናይ ግብርን፡ ድማ ኣሎ። የሱስ ባዕሉ፡ ግብሪ ኣምላኽ፡ በቲ ንሱ ዝለኣኾ ምእማን፡ ምዃኑ ተዛሪቡ ኣሎ (ወን ዮሃ 6.29) ። ያእቆብ፡ ሓው ንየሱስ፡ ኣብ መልእኽቱ ብንጹር ኣሰፊርዎ ከም ዘሎ፡ 'ሰብ ብግብሪ ኸም ዚጸድቕ፡ ብእምነት ጥራይ ከም ዘይኰነ፡ ትርእዩ አሎኹም።' (ያእቆብ 2.24) ። ነዚ ጥቕሲ፡ እቶም ብዛዕባ ግብሪ ክቱር ፍርሒ ዘለዎም ሰባት፡ ከም ኣንጻር ናይ ጳውሎስ ትምህርቲ ጌሮም እዮም ዝወስድዎ። (ማርቲን ሉተር፡ ሓደ ካብዚኣቶም ብምዃን፡ ንመልእኽቲ ያእቆብ - 'ኣብ ክንዲ ንክርስቶስ፡ ንሕጊ ዘርኢ፡ ናይ ሓሰር መልእኽቲ' ክብል፡ ገሊጽዎ እዩ) ። ጳውሎስ ግን፡ ኣንጻር እቲ፡ ምድሓን **መታን ክግበኣካ፡** ተባሂሉ ዝግበር **ግብሪ ሕጊ** እዩ ዝዛረብ። ብኣንጻሩ፡ ያእቆብ፡ ብዛዕባ እቲ፡ ካብ ኣምላኽ ምድሓን መታን **ክትቅበል** ኢልካ ትገብሮ **ግብሪ እምነት** እዩ ዝዛረብ። ያእቆብ ከመሓላልፎ ዝደለየ መልእኽቲ፡ እምነት፡ ህያውን ትገብርን፡ ዝርአ ፍረ ዘለዋን እምበር፡ ምዉቲ፡ ዘይትገብር፡ ዝርአ ፍረ ዘይብላ፡ ናይ ዘረባ፡ ከም ዘይኮነት እዩ።

ኣብ ሓደ ሰብ እምነት እንተ ኣሕዲርካ፡ ኣብቲ ዝኣመንካዮ ሰብ ዘሎካ ትውክልቲ፡ ብግብሪ እዩ ዝግለጽ። እቲ ኣብቲ ዝኣመንካዮ ሰብ ዘለካ ትውክልቲ ዝገልጽ ግብሪ፡ እቲ ዝኣመንካዮ ሰብ እሙን ኮይኑ ምስ ዘይርከብ፡ ናብ ሓደጋ ከቃልዓካ ተኽእሎ ኣሎ። ያእቆብ፡ ነቲ ከመሓላልፎ ዝደለየ መልእኽቲ ዘነጽሩ ኣብነታት ኣብራሃምን ረሃብን ጠቒሱ ኣሎ፡ (ልክዕ፡ ከምቲ ጸሓፊ እብራውያን፡ ብተመሳሳሊ መንገዲ፡ ኣብ እብራውያን ምዕራፍ 11 ጌርዎ ዘሎ) ። እዞም ኣብነታት ዘመሓላልፍዎ መልእኽቲ እንተልዩ፡ እታ ብኣፍና ዝተኣመንናላ እምነት፡ ብዘይ ግብሪ እንተኾይና፡ ልክዕ ከም ምዉት ሬሳ ከም ዝኾነት፡ ከተድሕን ድማ ከም ዘይትኽእል፡ እዩ። ያእቆብ፡ ኣቐዲሙ፡ ፍቕሪ ብዘይ ግብሪ፡ ንወልሓንቲ ከም ዘይትጠቅም ጽሒፉ ኔሩ እዩ (ያእቆብ 2.16) ። ክልቲኦን፡ ማለት፡ ፍቕርን እምነትን፡ ውጽኢታውያን ክኾና እንተኾይነን፡ ብግብሪ ክግለጻ የድልየን። ብተመሳሳሊ፡ ጳውሎስ፡ ብዛዕባ 'ብፍቕሪ እትገብር እምነት' ኣብ ገላትያ 5.6፡ ጽሒፉ ኣሎ። እቲ 'ትገብር' ዝብል ቃል፡ "ግብራዊ ዕዮ"፡ ዝገልጽ እዩ። ኣንጻር፡ ኣብ ሓሳብ ጥራይ ዝተርፍ ዘይንጡፍነት

ኮይኑ፡ ምስ 'ጸዓት' ዝብል ቃል፡ ዝዛመድ እዩ።

እሞ፡ እቲ ቓል ንጹር ከሎ፡ ስለምንታይ፡ ብዛዕባ ግብሪ ብዙሕ ክትዕ ይህሉ፧ እንተወሓደ፡ ክልተ ምኽንያት ኣለዋ።

ቀዳማይ፡ ነቲ 'እምነት' ዝብል ቃል 'ጥራይ' ዝብል ምውሳኽ እዩ። 'ብእምነት ጥራይ' ዝብል ሓረግ ንመጀመርታ ግዜ ዝተጠቕመ ሰብ፡ ፐላጅዩስ እዩ። ድሒሩ ድማ፡ ማርቲን ሉተር፡ 'ብእምነት ጥራይ' ዝብል ሓረግ፡ ቀንዲ ጭርሖ ናይ ተሃድሶ ምንቅስቓስ ከንሻ ጌርዎ። ብጻይ ሉተር ዝነበረ፡ ሜላንክቶን፡ ንማርቲን ክምልስሉ እንከሎ፡ 'እምነት ንበይና ኣይኮነትን'፡ ዝበሎ ድሮ ርኢናዮ ኣለና። እዚ ሓረግ፡ ድሒሩ ካልቪን ደጊምዎ እዩ። ኣብ መጽሓፍ ቅዱስ እንተርኢና፡ እምነት፡ ምስ 'ጥራይ' ዝብል ቃል ተሓዊሳ፡ ሓንቲ ግዜ ጥራይ እያ ተጠቒሳ ዘላ፡ ንሳ ድማ ኣብታ ኣቐዲምና ዝረኣናያ ጥቕሲ ናይ ያእቆብ ትርከብ። (ያእቆብ 2.24፡ ሰብ ብግብሪ ኸም ዚጸድቕ፡ **ብእምነት ጥራይ ከም ዘይኰነ፡** ትርእዩ እሎኹም፡ ይብል።' እዚ ማለት፡ እምነት ብሓሳብን ቃላትን ጥራይ፡ ግን ብዘይ ግብሪ፡ ማለት እዩ) ።

እቲ ካልኣይን፡ ዝለዓለ ኣገዳሰነት ዘለዎ ምኽንያት፡ ነቲ 'ግብሪ' ዝብል ቃል፡ ኣብ ክንዲ፡ ከም ግብሪ ኣምላኽ፡ ከም ዝኾነ ናይ ሰብ ግብሪ (ንጥፈት) ጌርካ ምግላጽ እዩ። እዚ ኣገላልጻ፡ ዘየድልን፡ ትርጉም ዘለዎ ምዝርራብ ብዛዕባ እዚ ኣርእስቲ፡ ክህሉ ዘየፍቅድን እዩ። ኣብ መንጎ ምድሓን ከም ዓሰቢ ንምቕባል፡ ማለት፡ ምድሓን ንኽግበኣካ ዝግበር ግብርን (ሮሜ 4.4)፡ ምድሓንካ ተቐቢልካ፡ ኣብ ህይወትካ ክዉን ንምግባር (ናትካ ንምግባር፡ *to appropriate)*፡ ዝግበር ግብርን፡ ክትፈላሊ ዘየኽእል እዩ። ኩሉ ሰብ ዝገብሮ ዘበለ፡ ከም ኣበርክቶ ንምድሓንን; ዘይቅቡልን እዩ ዝውሰድ። በዚ ሰንኮፍ ርድኢት ምስ እንምራሕ፡ ዘይንጡፋት (ምዉታት) ተቐበልቲ ምድሓን (ኣመንቲ) ኢና ንኸውን። 'እምነት ውህበት እምበር፡ ግብሪ ኣይኮነትን'፡ ዝብል ሓረግ፡ ከም መጽሓፍ ቅዱሳዊ መርትዖ ናይዚ ርድኢት፡ ብብዙሓት እዩ ዝጥቀስ። እዚ ግና ግጉይ ርድኢት እዩ። ኣብ ኤፌሶን 2.8 ዘሎ፡ ንእምነት ዘይኮነ፡ ንምድሓን እዩ ውህበት ኣምላኽ ዝብሎ።

> *ሓደ እኳ ኸይምካሕሲ፡ ካብ ግብሪ ኣይኰነን እሞ፡ ብእምነት ብጸጋ ኢኹም ዝደሓንኩም፡ እዚ [እቲ ምድሓንኩም] ኸኣ ውህበት ኣምላኽ እዩ እምበር፡ ካባኻትኩም ኣይኰነን። ኤፌ 2.8*

ብተመሳሳሊ፡ ነቲ ዮሃንስ መጥመቕን ሃዋርያ ጳውሎስን፡ ኣብ ሉቃስ 3.8 ን ግብሪ ሃዋርያት 26.20 ን፡ 'ንንስሓ ዝበቅዕ ፍረ ምግባር'፡ ዝብልዎ፡ ከም

መለኮታዊ ግብሪ ኣምላኽ እምበር፡ ከም ግብሪ ሰብ ኣይኮኑን ዝወሰድዎ። በዚ ርድኢት ምስ እንኸይድ፡ ጸጋ ክሕሎ እንተኾይኑ፡ ወይ ጸጋ ንኽንቅበል፡ ወልሓንቲ ክንገብር ኣይንኽእልን ኢና፡ የብልናን ድማ። ሕሉፍ ሓሊፎም፡ ጸውዒት ወንጌል ንምቕባልን፡ ወደ መዝሙር ክርስቶስ ንምኳንን፡ ጥምቀት ብማይ ኣድላዪ እዩ፡ ምስ ትብል፡ 'ምድሓን ብግብሪ እዩ'፡ ኢሉ ምሂሩ፡ እዮም ዝብሉኻ።

ብሓጺሩ፡ መልሲ ናይ *'ንኽድሕን እንታይ ክገብር ኣለኒ፧' 'ወልሓንቲ'* ዝብል ክኸውን ኣለዎ። በዚ ኣበሃህላ፡ እቲ ኣብ መዝሙር፡ ናይቲ ካልቪናዊ ቶፕሌዲ ዘሎ፡ *'ኣብ ኢደይ ወልሓንቲ ሒዘ ኣይመጻእኩን፡ ኣብ መሰቀልካ ጥራይ ይጠብቕ፡'*፡ ዝብል ግጥሚ ከይተረፈ። ነቲ 'ይጠብቕ' ዝብል ቃል፡ ከም ኣበርክቶ ሰብ ንምድሓን፡ ክውሰድ እዩ ማለት እዩ። (እቲ ኣቓዲምና ዝረኣናዮ፡ ምስላ ናይቲ ኣብ ዒላ ዝጥሕል ዘሎ ሰብ፡ ሰሒብካ ካብ ምጥሓል መታን ከተድሕኖ፡ ነቲ ትሰንድወሉ ገመድ ኣጥቢቑ ክሕዞ ምንጋር፡ ዘክር) ።

እቲ ጽቡቕ ነገር፡ ካልቪናውያን፡ ሸሕ'ኳ ርድኢቶም ከምዚ ዝረኣናዮ እንተኾነ፡ ብግብሪ ግና፡ ንሰማዕቶም፡ ክናስሑ፡ ክኣምኑ፡ ክጥመቁን ይምህርዎም ምኳኖም እዩ። ከም ዝግባእ፡ ኣብ መንጎ እቲ ኣሚንና ንብሎን፡ ንሰብኮን ፍልልይ ክህሉ ኣይግባእን እዩ። እንተዘይኮይኑ፡ እዚ ግብዝና ወይ ምስሉይነት እዩ።

ኣነ ዝኣምኖን ዝሰብኮን፡ ምድሓን ብእምነት፡ ቀጻሊ ኣብ እምነት ብምንባር፡ ቀጻሊ ግብሪ እምነት ብምፍራይን፡ ቀጻሊ ዘድሕን ጸጋ ብምቕባልን፡ ከም ዝኾነ እዩ። እዚ፡ ንምህሮ ሓድሽ ኪዳን ብዛዕባ ምድሓን፡ እንኮላይ ንመልእኽቲ ጳውሎስ ናብ ሰብ ሮሜ፡ ብትኽክል ዘንጸባርቕ ሓሳብ እዩ።

ኣብዚ ምዕራፍ፡ ገለ ካብቶም፡ ካልቪናውያን፡ ኣንጻር እቶም ኣብ 'ሓንሳእ ድሒንካ፡ ኩሉ ሳዕ ድሒንካ' ዘይኣምኑ፡ ዘቕርብዎ ተቓዋሞታት፡ ኣሕጽር ኣቢልና ርኢና ኣለና። ክሳዕ ሕጂ ግን ነቲ ሕመረት ናይቲ ፍልልይ ኣይረኣናዮን ዘለና። መሰረት እዞም ዝረኣናዮም ተቓውሞታት፡ እቲ ክልቲኦም፡ ብዛዕባ ባህሪ ኣምላኽን ኩነታት ሰብን፡ ዘለዎም መሰረታዊ ፍልልያት እዩ። እዚ መሰረታዊ ፍልልያት፡ ናቱ ምዕራፍ ወፊና ክንርእዮ ዝግባእ እዩ።

ምዕራፍ ሽዱሽተ

መሰረታውያን ፍልልያት ብዛዕባ ባህሪ ኣምላኽን ኲነታት ሰብን

በዚ ክሳዕ ሕጂ ርኢናዮ ዘለና፡ ኣንባቢ እዛ መጽሓፍ፡ እቲ 'ሓንሳእ ድሒንካ፡ ኩሉ ሳዕ ድሒንካ' ዝብል ትምህርቲ፡ ካብቲ ዝሓሰቦ ንላዕሊ፡ ዝተሓላለኸ ምዃኑ ተረዲኡ ይኸውን እዩ። ሕጂ ቀጺልና ንርእዮም፡ እቶም መሰረት ናይዚ መጎተ ዝኾኑ ዓሞቕቲ ፍልልያት እዮም።

ብሓደ ወገን፡ እዚ ፍልልይ፡ ካብቲ ናይ ጥንቲ ግድላት፡ ብዛዕባ ሕቶታት ቅድመ-ምደባን *(predestination)* ነጻ ፍቓድን *(free will)*፡ ዝምንጩ እዩ። ብዙሓት መምሃራን ነዚ፡ 'ቅድመ-ምደባ' ዶ ወይስ 'ነጻ ፍቓድ' ዝብል ክትዕ፡ ከም ክፍታሕ ዘይክእል ግድል፡ ጌሮም እዮም ዝወሰድዎ። እዚ፡ ኣምላኽ ጥራሕ ክፈትሖ ዝኽእል ግድል ስለ ዝኾነ፡ ብዛዕባኡ ምዝራብ ትርጉም የብሉን፡ ድማ ይብሉ።

ግናኸ፡ ቃል ኣምላኽ፡ ንኽልተኣውነት መለኮታዊ ልኡላውነት ኣምላኽን ሓላፍነት ሰብን፡ ደጋጊሙ ኣብ ቅድሜና ስለ ዘነጽሮ፡ ነዚ ኣርእስቲ ብቐሊሉ ከነወንዝሮ፡ ፈጺሙ ኣየፍቅደልናን እዩ። ክልቲኦም እዞም ሓሳባት፡ (መለኮታዊ ልኡላውነት ኣምላኽን፡ ሓላፍነት ሰብን) ሓቂ እዮም። ነቲ ሓደ ከነድምቕ ክንብል፡ ነቲ ሓደ ክንጎስዮ ዘይኮነ፡ ብዛዕባ ክልቲኦም ሚዛናዊ ርድኢት ክህልወና ኣዝዩ ኣገዳሲ እዩ።

እዚ ቀጺልና ንርእዮ፡ ነቲ፡ ብዛዕባ ባህሪ ኣምላኽን ባህሪ ሰብን ዘሎና ርድኢት፡ ክጸሉ ዝኽእል እዩ። ሰብኣውነት *(humanism)* ንኣምላክ ኣትሒቱ፡ ንሰብ ግና ኣልዒሉ ዘርኢ ሰነ-ሓሳብ እዩ። ብመሰረት ፍልሰፍና ሰብኣውነት፡ ኣምላኽ ኣሎ እንተኾይኑ፡ ብዛዕባ፡ ኩሉ ኣብ ዓለም ዘሎ ክፉእ፡ ተሓታቲ ኽኸውን ኣለዎ። ሰብ ድማ ብመሰረቱ ጽቡቕ ኮይኑ፡ ብዛዕባ ኩሉ ዝገብሮ ክፉእ፡ ምሉእ ተሓታትነት የብሉን። ብኣንጻሩ፡ ዶክትሪን ካልቪናውነት፡ ብዛዕባ ኣምላኽ፡ ካብቲ ቃል ኣምላኽ ዝብሎ ንላዕሊ፡ ዝገነነ ኣረኣእያ፡ ብዛዕባ ሰብ ድማ፡ ኣዝዩ ትሑት ኣረኣእያ ከም ዝህልወካ ዝገብር እዩ። ነዚ፡ ቀጺልና ብዝርዝር ክንርእዮ ኢና።

እምብዛ ትሑት ርድኢት ብዛዕባ ኩነታት ሰብ

ኣብ ቃል ኣምላኻዊ መጽናዕትና ብዛዕባ ኩነታት ሰብ፡ እቲ ቀዳማይ ንርድኦ መሰረታዊ ሓቂ፡ ሰብ ብባህሪኡ ዉዱቕ ምኳኑ እዩ *(fallen human nature)* ። እቲ ናይ መጀመርታ ውድቀት ኣዳም፡ ናብ ኩሉ ወለዶ ኣዳም ዘበለ፡ ብልሽው ባህሪ ከም ዝመሓላለፍ ጌሩ። ከም ንጉስ ዳዊት፡ ኩልና 'ብሓጢኣት ዝተጠነሰና ኢና' (መዝ 51.5) ። ብሓጢኣት ተጠኒስና ማለት፡ ከምቲ ብዙሓት ዝብልዎ፡ ነቲ ቆልዓ ዝውለድሉ መንገዲ፡ ማለት፡ ሰብኣይ ንሰበይቱ ምፍላጥ፡ ኣመልኪቱ ኣይኮነን። ብኣንጻሩ፡ ሰባት ብምፍራዮም፡ ከምኡ ሓጢኣተኛታት ሰባት ከም ዘራብሑ ዘርኢ ቃል እዩ። ቆልዑ፡ ብሞራላዊ መለክዒ፡ ንጹሃት ኮይኖም ኣይኮኑን ዝውለዱ። ብኣንጻሩ፡ ቆልዑ፡ ጽቡቕ ወይ ክፉእ ንኽገብሩ፡ ማዕረ ተኽእሎ ዘለዎም ፍጡራት እዮም። ቆልዑ፡ እዙዛት እምበር፡ ዘይእዘዙ ክኾኑ ምምሃር ኣየድልዮምን እዩ። ሓቀኛታት ክኾኑ እምበር፡ ሓሰውቲ ክኾኑ ምምሃር ኣየድልዮምን እዩ። ርሕሩሓት ክኾኑ እምበር፡ ጨካናት ክኾኑ ምምሃር ኣየድልዮምን እዩ። ምቕሉላት ክኾኑ እምበር፡ ደፋራት ክኾኑ ምምሃር ኣየድልዮምን እዩ። ቆልዑ፡ መብዛሕትኡ ግዜ፡ ቅድሚ 'ሕራይ' ምባሎም፡ 'እምቢ' ወይ 'ኖእ' ምባል እዮም ዝመሃሩ።

ካብዚ ቀጺልና ንሓቶ ሕቶ፡ ሰብ ክሳዕ ክንደይ እዩ ብባህሪኡ ብልሹው፧ ክሳዕ ክንደይ እዩ'ኸ ክፉእ፧ እቲ ሓጢኣት ቀዳማይ ሰብ፡ ማለት ኣዳም፡ ኣባና እንታይ ጽልዋ እዩ ኣምጺኡ፧

ነዚ ሕቶ ቅድሚ ምምላስና፡ እቲ 'ፍጹም ክፍኣት ሰብ' *(total depravity)*፡ ማለት 'ሰብ ምሉእ ብምሉእ ክፉእ እዩ'፡ ዝብል ዶክትሪን ክንምርምሮ ኢና። እዚ ዶክትሪን፡ ንሓሳብ፡ ንልብን ንፍቓድን ሰብ፡ ብዘይ ቅድመ-ኩነት ከም ዝምልከት ጌርና እንተ ወሲድናዮ፡ ዝጠቅም ነገር ክንሓስብ፡ ሰናይ ትምኒት ክሰመዓና፡ ኮታስ ዝኾነ ጽቡቕ ግብሪ ክንገብር፡ ፈጺምና ኣይንኽእልን ኢና፡ ማለት እዩ። እዚ፡ ብመሰረት ተመኩሮ ሰብ እንተድኣ ርኢናዮ፡ ካብ ሓቂ ዝረሓቐ እዩ። የሱስ ከይተረፈ 'ንስኻትኩም እኳ ክፉኣት ክነስኹም፡ ንደቅኹም ጽቡቕ ምሃብ ካብ ፈለጥኩም፡' (ሉቃ 11.13) ይብል እዩ።

ብኣንጻሩ፡ 'ፍጹም ክፍኣት ሰብ' ክንብል ከለና፡ ክፍወስ ዘይክእል፡ ሕውሰዋስ ናይ ጽቡቕን ክፉእን ዘለና ሰባት ከም ዝኾንና፡ እቲ ዝበለጸ ጻዕርና ውን ከይተረፈ፡ በቲ ምስ ገበርና ዝሰመዓና ኣንነት ከም ዝበላሾ፡ ማለትና እንተኾይኑ፡ እዚ ምስ ተመኩሮ ህይወት ዝሰማማዕ ሓቂ እዩ። ብተወሳኺ፡ በቲ ናይ ኣምላኽ ቅዱስ ደረጃ ፍጽምና ምስ ንዕቀን፡ ብጃካ፡ ብሰንኪ ሓጢኣትና 'ክብሪ ኣምላኽ ምስኣን' (ሮሜ 3.23)፡ ወልሓንቲ ክንገብር ኣይንኽእልን ኢና። እቲ ካብቲ ቅዱስ ደረጃ ፍጽምና ኣምላኽ ምትራፍና፡ እንተስ ይዕበ እንተስ

ይንኣስ ዘገድስ ኣይኮነን።

ብተወሳኺ፡ ካብዚ ኩነታትና፡ ብገዛእ ርእስና ክንወጽእ ፍጹም ኣይንኽእልን ኢና። እዚ፡ እቶም ብዘለዎም ዓቕሚ፡ ኩሉ ግዜ ብጽድቅን ጽቡቕ ብምግባርን ክነብሩ ኣመና ዝጽዕቱ፡ ጥራሕ እዮም ዝፈልጥዎን፡ ጸዕሪ ሰብ ድማ ከንቱ ምኳኑ ዝርድኡምን። (ንኣብነት፡ ከም በዓል ሳውል ናይ ጠርሴስ፡ ማርቲን ሉተር፡ ጆን ዌስሊ) ። እቲ ቀሊልን ንጹርን ሓቂ እዚ እዩ። ንሱ ድማ፡ ሓደ እኳ፡ ካብ ሓጢኣቱ፡ ብናቱ ጸዕሪ ከድሕን ዝኽእል የልቦን። ሓደ ወይ ክልተ ሕማቕ ባህሪታት፡ ብኒሕን፡ ብደገፍን ካልኦትን ክሰበር ይከኣል ይኸውን እዩ። ብኻልእ ሕማቕ ባህሪ ድማ ይትካእ። ብዙሓት ሰባት፡ ብርእሰኻ፡ ኩሉ ግዜ ጽቡቕ ክትገብር ምፍታን ተሰፋ ዘይብሉ ከም ዝኾነ ምስ ረኣዩ ተሰፋ ይቖርጹ። ፍጹም ሰብ ዝበሃል ከቶ የለን።

መጽሓፍ ቅዱስ፡ ንጸገም ሰብ ኣመልኪቱ ክውንነታዊ መረዳእታ እዩ ዘለዎ። ጉድለታት ናይ ኣምላኽ ጀጋኑ ብግልጺ፡ ኣብ ቃል ኣምላኽ፡ ተጻሒፉ ኣሎ። ኣብ መጽሓፍ ቅዱስ ካብ ዘለዉ ሰባት፡ ክርስቶስ ጥራይ እዩ ብዝኾነ ክሲ ይኹን ሓጢኣት ወይስ ብውድቀት ሰሙ ዘይጸለመ።

ናይ ኣምላኽ ውህበት ምድሓን ብጸጋ፡ ነቲ ሰብ ብርእሱ ክረኽቦ ዘይክእል ምድሓን፡ መታን ክረኽቦ እዩ። እቲ ንሰብ ዘይከኣል፡ ንኣምላኽ ግና ይከኣል። ሰብ ብርእሱ፡ ኣብ ትሕቲ ፍርዲ ሞት እዩ። ምኽንያቱ፡ ኣምላኽ ንኽፍኣት ሰብ ገደብ ክገብረሉ ሰለ ዘለዎ። ክፍኣት፡ ብርእሱ ክቕጽል ዘይክእል፡ ኣብ ሰብነት ዘለዎም ፍጡራት *(personal beings)* ጥራይ ዝርከብ እዩ።

እቲ ጥዑም ዜና፡ ሰብ፡ ብናቱ ሞራላዊ ግብሪ ዘይኮነስ፡ በቲ ብምውላዱ፡ ብህይወቱ፡ ብሞቱ፡ ብትንሳኤኡን ዕርገቱን፡ ነዚ ውህበት ኣምላኽ ኣባና ክዉን ዝገበረ፡ ወዱ የሱስ ክርስቶስ፡ ብምእማንን፡ ንዕኡ ብምእዛዝን፡ ጽድቂ ኣምላኽ ብምቕባል፡ ናይ ዘልኣለም ህይወት ክረክብ ምኽኣሉ እዩ።

በዚ ክሳዕ ሕጂ ኢልናዮ ዘለና፡ ዳርጋ ኩሎም ክርስትያናት ይሰማምዑ እዮም። እቲ ዘይምሰምማዕ፡ ነዚ ዘልኣለማዊ ህይወት ክንረክብ ዘኽእል ውህበት ኣምላኽ፡ ካብ ኣምላኽ ብኸመይ ንረኽቦን፡ ተቐቢልና ድማ ናትና ንገብሮን (ኣብ ህይወትና ነፍርዮ)፡ ዝብል ሕቶ ምስ ዝለዓል እዩ።

ብመሰረት ዶክትሪን፡ 'ፍጹም ክፍኣት ሰብ' *(total depravity)*፡ ሰብ፡ ጽድቂ ኣምላኽ ክረክብን ክቕበልን ፈጺሙ ምርጫ የብሉን። ሓጢኣት፡ ንፍቓድ ሰብ ፈጺሙ ሰለ ዘበላሸዎ፡ ሰብ ክድሕን ክመርጽ ኣይክእልን እዩ። ሰለዚ፡ እቲ ምርጫ፡ ምሉእ ብምሉእ ናይ ኣምላኽ እዩ። ሰብ፡ ኣምላኽ ከድሕኖ ምስ ወሰነን፡ ከድሕኖ ምስ ተበገሰን ጥራሕ እዩ፡ ንርእሱ፡ ኣብ ንስሓን ምእማንን ክረኽባ ዝኽእል። ብቕልል ዝበለ መልክዕ፡ ሰብ ወንጌል ብምንጻጉ ሓላፍነት

ክስከም ይኽእል እዩ፡ ወንጌል ንምቕባል ግና፡ ናይ ኣምላኽ ውሳኔ ጥራይ ስለ ዝኾነ፡ ሓላፍነት ኣይሰከምን እዩ። ነዚ ድሕሪ ምባል፡ ቅዱሳን ክሳዕ መወዳእታ ኣብ እምነት ክዕገሱ፡ ምሉእ ብምሉእ ሓላፍነት ኣምላኽ እዩ፡ በቲ መለኮታዊ ፍቓዱን፡ ሓይሉን ድማ ኣውሒሰዎ እዩ፡ ንምባል ሓጺር ስጉምቲ እዩ።

ግልጺ ንምኳን፡ ካብዚ ዝረኣናዮ ሕሽ ዝበለን፡ ብብዝሒ ዝዝውተርን ካልእ ርድኢት ድማ ኣሎ። ንሱ ድማ፡ ሰብ ወንጌል ክቕበል ወይ ክነጽግ ነጻ እዩ፡ ሓንሳእ ወንጌል ምስ ተቐበለ ግና፡ እቲ ሓላፍነት ናብ ኣምላኽ ይሰግር፡ ኣምላኽ ድማ፡ ንምዕጋስ ክሳዕ መወዳእታ ናይ ቅዱሳን፡ ውሕስ ይገብሮ፡ ዝብል ርድኢት እዩ።

እቲ ኣቐዲምና ዝረኣናዮ ርድኢት፡ (ማለት፡ መን ወንጌል ይቕበልን፡ መን ክሳዕ መወዳእታ ተዓጊሱ ይዕቀብን ኣምላኽ እዩ ዝውስኖ ዝብል)፡ ንናይ ሰብ ተራ ኣብ ምድሓን፡ ፈጺሙ ዘይቅበል እዩ። እቲ ድሒርና ዝረኣናዮ (ሰብ ወንጌል ንኽቕበል ሓላፍነት ኣለዎ፡ ምስ ተቐበለ ግና፡ እቲ ክሳዕ መወዳእታ ንኽዕገሰ ዝዕቅቦ ኣምላኽ እዩ ዝብል)፡ ድማ ንናይ ሰብ ተራ ኣብ ምድሓን ዘጉድል እዩ። ቀጺልና፡ ሞራላዊ ሳዕቤን ናይዞም ክልቲኦም ርድኢታት ክንርኢ ኢና።

ሓላፍነት ማለት፡ ነቲ ኣምላኽ ዝገብሮ፡ መልሲ ክትህበሉ ምኽኣል *(response-ability)* ማለት እዩ። ሓላፍነት ክበሃል እንከሎ፡ ካብ ብዙሕ ኣማራጺታት፡ ናይ ምምራጽ ክእለት ምህላው፡ ማለት እዩ። ክትውስን ዘኽእለካ፡ ናይ ፍቓድ ነጻነት ምህላው ማለት እዩ። ሓደ ሰብ፡ ኣማራጺ እንተዘይነብሮ፡ ብዛዕባ ተግባራቱ፡ ብሓላፍነት ክሕተት ኣይክእልን እዩ። ስለዚ፡ ፍትሒ፡ ኣብ ምህላው ሓላፍነት ዝተመርኮሰ እዩ። ንጽቡቕ ተግባራት ዓሰቢ ምሃብ፡ ንክፉእ ግብርታት ድማ ምቕጻዕ፡ ንቕኑዕ ወይ ከኣ ግጉይ ምርጫታት ኣብ ምፍራድ ዝተመርኮሰ እዩ። እቶም ዝፍረዱ፡ ነቲ ዝገበርዎ ግብሪ ንኸይገብሩ ምርጫ እንተዘይነብሮም፡ እቲ ዝወሃቦም ፍርዲ፡ ሞራላዊ ፍትሒ ዘይብሉ እዩ ዝኸውን።

ኣብ ዘመንና፡ ኣብ ቤት ፍርድታት ግኑን ኮይኑ ንረኽቦ ሜላ ጠበቓታት ሕጊ፡ ብብዙሓት ናይ ዘመንና፡ ናይ ስነ-ሕብረተ-ሰብን *(sociology)*፡ ስነ-ኣእምሮን፡ ክኢላታት ድማ ዝዝውተር ዘሎ ፍልሰፍና፡ እቶም ንገብሮም ግብርታት፡ ውጽኢት ናይ ውርሻናን፡ ናይቲ ዝዓበናሉ ከባቢ ሃዋህውን እዮም፡ ዝብል እዩ። በዚ ስነ-ሓሳብ መሰረት፡ ክሱሳት ገበን፡ ኣብ ክንዲ ከም መቕጻዕቲ ዝግብኦም ገበነናታት፡ ከም ተግባራቶም ክቆጻጸሩ ዘይከኣሉ ግዳያት ኣተዓባብይኦም፡ እዮም ዝቑጸሩ። ስለዚ፡ ዝኾነ፡ ንገበነኛታት ዝወሃብ ሕጋዊ መቕጻዕቲ፡ ፍትሓዊ ዝኸውን፡ ነቲ ገበነኛ ንምሕዳስ ዝዓለመ ምስ ዝኸውን፡ ወይ ድማ ንኻልኦት ተመሳሳሊ ገበን ካብ ምፍጻም ንምግታእ ዝጠቅም እንተኾይኑ፡ ጥራይ እዩ።

ነገበነኛ፡ ብገበኑ ክቕጻዕ ስለ ዘለዎ ምቕጻዕ፡ ከም ግዚኡ ዘሕለፈ ግጉይ ሜላ፡ እዩ ዝቑጸር።

ናይ ዘመንና፡ ገስጋሰያዊ መጽናዕቲ ስነ-መለኮት *(liberal theology)* በዚ ኣተሓሳስባ ዝተለኽፈ እዩ። ካብዚ ዝተላዕለ ድማ፡ ኣብቲ፡ ኣብ መወዳእታ ዝኸውን፡ መቕጻዕቲ ፍርድን ገሃነም እሳትን ምድሃብ፡ ዳርጋ ተገዲፉ ንረኽቦ። እዚ ብወገን ገስጋሲ ስነ-መለኮት ዝርእ ንጹር ኮይኑ፡ ብዙሕ ኣቓልቦ ዘይወሃቦ፡ እቲ ብወገን ዓቃባዊ ስነ-መለኮት *(conservative theology)*፡ ብፍላይ ድማ፡ ብቤት ትምህርቲ ተሃድሶ *(Reformed School)*፡ ዝለዓል ተመሳሳሊ ሕቶ ብዛዕባ ሓላፍነት (ተራ) ሰብ፡ እዩ።

ሰብ፡ ብሰንኪ ሓጢኣት ኣዳም ‘ፍጹም ክፉእ’ እንተ ኾይኑ፡ ፈጺሙ ክፉእ ካብ ምኳኑ ዝተላዕለ ድማ፡ ፈጺሙ ቅኑዕ ምርጫ ክመርጽ ዘይከኣሎ እንተኾይኑ፡ ናይቲ ዝወሰደ ዝኾነ ቅኑዕ ምርጫታት ተሓታቲ ድማ፡ ምሉእ ብምሉእ ኣምላኽ እንተኾይኑ፡ ከመይ ጌሩ ኣምላኽ ንሰብ ብሓላፍነት ክሓቶ ይኽእል፧ እዚ እቲ ኣብዚ ምዕራፍ ከነቕልበሉ ደልየ ዘለኹ፡ ቀዳማይ፡ መሰረታዊ ምግርጫው *(fundamental contradiction)* ዝርከቦ ሓሳብ እዩ።

ኣመንቲ፡ ነጻ ፍቓድን ምርጫን እንተዘይኤርዎም፡ ካብኡ ዝተላዕለ ድማ፡ ብዛዕባ እቲ ዝገብርዎ ሓጢኣት ሓላፍነት ዘይብሎም እንተኾይኑ፡ ከመይ ኢሎም ብሓጢኣቶም ክፍረዱ ይኽእሉ፧ ሕልና ሰብ ነዚ ዘይፍትሓዊ ነገር ክቕበሎ ከመይ ጌሩ ይኽእል፧ እቲ፡ ነዚ ዘይፍትሓውነት ክቕበል ዘይክእል ሕልና እዩ፡ ምርጫ ከም ዘለናን ክፉእ ክንገብር ድማ ባዕልና ከም ንመርጽን፡ ተሰከምቲ ሓላፍነት ውን ከም ዝኾናን ዝነግረና። ክሲ ሕልናን (ሰምዒት ገበን) ሕፍረትን፡ ነቲ ዝገበርናዮ ክፉእ ንኸይንገብር ምርጫ ከም ዝነበረና፡ ካብ ምፍላጥና ዝተላዕለ ዝምንጩ እዩ።

ኣመንቲ፡ ነቲ ካብ ኣምላኽ ዝተቐበልዎ ጸጋ፡ ከም ዝግባእ ክጥቀምሉ ወይ ከይጥቀምሉ፡ ሓላፍነት ዘይብሎም እንተኾይኑ፡ ከመይ ጌሮም ዓሰቢ ክወሃቡ ወይ ክፍረዱ ይኽእሉ፧ ብርግጽ፡ ኣብ መወዳእታ ካብ ኣምላኽ ፍርዲ ዝቕበሉ ዘይመሰሎም ብዙሓት ኣመንቲ ኣለዉ። ቃል ኣምላኽ ግና ብዛዕባ'ዚ ንጹር እዩ።

ንፍሲ ወከፍና ነቲ ብሰጋኡ ኸሎ ዝገብሮ፡ ሰናይ ኰነ ወይስ እከይ፡ ምእንቲ ኪቕበል፡ ኩላትና ኣብ ቅድሚ መንበር ፍርዲ ክርስቶስ ብግዲ ኽንግሃድ ኢና። ስለዚ ድማ ኣብ ሰፍራና እንተ አሊና ወይስ ኣብ ወጻኢ፡ ንእኡ ኽነሐጕሶ ንጽዕት አሎና።’ 2 ቆሮ 5.10። (ተመሳሳሊ ቃል ኣምላኽ ኣብ ሮሜ 14.10-12፡ 1 ቆሮ 4.1-5 ኣንብብ) ።

ብእምነት እኳ እንተ ጸደቕና፡ ከከም ግብርና ኢና ግና እንፍረድ። ነዚ ፍርዲ፡ ብዛዕባ ዓሰቢ መን ይቕበልን ኣይቕበልን ጥራይ እዩ፡ ኢልካ ምሕሳብ፡ ነቲ ‘ሰናይ ኮነ ወይስ እከይ’፡ ዝብል ቃል ምርሳዕ እዩ። እቲ ዝኸፍእ ሓደ ኣማኒ ክቕበሎ ዝኽእል መቕጻዕቲ፡ ዓሰቢ ኣብ ሰማይ ምስኣን እዩ ኢልካ ምሕሳብ፡ ነቲ ኣብ መላእ ሓድሽ ኪዳን ዝረኣናዮ ከቢድ መጠንቀቕታታት ዕሸሽ ምባል እዩ። (ምዕራፍ 3 ርአ) ።

መጽሓፍ ቅዱስ፡ ኣምላኽ፡ ብፍጹም ፍትሒ ዝፈርድ ጻድቕ ፈራዲ ምኳኑ፡ ንሰናይ ኮነ ንእከይ ድማ ከከም ዓሰቡ ዝፈዲ ኣምላኽ፡ ምኳኑ እዩ ዝነግረና። ኣብ ኣምላኽ ኣድልዎ ገጽ የልቦን። ሓጢኣት ኣብ ኣመንቲ፡ ካብ ሓጢኣት ኣብ ዘይኣመንቲ ፈልዩ ኣይርእዮን እዩ። ንሓጢኣት ኣብ ኣማኒ ይኹን ኣብ ዘይኣማኒ፡ ብማዕረ እዩ ዝርእዮ።

እዚ ኹሉ ዘርእየና፡ ሰብ፡ ብፍቓዱ፡ ብምርጫኡ ሰለ ዝገብር፡ ብዛዕባ ግብሩ፡ ምሉእ ሓላፍነት ከም ዘለዎ እዩ።

ነቲ ብምሕረት ሃብታም፡ ንሓጢኣት ይቕረ በሃሊ፡ ኣብታ ትመጽእ ሓዳስ ዓለም ንኽንነብር ብቑዓት መታን ክንከውን፡ ቅዱሳን ህዝቡ ክገብረና፡ ነቲ ንዓና ዝግባእ ዝነበረ መቕጻዕቲ ሓጢኣት፡ ኣብ መንኩብ ወዱ የሱስ ክርስቶስ ብምጽዓን፡ ምሉእ ካሕሳ ዝገበረ ኣምላኽ ሰብሓት ይኹኖ። እዚ ግን ንመን እዩ ዝገብሮ፤ ነቶም ነዚ ምሕረት ተቐቢሎም ክልወጡ ዝደልዩ፡ እዩ። እቲ ምርጫ ናይ ኣምላኽ ዘይኮነ፡ ናትካ እዩ። ሰለዚ ድማ እዩ፡ ነዚ ምሕረት ብዘይምቕባልና፡ ወይ ተቐቢልና ናትና ብዘይምግባርናን፡ ጉዕዞና ብሰንኪ ዘይምፍጻምናን፡ ኣምላኽ ብምሉእ ሓላፍነት ክሓተና ዝኽእል።

ካብዚ ወጻኢ ምሕሳብ፡ ብዛዕባ ሰብ ዘይግባእ ትሑት ኣረኣእያ ምህላውን፡ ንሰብ ምስቶም፡ ምሉእ ብምሉእ ኣብ ትሕቲ ቁጽጽር ጂን ናቶም *(gene)* ዝኾኑ እንሰሳታት ምምዕርራይን እዩ። እቲ ብመልክዕ ኣምላኽ ዝተፈጥረ ሰብ፡ መወዳእታኡ፡ በቲ ዝወሰዶ ናይ ዉልቁ ምርጫ ደኣ እምበር፡ ብቕድመ-ምደባ ኣይኮነን ዝውሰን። ውድቀት ኣዳም፡ ነዚ መልክዕ ኣበላሸይዎ እምበር፡ ጠቕሊሉ ኣየጥፍኦን። እቲ መልክዕ ጌና ኣሎ፡ ክሕደስ ድማ ይኽእል እዩ። እዚ መልክዕ፡ ንርሕራሔ ሰብ ይኹን፡ ንናይ ኣምላኽ፡ ምላሽ ክህብ ዝኽእል እዩ።

ንብዙሓት ገበነኛታት፡ ንናይ ቤት ፍርዲ ጉዳያቶም ዝምልከት ሓጊዘ ኣለኹ። ብቕትለት ሰብ ዝተኸሱ ሰባት ከይተረፉ። ነዚኦም ኩሉ ግዜ ዝህቦም ምትብባዕ፡ ብዛዕባ እቲ ዝገበርዎ ገበን ሓላፍነት ንኽወስዱ እዩ። (‘ብሰንኪ ሕማቕ ዕርክነት እየ ገበን ፈጺመ’፡ ኣብ ክንዲ ምባል፡ ‘ሕማቓት ኣዕሩኽ መሪጸ’ ምባል፡ ወይ ‘ንርእሰይ ክቆጻጸር ኣይከኣልኩን፡ ክገብሮ ደልየ’፡ ክብሉ እየ ዝምዕዶም) ። ሰብኡት ኮይኖም፡ ብዛዕባ ዝፈጸምዎ ገበን ምሉእ

ሓላፍነት ክወስዱን፡ ተሓተቲ ክኾኑን እዩ ዝመኽሮም። ከም ውጽኢቱ፡ እተን ቤት ፍርድታት፡ ብሰብኣውነት ይጥምትኦም ኔረን። ብዛዕባ እቲ ዝገበርዎ ምሉእ ሓላፍነት ወሲደም፡ ነቲ ፍርዶም ከም ዝግብኦም እንተተቐቢሎሞ፡ ዘይግብኦም ምሕረት (ኣስተያት) ይቕበሉ። ብዛዕባ እቲ ዝፈጸምዎ ገበን፡ ሓላፍነት ብምውሳዶም፡ ሓላፍነታውያን ሰባት ይኾኑ።

ኣምላኽ፡ ንዓና፡ ከም ብዛዕባ ርእሶም ሓላፍነት ዝሰከሙ ፍጥረት ጌሩ እዩ፡ ዝርእየና። ኩልና፡ ዓሌት ኣምላኽ ኢና (ግብ 17.28)፣ ደቁ ኢና፡ ሽሕ'ኳ ኩልና ዉሉድ እንተዘይኮና (ምኤ 8.14-15፡ ዮሃ 1.12)። ብዛዕባ እቲ ዉሉድ ዝብል ቃል፡ መብዛሕትና ኣይነስተውዕለሉን ኢና። ኣብ ሓድሽ ኪዳን፡ ዉሉድ ክብል ከሎ፡ ከምቲ ናይ ሮማውያን ባህሊ፡ ንደቅኻ ሕጋውያን ዉሉድን ወረሰትን፡ ኣብቲ ናይ ኣቦኦም ንግዲ ወይ ሞያ ድማ፡ ብጻይ *(partner)* ምግባር፡ ማለቱ እዩ። ዝኾነ ቆልዓ፡ ብሕጊ ዉሉድን ወራሰን ክሳዕ ዝኸውን፡ ኣብ ትሕቲ መጉዚት *(guardian)* እዩ ዝጸንሕ፡ (ገላ 3.25 እምነት ምስ መጸት ግና፡ ደጊም ትሕቲ ቐጸዒ ኣይኰንናን)። ቆልዑ፡ ሰብኣውነት ዘለዎም እምበር *(persons)*፡ ኩርኩር ወይ ከም መጻወቲ ነገራት ኣይኮኑን።

እዚ ድሕሪ ምባልና፡ ብዛዕባ ካልእ መሰረታዊ ጉዳይ ክንዛረብ ክንግደድ ኢና። ኣምላኽ፡ ንሰብ፡ እንታይ ዓይነት ወላዲ *(parent)* እዩ፧ ነቶም ዉሉዱ ዝገበሮም ሰባት' ከ እንታይ ዓይነት ኣቦ *(father)* እዩ፧ ብዛዕባ እዚ ሕቶ ዝግበር ስነ-መለኮታዊ መጎተ፡ ብናይቶም ተመጎትቲ ርድኢት ብዛዕባ ኣምላኽ ዝጽሎ እዩ። (ስነ-መለኮት ማለት፡ መጽናዕቲ ኣምላኽ ማለት እዩ)። ቀጺልና ንርእዮ እዚ እዩ።

እምብዛ ዝተጋነነ ርድኢት ብዛዕባ ኣምላኽ

ኣብዚ፡ ሰባት ብዛዕባ ኣምላኽን ዕቤቱን ዘለዎም ኣጠማምታ ኣዝዩ ዝተሓተለ ዘመን፡ ሰብ ብዛዕባ ኣምላኽ፡ ዝተጋነነ ኣመለኻኽታ ክህልዎ ከም ዝኽእል ምዝራብ፡ ከም ንኣምላኽ ምጽራፍን ክብሩ ምጉዳልን ክመስል ይኽእል እዩ። ግናኸ፡ ገለ ሰባት፡ ካብቲ ንኣምላኽ ከዕብይዎ ዘለዎም ጽቡቕ ድሌትን ሃቐናን ተበጊሶም፡ ንኣምላኽ ከም ኣዝዩ ርሑቕ፡ ብጉዳያት ሰባት ዘይጽሎን፡ ብዛዕባ ጉዳያት ሰባት ድማ ዘይዓጦን ጌሮም፡ የቕርብዎ እዮም። እቲ ዝሰእልዎ ኣምላኽ፡ ፍጹም ምስ ሰብ ዘይመሳሰል፡ ብኹሉ መንገዱ ክምርመር ዘይከኣል፡ ብኹሉ መዳያት ድማ፡ ልዕሊ ዓቕምን፡ ምርዳእን፡ መጎተን ሰብ፡ እዩ።

ኣምላኽ፡ ክጭበጡ ዘይክእሉን፡ ዘይተዛመድትን፡ ባህርያት ከም ዘለዎ እዩ ዝርእ። ማለት፡ ኩሉ ዝኽእልን ዝደለየ ዝገብርን *(omnipotent)*፡ ኣብ

ኩሉ ዝርከብ *(omnipresent)*፡ ኩሉ ዝፈልጥን *(omniscient)* ምኳኑ። እዘን ሰለስቲአን ባህርያት ኣምላኽ፡ ብመሰረት ቃል ኣምላኽ፡ ጽቡቕ ጌርና ክነጽንዐን ኣገዳሲ እዩ።

ብዛዕባ ኩሉ-ኽኣልነት ኣምላኽ ኣመልኪትና - ኣምላኽ፡ ምስቲ ዝፈጠሮ ሕግታትን፡ ስርዓታትን ናይ ተፈጥሮ ሰለ ዘይከይድ፡ ክገብሮ ዘይደሊ ነገራት ኣለዎ፡ (ንኣብነት፡ ዓንኬላዊ ትርብዒት ምስራሕ) ። መብዛሕትኡ ኣምላኽ ክገብሮ ዘይክእል[7]፡ ምስ ባህሪኡ ዘይከይድ ነገራት እዩ (ንኣብነት፡ ኣምላኽ ክሕሱ፡ ሰብ ኣይኮነን; ሓሶት ድማ ኣብኡ የለን) ። ከምዚታት ዝኣመሰሉ ዝርዝር ኣምላኽ ክገብሮ ባህሪኡ ዘየፍቅደሉ ነገራት ክጽሕፍ ምስ ጀመርኩ፡ ቀልጢፈ ሰላሳ በጺሐ። ነቲ ዝርዝር ምስ ኣንበብኩ፡ ካብቶም ኣምላኽ ምስ ባህሪኡ ሰለ ዝጻረሩ ዘይገብሮም ነገራት፡ ብዙሕ ከም ዝገበርኩ ዘኪረ፡ ትሕት ክብል ተደሪኸ።

ብዛዕባ ኣብ ኩሉ-ምህላው ናይ ኣምላኽ ዝምልከት - ኣምላክ ኣብ ዝደለዮ ክህሉ ከም ዝኽእል፡ ምባል ዝያዳ ምስ ቃል ኣምላኽ ዝኸይድ ይመስለኒ። ንኣብነት፡ ኣብተን ዳሕሮት ሰለስተ ሰዓታት ናይ ወዲ የሱስ ክርስቶስ ሰቕለት፡ ኣምላክ ምስ ወዲ ኣይነበረን። (እቲ የሱስ ክርስቶስ፡ ንምንታይ ሓደግካኒ ኢሉ ዝገዓሮ፡ እቲ ዝተናውሐ ምጽልማት ናይ ጸሓይ ከም ዘመልክቶ፡ ሰምዒቱ ንምግላጽ ጥራሕ ኣይነበረን።) ብተመሳሳሊ፡ ኣምላኽ ንገሃነም ባዕሉ እኳ እንተገበሮ፡ ናብኡ ግና ኣይከይድን እዩ። 'ኣምላኽ ኣብ ኩሉ ኣሎ' ኢልካ ምዝራብ፡ ናብቲ 'ኣምላኽ ኣብ ኩሉ ነገር ኣሎ፡ ሰለዚ ኣምላኽ ኩሉ ነገራት እዩ' *(God is in everything, and God is everything)* ዝብል ግጉይ ርድኢት *(pantheism)* ከምርሕ ሰለ ዝኽእል' ምጥንቃቕ የድሊ።[8]

ብዛዕባ ኩሉ-ፈላጥነት ኣምላኽ ዝምልከት - ኣምላኽ፡ ብዛዕባ ምውዳቕ ዑፍን፡ ቁጽሪ ጸጉሪ ሰብን ከይተረፈ ዝፈልጥ ኣምላኽ እዩ። እዚ ዓይነት ፍልጠት፡ ፍልጠት ብዛዕባ ህሉው ይበሃል። ይኹን እምበር፡ ኣምላኽ፡ ብዛዕባ መጻኢ ዝምልከት፡ ተመሳሳሊ ዝርዝራዊ ፍልጠት ኣለዎ'ዶ፧ ኣለዎ ክንብል፡ ቃል ኣምላኽ ብንጹር ኣይድግፎን እዩ። ብርግጽ፡ ኣምላኽ መደቡ እንታይ ምኳኑ ይፈልጥ እዩ። ሰብ ንክኽተለን ክመርጸን ዝኽእል ኩለን መንገድታት

---

[7] ዘይክእል ማለት፡ ክገብሮ ባህሪኡ ዘየፍቅደሉ፡ ወይ ብባህሪኡ ክገብሮ ዘይደሊ ኢልና ክንትርጉሞ ይግባእ። እቲ ምንታይ፡ እቲ ኹሉ ዝኽእል ኣምላኽ፡ በቲ ባዕሉ ዝፈጠሮ ወይ ዝገበሮ ክቕየድ ፈጺሙ ሰለ ዘይክእል።

[8] እዚ ኣብዛ ሕጥቦ-ጽሑፍ ዘሎ፡ ብዛዕባ ኣብ ኩሉ ምህላው ናይ ኣምላኽ ዝምልከት፡ ጸሓፋይ፡ ኣምላኽ ዘይርከቦ ቦታ ከም ዘሎ ጌሩ ምቕራቡ፡ ኣብ ገሀነም ኪህሉ ከም ዘይክእል ምዝራቡ፡ ብቓል ኣምላኽ ዝተደገፈ ኣይኮነን። የሱስ፡ ናብቲ መዓሙቕ ክፍሊ ምድሪ ከም ዝወረደ፡ (ፊል.2:6-11. ኤፌ.4:8-10) ። ሞት፡ ኣጽኒዑ ኪሒዞ ከም ዘይከኣለን፡ መርሖ ሞት ኣብ ኢዱ ከም ዘሎን፡ (ግብ.2:22-23፣ ራእ.1:17-18) ። ኣብ መዝ.139. መንጸፈይ ኣብ ሲኦል እንተገበርኩ፡ ንስኻ፡ ኣብኡ ኣሎኻ፡ ብርሃንን ጸልማትን፡ ንኣኻ፡ ሓደ እዮም፡ ይብል። ብርባ ርባ ድነ ሞት እኳ እንተኸድኩ፡ ንስኻ ምሳይ ኢኻ እሞ፡ ክፉእ ኣይፈርሕን እየ፡ ይብል (መዝ 23) ። ኣብ ዳን.3 ምስቶም ኣብ ሓዊ ዘእተዉዎም፡ ራብዓዮም ከም ዝነበረ። ኣብ ኢሳ.43 'ኣነ ምሳኻ እየ እሞ፡ ብሓዊ ምስ እትሳገር፡ ኣይክህሙኽካ እዩ፡' ይብል። ሰለዚ፡ ኣምላኽ ኣብ ኩሉ ኣሎ።

ድማ ኣቐዲሙ ይፈልጥ እዩ። ግን፡ ካብተን፡ ሰብ ክመርጸን ዝኽእል ኩለን መንገድታት፡ ኣየነይተን ከም ዝመርጽ፡ ኣቐዲሙ ይፈልጥ ድዩ፧ መልሲ ናይዚ ኣካታዒ እዩ። ይፈልጥ እወ እንተ ኢልና፡ ኣምላኽ ነቲ ሰብ ክኸዶ ዝመረጸ መንገዲ ምስ ረኣየ፡ ክጉሂ ኣይንጽበን ኢና፡ ምኽንያቱ፡ ምጉሃዩ፡ እቲ ሰብ ክኸዶ ዝመረጸ መንገዲ፡ ካብ ትጽቢቱ ወጻኢ ከም ዝነበረ ዘመልክት ስለ ዝኾነ። (ኣብ ትንቢት ጸፎንያስ 3.7 ርኣ) ።

ብመጀመርታ፡ ኩሉ ብዛዕባ መጻኢ ዝምልከት፡ ብዝርዝር (ብደቂቕ)፡ ንኣምላኽ ፍሉጥ እንተኾይኑ፡ ኩሉ ዝኸውን ዘበለ፡ ኣቐዲሙ ብኣምላኽ ተወሲኑ *(predetermined)* እዩ፡ ኢልካ ከም ትሓሰብ እዩ ዝገብረካ። ኩሉ ዝኸውን ዘበለ ኣቐዲሙ ብኣምላኽ ዝተወሰነ እንተኾይኑ ድማ፡ ኣብ መጻኢ ዝኸውን ዘበለ ኩሉ፡ ንነጻነት ምርጫ ሰብ ዝኸውን ቦታ፡ ፈጺሙ የብሉን፡ ማለት እዩ። ንነጻ ምርጫ ሰብ ቦታ እንተዘየለ ድማ፡ መጻኢ፡ ክፉትን ክቀያየር ዝኽእልን፡ ኣይኮነን። ብኣንጻሩ፡ መጻኢ፡ ንምርጫ ሰብ ዕጹዉን፡ ዘይቅየርን እዩ። (ብዛዕባ እዚ ኣርእስቲ፡ ማለት፡ 'ቅድመ-ምደባን፡ ነጻ ፍቓድን'፡ ብዕምቆት ንምርዳእ፡ ብ ዴቪድን ራንዳል ባሲንጀርን ዝተጻሕፈት፡ *'Predestination and Free Will'* ትብል መጽሓፍ ኣንብብ) ።

ካልኣይን ኣገዳስን፡ እዚ ኣተሓሳስባ፡ ንኣምላኽ ካብ ግዜ ወጻኢ ጌሩ ዘርኢ እዩ። መብዛሕትኡም ክርስትያናት፡ ንግዜን ንዘልኣለማውነትን ፈላልዮም እዮም ዝርእይዎ። እዚ ኣተሓሳስባ ግና ምንጩ፡ ካብ ግሪኻዊ ፍልስፍና እምበር፡ ካብ እብራዊ ኣተሓሳስባ ዝነቐለ ኣይኮነን። ንእብራዊ፡ ዘልኣለማዊን *(eternal)*፡ መወዳእታ ዘይብሉን *(everlasting)* ማለት፡ ሓደን ማዕረን ሓሳባት እዮም። ግዜ፡ ከየቋረጸ፡ ትኽ ኢሉ ዝኸይድ መስመር *(linear)* እዩ። ግዜ፡ ኣንፈቱ ሓደ (ንቕድሚት) እዩ። ማለት፡ ካብ ሕሉፍ፡ ናብ ሕጂ፡ ናብ መጻኢ፡ ናብ ደረት ዘይብሉ ዘልኣለማውነት ኣቢሉ፡ እዩ ዝኸይድ። ብተወሳኺ፡ ኣምላኽ ኣብ ግዜ እዩ፡ ወይ ድማ፡ ግዜ ኣብ ኣምላኽ እዩ። ኣምላኽ፡ ዝነበረን፡ ዘሎን፡ ዝመጽእን እዩ (ብዛዕባ እዚ ንምጽናዕ፡ Christ and Time ትብል ብ ኦስካር ኩልማን *(Oscar Cullmann, Student Christian Movement, 1951)* ዝተጻሕፈ ኣንብብ) ።

ኣምላኽ፡ ኣብ ዝሓለፈ ንዘጋጠመ ፍጻሜ ኣይቅይሮን እዩ ። እዚ ማለት ግና፡ ኣምላኽ፡ ንጽልዋ ሕሉፍ ኣጋጣሚ ኣብ ሕጂ፡ ከምኡ ውን፡ ንመጻኢ ክቕይሮ ኣይክእልን እዩ፡ ማለት ኣይኮነን። ኣምላኽ፡ ነቲ ናይ ዘልኣለም ምኽሩ፡ ኣብ ውሽጢ ግዜ፡ ወይ ብግዜ ኣቢሉ፡ እዩ ዝፍጽሞ ዘሎ። ታሪኽ፡ ናይ ኣምላኽ ዛንታ እዩ *(History is God's story)* ።

ግን፡ ኣምላኽ፡ ብዛዕባ ኣብ ታሪኽ ዝፍጸም ዘበለ ኩሉ፡ ሓፈሻዊ ቁጽጽር

ድዩ ዘለዎ፡ ወይስ ደቂቕ ቁጽጽር፧ ኣብ መንጎ እዞም ክልተ፡ ዓቢ ፍልልይ እዩ ዘሎ። ብዛዕባ ኣምላኽ ዘለና ኣረዳድኣ ብመልሲ ናይዚ ሕቶ ክጽሎ ይኽእል እዩ።

ብዛዕባ መጻኢ፡ ደቂቕ፡ ማለት፡ ንናይ ሰብ ምርጫ ቦታ ዘይገድፍ ቁጽጽር ዘለዎ ኣምላኽ፡ ባዕሉ፡ ብዝኾነ ደጋዊ ነገራት፡ ወይ ጽልዋታት ከይተጸልወ፡ ኣዋጅ ይእውጅ። ንኹሉ ዝፈጠሮ ተፈጥሮን ፍጥረትን ድማ፡ በቲ ዝኣወጆ ኣዋጅ ተቐይዶም ከም ዝኸዱ ይገብር። ብሰብ ደረጃ ክንርእዮ እንከለና፡ ፍቓዱ ኣብ ሰባት ክፍጸም የገድድ፡ ማለት እዩ። ማለት፡ ሰባት በቲ ንሱ ክገብርዎ ኢሉ ዝወሰነሎም ንክኸዱ የገድዶም፡ ምኽንያቱ ከምኡ ክገብር ልኡላዊ ሓይሊ ሰለ ዘለዎ። ገለ ካብቶም ኣምላኽ ዝእውጆም ኣዋጃት፡ ሓልዮት ዘለዎም ምኺኖም፡ ሰብ፡ ነቲ ኣምላኽ ዝህቦ ጸጋ፡ ክጻረሮ ዘይክእል ምኺኑ፡ ኣይቅይሮን እዩ። ኣምላኽ፡ ናይ ብሓቂ ምልካዊ መራሒ፡ ድሌታቶም ብዘየገድስ፡ ንደቂ-ሰባት ከም ድሌቱ እንዳጠዋወየ መደቡ ዝፍጽም፡ ኣምላኽ እዩ። ንሱ፡ ንበይኑ ጥራይ እዩ ነጻ ፍቓድ ዘለዎ።

ኣብ ከምዚ ዝበለ ርድኢት ብዛዕባ ኣምላኽ ዝተመርኮሰ እምነት፡ ንምእዛዝን ምግዛእን ናይ ሰብ፡ ከም ቀንዲ ብልጫ ኣዕብዩ ይርኢ። ርድኢት ጽሕፍቶነት *(determinism)* ግና፡ ናብ ነሲብነትን ዘይንጡፍነት (ለምሲ) እምበር፡ ናብ ንጡፍነት ኣይኮነን ዘምርሕ (ኣብ ክንዲ ፍቓድካ ይኹን፡ ፍቓድካ ክኸውን እዩ፡ እዩ ዘብል) ። ካልቪናውያንን ኣሰላምን ኣብዚ ዛዕባ ብዘለዎም ርድኢት፡ ብዙሕ ፍልልይ የብሎምን።

ግናኸ፡ ሰእሊ ኣምላኽ ብመሰረት ቃል ኣምላኽ፡ ካብዚ ኣዝዩ ዝተፈልየ እዩ። ኣምላኽ ሓፈሻዊ ቁጽጽር ታሪኽ እዩ ዘለዎ። ኣምላኽ፡ ብገዛእ ፍቓዱ፡ ፍቓድ ዘለዎም ፍጡራት ብምፍጣር፡ ነቲ መለኮታዊ ሓይሉ፡ ደረት ጌርሉ እዩ። ነቶም ዝፈጠሮም ፍጥረቱ፡ ኣብ ፍቓዱ ሰሚሮም ክነብሩ ወይ ካብ ፍቓዱ ወጻኢ ክኸዱ ተዛማዲ፡ ነጻ-ፍቓድ (ምርጫ) ሂብዎም እዩ። እንተመሪጾም፡ ብገዛእ ርእሶም ዝኸዱ ዓለወኛታት ክኾኑ ነጻ እዮም። ይኹን እምበር፡ ኣምላኽ፡ ነቲ ብፍቓዶም ኽገብርዎ ዝደልዩ ክፍኣት፡ ናይ ግዜ ገደብ ይገብረሉ እዩ፡ ብናይ ዘልኣለማዊ ፍርዱ ድማ ክፈርዶም እዩ። ብኻልእ ኣዘራርባ፡ ኣምላኽ፡ ንግዚኡ፡ ንገዛእ ርእሱን ንፍጥረቱን፡ ንፍቓድ ፍጡራቱ ኣቃሊዕዎም እዩ። እዚ ዓይነት ኣገላልጻ ባህሪ ኣምላኽ፡ ንብዙሓት፡ ብፍላይ፡ ነቶም ብኸምዚ መንገዲ፡ ብገዛእ ፍቓዱ፡ ርእሱ ዘትሓተ ኣምላኽ፡ ከምልኹ ዘይደልዩ፡ ከቖጥዕም ዝኽእል እዩ።

ሰለምንታይ ግን ኣምላኽ ከምኡ ጌሩ፧ ምኽንያቱ ኣቦ ሰለ ዝኾነ፡ ፍቕሪ ድማ ሰለ ዝኾነ፡ (እዚ ክልቲኡ መግለጺ ኣምላኽ፡ ኣብቲ ኣብ ቁርኣን ዘሎ

99 ኣሰማት ናይ ኣላህ ኣይንረኽቦን ኢና) ። ኣምላኽ፡ እቲ ዘምጽኦ ሓደጋ እንዳፈለጠ፡ ስለምንታይ ንሰብ ክመርጽ ከም ዝኽእል ጌሩ ፈጢርዎ፧ ምኽንያቱ፡ በቲ ድሮ ምስኡ ካብ ጥንቲ ዝነበረ ወዱ ኣዝዩ ስለ ዝተሓጎሰ፡ ብወዱ ኣቢሉ ድማ፡ ሓደ ዓቢ ስድራ ክምስርት ስለ ዝደለየ። ስለዚ ድማ እዩ፡ እቲ መሰረታዊ ዕላማ ምንባር ሰብ፡ 'ንኣምላኽ ምድላይን... ሃሰሰ ምባልን፡ ምርካብን' ዝኾነ (ግብ 17.27) ። እቲ ቀዳማይ ሓላፍነት ሰብ ድማ፡ 'ንእግዚኣብሄር ኣምላኽካ ብምሉእ ልብኻን ብኹሉ ነፍስኻን ብኹሉ ሓሳባትካን ምፍቃር' ዝኾነ (ማቴ 22.37፡ ዘዳግም 6.5) ።

ብዛዕባ ፍቕሪ ግና ሓደ ተወሳኺ ንብሎ ነገር ኣሎ፡ ፍቕሪ ከተገድዳ ኣይትኽእልን ኢኻ። ፍቕሪ ካብ ልቢ ክትምንጩ እንተድኣ ኮይና፡ ዝኾነ ሰብ፡ ንዝኾነ ካልእ ሰብ፡ ንኸፍቅሮ ክግደድ ኣይክእልን እዩ። ንገዛእ ርእስኻ፡ ንጥዕናን ሓጎስን በረኸትን ካልእ ሰብ ክትከውን ክትውፊ፡ ናይ ፍቓድ ሕቶ፡ ማለት፡ ወለንታዊ ውሳኔ፡ እዩ። ሓንቲ ካብተን ኣምላኽ ክገብረን ዘይኮነሉ (ዘይክእል) ነገራት፡ ንዝኾነ ሰብ ኣገዲዱ፡ ንኣምላኽ ከም ዘፍቅር ምግባር እዩ። ዝኾነ፡ ንፍቕሪ ሓቲቱ፡ ኣወንታዊ መልሲ ዘይተዋህበ ሰብ፡ ብዛዕባ ስቓይ ኣምላኽ ክርድኦ ኣጸጋሚ ኣይኮነን። ስቓይ ኣምላኽ፡ ካብቲ ሰባት ኣብ መንጎ ሓድሕደምን ንኣምላኽን ዝገብርዎ እከይ ግብርታት፡ ዝምንጩ እዩ።

እቲ ኹሉ ዝኽእል፡ ሰማይን ምድርን ዝፈጠረ ኣምላኽ፡ ከምዚ ክኸውን ምፍቃዱ ኣዝዩ ዘገርም እዩ። እቲ ሓቂ ግና ንሱ እዩ። ንሕና ሰባት፡ ንፍቕሩ ኣባኺንና፡ ንፍቓዱ ኣይተኣዘዝናዮን፡ ሕግታቱ ጥሒስና፡ ቃሉ ንዒቕና፡ ንወዱ ነጺግና፡ ቁጥዓኡ ኣለዓዒልና። ስለዚ፡ ፍርዱ ድማ ዝግበኣና ኢና። ሳዕቤናቱ ንዓናን ንኻልኦትን ብዘየገድስ፡ ንህይወት፡ ብዘይ ኣምላኽ ክንድስተላ ዝተዓጠቕና ፍጡራት ኢና። ምስዚ ኹሉ ግና፡ ደው ኣየብለናን። ሽሕ'ኳ ልቡ ይሰብር እንተኾነ፡ ንኹሉ ክኸውን ሱቕ ኢሉ ይሓድግ። ፍቓድ ኣምላኽ ዘይኮነ፡ ኣምላኽ ይኹን ኢሉ ዘይኣወጆ ብዙሕ ነገራት ኣብዛ ዓለም ይፍጸም እዩ።

ልክዕ እዩ፡ ኣምላኽ፡ ነዚ ኹሉ ኣሰቃቒ ኩነታት ፍጥረት፡ መወዳእታ ክገብረሉ ድሮ መዓልቲ ቆጺሩ እዩ። ድሕር'ዚ ድማ፡ እቲ ናይ ሰብ ናይ ምምራጽ ነጻነት ከብቅዕ እዩ። እቲ ኣቐዲሙ ዝተገብረ ኩሉ ምርጫታት ሰባት ድማ ዝግባእ ዓሰቡ ካብ ኣምላኽ ክረክብ እዩ። ክሳዕ ሽዑ ግና፡ ካብቲ ዝግበኣና፡ ናይ መወዳእታ (ፍርዲ) ከድሕነና፡ እንትርፎ፡ ንፍቓድና ዓምጺጹ፡ ብፍቓዱ ክንከይድ ምግዳድ፡ ዘለዎ ኩሉ መለኮታዊ ውህበታት ሂቡና ኣሎ። ንልብናን ንሓሳብናን ንክማርኽ፡ ፍቓድና ምስ ፍቓዱ ክሰምር፡ ካልእ እንታይ ክገብር እሞ ይኽእል፧ ስለዚ፡ መወዳእታና ካብ ህላውነቱ ወጻኢ ንዘልኣለም ምንባር (ኣብ ገሃነም) እንተኾይኑ፡ ናትና ጉድለት እምበር፡ ናቱ ኣይክኸውንን እዩ። ናትና

ግደ፡ ነቲ ካብ ኣምላኽ፡ ብኸምኡ ዝወሃበና ጸጋ ክንቅበል ወይ ክንነጽጎ እዩ።

እዚ ንሰእሎ ዘለና ስእሊ ኣምላኽ፡ ‘ሰብኣዊ’ (ንሰብ ዝመስል) ስእሊ ኣምላኽ እዩ። ግናኸ፡ ብምስሉ ዝተፈጠርና ካብ ኮንና፡ ኣምላኽ ድማ፡ ካብ ኩሉ ዝፈጠሮ ፍጥረት፡ ንዓና ይመስል ምኳኑ፡ ከገርመና ኣይግብኦን። ‘ብዘሎ ምልኣት መለኮቱ ኣብኡ (ኣብቲ ስጋ ሰብ ዝለበሰ ወዱ) ብስጋ ሓዲርዎ እዩ’ (ቆሎ 2.9) ።

ንኣምላኽ፡ ከም ዘይግደሰን፡ ቅጭጭ ከም ዘይብሎን፡ ጌሩ ዝስእል ርድኢት፡ ምስ ናይ ግሪኽ ፍልሰፍና እምበር ምስ ናይ እብራውያን ተመኩሮ ዝኸይድ ኣይኮነን። እቲ ናይ እስራኤል ኣምላኽ፡ ብጥርዓንን መጎተ ሰብን፡ ክጽሎ ዝኽእል እዩ። ብጸሎት ሙሴን ኣሞጽን፡ ሓሳቡ ክቕይር ዝኸኣለ ኣምላኽ እዩ (ዘጽ 32.9-14፡ ኣሞጽ 7.4-6) ። መጽሓፍ ቅዱስ፡ ኣምላኽ፡ ካብቲ ክገብሮ ዝመደበ፡ ከም ዝተጣዕሰ ክነግረና ድሕር ኣይብልን እዩ። ንእግረ መንገድና፡ እቲ ‘ተጣዕሰ’ ዝብል ቃል፡ ካብቲ ክገብሮ መዲቡ ዝነበረ መቕጻዕቲ፡ ተቖጢቡ፡ ወይ ብምሕረት ዝሓሉ *(relented)* ተባሂሉ እንተ ተተርጎመ ይሓይሽ። ዝኾነ ይኹን፡ ኣምላኽ ብጸሎት ሰባት፡ ካብ ሓሳቡ ከም እተመልሰ፡ ቃል ኣምላኽ ይነግረና።

እዚ ኣምላኽ፡ ካብ ሰባት ግብረ-መልሲ ዝጽበን፡ ነቲ ሰባት ዝህብዎ ግብረ-መልሲ ድማ፡ መልሲ ዝህብን ኣምላኽ እዩ። ውሳኔታቱ በቲ ግበረ-መልሲ ሰባት ይጽሎ እዩ። ሕብረቱ ምስ ደቂ ሰባት፡ ምዉት ዘይኮነስ፡ ህያው እዩ። እንተተኻኢሉ፡ ምስ ደቂ ሰባት ይላዘብን ይተሓባበርን፡ እንተዘይተኻኢሉ ድማ ኣንጻሮም ይገብር። መንፈሱ ምስ ሰባት ክጻረር ይኽእል እዩ፡ ብፍጹም ግና ኣየገድዶምን እዩ (ዘፍ 6.3) ።

እቲ ኣብ መጽሓፍ ቅዱስ ዘሎ፡ ኣብ መንጎ እቲ መሬትን እቲ ሰራሕን (ኢሳ 64.8፡ ሮሜ 9.21)፡ ዘሎ ርክብ፡ ብዙሓት፡ ብጌጋ፡ ከም መርትዖ ናይቲ፡ ‘ኣምላኽ ንናይ ሰብ ባህርን መወዳእታኡን፡ ኣቐዲሙ ባዕሉ መዲብዎ እዩ’፡ ዝብል ርድኢት እዮም ዝጥቀምሉ። ‘ንሕና፡ ከም መሬት ኣብ ኢድ ሰራሒኡ፡ ከም ድሌቱ ጌሩ ክሰርሓና፡ ካብ ኢድና ወጻኢ እዩ’፡ ድማ ይብሉ።

ምብጻሕ ኤርምያስ ናብቲ ሰራሕ መሬት ግና፡ ካብዚ ዝተፈልየ መልእኽቲ እዩ ዘለዎ (ኤርምያስ 18) ። እቲ ሰራሒ፡ ካብቲ መሬት ጽቡቕ ሳርማ ክሰርሕ፡ ናቱ ተበግሶ ይወስድ። እቲ መሬት ግና፡ ኣብ ኢድ እቲ ሰራሕ መሬት ምስ ተጸየቐ፡ ከም ብሓድሽ፡ እቲ ሰራሕ መሬት፡ ከምቲ ጽቡቕ ኮይኑ እተራእዮ ገይሩ ካልእ ኣቕሓ ይሰርሖ (ኤር 18.4) ። እግዚኣብሄር፡ ነቲ ነብይ፡ ቤት እስራኤል፡ ከምቲ ኣብ ኢድ እቲ ሰራሕ መሬት ዘሎ መሬት፡ ኣብ ኢዱ ከም ዝኾኑ፡ ይነግሮ። ንሱ፡ ንቤት እስራኤል፡ ፍቑራት ህዝቡ፡ ብምሕረቱን ሳህሉን ዘንጀርብቡ፡ ጌሩ

ክሰርሖም ደልዩ። ንሳቶም ግን ሰለ ዝነጸግዎ፡ ኣቕሓ ፍትሒ፡ ፍርዱ ንምርኣይ ክገብሮም እዩ። ሕጂ ውን እንተኾነ፡ መንገዶም ክቕይሩ፡ ግዜ ኣለዎም። ካብ እከዮም እንተተመሊሶም፡ ንሱ ኸኣ ነቲ ንእኡ ኽገብሮ ኢሉ ዝሓሰቦ እኩይ ክጠዓሰሉ እዩ (ኤር 18.8) ። ግና፡ ግዜ ከይተወድአ ነዚ ጸውዒቱ ሰሚዖም ክምለሱ ኣለዎም። ድሕርዚ፡ ኣምላኽ፡ ንኤርምያስ ሳርማ ወሲዱ ክሰብሮ እሞ፡ ነቲ ሰብርባር ናብቲ፡ ንባዓል፡ ሰብ ዝሰውእሉ ቦታ፡ ማለት፡ ለስ ቶፌት ክድርብዮ ይነግሮ (ኤር 19) ። (እዚ ቦታ፡ ደሓር ለስ ሂኖም ወይ ከኣ ገሃነም፡ ተባሂሉ ዝፍለጥ እዩ) ።

ተመሳሳሊ ኣብነት፡ ኣብ ታሪኽ ፈርኦን ኢና ንረኽቦ። ተምሳል መሬትን ሰራሕ መሬትን፡ ምስ ታሪኽ ፈርኦን፡ ኣብ ሮሜ 9.17-21፡ ተኣሳሲሩ ንረኽቦ። እዚ ክፍሊ፡ እቲ ሰራሕ መሬት፡ ናይቲ መሬት ባህሪ ብዘየገድስ፡ ከም ዝደለዮ ጌሩ፡ ነቲ መሬት ከም ድሌቱ ከም ዝሰርሖ፡ የምስል እዩ። 'እምብኣርሰኸ ንዝደለዮ ይምሕሮ፡ንዝደለዮውን የትርር እዩ' ይብል፡ (ሮሜ 9. 18) ። እዚ ምርጫ ኣምላኽ ግና፡ ምሉእ ብምሉእ ምልካዊ *(arbitrary)* ድዩ፧ መወዳእታና ልክዕ ከም ዕጫ ሎተሪ ድዩ፧ ብኣና ወገን፡ መወዳእታና ጽቡቕ ወይ ክፉእ ምኳኑ፡ ዕድል ወይ ዕጫ ድዩ፧ ከምዚ ጌሩ፡ ናይ ሰብ ፍቓድ ብዘየገድስ፡ ከም ዝደለዮ፡ ንሰብ ናብ ጥፍኣት ወይ ናብ ህይወት ዝምድብ ኣምላኽ ከመይ ጌርና ክንኣምኖ ንኽእል፧

ናብ ፈርኦን ንመለስ። እቲ ጽሑፍ ከም ዝብሎ፡ ልቢ ፈርኦን ዓሰርተ ግዜ ተሪሩ። ካብዚ፡ ኣብተን ቀዳሞት ሽውዓተ ግዜ፡ ምትራር ልቡ፡ ፍረ ናይቲ ብገዛእ ፍቓዱ፡ ንኣምላኽ ክሰምዖ ዘይምድላዩ እዩ። ኣብተን ዳሕሮት ሰለስተ ድማ፡ ምትራር ልቡ፡ ውጽኢት ሰራሕ ኣምላኽ እዩ። እዚ ናይ ፈርኦን ኣብነት፡ ንሓፈሻዊ ኣሰራርሓ ኣምላኽ ኣብ መጽሓፍ ቅዱስ ዝውክል እዩ። ክንቕደስ እንተመሪጽና፡ ንሱ ክሳዕ መወዳእታ ምሳና እዩ (ምዕራፍ 8 ኣንብብ) ። ኣብ ሓጢኣት ክንነብር እንተመሪጽና ድማ፡ በቲ ዝመረጽናዮ መንገዲ፡ እንዳረሓቕና ክንከይድ ዝሓድገና ነጥቢ ኣለዎ። ኣቕሓ ምሕረት ክገብረና እንተዘይፍቂድናሉ፡ ኣቕሓ ፍርዲ ክገብረና እዩ። እቲ መሬት ክውሰን ይኽእል እዩ፡ እቲ ሰራሕ መሬት ግና፡ ካብቲ መሬት ገለ ነገር ክሰርሕ፡ ናይ ግድን እዩ። እዚ ኣብተን ቀዳሞት ምዕራፋት መልእኽቲ ሮሜ ንረኽቦ ኢና። ሰባት ንኣምላኽ ገዲፎም፡ ብመንገዶም ምኻድ ምስ መረጹ፡ ኣምላኽ ድማ ነቲ ሕሰራኖምን፡ ነቲ ካብቲ ዉዱቕ ባህሪኦም ዝምንጩ ክፉእ ትምኒቶምን የሕሊፉ ይህቦም።

ክንምለሰሉ ኣብ ዘይንኽእል ነጥቢ ናይ ምብጻሕ ተኽእሎ ኩሉ ግዜ ኣሎ። ድሕሪ ብዙሕ ምጽራር፡ ኣንጻር ክፍኣትና፡ ኣምላኽ ንባህሪናን መወዳእታናን፡ ሓንሳእን ንሓዋርን ይውስኖ እዩ። 'እቲ ገፋዒ ኣዝዩ ይግፋዕ፡ እቲ ርኹስ ኣዝዩ

ይርከስ፡ እቲ ጻድቕ ኣዝዩ ጽድቂ ይግበር፡ እቲ ቅዱሰውን ኣዝዩ ይቀደስ፡ በለኒ’ (ራእ 22.11, ዝብል ቃል፡ መልኣኽ፡ ኣብ ክንዲ ኣምላኽ ኮይኑ ዝተዛረቦ ቃል እዩ) ።

ኣምላኽ፡ ነቶም ብመንገዶም ክኸዱ ዝመረጹ፡ ናብቲ መንገዶም ንጥፍኣት ኣሕሊፉ ክህቦም እንከሎ ብደስታ ከም ዘይገብሮ፡ ኣብ ቃል ኣምላኽ ብተደጋጋሚ ተጻሒፉልና ኣሎ። (ህዝቅኤል 18.23, 32፡ 33.11) ። በቶም ጽድቂ ዝመርጹ ድማ ባህ ከም ዝብሎ፡ ብተደጋጋሚ ቃል ኣምላኽ ይነግረና። (ጸፎ 3.17፡ ሉቃ 15.7, 10) ።

እዚ ኹሉ ዝረኣናዮ ኣብነታት፡ ንርድኢትና ብዛዕባ ዘይተቐያርነት *(immutability)* ኣምላኽ ዳግማይ ክንሓስበሉ ዝገብር እዩ። ብርግጽ፡ ኣምላኽ፡ ባህሪኡ ከቶ ኣይቅየርን እዩ። ትማልን ሎምን ንዘልኣለምን ቅዱስ፡ ፍቕሪ፡ መሓርን ፍትሓውን እዩ። ስለ ዝኾነ ድማ፡ ምሉእ ብምሉእ ኣብኡ ክንውከልን ክንኣምኖን ንኽእል ኢና።

ይኹን እምበር፡ ኣምላኽ ዳግማይ ክሓስብ ይኽእል እዩ (ንኣብነት፡ ዘፍ 6.6) ። ካብ ግብሩ ክጠዓሰን፡ ካብ ዝመደቦ ክምለስን ይኽእል እዩ። (ንዝያዳ ምርዳእ፡ *‘And God Changed His Mind’* ትብል፡ *Marshall Pickering, 1991*, ብ *Andrew* ዝተጻሕፈት ኣንብብ) ።

ልዕሊ ኹሉ፡ መጽሓፍ ቅዱስ፡ ኣምላኽ ሰምዒት ከም ዘለዎ ጌሩ ካብ ምቕራብ ድሕር ኣይብልን እዩ። ሕመረት ናይ ሰምዒታት ድማ፡ ዝቕየሩ ምኺኖም እዩ። ሰምዒታትና ኩሉ ግዜ ሓደ፡ ዘይቅየሩ (ቀወምቲ) እንተ ዝኾኑ፡ ሰምዒት ኣይምሃለወናን። ኣምላኽ ድማ ከምኡ። ደስታ ኣምላኽ ኣብቶም ዘፍቅርዎን ዘገልግልዎን ድሮ ርኢና ኣለና። ሰባት፡ ንመንፈስ ኣምላኽ ከጉህዩ ይኽእሉ እዮም (ኤፌ 4.30) ። ኣምላኽ ክጉህን ክቑጣዕን ይኽእል እዩ። ቃንዛ ቅንኢ ክሰምዮ ይኽእል እዩ። (ቅንኢ ኣምላኽ፡ ካብቲ ብጽልእን ብትምኒታዊ ውድድርን ዝለዓል ሰምዒት ቅንኢ ሰብ (envy) ዝተፈልየ እዩ። እቲ ናይ ሰብ ቅንኢ፡ ሰምዒታዊ ግብረመልሲ ቅንኢ ብዛዕባ ናይ ካልኦት ሰባት ነገር፡ ንዓኻ ግና ዘይብልካ እዩ። ብኣንጻሩ፡ ቅንኢ ኣምላኽ፡ ሰምዒታዊ ግብረመልሲ፡ ብዛዕባ፡ ነቲ ናቱ ዝኾነን፡ ንዕኡ ጥራይ ድማ ዝግባእን፡ ንኻልእ ምሃብ እዩ) ።

ብዙሕ ካብ ሰምዒታውያን ተመኩሮታትና፡ ካብ ዘይንጽበዮም ኣወንታዊ ወይ ኣሉታዊ ተግባራትን ባህርያትን ካልኦት ሰባት፡ ዝምንጭዉ እዮም። ልቢ ኣምላኽ ድማ ከምኡ እዩ። ኣምላኽ፡ በቲ ካብ ፍቓድና ዝምንጨ፡ መግለጺ ኣብ ክርስቶስ ዘለና ፍቕሪ ዝኾነ ምእዛዝ፡ ይሕጎስ እዩ (ዮሃ 15.10-11) ። የሱስ ክርስቶስ፡ ቅድሚ መሰቀሉ ኣብ ዝጸለዮ ጸሎት፡ ነቦ ‘ግናኸ ፍቓድካ እምበር ፍቓደይ ኣይኹን’ ክብሎ እንከሎ፡ ኣቦ እንታይ ተሰሚዕዎ ይኸውን፧

ብድሕሪኡ፡ ኣቦ፡ ኣብ ሓጢኣት ዘለዎ ጽልኣትን ቁጥዓን ንምርኣይ፡ ነቲ ንሓጢኣትን ገበንን ኩሉ ሰብ ኣብ መንክቡ ዝተሰከመ ወዱ፡ ንበይኑ ክሳቐን ክመውትን ክሓድጎ ከሎ'ኸ እንታይ ተሰሚዕዎ ይኸውን፧ እዛ መዓልቲ፡ ከም ሽሕ መዓልቲ'ዶ ኮይናቶ ትኸውን (2 ጴጥ 3.8) ።

ኣምላኽ፡ ትሕትንኡ፡ ናይ ውርደት ስጋ ለቢሱ፡ ኣብ ትሕቲ ፍርዲ ሰብ ብምግዛእ ከም ዘርኣየ፡ ታሪኽ መሰቀል፡ ምስክር እዩ። ብቐጥታ፡ ምስዚ ሓቂ ዝነጻጸር ድማ፡ ኣምላኽ፡ ነቲ ሰባት ክገብርዎ ዝኽእሉ ክፉእ ተግባራት፡ ሰለቲ ርሕሩሕ ዕላማኡን ንናይ ሰብ ጽቡቕን ኢሉ፡ ገደብ ዝገብረሉ ምኽኒ እዩ። ይኹን እምበር፡ ሰባት ጸጋኡ ንኽቕበሉ ፍጹም ኣየገድዶምን እዩ። ርድኢት ኣልፋ (ምዕራፍ ሓደ ርአ)፡ ሰብ ሓንሳእ ምስ ኣመነ፡ ጸጋ ኣምላኽ ብግዲ እዩ ዝቕበል ይብል። ብመሰረት ርድኢት ኦሜጋ ድማ፡ ቅድሚ ምእማንን፡ ድሕሪ ምእማንን፡ ሰባት፡ ንጸጋ ኣምላኽ ክጻረሩ ኣይክእሉን እዮም። (ማለት፡ ኣምላኽ፡ ንጸጋኡ፡ ኣብ ሰብ የገድዶ እዩ፡ ማለት እዩ) ። እቲ ሓቂ ግና፡ ኣምላኽ፡ ዝኾነ ሰብ ናብኡ ክመጽእ ወይ ምስኡ ክነብር እንተዘይመሪጹ፡ ብፍጹም ኣየገድዶን እዩ። ኣምላኽ፡ ከምኡ ዓይነት ኣምላኽ ኣይኮነን። ብርግጽ ንጸጋኡ ክንጻረሮ ንኽእል ኢና። ኣምላኽ፡ ናትና ምትሕብባር ይደሊ እዩ። ምሳና ክሰርሕ እዩ ዝደሊ። ነዚ ተብርህ ሓንቲ ኣገዳሲት ጭርሖ ኣላ፡ 'ንሕና፡ ብዘይ ኣምላኽ ወልሓንቲ ክንገብር ኣይንኽእልን ኢና፡ ኣምላኽ ድማ ብዘይ ብኣና ወልሓንቲ ኣይገብርን እዩ።'

ኣብ ምድሓን ርእሰናን፡ ንኻልኦት ኣብ ምግልጋልን፡ መሳርሕቲ ኣምላኽ ክንከውን ተጸዊዕና ኣሎና (2 ቆሮ 6.1) ። ምድሓንና፡ ብፍርሓትን ራዕድን ክንፍጽም ተጸዊዕና ኣለና። ምኽንያቱ፡ እቲ ኣባና ድሌትን ግብርን ዝገብር ኣምላኽ ሰለ ዝኾነ (ፊል 2.12-13) ።

ስለዚ፡ ናትና ተራ፡ ኣብቲ ናብ መፈጸምታን፡ ናብ ምልኣት ምድሓንን ዝወሰድ መሰርሕ፡ እንታይ እዩ፧ እቲ ግደ ርስቲ ቅዱሳን ናትና ንክኸውን ከመይ ጌርና ነረጋግጽ፡ ቀጺልና ክንርእዮ ኢና።

ምዕራፍ ሽውዓተ

ግብራዊ ሳዕቤናት

ቀጺልና፡ ካብቲ ስነ-መለኮታውን ፍልስፍናውን መጎተ ብዛዕባ 'ሓንሳእ ድሒንካ፡ ኩሉ ሳዕ ድሒንካ' ወጺእና፡ ኣብ ግብራዊ ሳዕቤናት ናይዚ ኣርእስቲ፡ ኣብ ዕለታዊ ናብራና፡ ክነተኩር ኢና።

ኣብዚ ምዕራፍ፡ ነቶም ክሳዕ ሕጂ ርኢናዮም ዘለና ሓሳባት፡ ብጥርኑፍ መልክዕ እንዳቕረብና፡ ኣብ መዓልታዊ ህይወትና ብኸመይ ከም ዝጸልዉና ክንርኢ ኢና። ክንገብሮም ዘለናን፡ ዘይብልናን እንዳበልና ድማ ክንርኢ ኢና።

እቲ መጀመርታ ንርእዮ ክፍሊ፡ ብዛዕባ ርስቲ ዝምልከት እዩ። ርስቲ ማለት፡ ምፍጻም ምድሓንና፡ ማለት፡ ናብ ፍጹም ቅድስናን ናብታ ሓዳሽ ዓለምን፡ ምብጻሕ፡ ማለት እዩ።

ግዴኻ ኣብ ርስቲ ቅዱሳን ምሰኣን

ብዛዕባ እዚ ኣርእስቲ ክፈልጡ ዝደልዩ ሰባት ብዙሓት ኣይኮኑን። ብዛዕባ እዚ ኣርእስቲ ክፈልጡ ዘድልዮም ሰባት ግን ብዙሓት እዮም። ቦታና ኣብ ግደ ርስቲ ቅዱሳን ብኸመይ ክንሰእን ንኽእል፧

ነዚ ሕቶ ንምምላስ፡ እታ ቀዳመይቲ ናብ ኣእምሮና ትመጽእ ሓሳብ፡ ክሕደት፡ ማለት፡ እምነትካ ምግዳፍ፡ እያ። ብርግጽ፡ እዚ ሱር ምኽንያት እዩ። ግና፡ ብብዙሕ መንገድታት ክግለጽ ይከኣል እዩ። እምነት፡ ብግህዶ ወይ ብሕቡእ፡ ብፍላጥ ወይ ብዘይፍላጥ፡ ብፍቓድ ወይ ብዘይ ሃቐና ክትግደፍ ትኽእል እያ።

ብሰንኪ ዝገጥም ሰደት፡ ንክርስቶስ ብግህዶ ምኽሓድ፡ ሓደ ካብቶም ቀንዲ ዓይነታት ክሕደት እዩ። ሰደት ኣንጻር ክርስትያናት፡ ኣብ ብዙሓት ሃገራት ዓለም ዝርአን፡ ቅድሚ ምጽኣት ክርስቶስ ድማ፡ ኣብ ብዘላ ዓለም ዝርአን እዩ (ማቴ 24.9) ። ንገሊኦም ኣንበብቲ፡ እዚ ፈተና ሰደት ከጋጥሞም ዘይክእል ክመስሎም ይኽእል እዩ።

ካልኦት ድማ፡ ንክርስቶስ ምኽሓድ፡ ከም ሳሕቲ ዘጋጥም፡ ኣብኦም ድማ ክፍጸም ዘይክእል፡ ክውንዘፍ ከም ዘለዎ ጉዳይ ጌሮም እዮም ዝርእይዎ። ምድሓን ክጠፍኣሉ ዝኽእል እንኮ መንገዲ ምኽሓድ እምነት ምኳኑን፡ ብዛዕባ እዚ ድማ ብዙሕ ክሓስቡ ወይ ክዛረቡ ዘየድልዮም እዩ ዝመስሎም።

ካልኦት፡ ምድሓንና ከም ዝጠፍእ ዝገብሩ መንገድታት ግን ኣለዉ።

እቲ ይቕረ ክበሃሎ ዘይከኣል ሓጢኣት፡ ማለት፡ ንመንፈስ ቅዱስ ምጽራፍ፡ ንሰራሕ መንፈስ ቅዱስ ናይ ሰይጣን እዩ ምባል፡ ሓደ ካብዞም መንገድታት እዩ። (እዚ ሓጢኣት፡ ካብ ኣብ ዘይኣመንቲ፡ ኣብ ኣመንቲ ብብዝሒ ክፍጸም ዝኽእል ሓጢኣት እዩ) ።

ካልኣይ፡ ኣብ እብራውያን ምዕራፍ 10 ከም ዝረኣናዮ፡ ንሰሓን ሕድገት ሓጢኣትን ድሕሪ ምርካብ፡ ብላዕለዎት ኣእዳው (ማለት፡ ብዓመጽ፡ ብፍታው ፍቓድን ብሃቐናን)፡ ብቐጻሊ ዝግበር ዝኾነ ሓጢኣት፡ ይቕረ ዘይበሃሎ እዩ። ከምዚ ዓይነት ባህሪ፡ ናይ ብሓቂ ንሰሓ ከም ዘይነበረ ዘመልክት እዩ። ናይ ብሓቂ ንሰሓ፡ ምቁራጽ እቲ ዝተነሳሕካሉ ሓጢኣት (ምምላስ ካብ ሓጢኣት) ዘጠቓልል እዩ። ከምቲ ሓደ ተማሃራይ ዝበሎ፡ ‘ንሰሓ ማለት፡ ንሓጢኣት ደው ከተብሎ ዝገብር ጣዕሳ ማለት እዩ’። ብዘይ ንሰሓ ድማ፡ ሕድገት ሓጢኣት ክትረክብ ኣይከኣልን እዩ።

ብተወሳኺ፡ ኣብቲ ምዕራፍ፡ ሸለል ከይንብልን *(neglect)*፡ እንዳንሳፈፍና ከይንወድቕን *(drifting away)* የጠንቅቕ። ከምዚ ዓይነት ቃላት ምጥቃሙ፡ ከይፈለጥና ክንወድቕ ወይ ካብታ እምነት ክንዘብል ከም ንኽእል ንምርኣይ እዩ። ስለዚ፡ እዚ መጠንቀቕታ ኣዝዩ ከቢድ እዩ፡ ምኽንያቱ፡ እንታይ ከም ንኸውን ዘለና ከይፈለጥና፡ ከጋጥም ስለ ዝኽእል። ‘ሓንሳእ ድሒነ፡ ኩሉ ሳዕ ድሒነ እየ’፡ ኢልካ ምእማን፡ ናብዚ ውድቀት ከቃልዓካ ከም ዝኽእል ርዱእ እዩ።

ስለዚ፡ ግዴና ኣብ ርስቲ ቅዱሳን ከጥፍኡልና ዝኽእሉ መንገድታት ብዙሓት እዮም። መሰረት ኩሎም መንገድታት ድማ፡ ምዝሓል ወይ ምጥፋእ እምነት፡ ማለት፡ ዘይእሙንን እምነት ዘይብሉን ምኳን፡ እዩ።

ምዝሓልን ምጥፋእን እምነት፡ ነቶም ኣብ ክርስቶስ ዝኣመኑ ከጋጥሞም ኣይክእልን እዩ ዝብል፡ ኣብ ቃል ኣምላኽ ኣይንረክብን ኢና። ስለዚ፡ እቶም ካብ እምነት ንድሕሪት ዝምለሱ፡ ናብ ኣምላኽ ክምለሱሉ ዘይክእልሉ ነጥቢ ክበጽሑ ከም ዝኽእሉ፡ ነዛ ነጥቢ ድማ ኣምላኽ ጥራይ ከም ዝፈልጣ፡ መታን ክፈልጡ፡ከነዘክሮም ይግባእ።

ርስትኻ ኣጺናዕካ ምሓዝ

ቦታኻ፡ ኣብቲ ግደ ርስቲ ቅዱሳን ዝጠፍኣሉ ሱር ምኽንያት፡ እምነትካ ምሕዳግ እንተኾይኑ፡ ግደኻ ኣብ ርስቲ ቅዱሳን እትዕቅበሉ መንገዲ ድማ፡ ብኣንጻሩ፡ ኣብ እምነትካ ክሳዕ መወዳእታ ምዕጋስ እዩ። እታ ተድሊ እንኮ ነገር ‘ብእምነት እንዳሰጎምካ ምኻድ’ እያ፡ (ወን ዮሃ 3.16፡ ሮሜ 1.16-17) ። ጳውሎስ፡ ኣብቲ

ተኣምራታዊ ዝኾነ ናይ ምልዋጡ ታሪኽ እንዳተደገፈ ጥራይ ኣይከደን። እንታይ ደኣ፡ ኣብቲ ሕጂ ዝነብሮ ዘሎ ህይወት። 'እዚ ሕጂ ብስጋ ዝነብሮ ዘሎኹ ድማ፡ ብእምነት በቲ ዘፍቀረኒ ምእንታይውን ነፍሱ ዘሕለፈለይ ወዲ ኣምላኽ እየ ዝነብር ዘሎኹ' (ገላ 2.20) ። ኣብ ኣጋ ሞቱ ምስ ቀረበ ድማ፡ 'ሰናይ ገድሊ ተጋዲለ፡ እቲ ጒያ ወዲኤ፡ ነታ እምነት ሐልየ' ክብል በቒዑ (2 ጢሞ 4.7) ።

እምነት፡ ካብ ናይ ውሽጢ ርትዒ ንላዕሊ እያ። እምነት፡ ምውካልን ምእዛዝን ተጠቓልል ድማ እያ። 'እምነት ግብሪ እንተዘይብላ ንርእሳ ምውቲ' ከም ዝኾነት ድሮ ርኢና ኣለና። (ያእ 2.17) ። ሰለዚ፡ ቀጻልነት እምነት፡ ቀጻልነት ፍረ እምነት፡ ማለት፡ ግብሪ፡ ዘጠቓልል እዩ።

ኩሉ ግዜ ኣብ እምነትካ ምጽናዕ ቀሊል ኣይኮነን። ክንዋግኦ ዘለና ውግእ ክህሉ እዩ፡ ጎይና ክንዕወተሉ ዘለና ጒያ ክህሉ እዩ። ጻዕሪ ዝሓትት እዩ (እብ 12.14)፡ ቅልስ ዝሓትት እዩ (ኤፌ 6.12) ።

ልዕሊ ኩሉ፡ ወደ-መዝሙርነት ማለት፡ ርእሰኻ ምቕጻዕ ማለት እዩ። ገሊኡ መቕጻዕቲ፡ ብኣምላኽ ዝግበር እዩ (እብ 12.17) ። እቲ ዝበዝሐ ግና፡ ነቲ፡ ብመንገዱ ብዙሕ ሓጢኣት ዝግለጽ ሰጋና፡ (1 ቆሮ 9.27)፡ ነቲ ካብኡ፡ ብዙሕ ሓጢኣት ዝውለድ ሓሳብና፡ ባዕልና ብምቕጻዕ እዩ። (ማቴ 5.21-30፡ ናይዚ ፈውሲ ድማ ኣብ ፊልጺ 4.8-9 ንረኽቦ) ።

ቀጻሊ ክንሰጉም የድልየና። ክርስትያን ምኳን፡ ቀጻሊ ገያሻይ ምኳን እዩ። ኩሉ ሳዕ እንዳዓበኻ፡ ኩሉ ሳዕ ንቕድሚት እንዳጠመትካን እንዳሰጎምካን 'በታ መንገዲ' (ግብ 9.2, 19.9, 23, 22.4; 24.14, 22) ምኻድ እዩ። ኣብቲ ተሰፋ ጥራይ ደው ምባል፡ ኣብቲ ቀጽሪ ጥራይ ድማ ኮፍ ምባል፡ ኣይጠቅምን እዩ!

ሓደ ግዜ፡ ብዛዕባ ሞት፡ ሓደ ብበዓትን ትሕተ-መሬትን ዝኸይድ ሰብ *(potholer)* ኣንቢበ ኔረ። እቲ መርማሪ ምኽንያት ሞት *(coroner)* ዝሃቦ ምኽንያት ምሟት ናይቲ ሰብ፡ 'ምኻድ ሰለ ዘቋረጸ ሞይቱ፡ ደው ከይበለ ምኻድ እንተዝቕጽል ኔሩ፡ ብህይወቱ ምተረኽበ ኔሩ' ዝብል እዩ። እዚ መምርሒ፡ ንመንፈስናን ንሰጋናን መልእኽቲ ዘለዎ እዩ።

ንቕድሚት ምሰጓም'ከ እንታይ የጠቓልል፧ ነቲ ጸጋ ንረኽበሉ መንገዲ፡ ግዜን ቦታን ምዕዳግ። ጸሎትን መጽናዕቲ ቃል ኣምላኽን፡ ካብቶም ቀንዲ ብብሕቲ ዝግበሩ መንገድታት እዮም። ኣምልኾ፡ ሕብረት ምስ ኣሕዋት፡ ድራር ጎይታ፡ ካብቶም ቀንዲ ኣብ ሕብረት ዝግበሩ መንገድታት እዮም።

ኣብ ጸጋ ንኽንቅጽል፡ ምስ ኣምላኽ ቀጻሊ ሕሳብ ክህልወና፡ ኣገዳሲ እዩ። ኣብ ሓጢኣት ዝወድቁ ኣመንቲ ክገብርዎ ዝግብኦም ነገራት፡ ቃል ኣምላኽ ይነግረና እዩ። ቀልጢፍና ሓጢኣትና ብዝተናዘዝናሉ መጠን፡ ቀልጢፍና

ሕድገት ሓጢኣት ንረክብ። ደም የሱስ ካብ ኩሉ ሓጢኣትና እንዳንጸሃና ይኸይድ እዩ (1 ዮሃ 1፡7, 9) ።

ዝበዝሐ መልእኽታት ሓድሽ ኪዳን፡ ንቕዱሳን ኣመንቲ፡ ከመይ ጌሮም ቅድስናን ሕድገት ሓጢኣትን ረኺቦም ምድሓኖም ይፍጽሙ፡ ንምርኣይ ዝተጻሕፉ እየን። ስለዚ፡ ሓፈሻዊ መልሲ፡ ናይ ‘ከመይ ጌርካ ርስትኻ ኣጽኒዕካ ትሕዝ’ ዝብል ሕቶ፡ ‘ናይ ሃዋርያት ትምህርቲ ብምንባር’፡ ዝብል እዩ።

‘ከመይ ጌርካ ብቕድስና ትዓቢ’ ኣርእስቲ እዛ ምዕራፍ ስለ ዘይኮነን፡ ርእሱ ዝኸኣለ መጽሓፍ ዝሓትት ኣርእስቲ ድማ ስለ ዝኾነ፡ እዛ ምዕራፍ፡ ብመደብ ሓጻር እያ። እቲ ከነስምረሉ ተደልዩ ዘሎ፡ ‘ብዘይ ቅድስና ሓደ’ኳ ንኣምላኽ ክርእዮ ዝኽእል ከም ዘየለ እዩ’ (እብ 12.14) ። ብቕድስና ንምዕባይ፡ ግዜን ጻዕርን ከም ዝሓትት ዘርኢ እኹል መልእኽቲ ካብ ቃል ኣምላኽ ርኢና ኣለና። ንቕድስና ምምጥጣር፡ ዕዮ ናይ ምሉእ ጉዕዞ ክርስትና እዩ።

ብዙሓት ካብ ኣንበብቲ እዛ መጽሓፍ፡ ንቕድስና፡ ከም ክብጻሕ ዘይከኣል ዕላማ ጌሮም ይቖጽርዎ ይኾኑ እዮም። ግደና ኣብ ርስቲ ቅዱሳን ክንዕቅብ ኣዝዩ ከቢድ፡ ከነጥፍኦ ግና ኣዝዩ ቀሊል ክመስል ይኽእል እዩ። ከም ዝመስለኒ፡ እዚ፡ እቲ ቅኑዕ ሰምዒት እዩ፡ ኩልና ድማ ክንፈልጦ ይግበኣና። ክቡር ኣንባቢ፡ ካብዚ ክሳዕ ሕጂ ርኢናዮ ዘለና ዝተላዕለ፡ ‘ፈጺመ፡ ናብቲ ዝድለ ቅድስና ክበጽሕ ኣይክእልን እየ’ ክትብል እንተጀሚርካ፡ እዚ እቲ ዝድለ ሰምዒት እዩ። እዚ ሰሚዒት ተስፋ ምቑራጽ እንተዘየለ፡ እወ፡ ግደኻ ኣብ ርስቲ ቅዱሳን ክትዕቅብ ዘይከኣል እዩ። ብናይ ሰብ ኣዘራርባ፡ ብርግጽ ዘይከኣል እዩ። ብዛዕባ ርእስኻን፡ ኣብ ርእስኻ ዘለካ ተኣማንነትን፡ ተስፋኻ ክትጽንቅቕ፡ ጽቡቕን ኣገዳስን እዩ። ግን፡ ኣብዚ ደረጃ ምቑራጽ ተስፋ ኣብ ክእለትካ ምስ በጻሕካ ናበይ ትኸይድ፧ ነዚ ሰምዒት ተስፋ ምቑራጽ፡ እንታይ ግብረ መልሲ ትህብ፡ ኣዝዩ ኣገዳሲ እዩ። ምኽንያቱ እዚ ሰምዒት፡ ወይ ናብ ምሒር ተስፋ ምቑራጽ ወይ ናብ ምሒር ትውክልቲ ኣብ ኣምላኽ፡ ክመርሓካ ይኽእል እዩ።

እቶም ኣብ ገዛእ ሓይሎም ተወኪሎም ክቕደሱ ዝደልዩ፡ ከምቶም ኩሎም ፈቲኖም ዝወደቑ፡ መወዳእታኦም ውድቀት እዩ። እቲ ሸቶ ቅድስና ኣዝዩ ልዕሊ ዓቕምና ካብ ምኳኑ ዝተላዕለ፡ ብዙሓት ቅድሚ ነቲ ጉዕዞ ምጅማሮም እዮም ተስፋ ዝቖርጹ። ‘ቅዱስ ምኳን ከምዚ ማለት እንተኾይኑ፡ ኣነ ፈጺመ ኣይክእሎን እየ’፡ ዝብሉ ብዙሓት እዮም። ብርግጽ ድማ፡ ዘይከኣል ናይ ላዕሊ ጽውዓ እዩ። ኣብ ወንጌልና፡ ቅድስና፡ ከም ሕድገት ሓጢኣት፡ ብብዝሒ እንተ ዝሰበኽ ኔሩ፡ ነታ መንገዲ ክርስትና ክጅምሩ ዝመርጹ ሰባት ኣዝዮም ምወሓዱ ኔሮም። ብዙሓት፡ ናይ ክርስትና ህይወት እንታይ ከም ዝሓትት ምስ ፈለጡ፡ ተስፋ ቆሪጾም ነታ መንገዲ ይገድፍዋ እዮም።

ብርግጽ፡ እዛ ምዕራፍን፡ እዛ መጽሓፍ ውን ብዓቢኡ፡ ብቐሊሉ ናብ ተሰፋ ምቑራጽ ከተብጽሕ ትኽእል እያ። እዚ ምቑራጽ ተሰፋ ግና፡ ካብ ነፍሲ ዝምንጩ ግብረ-መልሲ ርእሰ-ምዕናውን ርእሰ-ምቁንጻብን እዩ። ነዛ መጽሓፍ ክጽሕፋ ከለኹ ዘለኒ ዝዓበየ ፍርሒ፡ ብዛዕባ እቶም ምስ ትሕዝቶ እዛ መጽሓፍ ዘይሰማምዑ እሞ ብርቱዕ ግብረ-መልሲ ዝህቡ ዘይኮነስ፡ ብዛዕባ እቶም ምስ ትሕዝቶ እዛ መጽሓፍ ተሰማሚዖም፡ ናብ ግጉይ መደምደምታን ግብረ-መልስን ዝኣትዉ ሰባት እዩ። እቶም ብዛዕባ ርእሶም ርጉጻት ዘይኮኑ፡ ብዛዕባ ኣምላኽ ድማ ርጉጻት ከይኮኑ፡ ኣዝዮም ተሻቐልትን ብቐሊሉ ዝናወጹን፡ ግብራውነት ድማ ዝጎደሎምን ክኾኑ ኣዝዩ ቀሊል እዩ። ዕላማይ፡ ፈጺሙ፡ ንደቀ-መዛሙርቲ ክርስቶስ፡ ተሰፋ ምቑራጽ ኣይኮነን። ከምኡ እንተዝኾውን ኔሩ፡ ነዛ መጽሓፍ ኣብዚ ምወዳእኩዋ፡ ዝተረፈ ድማ ናብቲ ኣንባቢ ምሓደግክዎ።

እንተሰ ተጋግየ፡ እንተሰ ሓቀይ፡ እቶም ነዛ መጽሓፍ ዘንብቡ ሰባት፡ ድሮ ደቀ-መዛሙርቲ ናይ ክርስቶስ ኮይኖም፡ እንተወሓደ ብሓሳቦም፡ ኣብ ርእሶም-ዝውክሉ ዘይኮኑስ፡ ኣብ ኣምላኽ ዝውክሉ ሰባት፡ እዮም ኢለ ይግምት።

ተሰፋ ምቑራጽ፡ ግብረ-መልሲ ናይ፡ ኣብ ርእሳ ትውክል ነፍሲ እንተኾይኑ፡ ኣብ ኣምላኽ ምውካል ድማ፡ ግብረ-መልሲ ናይ ኣብ ኣምላኽ እትውክል ነፍሲ እዩ። 'ንኣምላኽ ኩሉ ይከኣሎ እዩ እሞ፡ ንኣምላኽ ደኣ እምበር፡ ንሰብሲ ኣይከኣሎን እዩ፡' (ማር 10.27) ። ብዛዕባ ርእስኻ ኣብ መወዳእታ ምስ በጻሕካ፡ ሽዑ ኢኻ ምስ ኣምላኽ ክትጅምር ትኽእል። ብኸምኡ ኢኻ ምድሓንካ ጀሚርካ፡ ብኸምኡ ኢኻ ምድሓንካ ትቕጽል፡ ብኸምኡ ኢኻ ድማ ሓንቲ መዓልቲ ምድሓንካ ትፍጽም።

ምስጢር ምሉእ ክርስትና ህይወት እዚ እዩ፥ ኣብቲ ክገብር ዝኽእል ኣምላኽ እንዳኣመንካ ምቕጻልን፡ ኣብ ክንዲ ኣብ ገዛእ ሓይልካን ክእለትካን ኣብ ኣምላኽ ምውካልን። ኣምላኽ፡ ካባና ቅድስና ይደሊ. ጥራይ ዘይኮነስ፡ ቅድስናኡ ድማ ይህበና እዩ ዘሎ። ብርግጽ፡ ኣብ ቅድስና ብገዛእ ርእስና ክንሕሎ ኣይንኽእልን ኢና። ግናኸ፡ 'ብሓይሊ ኣምላኽ፡ ብእምነት ነቲ ብዳሕራይ ዘመን ኪገሀድ ዘለዎ እተዳለወ ምድሓን ተሓሊና ኣለና' (1 ጴጥ 1.5) ። ንርእሰና እንዳ ኣግዛእና እንተተቐቢልናዮ፡ ብዘሎ መለኮታዊ ሃብቲ ኣምላኽ፡ ኣብ ኢድና ኣሎ።

ስለዚ፡ ኣብዚ ዝቕጽል ምዕራፍ፡ ነዚ ኣብ ኢድና ዘሎ 'ብዘሎ መለኮታዊ ሃብቲ ኣምላኽ' ከዘኻኽረኩም፡ ንዓይ ተሪፉኒ ኣሎ።

ምዕራፍ ሸሞንተ

ንምድሓንና ዝተዋህቡ መለኮታውያን ውህበታት

ከምቲ ዝረኣናዮ፡ ብገዛእ ክእለትካ፡ ክሳዕ መወዳእታ ኣብ እምነት ክትዕገስ ከም ዘይትኽእል ምፍላጥን፡ ኣብ ክእለትካ ካብ ምውካል ተሰፋ ምቑራጽን፡ ትውክልትኻ ኣብ ኣምላኽ ክትገብር እንተደኣ ጌሩካ፡ ጽቡቕ እዩ።

ካልቪናውያንን ኣርሚናውያንን ብዙሕ ሓደ ዝገብርዎ ነጥብታት ከም ዘለዉ ድሮ ርኢናኢና። ክልቲኦም፡ እቶም ክሳዕ መወዳእታ ዝዕገሱ ጥራይ ኣብ መወዳእታ ከም ዝድሕኑ ይሰማምዑ። ክልቲኦም፡ ክሳዕ መወዳእታ ምዕጋስ፡ ኣብ ኣምላኽ ብምውካል ጥራይ፡ ከም ዝከኣል ይሰማምዑ።

እቲ ኣብ መንጎ ክልቲኦም ዘሎ ፍልልይ ዝንጽር፡ ነቲ መለኮታዊ ውህበታት ኣምላኽ ከመይ ጌርካ ትቕበሎን ከመይ ጌሩ ኣባኻ ግብራዊ ይኾውንን፡ ኣብ ዝብል ሕቶ እዩ። ውህበታት ኣምላኽ፡ ፍቓድናን መንገድናን ብዘየገድስ ድዩ ዝወሃበና፡ ወይስ ፍቓድና ምስ እንህብ ጥራይ ኢና፡ ተኻፈልቱ ንኸውን፧ እዚ ካልኣይ ርድኢት፡ 'ኩሉ ኣባይ እዩ ዝምርኮስ'፡ ከም ትብል እዩ ዝገብር፡ ዝብል ኣተሓሳስባ ግጉይ እዩ። እቲ ሓቂ 'ንኹሉ ኣብኡ [ኣብ ኣምላኽ] እየ ዝውከል' ምባል እዩ። እቲ ሓቂ እዚ ኮይኑ፡ ትዕግስቲ፡ ውጽኢት ምትሕብባር ምስ ኣምላኽ ደኣ እምበር፡ ውጽኢት ምግዳድ ብወገን ኣምላኽ፡ ኣይኮነን። ዘድሕን ጸጋ፡ ቅድምን ድሕርን መሰርሕ ምድሓን ምጅማሩ፡ ክትነጽጎ ይከኣል እዩ። ዘድሕን ጸጋ፡ ብወለንታ ትቕበሎን፡ ፍረን ውጽኢትን ዘለዎን እዩ።

ኣብዚ ምዕራፍ፡ ብዛዕባ እቶም፡ ንኣመንቲ ክሳዕ መወዳእታ፡ ኣብታ መንገዲ ንኽጸንዑ ዝተዋህብኦም መለኮታውያን ውህበታት፡ ክነጽንዕ ኢና።

ሓደ ካብ ኣሰማት ኣምላኽ፡ 'ደጋፊ/ረዳኢ' ዝብል እዩ፡ (መዝ 54.4፡ እብ 13.6) ። ኣምላኽ ደጋፊና እዩ። እዚ 'ደጋፊ' ዝብል ቃል ከም ዘነጽሮ፡ ኣምላኽ፡ ብዛዕባና ምሉእ ሓላፍነት ኣይውሰድን እዩ። ንሓላፍነትና ምሉእ ብምሉእ ካባና ኣይወሰደን እዩ። ነቲ ዝሃበና ሓላፍነት ክንፍጽሞ ግና፡ ብዘሎ መለኮታዊ ደገፍ ይህበና እዩ። ሓሙሽተ፡ ኣምላኽ ንዓና ዝድግፈሉ መለኮታውያን መንገድታት፡ ኣብዛ ምዕራፍ ክንርኢ ኢና።

እንሆ፣ ኣምላኽ፡ ረዳእየይ እዩ፣ ጐይታይሲ፡ ኣብ ማእከል እቶም ንነፍሰይ

ዚድግፍዋ እዩ። መዝ.54:4
ስለ'ዚ፡ ተቢዕና፡ እግዚኣብሄር ረዳእየይ እዩ እሞ፡ ኣይክፈርህን እየ፡ ሰብከ እንታይ ከይገብረኒ፧ ንበል። እብ.13:6

ፍቓድ ናይ ኣቦ

ፍቓድ ኣምላኽ እዚ እዩ፡ ቅድሰናኹም። 1ተሰ.4:3
እዚ፡ ኣብ ቅድሚ እቲ ኹሉ ሰብ ኪድሕን፡ ናብ ፍልጠት ሓቂ'ውን ኪመጽእ ዚፈቱ እግዚኣብሄር መድሓኒና፡ ጽቡቕን ቅቡልን እዩ። 1ጢሞ.2:3

ፍቓድ ኣምላኽ፡ ቅድሰናና እዩ። እዚ ማለት፡ ኣምላኽ 'ኩሉ ሰብ ክድሕን፡ ናብ ፍልጠት ሓቂ'ውን ክመጽእ ይፈቱ፡' ማለት እምበር፡ ምድሓን ኩሉ ሰብ፡ ናይ ግድን ዝፍጸም፡ ኣቐዲሙ ዝተመደበ ምኽሩ *(predestining decree)* እዩ፡ ማለት ኣይኮነን። ብተወሳኺ፡ ኣምላኽ፡ ንቕድሰና፡ ካብ ገዛእ ርእሰና ከም ዝጠልቦ ጌርና ክንርድኦ የብልናን።

እቲ 'ፍቓድ' ዝብል ቃል፡ ንብርቱዕ ድሌት ወይ ባህጊ ኣምላኽ፡ ንዕኡ ክንመስል ዘለዎ ሃረርታ ዝገልጽ፡ ፍቓድና፡ ነዚ ሰናይ ተበግሶኡ ብዘግዛእናሉ መጠን ድማ፡ ብዘለዎ መለኮታዊ ሓይሊ ተጠቒሙ፡ ነቲ ንሱ ኣባና ዝጀመሮ ሰናይ ግብሪ፡ ክቕጽሎን ክፍጽሞን፡ ርእሱ፡ ምሉእ ብምሉእ፡ ነዚ ከም ዝውፊ፡ ዝገልጽ እዩ።

ብዛዕባ ምድሓንና ዝምልከት፡ ኣምላኽ ፈጺሙ፡ ንፍቓድና ብፍቓዱ ኣይጉዕጽጽን እዩ። ኣብ ኩሉ እቲ መሰርሕ ምድሓን፡ ኣምላኽ ከም ሓላፍነት ዘለዎም፡ ንናይ ወዱ የሱስ ክርስቶስ ኣብነት ብምኽታል ድማ፡ ከም ብድሌቶም፡ ፍቓዶም ንፍቓዱ ዘግዝኡ ሰባት፡ እዩ ዝርእየና (ማርቆስ 14.36) ። እዚ፡ ብኸመይ መንገዲ ግብራዊ ይኸውን፧

ብመጀመርታ፡ ኣመንቲ ሓጢኣት ክገብሩ እንተመሪጾም፡ የፍቕደሎም እዩ። ኣምላኽ፡ ሓጢኣት ካብ ምግባር ክኽልክለና፡ ፈጺሙ ቃል ኣይኣተወልናን፡ ንሓይሊ ሓጢኣት ሰዒርና ሓጢኣት ከነወግድ ግን፡ ኣኽኢሉና እዩ።

ሓደ ካብቲ ኣምላኽ ዝኣተወልና ቃል፡ ካብቲ ንነፍሲ ወከፍ ኣማኒ ዝገጥም ፈተናታት፡ መውጽኢ ከም ዝገብረልና እዩ። 'ሰብ ኪጸሮ ዘይኽእል ፈተና ኣይበጽሓኩምን ። ኣምላኽ እሙን እዩ እሞ፡ ምስቲ ፈተናኹም ምጽዋሩ ምእንቲ ኽትክእሉስ፡ መውጽኢ ገይሩልኩም ኣሎ፡ ካብ ዓቕምኹም ንንየው ክትፍተኑ ኣይሐድገኩምን እዩ' (1 ቆሮ 10.13) ። እዚ ማለት፡ እቲ ፈታኒ፡

ማለት ሰይጣን፡ ውን ኣብ ትሕቲ ስልጣን ኣምላኽ እዩ፡ ማለት እዩ። ('ድኻም ሰይጣን' ዝብል ቀጺሉ ዘሎ ኣርእስቲ ርአ) ። ስለዚ ድማ እዩ፡ እቲ ጎይታና ዝመሃረና ጸሎት፡ 'ኣብ ፈተና ኣይተእትወና' (ማቴ 6.13) ዝብል ቃል ዘለዎ። 'እቲ ምድሓን ከምጽእ ዝተገልጸ ጸጋ ኣምላኽ፡ ግፍዕን ዓለማዊ ትምኒትን ክሒድና፡ ኣብዛ ዓለም እዚኣ ብጥንቃቐን ብጽድቅን በምልኾን ክንነብር፡ ይምህረና ኣሎ፡' (ቲቶስ 2.11-12) ።

ከምዞም ዝረኣናዮም ዝኣመሰሉ መልእኽታት ካብ ቃል ኣምላኽ፡ ንሓጢኣት ብዝምልከት፡ ምኽንያት ከም ዘይብልና ዘርእዩ እዮም። ቃል ኣምላኽ፡ ኣመንቲ ሓጢኣት ከም ዝገብሩ ብንጹር ይነግረና እዩ (1 ዮሃ 1.8) ። እዚ ማለት ግና፡ ሓጢኣት ክግታእ ዘይክእል ሓይሊ እዩ፡ ማለት ኣይኮነን። ሓጢኣት ክንገብር ናይ ግድን ኣይኮነን። ኣብ ክንዲ ኣብ ኣምላኽ፡ ኣብ ርእስና ብምውካልና ግን፡ ሓጢኣት ንገብር። ክንቅደስ፡ ዝከኣልን ኣገዳስን እዩ።

ኣምላኽ፡ ኣብታ ነዋሕን ቀጣንን መንገዲ መታን ክንከይድ ዝወሰዶ ናይ መጨረሽታ ስጉምቲ፡ ካብታ መንገዲ ምስ ነግልስ፡ ምግሳጽ እዩ። ከም ዝኾነ ኣፍቃሪ ኣቦ፡ ናብ ምቕናዕ ክመልሰና መታን፡ ኣብ ህይወትና ዘቐንዝዉ ተመኩሮታት ብምስዳድ፡ ክቐጽዓና ድሉው እዩ። እዚ ካብ ፍቓዱ ተበጊሱ፡ ብዘይ ናትና ድሌት ዝገብሮ፡ ንምምላስና ዝዓለመ መቕጻዕቲ፡ መግለጺ ናይቲ ቀጻሊ ሓልዮቱን ርሕራሔኡን እዩ (እብ 12.5-11) ።

እቲ ኸም ንውሉድ ገይሩ፣ ወደየ፣ እግዚኣብሄር ነቲ ዜፍቅሮ ይቐጽዖ እዩ እሞ፡ ነቲ ዚቕበሎ ዘበለ ውሉድ'ውን፡ ይገርፎ፤ ሰለ'ዚ፣ ቕጽዓት ጐይታ ኣይትንዓቕ፣ እንተ ገንሓካ'ውን፡ ሕሊናኻ፡ ኣይተዕርብ፣ ኢሉ ዚዛረበኩም ዘሎ ምዕዶ ኸኣ ረሲዕኩምዎ ኣሎኹም። ቕጽዓት እንተ ተዓገሰኩም፣ ኣምላኽ፡ ከም ውሉድ ገይሩ ይርእየኩም እዩ። ኣቦኡ ዘይቀጽዖኸ፡ እንታዋይ ውሉድ እዩ። ብዘይ እታ ኹሎም ዝሓበሩላ ቕጽዓት እንተ ኾንኩም ግና፡ ደቓሉ እምበር፡ ውሉድ ኣይኰንኩምን። ኣብ ርእሲ እዚ'ውን፡ ዚቐጽዑና ኣቦታት ሰጋና ኻብ ዚነብሩና እሞ፡ ካብ እን ሓፍሮም፣ ብህይወት ምእንቲ ኽንነብርሲ፣ ነቲ ኣቦ መናፍስቲ፡ ኣዚና ኽንእዘዞ ኣይግብኣናን እዩ፧ እቲኣቶምሲ፣ ንቑሩብ መዓልቲ፡ ከም እተራእዮም ገይሮም ቀጽዑና፣ ንሱ ግና፡ ካብ ቅድሰናኡ ምእንቲ ኽንማቐል ኢሉ፡ ንጥ ቕምና እዩ ዚቐጽዓና። ቅጽዓት ዘበለሰ፡ ንጊዜኡ ንጓሂ እምበር፡ ንሓጐስ ከም ዚኸውን፡ ኣይመሰልን እዩ፡ ንዳሕራዩ ግና፡ ነቶም ዝለመድዎ፡ ናይ ሰላም ፍረ ጽድቂ፡ እዩ ዚፈሪ። እብ.12:5-11

በዚ ተማሂርና፡ ካብ መንገድና ከም ንምለስ ግና፡ ውሕስነት የለን። እቲ ብፍቓዱ ክኸይድ ዝሓንገደ ሰብ፡ በቲ ተግሳጽን መቕጻዕትን ኣምላኽ ተመሪሩ፡ በቲ ዝመረጾ ስጉምቲ፡ ኣመና እንዳረሓቐ ክኸይድ ይኽእል እዩ።

እምበኣር፡ ኣምላኽ፡ ካብ ሓጢኣትና ከድሕነና፡ ካብዚ ንላዕሊ እንታይ ክገብር ይኽእል፤ ካብዚ ንላዕሊ ክገብር እንተኾይኑ፡ ናብ ሮቦት ቀይሩ፡ ከም ድላዩ ክዝውረና ጥራሕ እዩ። ኣምላኽ ግን፡ ፍቕሪ ካብ ምኳኑ ዝተላዕለን፡ ስለ ዘፍቅረናን፡ ብዘይ ፍታውና፡ ከም ንሰዕቦ ክገብር ኣይደልን እዩ። ኣምላኽ ዝደልዮ፡ ደቁ ብግሎምን ብሕብረት ምስኡን እንዳዓበዩ ክኸዱ፡ እዩ። እዚ ዕቤት ክረጋገጸሉ ዝኽእል እንኮ መንገዲ ግና፡ ኣምላኽ ንሰብ ሓላፍነት እንተሂብዎ እዩ እምበር፡ ኩሉ ሓላፍነት፡ ካብ ሰብ ብምውሳድ ኣይኮነን።

ህይወት ወዱ

ጸላእቱ ኸሎና፡ ምስ ኣምላኽ ብሞት ወዱ ተዓረቕና፡ ካብ ተዓረቕና ደኣ፡ ክንደይ ብህይወቱ ኣዚና ዘይንድሕን። ሮሜ 5.10

ኣብ መብዛሕትኡ ሰብከትና ብዛዕባ መስቀል፡ ነቲ ብመስቀል ዝተረኽበ ዕርቂ ምስ ኣምላኽ ንምግላጽ ብብዝሒ ንጥቀመሉ ቃል፡ ‘ድሒንና’ ዝብል፡ ንሕሉፍ ፍጻሜ ዝገልጽ ቃል እዩ። ኣብ ሮሜ 5.10 ጳውሎስ ተጠቒምሉ ዘሎ ግና፡ ‘ክንደይ ኣዚና ዘይንድሕን’ *(Will be saved)* ዝብል፡ ከም ኣብ መጻኢ ዝፍጸም ኣጋጣሚ፡ ጌሩ እዩ ጠቒሰዎ ዘሎ። ብተወሳኺ፡ ጳውሎስ፡ ነዚ ምድሓን፡ ኣብ ክንዲ ምስ ሞት (መስቀል) የሱስ፡ ምስቲ ዝተንሰአ የሱስ እዩ ዘተሓሕዞ። ስለዚ፡ ህይወቱ እምበር፡ ሞቱ ኣይኮነን ‘ከድሕነና’ (መጻኢ)።

እቲ ጳውሎስ ኣብ 1 ቆሮ 1.23፡ ‘እተሰቕለ ክርስቶስ ንሰብኽ ኣሎና፡’ ዝበሎ ቃል፡ መስቀል ዘማእከለ ወንጌል ንኽንሰብኽ ንጥቀመሉ መርትዖ እዩ። እቲ ጳውሎስ ተጠቒምሉ ዘሎ ቃል ግና፡ ‘ነቲ ሓንሳእ ተሰቒሉ ዝነበረ ክርስቶስ’ ንምባል ኮይኑ፡ እቲ ኣተኩሮኡ ግን ኣብቲ ዝነብር ክርስቶስ እዩ፡ (ከምቲ ኣብ ራእይ 5.6 ዘሎ፡ ‘ተሓሪዱ ከም ዝነበረ ዝመሰል ገንሸል’ ሕጂ ግና ‘ደው’ ኢሉ ብህይወት ዘሎ።)

እቲ ንጹር ሓቂ፡ መስቀል ብዘይ ትንሳኤ፡ ይትረፍ፡ ንሓይሊ ሓጢኣት፡ ንኽሲ ሓጢኣት ውን ክወስድ ሓይሊ ዘይብሉ ምኾነ። ስለዚ ድማ እዩ፡ ጳውሎስ፡ ‘ክርስቶስ ዘይትንስኤ እንተ ኾይኑስ፡ እምነትኩም ከንቱ እያ፡ ንስኻትኩም ገና ኣብ ሓጢኣትኩም ኣሎኹም፡’ ዝብል። (1 ቆሮ 15.17) ። ስለዚ፡ ምድሓንና ሕጂ ዝቕጽልን፡ ኣብ መጻኢ ድማ ዝፍጸምን፡ ብህይወት ክርስቶስ እዩ።

ብዛዕባ እዚ ናይ ሕጂ ህይወት ግና፡ ክልተ ወገናት ኣለዋ።

በቲ ሓደ ወገን፡ እዚ ህይወት ኣብ ሰማይ እዩ ዝንበር። የሱስ፡ ዝተንሰኣን ዝዓረገን ጎይታና እዩ። ኣብ የማን ኣቦ ተቐሚጡ፡ ኣብቲ ዝፋን ጸጋ ዝውክለና፡ ኣዝዩ ክድግፈና ኣብ ዝኽእለሉ ቦታ ዝነብር ዘሎ እዩ። ንሱ ሊቀ-ካህንና እዩ። ብጀካኡ፡ ካልእ ከቶ ኣየድልየናን። የሱስ፡ 'ንዘልኣለም ዝነብር ሰለ ዝኾነ፡ ዘይሓልፍ ክህንነት ኣለዋ። ስለዚ ድማ፡ ነቶም ብእኡ ኣቢሎም ናብ ኣምላኽ ዚመጹ፡ ኲሉ ጊዜ ምእንታኦም ኪልምን ዚነብር ሰለ ዝኾነ፡ ፈጺሙ ኼድሕኖም ይኽእል እዩ።' (እብ 7.24-25) ። ብዛዕባይ ወልሓደ ሰብ ውን እንተዘይጸለየ፡ ንሱ ግና ሰለይ ይጽሊ እዩ።

ጴጥሮስ፡ የሱስ ክንደይ ግዜ ሰሌኡ ናብ ኣቦ ከም ዝጸለየ ምስ ፈለጠሰ፡ ክሳዕ ክንደይ ተገሪሙን ተሓጕሱን ይኸውን፡ 'ሰምኦን፡ ሰምኦን፡ እንሆ፡ ሰይጣን ከም ሰርናይ ኪሐሕየኩም [ንኹሎም እቶም 12 ደቀ-መዛሙርቲ] ተመነየ [ፍቓድ ሓተተ] ። ኣነ ግና፡ እምነትካ ኸይትጠፍእ፡ ምእንታኻ [ንሓደ፡ ሰለ ጴጥሮሰ ጥራይ] ለመንኩ። ንስኻ ድማ ምስ ተመለስካ፡ ነሕዋትካ ኣጸናንዓዮም።' (ሉቃስ 22.31-32) ።

ንዓና ድማ፡ ከምኡ፡ ተመሳሳሊ መንፈሳዊ ደገፍ፡ ካብ የሱስ ከም ዘለና፡ ኣርጊጽና ክንፈልጥ ይግባእ።

ብርግጽ፡ እዚ ዘልዕሎ ሕቶ፡ እቲ ሰሌና ብየሱስ ናብ ኣምላኽ ዝግበር ጸሎት፡ ክትጻረር ዘይትኽእል፡ ማለት ንፍቓድ እቲ ሰሊኡ ዝጽለየሉ ዘሎ ሰብ ዝጥሕስ ሓይሊ፡ ክኸውን ይኽእል ድዩ፧ (መልሱ 'እወ' እንተኾይኑ፡ የሱስ፡ ሰለ'ቲ፡ ዘለዎ ኩሉ ገዲፉ ክሰዕቦ ባዕሉ ዝጸውዖ ይሁዳ ኣስቆሮታዊ፡ ጸልዩ ኣይፈልጥን እዩ፡ ማለት ድዩ፧) ። እቲ ነዚ ኣመልኪትና ክንብሎ ንኽእል እንኮ ነገር፡ እቲ ባዕሉ፡ ብፍቓዱ፡ ንፍቓድ ሰባት ዘይጥሕስ ኣምላኽ፡ ነቲ ብወዱ ዝቐርብ ጸሎት ይኹን፡ ብኻልኦት፡ ብሰም ወዱ፡ ናብኡ ዝቐርብ ጸሎት፡ ንፍቓድ ናይቲ ሰሊኡ ዝጽለየሉ ዘሎ ሰብ፡ ክጥሕስ ከም ዘየፍቅድ እዩ።

እዚ ይኹን እምበር፡ እዚ ናይ ምምላድ ጸሎት፡ እንተወሓደ ኣብ ኣምላኽ ዓቢ ጽልዋ ክህልዎ ይኽእል እዩ። ኣምላኽ፡ ብጸሎት፡ ሓሳቡ፡ ብእኡ ኣቢሉ ድማ፡ ግብሩን ክቕይር ይኽእል እዩ። ፍትሓዊ ፍርዱ ከመሓላልፎ ወይ ክሰርዞ ይኽእል እዩ (ኣብነት ናይ ሙሴን ኣሞጽን ድሮ ርኢና ኣለና) ። ብተወሳኺ፡ ኣምላኽ፡ ከም መልሲ ጸሎትና፡ ጽልዋኡ ኣብ ልዕሊ ሰባት ብምግባር፡ ሓሳቦም ክቕይሩ ክድግፍ፡ ድማ ይኽእል እዩ (ግብ 16.14) ። ግናኸ፡ ካብዚ ክልቲኡ ንርእዮ፡ ፍቓድ ይጠሓስ ከም ዘየለ እዩ።

ናብቲ ቀንዲ ሓሳብና ክንምለስ፡ የሱስ ኣብ ሰማይ ስለ ዝነብር፡ ስሌና ከማልድ ይከኣሎ እዩ። ንሕና ድማ ኣብ ክርስቶስ ስለ ዘለና፡ ህይወትና ድማ ኣብ ላዕሊ፡ ኣብ ሰማይ፡ ኣላ።

‘መዊትኩም ኢኹም፡ እታ ህይወትኩም ድማ ምስ ክርስቶስ ኣብ ኣምላኽ ተሰዊራ ኣላ፡’ (ቆሎ 3.3)

ሰማይ ድሮ ኣድራሻና እዩ። ልብናን ሓሳብናን ኣብ ላዕሊ ክህሉን ከቕልብን እዩ ዝግባእ። እቲ ዝዓረገ ክርስቶስ፡ ምንጪ ናይ መወዳእታ ምድሓንና እዩ።

‘ክርስቶስ ህይወትና ምስ ዚግለጽ፡ ሽዑ [ንሕና] ምስኡ ብኽብሪ [ክንግለጽ] ኢና።’ (ቆሎ 3.4) ።

በቲ ካልኣይ ወገን ድማ፡ ህይወት ክርስቶስ ኣብ ምድሪ ይንበር ኣሎ። ንሕና ኣብ ክርስቶስ ስለ ዘለና፡ ህይወትና ድሮ ኣብ ሰማይ እዩ። ክርስቶስ ኣባና ስለ ዘሎ ድማ፡ ህይወቱ፡ ብህይወትና ኣቢሉ፡ ኣብ ምድሪ ኣሎ። ስለዚ ድማ እዩ፡ ጳውሎስ፡ ‘ግናኸ ክርስቶስ እዩ ኣባይ ዚነብር ዘሎ እምበር፡ ደጊም ኣነ ኣይኰንኩን ዝነብር ዘሎኹ። እዚ ሕጂ ብስጋ ዝነብሮ ዘሎኹ ድማ፡ ብእምነት በቲ ዘፍቀረኒ ምእንታይውን ነፍሱ ዘሕለፈለይ ወዲ ኣምላኽ እየ ዝነብር ዘሎኹ።’ ዝብል። (ገላ 2.20) ።

ክርስቶስ፡ ከለናን ምስ ሞትናን መተካእታ ህይወትና ክኸውን ይኽእል እዩ። ንርእሱ ከም መሰዋእቲ ጌሩ ብምቕራብ፡ ህይወቱ ወሲድና ናትና መታን ክንገብር፡ ሞትና ወሲዱ ስሌና ሞይቱ። ጽድቁ መታን ክህልወና፡ ሓጢኣትና ወሲዱ።

ኣብ ክርስትናዊ ህይወትና፡ ንክርስቶስ ምምሳል፡ ቦታ እኳ እንተሃለዋ፡ እዚ ግና ምሉእ ምስጢር ዕዉት ክርስትናዊ ህይወት ኣይኮነን። ንክርስቶስ ክትመስል ምፍታን ፍጹም ዘይከኣል እዩ። እቲ ምስጢር፡ ክርስቶስ፡ ህይወቱ ኣባኻ ክነብሮ ምፍቃድ እዩ። ትዕግስቲ እንተዘይክኢልናያ፡ ትዕግስቱ ብኣና ክውሕዝ ከነፍቅደሉ፡ ንሓደ ሰብ ከነፍቅር እንተዘይክኢልና፡ ብኣና ኣቢሉ ከፍቅር ከነፍቅደሉ እዩ። በዚ፡ ካልኦት ሰባት፡ ንክርስቶስ ኣባና ክርእይዎ፡ ይኽእሉ።

ካብዚ ቀጺልና ንርእዮ፡ ሰራሕ ናይቲ፡ ሓይሉ፡ ሳልሳይ መለኮታዊ ሃብትና ዝኾነ፡ መንፈስ ቅዱስ፡ ክንርኢ ኢና።

ሓይሊ መንፈስ-ቅዱስ

ኣምላኽ ምሳና ጥራይ ዘይኮነ ዘሎ፡ ብመንፈስ ቅዱስ፡ ኣብ ውሽጥና ድማ ኣሎ። ኣምላኽ ባዕሉ ኣብ ውሽጢ እቶም ዘፍቅርዎ ከም ዝነብር ዝምህር እንኮ እምነት፡ ክርስትና እዩ።

‘የሱስ ከኣ፥ ዜፍቅረኒ እንተ’ሎ፡ ቃለይ ይሕሉ እዩ፣ ኣቦይ ድማ፡ የፍቅሮ፣ ናብኡ’ውን ንመጽእ፡ ኣብኡ ኸኣ፡ ማሕደር ክንገብር ኢና።’ (ዮሃ.14:23)።

መንፈስ ቅዱስ ሓይሊ እዩ። መንፈስ ቅዱስ ኣካላዊ *(person)* እዩ። ንዓለም ናብ ህላወ ዘምጽኣን፡ ከም ዘለዋ ክቕጽል ዝገብርን ሓይሊ፡ ሓይሊ መንፈስ ቅዱስ እዩ። እቲ ዝፈጥር ቃል ኣምላኽ፡ በቲ ኣብ ልዕሊ ማያት ዝዝምቢ ዝነበረ መንፈስ ቅዱስ ጌሩ፡ ንዘየለ ናብ ህሉው የምጽእ (ዘፍ 1.2-3) ። ንነፍሲ ወከፍ ባእታ ዝጠመረ፡ ንከዋኽብቲ ድማ ኣብ ዙርያኦም ከም ዝውንጨፉ ዝገብር ሓይሊ፡ ሓይሊ መንፈስ ቅዱስ እዩ።

ሓይሊ መንፈስ ቅዱስ፡ ሓይሊ ናይዚ ሓድሽ ፍጥረትን፡ ናይቲ ዝቐደመ ፍጥረትን እዩ። ሓይሊ መንፈስ ቅዱስ፡ ንየሱስ ካብ ምዉታት ዘተንሰአ ሓይሊ እዩ። ብተመሳሳሊ ድማ፡ ነቲ መዋቲ ስጋና ህያው ክገብር ይኽእል እዩ (ሮሜ 8.11) ።

እዚ ዘገርም ሓይሊ መንፈስ ቅዱስ፡ ንኹሎም ዝኣምኑን ብመንፈስ ቅዱስ ዝተጠምቁን ዝወሃብ ውህበት እዩ (ግብ 1.5, 8፡ ዝተጠምቁ ምስ ኣብ ሓድሽ ኪዳን ንረኽቦም፡ ዝተመልኡ፡ ዝተቐብኡ፡ ዝተሓትሙ፡ ዝተቐበሉ ዝብሉ ቃላት ሓደ እዩ) ።

ሓይሊ መንፈስ ቅዱስ ልዕሊ ተፈጥሮኣዊ ዓቕምናን ክእለትናን ክንገብርን ክንከውንን ዘኽእል ሓይሊ እዩ። ግብርን ባህርን ናይቲ ብኣና ጌሩ ኣብ ምድሪ ስርሑ ዝቕጽል የሱስ፡ ብውህበታትን ፍረን መንፈስ ቅዱስ ጌሩ፡ ኣባና ይፈሪ። (ግብ 1.1) ።

ሓይሊ መንፈስ ቅዱስ ግን ክትጸቕጦ ወይ ክትነጽጎ ዘይከኣል ኣይኮነን። ንመንፈስ ቅዱስ ክትጻረሮ (ግብ 7፡51)፡ ክትጸርፎ (እብ 10.29)፡ ከተላግጽ (ማቴ 12.31-32)፡ ከተጉህዮ (ኤፌ 4.30-31)፡ ከተጥፍኦ (ማር 6.4-5፡ 1 ተሰ 5.19) ይከኣል እዩ። ውህበታቱ ክትነጽጎ፡ ብዓመጻ ክትጥቀመሉ፡ ወይ ድማ ከይትጥቀመሉን ይከኣል እዩ። እቶም ብመንፈስ ዝመላለሱን፡ መንፈስ ቅዱስ ክመርሖም ዘፍቅዱን፡ ፍረ መንፈስ ቅዱስ ክፈርዩ ይኽእሉ። ኣብ ማእከል ብፍረ መንፈስ ዘይዓበዩ ሕብረት፡ ሓይሊ መንፈስ ቅዱስ፡ ከምቲ

ኣብ ሰብ ቆረንቶስ ዝነበረ ጎጀጀልን ኣብራሰን እዩ ዝኸውን። ካብታ ማሕበር ክርስቶስ ፈሊኻ ምስ ዝርእ ድማ፡ ዝያዳ ኣዕናዊ ክኸውን ይኽእል።

ፍቕሪ ኣሕዋት

ብመንፈስ ምምልላስ፡ ኣብ ሕብረት ዝግበር ንጥፈት ድማ እዩ። ምስ መንፈስ ቅዱስ ሕብረት ምህላው፡ ሕብረት ምስ ካልኦት ኣመንቲ ዘጠቓልል እዩ (ገላ 5.25 - 6.5) ። ብኸምዚ ድማ፡ ሓደ ሽታሕ ኢሉ ምስ ዝወድቕ፡ እቶም ካልኦት ከልዕልዋን ክመልስዋን ይኽእሉ። ሓደ ልዕሊ ዓቕሙ ጾር ምስ ዝስከም፡ ካልኦት ጾሩ የሳኽምዋ። ሕብረት ኣሕዋት ብመንፈስ ቅዱስ፡ ሓደ ካብቲ ዝዓበየ ሃብቲ ናይ ኣማኒ እዩ። በይንና ናብ መፈጸምታ ክንበጽሕ ኣይኮናን ተጸዊዕና። 'ብሓንሳእ' ዝብል ቃል፡ መሪሕ ትሕዝቶ ናይ መልእኽቲ ግብሪ ሃዋርያት እዩ። 'ንስኻትኩም' ዝብል፡ ብተደጋጋሚ ኣብ መልእኽታት ሓድሽ ኪዳን ዝጥቀስ ቃል፡ ንታ ኣካል ክርስቶስ (ማሕበሩ)፡ ዝዓለመ እዩ። ኣብ እንግሊዘኛ 'you' ዝብል ቃል፡ ንብዙሓትን ንግለ ሰብን፡ ዘመልክት ቃል ስለ ዝኾነ፡ ነቲ ፍልልይ ከተሰተውዕለሉ ቀሊል ኣይኮነን። (ንኣብነት፡ *'Christ in you' instead of 'Christ amongst you'* 'ክርስቶስ ኣባኻትኩም፡ ተስፋ ኽብሪ እዩ' (ቆሎ 1.27)፡ *'The kingdom of God is in you' instead of 'amongst you';* 'መንግስቲ ኣምላኽ እንሃ፡ ኣብ ውሽጥኹም ኣላ' (ሉቃ 17.21) ።

ካብ ፍቕሪ ኣሕዋት ተቐሪጽካ፡ ኣብ ክርስትናዊ ህይወት ክሳዕ መወድእታ ብትዕግስቲ ክትጸንዕ ከቢድ እዩ። ኩነታት ካብ ቁጽጽርካ ወጻኢ ምስ ዝኸውን፡ ፍሉይ ጸጋ ይወሃበካ እኳ እንተኾነ፡ (ንኣብነት፡በይናኖም ኣብ ቤት ማእሰርቲ ክሕየሩ ዝተገደዱ ክርስትያናት)፡ ብወለንታኻ ካብ ሕብረት ኣሕዋት ምፍላይ ግን፡ ንርእስኻ ናብ ሓደጋ ምቕላዕ እዩ።

> *'እዚ ኸኣ እታ መዓልቲ እቲኣ ትቐርብ ከም ዘላ፡ ኣጸቢቕኩም ትርእዩ እሎኹም እሞ፡ ንሓድሕድና ንመዓዓድ እምበር፡ ገሊኣቶም ልማድ ከም ዚገብርዎ፡ ኣኼባና ኣይንሕደግ።' (እብ 10.25) ።*

ዝነድድ ዉዑይ ከሰል፡ ካብ ማእከል ሓዊ ምስ ተላዕለ ብቕጽበት እዩ ዝዝሕል። መሓውር ወይ ካልእ ክፋል ኣካል፡ ካብ ኣካል እንተተፈልዩ ብህይወት ክቕጽል ኣይክእልን እዩ። ብዙሓት ክርስትያናት፡ ካብ ሕብረት ኣሕዋት ምስ ተፈልዩ፡ ካብ ጸጋ ይወድቁ።

እታ መለኮታዊት ፍጥረት ዝኾነት፡ ናይ ብሓቂ ማሕበር ክርስቶስ፡ ምንጪ

መለኮታዊ ሃብቲ እያ፡ ውህበት ጸጋ ንኹሉ ኣብ ቅልሰ ዘሎ ኣማኒ ድማ እያ። *(ኤፌ.4:11-16, 1 ዮሃ.1:7, 1ጢሞ.3:15, መዝ.86:4, ግብ.2:42, ኤፌ.4:10-11, ኤፌ.3:17-21, 1ተሰ.5:11, 1ቈረ.10:16, ኤፌ.5:19, ቈሎ.3:16, ግብ.20:20, 1ጴጥ.4:10-11, ፊል.1:5, ሮሜ.12:4-18)* ።

ድኻም ሰይጣን

ሰይጣን፡ መራሒ፡ ናይቶም ሓደ ሲሶ ኣንጻር ኣምላኽ ዝተላዕሉ፡ ምስ ወደቑ ድማ ኣጋንንታውያን ሕልቅነታትን ሓይልታትን ዝኾኑ መላእኽቲ፡ ገዛኢ እዛ ዓለም ኮይኑ፡ ንዓለም እንዳተቖጻጸራ ክነብር ብዕላማ ተላዒሉ እዩ። (ራእ 12.4፡ ኤፌ 5.12, 1 ዮሃ 5.19) ። ሰይጣን ገዛኢ፡ ልኡል፡ ኣምላኽ ናይዛ ዓለም እዩ። (2 ቆሮ 4.4) ።

ሰይጣን፡ ዝኾነ ሰብ ወንጌል ሰሚዑ ከይድሕን ኩሉ ዝከኣሎ ክገብር እዩ። ኣብ ኣእምሮ ምጥርጣር ይዘርእ። ኣብ ልቢ ትምኒት የለዓዕል። ኣብ ፍቓድና ዘይምእዛዝ ይዘርእ። ብዛዕባ ውዲታት ሰይጣን ዘይንፈልጥ ክንከውን ጽቡቕ ኣይኮነን።

ሰይጣን፡ ኣብቶም፡ ብኣምላኽ ሕድገት ረኺቦም፡ ምስ ኣምላኽ ዝተዓርቁ ውን እንተኾነ፡ ሰርሑ ኣየቋርጽን እዩ። ቀጻሊ፡ ብዘይምቁራጽ፡ ብናይ ቀደም ውድቀቶም ንምኽሳሶምን ንምኹናኖምን፡ ውሕስነቶም ድማ ንምጥፋእን፡ ብምሕላን ይሰርሕ። መጻርርቲ ኮይኑ፡ ንኣመንቲ መታን ክውሕጦም፡ ከም ዝጓዝም ኣንበሳ ይዘውር። (1 ጴጥ 5.8) ። ብርግጽ፡ ሰይጣን፡ 'ሓንሳእ ድሒንካ፡ ኩሉ ሳዕ ድሒንካ'፡ ዝበሃል ቋንቋ ኣይፈልጥን እዩ!

ሰይጣን ቀሊል ጸላኢ ኣይኮነን። ኣዝዩ በሊሕ እዩ። ተማጒቱ ናይ ምእማን ክእለቱ ልዑል እዩ። ናይ ውሽጢ ድርኺት ክፈልጥ ይኽእል እዩ። ናይ ምትላል ክኢላ እዩ። ኣብ ብዘላ ምድሪ ድማ መሳርሕቲ ኣለውዎ። ዘይከም ናይ ዘመንና ጸለይቲ ዝገብርዎ፡ 'ሚካኤል፡ እቲ ሊቀ መላእኽቲ፡ ግና ብዛዕባ ስጋ ሙሴ ምስ ድያብሎስ እናተኻራኸረ ምስ ተማጐተ፡ እግዚኣብሄር ይግናሕካ፡ ደኣ በሎ እምበር፡ ፍርዲ ጸርፊ ኺዛረብ ኣይደፈረን።' (ይሁዳ 9) ።

ግናኸ፡ ንናይ ሰይጣን ሰልጣን ዝምልከታ ክልተ መሰረታውያን ቅድመ-ኩነት ኣለዋ። ሰይጣን ፍጡር እዩ። ፍጡር ሰለ ዝኾነ ድማ፡ ደረት ኣለዎ። ሰይጣን፡ ኣብ ሓደ እዋን ኣብ ብዙሕ ቦታታት ክህሉ ኣይክእልን እዩ። (እዮብ 1.7፡ ሉቃ 4.13) ።

ብመጀመርታ፡ ሰይጣን ኣብ ትሕቲ ምሉእ ቁጽጽር ኣምላኽ እዩ። ቅድሚ ንሰብ ምትንካፉ፡ መለኮታዊ ፍቓድ ካብ ኣምላኽ ክሓትት ኣለዎ። (እዮብ 1.12, 2.6) ። ኣምላኽ እንተዘየፍቅደሉ፡ እዛ ዓለም 'መንግስቱ' ኣይምኾነትን

(ማቴ 12.26) ። ኣምላኽ፡ ንሰይጣን፡ ገዛኢ እዛ ዓለም ክኸውን ምፍቃዱ፡ ናይ ፍትሒ ተግባር እዩ። እቶም ነቲ ሰናይ ኣምላኽ፡ ኣምላኾም ክኾኖም ፍቓደም ብፍታው ዘይሃቡ፡ ኣብ ትሕቲ እቲ ክፉእ ገዛኢ ክኾኑ፡ ብግዲ እዩ። ብተወሳኺ፡ ኣምላኽ፡ ነቶም ክግዝእዎ ዘይደልዩ ሰባት፡ ነቲ ዝደለይዎ ሰይጣን ኣሕሊፉ ምሃቡ፡ ግብሪ ምሕረት እዩ። ተመኩሮ ህይወት ኣብ ትሕቲ እቲ ክፉእ ገዛኢ (ሰይጣን)፡ ነቲ ሰናይ ንጉሰ (ኣምላኽ) ንኽደልዩ ክድርኾም ይኽእል እዩ።

ኣምላኽ፡ ንሰይጣን ገዛኢ እዛ ዓለም ክኸውን ምፍቃዱ፡ ፍጹም (ሰናይ) ፍቓዱ ኮይኑ ዘይኮነስ፡ በቲ 'ዘፍቅድ ፍቓዱ' *(permissive will)* እዩ። እቲ ኽፉእ (ማለት፡ ሰይጣን)፡ ኣብ ትሕቲ ምሉእ ቁጽጽር ኣምላኽ ሰለ ዝኾነ፡ ኣምላኽ ነቶም ዝሰዕሩ፡ ካብ ፈተና (ካብቲ ክፉእ) ከም ዝሕልዎም፡ ቃል ክኣትወሎም ይእኽል እዩ።

ካልኣይ፡ ሰልጣን ሰይጣን ኣብ ልዕሊ ብዘሎ ሰብ፡ በቲ ብሰይጣን ብኹሉ መዳይ ተፈቲኑ ኣብ ሓጢኣት ዘይወደቐ ክርስቶስ፡ ኣብ መስቀል ተሴሩ እዩ። የሱስ፡ ቅድሚ ሞቱ ክልተ ኣገደስቲ ሓሳባት ኣረጋጊጹልና ኣሎ፡

'ፍርዲ እዛ ዓለም እዚኣ ሕጂ በጽሔ። ገዛኢ እዛ ዓለም እዚኣ ሕጂ ንወጻኢ ኺድርበ እዩ።' (ወን. ዮሃ 12.31) ።

'ገዛኢ እዛ ዓለም እዚኣ ይመጽእ እሎ እሞ፡ ኣባይ ሓንቲ እኳ የብሉን። ደጊም ምሳኻትኩም ብዙሕ ኣይዛረብን እየ።' (ወን. ዮሃ 14.30) ።

ጳውሎስ ድማ፡ ንመስቀል፡ ከም ወሳኒ ሰዕረት ናይቶም ኣንጻር የሱስ ዝተዓጥቁ ናይ ኣጋንንቲ ሓይልታት ጌሩ ገሊጽዎ ኣሎ።

'ንቶም ሕልቅነታትን ሰልጣናትን ኣጽዋርም ገፊፉ፡ ብእኡ እናፈከረሎም ከኣ፡ ብግልጺ ኣሰተሐፈሮም።' (ቆሎ 2.15) ።

ስለዚ፡ ሰልጣን ሰይጣን፡ ኩሉ ግዜ፡ ካብ መጀመርታ ኣትሒዙ፡ ኣብ ትሕቲ ሰልጣን ኣምላኽ እዩ ኔሩ። ብመስቀል ድማ፡ ብወዱ የሱስ፡ ተዓልዩ እዩ። ነቶም ዘይኣምኑ፡ ጌና ገዛኢኦም እኳ እንተኾነ፡ ኣብ ልዕሊ እቶም ዝኣምኑ ግና ሰልጣን የብሉን። ኣብ ልዕሊ እቶም ዝኣምኑ ኣይመልኽን እዩ። ኩሉ፡ ነቶም ዝኣምኑ ናብኡ ክምለሱ ዝገብሮ ፈተነታት፡ ታህዲድ እዩ። ኣንጻሩ ደው ብምባል፡ ብምቅዋም ድማ ክንሰዕሮ ንኽእል።

'እምብኣርሰሲ ንኣምላኽ ተገዝእዎ። ንድያብሎስ ግና ተጻረርዎ እሞ፡ ንሱ ካባኻትኩም ኪህድም እዩ።' (ያእ 4.7) ።

ይኹን እምበር፡ ስብ ብርእሱ ምስ ሰይጣን ክገጥም ኣይክእልን እዩ። ንሰይጣን ምቁንጻብ ወይ ምንዓቕ ፍጹም ውድቀት እዩ። የሱስ በይኑ፡ ንሱ ጥራይ እዩ፡ ንሰይጣን፡ ገጢሙ ሰዒርዎ። ንሕና ድማ ኣብ ክርስቶስ ብምኳን ጥራይ ኢና ንሰዕሮ። እዚ ክኸውን እንተኾይኑ፡ ቀጻሊ ምንቃሕን ምጥንቃቕን ይሓትት (1 ጴጥ 5.8) ። የሱስ፡ ንደቀ መዛምርቱ፡ መዓልታዊ 'ካብቲ ኽፉእ ከድሕኖም' ክጽልዩ ኣዚዝዎም ኣሎ። (ማቴ 6.13፡ ካብ ክፉእ ኣድሕነና ዘይኮነ፡ 'ካብቲ ክፉእ ኣድሕነና' እዩ እቲ ቅኑዕ ትርጉም) ።

ካብ ክፉእ ኣድሕነና እምበር፡ ናብ ፈተና፡ ኣይተእትወና። መንግስትን፡ ሓይልን፡ ክብርን፡ ንዘለኣለም፡ ናትካ እዩ እሞ፡ እሜን። ማቴ.6:13

ናብ ፈተና ከይትኣትዉስ፡ ንቕሑን ጸልዩን። መንፈስ፡ ተዳልዩ እሎ፣ ስጋ ግና፡ ድኹም እዩ። ማቴ.26:41

እዚኦም እዮም እቶም ካብ ኣምላኽ፡ ብክርስቶስ፡ ዝተዋህቡና ሰማያውያን ሃብትና። ስለዚ፡ እቶም፡ ክሳዕ መወዳእታ ከይተዓግሱ ዝወድቁን፡ ርስቶም ኣብ ግደ ቅዱሳን ድማ ዝሰእኑን ኣመንቲ፡ ብዘይ ምኽንያት እዮም።

እምብኣርሲ ብዛዕባ እዚ ነገርዚ እንታይ ክንብል ኢና፧ ኣምላኽ ምሳና ኻብ ኰነኸ፡ መን እዩ ዚቃወመና፧ ወልሓደ። እንትርፎ፡ ባዕልና፡ ብገዛእ ርእስና!

እቲ ንወዱ እኳ ምእንቲ ዂላትና ኣሕሊፋ ዝሃቦ እምበር፡ ዘይነሓፎ፣ ከመይ ደኣኸ፡ ምስኡ ዂሉ ዘይህበና፧ 33 ነቶም ሕሩያት ኣምላኽሲ ዚኸሶም፡ መን እዩ፧ ኣምላኽ እዩ፡ እቲ ዜጽድቕ። 34 እቲ ዚኹንንከ፡ መን እዩ፧ ክርስቶስ የሱስ፡ እቲ ዝሞተ፡ ኤረ ኻብ ምዉታት እኳ ዝተንሰኤ፣ ኣብ የማን ኣምላኽ ኰይኑ'ውን፡ ምእንታና ዚልምን ዘሎ እዩ። 35-36 ***ካብ'ታ ፍቕሪ ክርስቶስ ዚፈልየና፡ መን እዩ፧*** *ከመይ፣ ምእንታኻ፡ ምሉእ መዓልቲ፡ ንቕተል ኣ ሎና፡ ከም ኣባጊዕ ማሕረዲ'ውን፡ ተቘጸርና፡ ዚብል ጽሑፍ ዘሎ፣* ***ጭንቀትዶ፡ ጸበባዶ፡ ሰደትዶ፡ ጥሜትዶ፡ ዕር ቃንዶ፡ ፍርሂዶ፡ ወይስ፡ ሰይፊ፧*** *37-39* ***ሞት ኰነ፡ ወይ ህይወት፣ መላእኽቲ ዂኑ፡ ወይ ገዛእቲ፣ ዘሎ ዂነ ወይ ዚመጽእ፡ ወይ ሓይልታት፣ ልዕል ዝበለ ዂነ፡ ወይ ትሕት ዝበለ፣ ካልእ***

ፍጥረት’ውን እንተ ኾነ፣ *ካብ’ታ፡ ኣብ ክርስቶስ የሱስ ጐይታና ዘላ ፍቕሪ ኣምላኽ፡ ከቶ ኺፈልየና ኸም ዘይኮነ፡ ኣርጊጸ ኣሎኹ እሞ፡ በዚ ኹሉ በቲ ዘፍቀረና፡ ኣጸቢቕና፡ ንሰዕር ኢና።*

ኣብ’ዚ ዘይትጠቕሰ እንተ’ሎ፡ ናትና ግደ ጥራይ እዩ። ካብ’ታ ፍቕሪ ክርስቶስ፡ ባዕልና፡ ብገዛእ ርእሰና (ማለት፡ ነቲ ኣምላኽ፡ ብመለኮታዊ ሃብቱ ሂቡና ዘሎ ውህበታት ነጺግና፡ ብሽለልትነት ኣብ ፍቓድ ርእሰና ብምንባር እንተ ዘይኮይኑ)፡ ካልእ ክፈልየና ዝኽእል ሓይሊ፡ ወልሓንቲ፡ የለን።

ኣደናገርቲ መሰጥቲ ጽሑፋት

ኣንጻር እዛ መጽሓፍ፡ ብዙሕ ነቐፌታታት ከም ዝህሉ ጥርጥር የብለይን። ገለ ካብቶም ዝቐርቦ ክሰታት፡ 'ንቶም፡ ንትምህርቲ 'ሓንሳእ ድሒንካ፡ ኩሉ ሳዕ ድሒንካ'፡ ክድግፉ ዝኽእሉ ጥቕስታት መጽሓፍ ቅዱስ ከይጠቐሶም ሓሊፉ'፡ ዝብል ክኸውን ይኽእል እዩ። እዚ ክሲ ብቑዕ እዩ። ነዚ ጉድለት፡ ቀጺለ ከዐርዮ ክፍትን እየ።

ኣብ ምዕራፍ ሰለስተ ናይዚ መጽሓፍ፡ ብዛዕባ እዚ ሒዝናዮ ዘለና ኣርእስቲ ዝዛረቡ ክፍልታት፡ ካብ ኩሎም መጽሓፍቲ መጽሓፍ ቅዱስ፡ ብዝርዝር ኣቕሪበ እየ። ነቲ ምዕራፍ፡ ኣሕጽር ኣቢለ ከቕርቦ ስለ ዝደለኹ፡ ነዚ ኣርእስትና ዝምልከቱን፡ ኣብ ምልክት ሕቶ ዘእትዉን፡ ብዛዕባኡ ድማ፡ ንጹር ሓበሬታ ኣብ ዝህቡን ክፍልታት ጥራይ እየ ኣተኲረ።

ይኹን እምበር፡ ብዛዕባ እቶም ሰባት፡ ንትምህርቲ፡ 'ሓንሳእ ድሒንካ፡ ኩሉ ሳዕ ድሒንካ'፡ ንምድጋፍ ዝጥቀሙሎም ጥቕስታት መጽሓፍ ቅዱስ፡ ጽቡቕ ኣፍልጦ እዩ ዘለኒ። ቀጺለ ብዛዕባኦም ሓሳብ ክህብ እየ።

ብመጀመርታ፡ ብዛዕባ፡ ንዝደለኻዮ ዶክትሪን ንምድጋፍ፡ 'መረጋገጺ-ጽሑፋት' *(proof-texts)*፡ ካብ መጽሓፍ ቅዱስ ናይ ምጥቃም ሜላ፡ ዘለኒ ሓፈሻዊ ትዕዝብቲ ክህብ።

ነቲ ዘለካ ርትዒ፡ ካብ መጽሓፍ ቅዱስ ጥቕስታት ብምምጻእ ክትድግፎ፡ ቅኑዕን ኣገዳስን እዩ። ግን፡ ነዚ ንምግባር ክንክተሎም ዘለና ሰለስተ መምርሒታት ኣለዉ። እዞም መምርሒታት፡ ብፍላይ፡ ኣብ ኣካታዕቲ ዝኾኑ ኣርእስታት ክንጥቀመሎም ኣገደስቲ እዮም።

ቀዳማይ፡ እቲ ጽሑፍ፡ ብልክዕ፡ ከም ዘለዎ፡ ብምልኡ ክጥቀስ ኣለዎ። ነቲ መበቆላዊ፡ በቲ ጸሓፊኡ ዝተሓለነ ትርጉሙ፡ ከም ዘለዎ ክንጠቕሶ ኣለና።

ካልኣይ፡ እቲ ጥቕስታት፡ ምስቲ ድሕረ-ባይታኡ እንዳናጻጸርካ ክርአ ኣለዎ። እንተዘይኮይኑ፡ ተቖንጪሉ ዘይትርጉሙ ብምሓዝ፡ ነቲ ዝደለኻዮ ቅኑዕ ዘይኮነ ሓሳብ ንምድጋፍ፡ ትጥቀመሉ ምስምስ እዩ ዝኸውን። ድሕረ ባይታ ማለት፡ እቲ ቅድምን ድሕርን ዘሎ ጥቕስታት ጥራይ ማለት ኣይኮነን። ድሕረ-ባይታ እቲ ጽሑፍ ማለት፡ እቲ ጥቕሲ ወይ ክፍሊ ዝርከበሉ ሕጡብ ጽሑፍ፡

ክፍሊ፡ መጽሓፍ፡ ከምኡ ውን ኪዳን (ብሉይ ወይ ሓድሽ ኪዳን) ማለት እዩ።

ሳልሳይ፡ እቲ ጥቕሲ፡ ምስቲ፡ መላእ መጽሓፍ ቅዱስ ብዛዕባ እቲ ኣርእስቲ ዝብሎ ሓሳብ፡ ብዝቃደ መንገዲ ክትርጎም ክኽእል ኣለዎ።

ብዛዕባ 'ሓንሳእ ድሒንካ፡ ኩሉ ሳዕ ድሒንካ' ንምምርማር፡ ንመጽሓፍ ቅዱስ ከጽንዖ ከለኹ፡ ነዞም መምርሒታት ክኽተሎም ፈቲነ እየ። እዚ ማለት ግን፡ ነቐፍቲ ኣንበብቲ፡ ዝኾነ ጌጋ ኣይረኽቡለይን እዮም ማለት ኣይኮነን። ኣብዚ መጽናዕቲ ናይዛ መጽሓፍ ብንጹር ዝረኣይ፡ ኣብ ክልቲኦም ኪዳናትን፡ ዝበዝሑ መጻሕፍቲ መጽሓፍ ቅዱስን፡ ጸሓፍትን፡ እንዳተሃንጸ ዝኸይድ፡ ሓደ ምሉእ ስእሊ ቀሪቡ ኣሎ።

ይኹን እምበር፡ ብቐረባ ክረኣዩ እንከለዉ፡ ብዛዕባ እዚ ኣርእስቲ፡ ምስቲ ኣብዛ መጽሓፍ ረኺብናዮ ዘለና ሓሳባት ዝጻረሩ ዝመስሉ ጽሑፋት፡ ኣይርከቡን እዮም ማለት ኣይኮነን። ነዚኦም ጥቕስታት ኣብ ግምት ከነእትዎም ሓላፍነት ኣለና። እዞም ተጻረርቲ ጥቕስታት፡ ካብዞም ኣብዛ መጽሓፍ ዝረኣናዮም፡ ኣሰታት ሰማንያ ጽሑፋት፡ ይውሕዱ ምኺኖም ብዙሕ ዘገድስ ኣይኮነን። ስነ-መለኮት፡ ኣንጻርን ደገፍትን ጥቕስታት እንዳቖጸርካ ትማጎተሉ፡ ናይ ቁጽሪ ጸወታ ኣይኮነን። ዝኾነ ዝምልከት ጥቕሲ ወይ ክፍሊ፡ ንሓፈሻ መልእኽቲ ናይ መጽሓፍ ቅዱስ ብዛዕባ እቲ ኣርእስቲ፡ ዘገድስ ክኸውን ይኽእል እዩ።

ሓደ ዳግማይ ክነሰምረሉ ዝደልዮ ነገር፡ ነቶም ሰለስተ ኣቓዲምና ዝረኣናዮም መምርሒታት ኣተራጉማ ጥቕስታት መጽሓፍ ቅዱስ፡ ብጥብቂ ክንክተሎም ከም ዘለና እዩ።

ንኣብነት፡ ኣብ ቀረባ እዋን ኣብ ዝገበርክዎ ምይይጥ ምስ ሓደ ሰብ፡ ከምዚ ዝብል ብድሆ ገጢሙኒ ኔሩ። 'እቲ ኣብ ፊልጲ ዘሎ 'እቲ ኣባኻትኩም ሰናይ ግብሪ ዝጀመረ ኸኣ፡ ንሱ ኽሳዕ እታ መዓልቲ የሱስ ክርስቶስ ከም ዚፍጽሞ።' ዝብል ጽሑፍ'ከ፣' ክብል ሓቲቱኒ (ፊል 1.6) ። ነቲ ነዚ ዝጠቐሰለይ ሰብ፡ ነታ ጥቕሲ ብምሉኣ ክጠቕሰለይ ሓቲተዮ፡ ክነግረኒ ግና ኣይከኣለን። ነዛ ጥቕሲ፡ ከም መለኮታዊ መብጽዓ ኣምላኽ፡ ንኹሎም ኣመንቲ ጌሩ እዩ ጠቒሱለይ። ይኹን እምበር፡ እዛ ጥቕሲ፡ 'እዚ ተረዲኤዮ ኣለኹ'፡ ኢላ እያ ትጅምር። (ዘይከም ኣብቲ መበቆላዊ ጽሑፍ፡ ኣብ ትግርኛ ነቲ መሰርዕ ገልቢጥዎ ኣሎ) ። ስለዚ፡ እዛ ጥቕሲ ንትዕዝብቲ ናይ ሰብ (ጳውሎስ) እምበር፡ ንመለኮታዊ መብጽዓ ኣምላኽ ኣይኮነትን ትገልጽ ዘላ። ብተወሳኺ፡ ጳዉሎስ፡ ብዛዕባ ናይቶም ኣብ ፊልጲ ዘለዉ ኣመንቲ፡ ዝነበሮ 'ትብዓት' *(confidence)* እምበር፡ ብዛዕባ ኣብ ዝኾነ ቦታን ግዜን ዘለዉ ኣመንቲ ዘለዎ ትብዓት ኣይኮነን ዝዛረብ ዘሎ። እቲ ቀጺሉ ዝብሎ፡ 'ብመቐውሔይ ኰነ ብናይ ወንጌል

ምምጽራይን ምጽናዕን ኩላትኩም ብጸጋ መማቕልተይ ስለ ዝኾንኩም፡ **ኣብ ልበይ ስለ ዘሎኹም፡ ምእንቲ ኹላትኩም እዚ ኽሐስብ ቅኑዕ እዩ፡**’ ናብ ሰብ ፊልጺ ጥራይ ዝዓለመ ቃል ከም ዝኾነ ዘርኢ እዩ። (ፊል 1.7) ። ልዕሊ ኩሉ፡ ነቲ ‘ተረዲኤዮ ኣለኹ’ *(being confident)* ዝብል ቃል፡ ዘይናቱ ትርጉም ክንህቦ ቀሊል እዩ። እዚ ቃል ግን፡ ‘ኣዝየ ትሰፉው እየ’ *(very optimistic)* ማለት እምበር፡ ‘ፈጺመ ርግጸኛ እየ’ *(absolutely certain)* ማለት ኣይኮነን።

እዚ ጳውሎስ ኣብዛ ጥቕሲ ተጠቒምሉ ዘሎ ቃል፡ ምስቲ ብዛዕባ እቲ ዝመጽእ ፈተናኡን ውጽኢቱን ዝነበሮ ተስፋ ንምግላጽ፡ ዝጥቀመሉ ‘pepoithos’ (’ኣዝዩ ትሰፉው’) ዝብል ቃል ሓደ እዩ። ነቲ ኣብ ቅድሚኡ ዝነበረ ፈተና ኣመልኪቱ፡ ካብ ገበን ነጻ ከም ዝበሃል ‘ኣዝዩ ትሰፉው እዩ’፡ ገበነኛ ኮይኑ ተረኺቡ ንሞት እንተተፈርደ ውን ድሉው እዩ። ጳውሎስ ኣብ ሰብ ፊልጺ ዝነበሮ ‘ትብዓት/ተስፋ’ ምስቲ ኣብ እብራውያን 6.9 ንረኽቦ ‘ብኣኻትኩምሲ፡ ... ዚሓይሸን ንምድሓን ብዚኸውንን ንእመን ኢሎና።’ ***(We are persuaded** of better things for you)* ዝብል ተመሳሳሊ እዩ።

ካልኣይ ኣብነት ናይዚ፡ እቲ ኣብ 2ይ ጢሞቴዎስ 2.13 ዘሎ፡ ‘ንሕና እንተ ጠለምናዮ፡ ንሱ ንርእሱ ኪኽሕድ ኣይከኣሎን እዩ እሞ፡ እሙን ኰይኑ እዩ ዚነብር፡’ ዝብል ቃል እዩ። ነዚ ጥቕሲ ከም ዘለዎ ንበይኑ እንተወሲድናዮ፡ ዝገበርና ንግበር፡ ኣምላኽ፡ ነቲ ምሳና ዘለዎ ሕብረት ኣይቆርጾን እዩ፡ ከም ዘሰምዕ ጌርና ክንወስዶ ይከኣል እዩ። ግናኸ፡ ንብዘሎ እቲ ጥቕሲ ኣይጠቐስናዮን ዘለና። ነቲ ጥቕሲ ብምሉኡ እንተርኢናዮ፡ ኣምላኽ፡ ንርእሱ ከም ዘይክሕድ እምበር፡ ንዓና ከም ዘይክሕድ ኣይኮነን ዝዛረብ ዘሎ። ንሕና ክንቅየር ንኽእል ኢኳ እንተኾንና፡ ንሱ ግና ኣይቅየርን እዩ። እቲ ኣቐዲሙ ዘሎ ጥቕሲ፡ ‘እንተ ኸሐድናዮ፡ ንሱውን ኪኽሕደና እዩ፡’ እዩ ዝብል። (2 ጢሞ 2.12) ። ኣምላኽ፡ ንገለ ግብርታት፡ ብተመሳሳሊ ግብሪ ክምልስሎም እዩ (ንምኽሓድ፡ ብምኽሓድ)፡ ንኻልኦት ነገራት ግና ብተመሳሳሊ ዘይክምልሶም ይኽእል እዩ።

ካልእ ዝጥቀስ ጥቕሲ፡ ‘ነቲ ኻብ ውድቀት ዘበለ ኺሕልወኩም፡ ብሓጐስውን ብዘይ ነውሪ ኣብ ቅድሚ ኽብሩ ኬቑመኩም ዚከኣሎ፡’ ዝብል ኣብ ይሁዳ 24 ዘሎ እዩ። እዚ ጥቕሲ፡ ንእግዚኣብሄር ውዳሴ ዝህብ እምበር፡ መለኮታዊ መብጽዓ ንሰብ ኣይኮነን። እቲ ዝተረፈ ክፋል ናይዚ ጥቕሲ እንተኣንቢብናዮ ነዚ የብርሆ እዩ፡ ‘ነቲ ብየሱስ ክርስቶስ፡ ጐይታና፡ በይኑ መድሓኒና ዝኾነ ኣምላክ ቅድሚ ኹሉ ዘመናትን ሕጂን ንኹሉ ዘለኣለም ክብሪ፡ ግርማ፡ ሓይሊ፡ ስልጣን ይኹኖ። ኣሜን።’ (ይሁዳ 25) ። እቲ መፍትሕ ቃል ናይዚ ጥቕሲ፡ እቲ ‘ዝከኣሎ’ ዝብል እዩ። እዚ፡ ንናይ ኣምላኽ ከቑመና

ዘለዎ ከኣልነት ዘመልክት እምበር፡ ብርግጽ ከም ዘቑመና ዘርኢ ኣይኮነን። እቲ 'ዝከኣሎ' ዝብል ቃል፡ 'ብርግጽ ኬቑመና ዝኾነ' ኢልና ኣይነንብቦ። ኣቐዲሙ፡ እቲ ጸሓፋይ 'ንርእስኹም ብፍቕሪ ኣምላኽ ሐልውዋ' ኢሉ ኣሎ። ንምሕላውና ክልተ ገጽ ኣለዎ፡ ኣምላኽ፡እንተድኣ ንርእስና ኣብኡ ኣቕሪብናያ፡ ከቑመና ይከኣሎ እዩ!

ከምዚ ዝኣመሰለ ጥቕስታት ኣብ ቃል ኣምላኽ ብብዝሒ ኣሎ። ኩሉ ግዜ፡ ብቅድመ-ኩነት ዝተሰነየ ድማ እዩ። ንኣብነት፡ 'ግናኸ እቲ ብክርስቶስ ገይሩ ምሳኻትኩም ዘጽንዓናን ዝቐብኣናን እቲ ዝሐተመናን ኣብ ልብናውን ዕርቡን መንፈስ ዝሃበና ኣምላኽ ንሱ እዩ፡' (1 ቆሮ 1.21) ዝብል፡ ነቲ ድሕር ኢሉ ዝመጽእ ጥቕሲ ከይረኣና እንተ ኣንቢብናዮ፡ ናትና ተራ ብዘየገድስ ከም ዘሰምዕ ጌርና ክንርድኦ ይከኣል እዩ። ቀጺሉ ዝብሎ ግና፡ 'ብእምነት ቈምኩም ኣሎኹም እሞ' *(Because you stand firm in faith.'* ዝብል እዩ። (1 ቆሮ 1.24) ። እቲ 'ብምኽንያቱውን እየ እዚ ሓሳር እዚ ዝጸግብ ዘሎኹ፡ *ግናኸ ብመን ከም ዝኣመንኩ እፈልጥ እየ፡ ነቲ ገንዘብ ሕድሪውን ክሳዕ እታ መዓልቲ እቲኣ ምሕላዉ ኸም ዚከእሎ ተረዲኤዮ እሎኹ እሞ፡ ኣይሐፍርን እየ።'* (1 ጢሞ 1.12) ዝበለ፡ ምስቲ፡ *'ሰናይ ገድሊ ተጋዲለ፡ እቲ ጒያ ወዲኤ፡ ነታ እምነት ሐልየ።'* (2 ጢሞ 4.7) ዝበለ ሓደ እዩ።

እቲ ካልእ፡ ተኸትልቲ 'ሓንሳእ ድሒንካ፡ ኩሉ ሳዕ ድሒንካ'፡ ዝጥቀምሉ፡ 'ካብ ኢድ ኣቦይ ሓደ እኳ ኺምንዝዔን ዚኽእል የልቦን፡' (ዮሃ 10.29፡ ጥቕሲ 28 ከኣ 'ካብ ኢደይ' ይብል)፡ ዝብል ፍሉጥ ጥቕሲ፡ ድማ ተመሳሳሊ ቅድመ-ኩነት ዝሓዘለ እዩ። የሱስ፡ ቅድሚ ነዚ ምባሉ፡ ኣባጊዑ መን ምዃነን እዩ ዝገልጽ። ኣባጊዑ፡ 'ድምጹ ዝሰምዓን ... ዝሰዕብኦን' እየን፡ (10.27) ። 'ይሰምዓ'፡ 'ይሰዕባኒ' ዝብላ ቃላት፡ ብዛዕባ ህሉዉ ኩነታት ዝገልጻ እየን። ስለዚ፡ ሓንሳእ ዝሰምዐ፡ ሰሚዑ ድማ ክሰዕብ ዝጀመረ፡ ማለት ኣይኮነን። እዚ ቃል፡ ነቶም ጌና ዝሰምዑን፡ ዝሰዕቡን ዘለዉን፡ እንዳሰምዑን እንዳሰዓቡን ድማ ዝቕጽሉን ጥራይ እዩ ዝምልከት። ኣባጊዐይ፡ እተን እንዳሰምዓ ዝኸዳን፡ ዝሰዕባንን እየን። ከምቲ ካልቪናውያን ዝብልዎ፡ እተን ንክርስቶስ ምስማዕን ምሰዓብን ዘቋረጻ፡ ካብ መጀመርታ ናይ ብሓቂ ኣባጊዑ ዘይነበራ እየን፡ ዝብል ቋንቋ ኣብዚ ክፍሊ ፍጹም ኣይንረክብን ኢና። የሱስ፡ ነዘን ቃላት፡ ነቶም ዘይሰምዕዎን ዘይሰዕብዎን ዝነበሩ፡ ክርስቶስ ምዃኑ ድማ ክቕበሉ ዘይደለዩ ኣይሁድ እዩ ዝነግሮም ኔሩ። (10.24-26፡ ህዝ 37.24) ። የሱስ፡ ብዛዕባ ሰሚዖም ክሰዕብዎ ዝጀመሩ፡ እሞ ደሓር ግና ዘቋረጹ፡ እንታይ ከም ዝብል ንምፍላጥ፡ ካብ ካልእ ክፍልታት መጽሓፍ ቅዱስ ክንረኽቦ ኣለና። ብተወሳኺ፡ 'ካብ ኢድ ኣቦይ ዚምንዝዔን የለን' ዝብል፡ ካልእ መጽዩ ከም

ዘይምንዝዔን ማለቱ እዩ እምበር፡ እቲ ሰብ ባዕሉ፡ ብገዛእ ምርጫኡ፡ ካብ ኢድ ኣቦ ክርሕቕ ኣይክእልን እዩ ማለት ኣይኮነን።

ስለዚ፡ እቲ ዝምንዝዔን ዝብል ቃል፡ ንተግባር ካልእ እምበር፡ ንተግባር ገዛእ-ርእሰኻ ዘመልክት ኣይኮነን። እዚ ቃል፡ ነቶም ባዕሎም፡ ብገዛእ ፍቓዶም፡ ካብ ኢድ ኣምላኽ ዝወድቁ ወይ ዝጠፍኡ ዝሽፍን ኣይኮነን። እዛ ጥቕሲ፡ ከም መረጋገጺት ጽሑፍ ዘልኣለማዊ ውሕስነት ምድሓን እንተተወሲዳ፡ ምስ ሓፈሻዊ መልእኽቲ ወንጌል ዮሃንስ ክትቃዶ ኣይትኽእልን እያ። ወንጌል ዮሃንስ፡ ኣመንቲ ኣብታ ህይወት መታን ክቕጽሉ፡ ኣብ እምነት ክነብሩ ከም ዘለዎም፡ ክፈልጡ ንምምሃር እዩ ተጻሒፉ። ምስቲ የሱስ፡ ኣብኡ፡ ማለት፡ ኣብቲ ናይ ሓቂ ጉንዲ ወይኒ ክጸንዑ (ክነብሩ፡ ክጸንሑ)፡ እንተዘይጸኒዖም ግና ነቒጾም ከም ዝቘረጹን፡ ናብ ሓዊ ድማ ከም ዝድርበዩን፡ ዝሃቦም ትእዛዝ፡ ክቃዶ ኣይክእልን እዩ። (ዮሃ 15.1-6) ። ስለዚ እዛ ጥቕሲ፡ ነቶም ንወዱ እንዳሰምዑ ዝነብሩን ዝሰዕብዎን (ማለት፡ ዝእዘዙ)፡ ዝኾነ ካልእ ሓይሊ መጺዩ፡ ካብ ኢድ ኣቦ ክምንዝዖም ከም ዘይክእል፡ ውሕስነት ትህብ ቃል፡ ከም ዝኾነት ጌርና ክንርድኣ ይግበኣና።

እቲ ኣብ ሮሜ 8.37-38 ዘሎ ውን ከምኡ ብተመሳሳሊ ክንርእዮ ኣለና።

‘ሞት ኩን ወይ ህይወት፡ መላእኽቲ ኹኑ ወይ ገዛእቲ፡ ዘሎ ኹን ወይ ዚመጽእ፡ ወይ ሓይልታት፡ ልዕል ዝበለ ኹን ወይ ትሕት ዝበለ፡ ካልእ ፍጥረትውን እንተ ኹነ፡ ካብታ ኣብ ክርስቶስ የሱስ ጐይታና ዘላ ፍቕሪ ኣምላኽ ከቶ ኪፈልየና ኸም ዘይኩነሉ፡ ኣርጊጸ ኣሎኹ።’

እዚ ቃል ንጹርን ርጉጽን እዩ። ካብዚ ንላዕሊ እሞ እንታይ ክበሃል ይከኣል፧ እዛ ጥቕሲ በይና፡ ነዚ ኩሉ ሕቶ ኣይትምልሶን’ዶ፧ ኣብዛ ጥቕሲ ዘይንረኽባ፡ ገዛእ ርእስና፡ ጥራይ እያ። ድሮ ከም ዝረኣናዮ፡ ‘ንርእሰና ኣብታ ፍቕሪ ኣምላኽ ክንሕልዋ’፡ ኣማሕጺኑና እዩ። ንርእሰና ክንሕልዋ ዘየድልየና እንተኾይኑ፡ እዚ ምሕጽንታ ዘገድስ ኣይኮነን። ድሕረ-ባይታ ናይዛ ኣብ ሮሜ ዝረኣናያ ጥቕሲ፡ እቲ ነቶም ኣመንቲ፡ ብሰንኪ ሰደትን መከራን ጥሜትን ሰይፍን ዕርቃንን፡ ኣብ ልዕሊ እምነቶም ዝወርደም ዝነበረ ጸቕጢ እዩ።

‘ካብታ ፍቕሪ ክርስቶስ ዚፈልየና መን እዩ፧ ከመዮ፡ ምእንታኻ ምሉእ መዓልቲ ንቕተል ኣሎና፡ ከም ኣባጊዕ ማሕረዲውን ተቘጸርና፡ ዚብል ጽሑፍ ዘሎ፡ ጭንቀትዶ፡ ጸበባዶ፡ ሰደትዶ፡ ጥሜትዶ፡ ዕርቃንዶ፡ ፍርሂዶ ወይስ ሰይፊ፧’ (ሮሜ 8.35) ።

ካብዚ ተጠቒሱ ዘሎ ፈተናታት፡ ወልሓንቲ ካብ ክርስቶስ ክፈልዮም ወይ ክሰዕሮም ዝኽእል የለን። ብክርስቶስ፡ በቲ ዘፍቀሮም ኩሉ ግዜ ኣጸቢቖም ስዓርቲ እዮም (ሮሜ 8.37) ። እዚ ኣዝዩ ዘገርም ቃል እዩ። ሓደ ዝስዓር ክርስትያን የለን፡ ማለት ድዩ ግን፤ እዚ ኩሉ፡ ኣብቲ፡ 'ኣምላኽ ምሳና ካብ ኮነኸ፡ መን እዩ ዚቃወመና'፡ ዝብል ቃል ዝተመርኮሰ እዩ። (ሮሜ 8.31) ። እሞ፡ ካብ ኣምላኽ ብፍቓድና ተፈሊና፡ ብመንገድና ክንከይድ ብምምራጽ፡ ኣንጻር ርእሰና እንተተሰለፍና'ኸ፤ እቲ ምሉእ ሰእሊ ንኽንረክብ፡ ናብቲ ኣቐዲሙ ዘሎ ክፋላት ናይዛ ምዕራፍ (8) ክንከይድ ኣለና። 'ነቶም ንኣምላኽ ዜፍቕሩ፡ ከም ምኽሩውን እተጸውዑ ግና ኩሉ ንሰናዮም ከም ዚድግፎም፡ ንፈልጥ ኢና።' (ሮሜ 8.28) ። እምበኣር፡ ቅድመ-ኩነት ኣለዉ እዮም። ኣቐዲም ኣቢሉ ድማ፡ 'ውሉድ ካብ ኰንናኸ (እቲ መበቆላዊ ቋንቋ፡ ዉሉድ እንተ ኾይንና እዩ፡ ዝብል)፡ ወረስቲ ድማ ኢና፡ ንኣምላኽ ወረስቱ፡ ንክርስቶስ መዋርስቱ ኢና። ምስኡ ሓሳረ መከራ እንተ ጸገብናስ፡ ምስኡውን ክንከብር ኢና' ይብል። (ሮሜ 8.17) ። እዚ ቃል ምስቲ ኣብ ፊልጲ 3.10-11 ዘሎ 'ብዝኾነ ኾይኑ ናብ ትንሳኤ ምዉታት እንተ ኣርከብኩ ኢለ፡ ብሞቱ እናመሰልክዎ፡ ንእኡን ሓይሊ ትንሳኤኡን ሕብረት መከራኡን ምእንቲ ኽፈልጥ፡ ኩሉ ኸም ወጽዓ እቘጽሮ አሎኹ፡' ዝብል፡ ኣነጻጺርካ ርኣዮ።

ኣብ መጀመርታ ምዕራፍ 8 ዝብሎ ድማ፡ ብስጋ፡ ማለት፡ ብትምኒት እቲ ናይ ሓጢኣት ባህርም፡ ምስ ዝመላለሱ፡ ሞት ከም ዝሞቱ የጠንቅቖም። ነቲ ግብሪ ስጋ፡ ብመንፈስ እንዳቐተሉ ምስ ዝነብሩ ግና፡ ህይወትን መሪሕነት መንፈስን ከም ዝህልዎም ይነግሮም (ሮሜ 8.12-13) ። ኣብ ገላትያ 5 ድማ፡ ኣመንቲ፡ ትምኒት ስጋ፡ ወይ እቲ ናይ ሓጢኣት ባህርም፡ ክመርሖም ከፍቅዱ ከም ዝኽእሉ፡ ዳግማይ ይነግረና። ዝኾነ ሰብ፡ እቶም ብስጋ ዝመላለሱ ኣመንቲ፡ 'ካብ ስዓርቲ ይበልጹ' ክብል ይኽእል'ዶ፤ እቲ፡ ካብ ስዓርቲ ከም ንበልጽ ዝነግር ናይ ዓወት ቃል፡ ብርግጽ፡ ነቶም፡ እቲ ሓሳቡ ህይወትን ሰላምን ዝኾነ መንፈስ ቅዱስ፡ ክቆጻጸሮም ዘፍቅዱ ሰባት፡ ማለት፡ ነቶም፡ ብመንፈስ ዝምርሑ፡ ዝምልከት እዩ። (ሮሜ 8.6) ። ብኸምኡ ድማ፡ ውሕስነት ምድሓን፡ ካብቲ ዉሉድ ኣምላኽ ምኳኖም ቀጻሊ ዝምስክረሎም መንፈስ ቅዱስ፡ እንዳረኸቡ ይኸዱ፡ (ሮሜ 8.16) ። በቲ 'ባዕሉ ብዘይንገር ዚልምን' መንፈስ ድማ ይጽልዩ (ሮሜ 8.26) ። እዚ ህይወት ብመንፍስ፡ ድሕረ-ባይታ ናይቲ ኣብ መወዳእታ ምዕራፍ 8 ንረኽቦ ናይ ዓወት ቃል እዩ። ስለዚ፡ እዚ ተስፋ፡ ነቶም ብመንፈስ ዘይመላለሱ፡ ኣብ ትምኒት ስጋ ዝነብሩ፡ ነቲ ኣረጊት ነብስን ባህሪኡን ትምኒታቱን ክገዝኦም ዘፍቅዱ ሰባት፡ ብማዕረ ዝምልከት ኣይኮነን። እቶም ከምዚ ዝበሉ ሰባት፡ ወልሓደ ክሰዕሮም ዝኽእል ከም ዘየለ፡ ርግጸኛታት

ክኾኑ ይኽእሉ'ዶ፡ ኣይፋሎምን።

ካልኦት ጽሑፋት መጽሓፍ ቅዱስ፡ እንተላይ ኣብ ራእይ ምዕራፍ 2ን 3ን ዘሎ፡ ናብተን ሸውዓተ ማሕበራት ዝተዋህበ መልእኽታት፡ ከም ዘርእየና፡ ኣብቲ ናይ ውሽጢ ውግእ እንተደኣ ዘይሰዒርና፡ እቲ ብደገ ዝመጽእ ፈተና ድማ ከም ዝሰዕረና እዩ። ናይ ውሽጢ ፈተና ክንሰዕር እንተዘይክኢልና፡ ብደገ ዝመጽእ ሰደት ክንሰግር ኣይከኣልን እዩ። እቲ ሃብታም መብጽዓታት ናይ ሮሜ ምዕራፍ 8፡ ነቶም፡ 'መንፈስ ኣምላኽ ዝሓደሮም፡ ብመንፈስ እምበር ብሰጋ ዘየለዉ' ዝተባዋህበ እዩ። (ንስኻትኩም ግና፡ መንፈስ ኣምላኽ ሐዲሩኩም እንተ ኣልዩስ፡ ብመንፈስ እምበር፡ ብሰጋ ኣይኰንኩምን ዘሎኹም። እቲ መንፈስ ክርስቶስ ዜብሉ ሰብ ግና፡ ንሱ ናቱ ኣይኰነን። ሮሜ 8.9) ። ሮሜ ምዕራፍ 8 'እንተ' ብዝብል ቃል ዝመልእት ምዕራፍ እያ። (8 ካብ 9 ጥቕሰታት 'እንተ' ዝብል ቃል ኣለወን) ። እዚ ዘመልክቶ፡ እቲ 'እንተ' ዝብል ቅድመ-ኩነት እንተ ተማሊኡ፡ እቲ ብድሕሪኡ ዝተዋህበ ተሰፋ ድማ ከም ዝሰዕብ እዩ። እዚ ዝረኣናዮ ውሕስነታት ዘይቅድመ-ኩነታዊ ኔሩ እንተዝኸውን፡ እቲ ጸሓፋይ፡ ድሒሩ ኣብ ሮሜን ካልኦት መልእኽታቱን መጠንቀቕታት ምሃብ ኣይመድለዮን ኔሩ።

እምብኣርሲ ናይ ኣምላኽ ለውሃትን ጭከናን ተመልከት፡ ኣብቶም ዝወደቑ ጭከናኡ፡ ንኣኻ ግና፡ ኣብቲ ለውሃቱ እንተጸናዕካ፡ ለውሃት ኣምላኽ። እንተዘይኮነሰ ንስኻውን ክትቁረጽ ኢኻ። ሮሜ 11.22

ካልእ፡ ተኸተልቲ፡ 'ሓንሳእ ድሒንካ፡ ኩሉ ሳዕ ድሒንካ' ዝጥቀምሉ ጥቕሲ፡ ኣብ 1 ቆሮ 3.15 ዘሎ፡ 'እቲ ዕዮኡ እንተ ነደደ ግና፡ ዓሰቡ ኺስእን እዩ። ንርእሱ ግና ኪድሕን፡ ግናኸ ከምቲ ሓዊ ሐሊፋ ዝደሐነ እዩ።' ዝብል ቃል እዩ። ገሊኦም ካብዚ ቃል ተበጊሶም፡ ኣመንቲ ኣብ መዓልቲ ፍርዲ ክጠፍኡ ኣይክእሉን እዮም፡ እንታይ ደኣ፡ ዓሰብን በረኸትን ጥራሕ እዮም ዝስእኑ፡ ዝብሉ ኣለዉ።

ደጊምና፡ ንብምሉኡ እቲ ጥቕሲ ክንጠቕሶ ከድልየና እዩ። 'እቲ ዕዮኡ እንተነደደ ግና'፡ ዝብል ቃል እንታይ ማለት እዩ፧ እቲ ሰብ፡ ኣብ ኣገልግሎቱ፡ ነታ ኣካል ክርስቶስ ንምህናጽ ዝዓየየ ዕዮ፡ ኣብዚ ምዕራፍ፡ እቲ ምዝራእን ምስታይን ተባሂሉ ዘሎ፡ ማለት እዩ። ብኻልእ ኣዘራርባ፡ እቲ ኣብዚ ዝፍረድ ዘሎ፡ ሓጢኣት እቲ ሰብ ዘይኮነስ፡ ዕዮ ናይቲ ሰብ እዩ። ኣብ ጽባቐ ዕዮ፡ ብዙሕ ፍልልይ ኣሎ። እቲ ሓዊ መለኮታዊ ፍርዲ፡ ንገሊኦም (ከም ወርቅን ብሩርን ካልእ ክቡር ኣእማንን ዝኣመስሉ) ክንሕፎም እዩ። ካልኦት (ከም ዕንጨይቲ፡

ሓሰርን ቀሪምን ዝኣመሰለ) ግና ዓሰቦም ክሰእኑ እዮም። ገሊ፡ ንኣምላኽ ከገልግሉ ዝጸዓሩ ግና፡ ሽሕ'ኳ ነቲ ዕዮኦም ዘርእይሉ ፍረ እንተዘይተረፎም፡ ዓሰቢ ድማ ዘይግብኦም'ኳ እንተኾነ፡ ንሳቶም ግና ንርእሶም ክድሕኑ እዮም። እዚ ፍርዲ፡ ብዛዕባ ንሓጢኣት ዝወሃብ ፍርዲ ከም ዘይኮነ፡ ካብቲ ቀጺሉ ንረኽቦ ጥቕስታት ክንርድኦ ንኽእል ኢና።

ቤተ መቕደሰ ኣምላኽ ምዃንኩምን መንፈሰ ኣምላኽ ኣባኻትኩም ሐዲሩ ምህላዉንዶ ኣይትፈልጡን ኢኹም፧ ሓደ እኳ ነታ ቤት መቕደሰ ኣምላኽ እንተ ኣማሰነ፡ ኣምላኽ ኬማሰኖ እዩ። ቤተ መቕደሰ ኣምላኽ ቅድሰቲ እያ፡ እዛ ቤት መቕደሰ እዚኣውን ንሰኻትኩም ኢኹም። 1 ቆሮ 3.16-17

ነዚ ድሕረ-ባይታ እንተርኢና፡ እቲ ዝግበር ዝነበረ ሓጢኣት፡ ንምእመናን እታ ማሕበር፡ ኣብ ክንዲ ንክርስቶስ፡ ንዝተፈላለዩ ኣገልገልቲ ዝሰዕቡ፡ ተቓናቐንቲ ጉጅለታት ከም ዝኾኑ ጌርካ ምጉጅጃል እዩ። ኣብ ካልእ ክፍሊ፡ ንምንዝርና ኣመልኪቱ ተመሳሳሊ ቋንቋ ጽሒፉ ኣሎ። (1 ቆሮ 6.18-19) ። ንኣምላኽ ዘይበቅዕ ኣገልግሎት ብምግልጋልና፡ ንሰክላ ከነምልጥ ንኽእል ንኸውን፡ ካብ ሳዕቤን ኣብ ሓጢኣት ምንባር ግና ከነምልጥ ኣይንኽእልን ኢና።

ካብ ምንዝርና ህደሙ። ሰብ ዚገብሮ ዘበለ ሓጢኣት ካብ ስጋኡ ብወጻኢ እዩ፡ ዚምንዝር ግና ኣብ ገዛእ ስጋኡ እዩ ሓጢኣት ዚገብር። ብዋጋ ተዐዲግኩም ኢኹም እሞ፡ ስጋኹም ቤተ መቕደሰ እቲ ኣባኻትኩም ዘሎ፡ ካብ ኣምላኽ እተቐበልኩምዎ መንፈሰ ቅዱሰ ምዃኑ፡ ናይ ርእሰኹምውን ከም ዘይኰንኩምዶ፡ ኣይትፈልጡን ኢኹም፧ ሰለዚ ብሰጋኹም ንኣምላኽ ኣኽብርዎ።

ኣብ መወዳእታ፡ ነቲ፡ ኣብ ኤፌሶን 1.13-14 ዘሎ፡ 'ንሰኻትኩምውን ብእኡ ቓል ሓቂ፡ ናይ ምድሓንኩም ወንጌል፡ ምስ ሰማዕኩም ብኡውን ምስ ኣመንኩም፡ ብናይ ተስፋ መንፈስ ቅዱስ ተሐተምኩም፡ንሱ ንምድሓን ጥሪቱ፡ ንውዳሴ ኽብሩ፡ ዕርቡን ርስትና እዩ፡' ዝብል ቃል ንርአ። ገሊኦም፡ ነቲ 'ብናይ ተስፋ መንፈስ ቅዱስ ተሓተምኩም'፡ ዝብል ሓሳብ፡ ከም መረጋገጺ ውሕስነት ናይ ቀጻልነት ምድሓንን፡ ክሳዕ መወዳእታ ምዕጋስን እዮም ዝቖጽርዎ። እቲ ተሓቲምኩም (ማሕተም) ዝብል ቃል ግን፡ ንቐዋሚ ነገር ዝገልጽ ቃል ኣይኮነን። ንኣብነት፡ ናይ ዳኒኤል ቃላት (ትምቢታት) ክሳዕ 'ዘመን መወዳእታ'

ጥራይ እዩ ሕቱም ዝኸውን። (ዳን 12.9) ። ብተመሳሳሊ፡ እቲ ንናይ ኣምላኽ መደብ ብዛዕባ መወዳእታ ታሪኽ፡ ዝገልጽ ሸውዓተ ማሕተም ድማ ከምኡ እዩ። (ራእ 5.9፡ 6.1) ። ኣብ መቓብር ክርስቶስ ዝነበረ ማሕተም ድማ ንሰለስተ መዓልቲ ጥራይ እዩ (ማቴ 27.64-66) ። እተን ኣንስቲ ንስጋ ክርስቶስ ኪለኽያኦ ቖዲተን ሒዘን ናብ መቓብር ክርስቶስ ክኸዳ ከለዋ፡ ትጽቢተን እቲ ማሕተም ዘየለ ክጸንሐን እዩ ኔሩ። እቲ ኣብ መዓሙቕ ድያብሎስ ዘሎ ማሕተም፡ ድሕሪ ምፍጻም እተን ሸሕ ዓመታት፡ ክእለ እዩ። (ራእ 20.3, 7) ። እቲ ክመሓላለፍ ደልየዮ ዘለኹ መልእኽቲ እዚ እዩ፡ ማሕተም ግዝያዊ ወይ ቀዋሚ ክኸውን ይኽእል እዩ። ኩሉ ሳዕ ቀዋሚ ግና ኣይኮነን።

ዝኾነ ኾይኑ፡ እቲ ማሕተም ዝብል ኣብ ኤፌሶን 1.13-14 ዝርከብ ቃል፡ ንመንፈስ ቅዱስ ዝውክል ቃል እዩ። ስለዚ፡ እቲ ናይ ብሓቂ ሕቶ፡ እቲ ማሕተም ቀዋሚ ድዩ ኣይኮነን ዝብል ኣይኮነን። እንታይ ደኣ፡ ውህበት መንፈስ ቅዱስ ክውሰድ ይከኣል'ዶ ኣይከኣልን፡ ዝብል እዩ። እዚ ድማ ኣብዚ ጥቕሲ ተመሊሱ ኣይንረኽቦን ኢና። ማሕተም ኣብ ብዙሕ ነገራት፡ (እንተላይ፡ ኣብ ሰነድ፡ ወይ ኣብ መቓብር) ብብዝሒ ዝዝውተር ነገር እዩ። ንዝተፈላለየ ዕላማ ድማ ክጠቅም ይኽእል። ጳውሎስ ነዚ ቃል፡ ከም ኣብ ንብረት ዝልጠፍ መግለጺ ዋንነት፡ ጌሩ እዩ ዝጥቀመሉ። ውህበት መንፈስ ቅዱስ ነቶም ዝኣመኑ፡ ኣምላኽ ከም ዝተቐበሎምን፡ ደጊም ናቱ ከም ዝኾኑን ዘርኢ ምልክት እዩ። ካብዛ ጥቕሲ ተበጊስና፡ ብመንፈስ ቅዱስ ምሕታም ማለት፡ ከም ንሓዋሩ ምሕታም ጌርና ክንወስዶ ኣይንኽእልን ኢና። እቲ ንሓዋሩ ዝብል ቃል ባዕልና ንውስኾ ዘለና ቃል እዩ።

እቲ 'ዕርቡን' ዝብል ቃል፡ መበቆል ትርጉሙ፡ ቅድሚ ምሉእ ዋጋ ናይቲ ዝዕደግ ንብረት ምኽፋልካ ትህቦ ትሕጃ ገንዘብ፡ ማለት እዩ። ብወገን እቲ ተቐባሊ ገንዘብ ክንርእዮ እንከለና፡ ንእሽቶ ትሕጃ ናይ ዓቢ ክፍሊት ማለት እዩ። ስለዚ፡ እቲ መልእኽቲ፡ ካብቲ ናይ ተሰፋ መንፈስ ቅዱስ፡ ዝመጽእ ተወሳኺ ተረፍ ኣሎ ማለት እዩ። ኣብ ዘመናዊ ቋንቋ ግሪኽ፡ እቲ ዕርቡን ዝብል ቃል፡ ንናይ ሕጸ ካቲም ንምግላጽ ይጥቀምሉ እዮም። እዚ፡ ካብቲ ዕርቡን ንላዕሊ፡ ትጽቢት ከም ዘሎ ዘመልክት እዩ። ናብቲ ተሪፉ ዘሎ ዝዓበየ ነገር ክትጥምት ዝገብር ቃል ድማ እዩ። ዕርቡን፡ ቅምሶ ወይ መጥዓም እዩ። ዕርቡን፡ ናይቲ ተሪፉ ዘሎ፡ ጌና ክመጽእ ዘለዎ ክፍሊት ውሕስነት ኣይኮነን። እቲ ዝተረፈ ክፍሊት እንተዘይተኸፊሉ፡ ዕርቡን ከንቱ እዩ ዝኸውን። ብምሉኡ እቲ ዝተረፈ ዋጋ እንተዘይተኸፊሉ፡ እቲ ዕርቡን ዝተኸፍለሉ ንብረት፡ ናትካ ኣይከውንን እዩ። ሕጸ ከይተረፈ፡ ኣብ መርዓ ከይበጽሐ ክውዳእ ይኽእል እዩ። ስለዚ፡ ነዚ ዕርቡን ኢልዎ ዘሎ፡ ከም ውሕስነት ጌርካ ምትርጓም ክንዮ

እቲ ጽሑፍ ምኻድ እዩ። (NIV ትርጉም፡ ነቲ ዕርቡን ዝብል፡ ከም ውሕስነት ውርሻ ጌሩ ብጌጋ ተርጕምዎ ኣሎ። እዚ ግና፡ ኣብቲ መበቆላዊ ቋንቋ ንረኽቦ ቃል ኣይኮነን) ።

ዕርቡን መንፈስ ቅዱስ፡ ኣብ ቅድሜና ሰማይ ከም ዘሎ ከረጋግጸልና ይኽእል እዩ። ነቲ ኣብ ቅድሜና ዘሎ ሰማይ ከም ንወርሶ ግና ውሕስነት ኣይህበናን እዩ። ዕርቡን መንፈስ ቅዱስ፡ ውሕስነት ኣንጻር ገዛእ-ርእስና ዘይኮነ፡ ውሕስነት ናይቲ ብኣምላኽ ተዳልዩ ዘሎ፡ መንግስቲ ሰማይ እዩ። ምውራስ ግደ ቅዱሳን፡ ድሕሪ ምድሓን እዚ መዋቲ ስጋና ዝፍጸም ምዃኑ፡ ነዚ ሓቂ የእንፍተልና እዩ። 'ንሱ ጥራይ ከኣ ኣይኩነን፡ ንሕና ብኹርነት መንፈስ ዘሎናውን፡ መሰል ውልድነትና፡ ማለት ምድሓን ስጋና፡ እናተጸቤና ብውሽጥና ነሰቊርቊር ኣሎና።' (ሮሜ 8.23) ።

ኣብ መወዳእታ፡ እቶም፡ ተኸትልቲ 'ሓንሳእ ድሒንካ፡ ኩሉ ሳዕ ድሒንካ' ዝጠቕሰዎም ጥቕስታት፡ ብምሉኦም ኣብዚ መጽሓፍ ኣይጠቐስክዎምን ዘለኹ። ወከልቲ እዮም ዝበልክዎም ጥቕስታት ግና መሪጸ ኣቕሪበ ኣለኹ። በቲ ኣቀራርባን ኣተረጋጉማን እቲ ጽሑፍ ከይትሕጎሱ ትኽእሉ ኢኹም። እንተወሓደ ግና፡ ከም ዝፈልጥን ብዛዕብኦም መጽናዕቲ ከም ዝገበርኩን ንኽትፈልጡ፡ እዚ ሓጋዚ እዩ።

ናይ ብዙሓት ተኸተልቲ ርድኢት 'ሓንሳእ ድሒንካ፡ ኩሉ ሳዕ ድሒንካ' ሓሳብ ክቕይር ትጽቢት የብለይን። ምኽንያቱ፡ ንሓንቲ ጥቕሲ፡ ብሓደ መልክዕ ተረዲእካዮ ነዊሕ እንተተጓዒዝካ፡ ካልእ ትርጉም ብዛዕባኡ ክትቅበል ከቢድ እዩ። ኣነ ተስፋ ዝገብሮ ግና፡ እዞም ጥቕሰታት ካልእ ትርጉም ክህልዎም ከም ዝኽእል ብኽፉት ኣእምሮ ክትቅበል ምኽኣል እዩ። እንተወሓደ፡ ካልእ ትርጉም ክህልዎም ከም ዝኽእል ፈሊጥና ኣእምሮና ክንከፍት እንተኽኢልና፡ ጽቡቕ መጀመርታ እዩ። ካልኦት፡ ነዚ ቀሪቡ ዘሎ መግለጺታት ከም ዘይቅበልዎን፡ ብዛዕባ ኣተራጉማይ ድማ ክሲ ከም ዝህልዎም ይፈልጥ እየ። ምሰዚኣቶም፡ ንኸይንሰማማዕ ክንሰማማዕ ጥራይ እዩ ዝከኣል።

ዝኾነ ኮይኑ፡ እዚ ኣቕሪብናዮ ዘለና መጎተ ብዛዕባ እዚ ኣርእስቲ፡ ኣብ ምንጻግ እቲ ተኸትልቲ 'ሓንሳእ ድሒንካ፡ ኩሉ ሳዕ ድሒንካ'፡ ዝጥቀምሉ ጥቕስታት ጥራይ ዝተመርኮሰ ኣይኮነን። ስለዚ ድማ እየ፡ ነዚ ክፍሊ፡ ኣብ መወዳእታ፡ ከም ልጥፎ ናይዚ መጽሓፍ ጌረ ኣቕሪበዮ ዘለኹ። መጎተ እዚ መጽሓፍ፡ ቃል ኣምላኽ ብዛዕባ እዚ ኣርእስቲ ዝብሎ ብዕምቆት ኣብ ምምርማር ዝተመርኮሰ እዩ። እዚ ኣብዛ መጽሓፍ ቀሪቡ ዘሎ፡ ካብ መጽሓፍ ቅዱስ ዝወጸ መርትዖታት፡ ሓደ ግዱስ ተማሃራይ መጽሓፍ ቅዱስ ሸለል ኢልዋ ክሓልፍ ዘይክእል፡ መሳጥን ረታዕን ትሕዝቶ ዘለዋ እዩ።

እቲ ከሓዲ ወደ-መዝሙር

ሓደ ካብቶም ዓሰርተው-ክልተ ነገዳት ደቂ እስራኤልን፡ ሓደ ካብቶም ዓሰርተው-ክልተ ሃዋርያት ክርስቶስን ንዘልኣለም ጠፊኦም እዮም። እዚ፡ ኣጋጣሚ ዝኾነ ድዩ ወይስ ኣይኮነን፤ ኣሰማት ዳንን ይሁዳን ኣብቲ መሰረትን ኣፍደገን ናይታ ሓዳስ የሩሳሌም ተወቂጡ እዩ፡ ግናኸ፡ ክልቲኦም ብኻልኦት ክትክኡ እዮም። ከመይ፡ ዘሰደምም ምትእስሳር ኣብ መንነ ሓድሽን ብሉይን ኪዳን!

ክሕደት ይሁዳ ኣዝዩ ካብ ምኽፋኡ ዝተላዐለ፡ ንኹሉ ቅድሚኡ ዝገበሮ ካልእ ግብርታት ኣይነድህበሉን ኢና። ይሁዳ፡ ከምቶም ካልኦት ደቀ-መዛሙርቲ የሱስ፡ የሱስ ድሕሪ ናይ ለይቲ ጸሎቱ፡ ብጥንቃቐ፡ ሓደ ካብ ደቀ መዛሙርቱ ክኸውን ዝሓረዮ እዩ። ንየሱስ እንዳሰዓበን ካብኡ እንዳተማህረን ከኣ ሰለስተ ዓመት ተጓዒዙ እዩ። ምስቶም የሱስ ዝለኣኾም፡ ናብ ኣገልግሎት፡ ምስ ብጻዩ ይሁዳ ወዲ ያእቆብ፡ ተላኢኹ። ነቲ ጥዑም ዜና መንግስቲ ኣምላኽ ሰቢኹ። ሕሙማት ኣሕውዩ፡ ኣጋንንቲ ድማ ኣውጺኡ። ብተወሳኺ፡ ተሓዝ ገንዘብ ናይቶም ሃዋርያት ስለ ዝነበረ፡ ነቲ ካብ ደንገጽቲ ዝወሃብ ዝነበረ ናይ ሓልዮት ህያብ የመሓድር ኔሩ።

ይሁዳ፡ እቲ እንኮ ደቡብ ዝመበቆሉ ሃዋርያ እዩ ኔሩ (ኣስቆርታዊ ማለት 'ናይ ቀርዮት' ማለት እዩ) ። እቶም ዝተረፉ ሃዋርያት፡ ኩሎም ካብ ገሊላ እዮም ኔሮም። ብዙሓት ካብኦም ድማ ኣዝማድ የሱስ ኔሮም፡ (ሰለዚ እዮም፡ ኣብቲ ናይ ቃና ዘገሊላ መርዓ ዝተሳተፉ) ።

ይሁዳ፡ ቀታሊ ድኻም ናይ ባህሪ፡ ማለት፡ ሰሰዐን፡ ፍቕሪ ገንዘብን፡ ዝነበሮ ሰብ እዩ። ተሓዝ ገንዘብ ክኸውን ናቱ ሓሳብ'ዶ ኔሩ ይኸውን፤ ወይስ የሱስ ባዕሉ እዩ ነቲ ሓላፍነት ሂብዎ፤ መልሱ የብልናን። እቲ ንፈልጦ ግና፡ ነቲ፡ በቲ ተሓዝ ገንዘብ ብስንኪ ምንባሩ፡ ዝመጾ ፈተናታት ኣይሰዓሮን። ነቲ ናይ ሓባር ገንዘብ ድማ፡ ንናይ ግሉ መዓላ ይጥቀመሉ ኔሩ። እቲ ክቡር ቅዱይ ቅብኢ፡ ኣብ እግሪ የሱስ ክፈሰስ ከሎ፡ ብኻ ምተሸጠ ኔሩ ኢሉ ዝተቓወመ ንሱ እዩ ኔሩ። ነቲ ሰሰዐኡ ከም ሓልዮት ኣምሲሉ ከርኢ ብምትላል፡ እቲ ኣታዊኡ ንድኻታት ምተዋህበ ኔሩ ኢሉ ብግብዝና ተዛሪቡ። (ዮሃ 12.5-6) ።

ዝርዝር ክሕደት ይሁዳ ኩሉ ዝፈልጦ እዩ። ድሕሪ ፋሲካ፡ ኣብቲ የሩሳሌም ብብዙሓት፡ ካብ ምሉእ ዓለም ብዝነገዱ ሰባት ተዕለቕልቐሉ ኣብ ዝነበረት ግዜ፡ እቶም ሰበ-ሰልጣናት፡ ህዝባዊ ናዕቢ ከየለዓዓሉ ስለ ዝፈርሁ፡ ንየሱስ ክኣሰርዎ ኣይደልዩን ኔሮም። ምኽንያቱ፡ የሱስ፡ ብፍላይ ኣብ ገሊላ፡ ህቡብ ስለ ዝነበረ። ስለዚ፡ ንየሱስ ኣብ ጽምዋ ክኣሰርዎ መታን፡ መዓስን ኣበይን በይኑ ከም ዝኸውን ኣቐዲሞም ክፈልጡ ኔርዎም። ይሁዳ ድማ፡ ነዚ ሓበሬታ፡ ብዋጋ ናይ ሓደ ባርያ፡ሸይጥሎም።

ይሁዳ፡ ንየሱስ ዘትሓዘሉ ምኽንያት፡ ኣመሓይሾም ዘቕርቡ ሰባት ኣለዉ። ገሊኦም፡ ይሁዳ ንየሱስ ዘትሓዘሉ ምኽንያት፡ የሱስ ንርእሱ ከም ንጉስ ጌሩ ብዘይምእዋጁ ስለ ዘይተሓጎሰ እዩ፡ ይብሉ። ስለዚ፡ የሱስ፡ ርእሱ ንጉስ ጌሩ ክእውጅ መታን እዩ፡ ሸግር ብምፍጣር፡ ከትሕዞ ፈቲኑ፡ ይብሉ። እዚ መግለጺ፡ ኣብ ቃል ኣምላኽ ኣይንረኽቦን ኢና። የሱስ፡ ናብ የሩሳሌም፡ ኣብ ክንዲ ብሰረገላ ውግእ፡ ብኣድጊ ሰላም ጌሩ ድሕሪ ምኻዱ፡ ኣብ የሩሳሌም ምስ በጽሐ ድማ፡ ኣብ ክንዲ ንሮማውያን ወተሃደራት፡ ነቶም ኣብ ቤት-መቕደስ ዝሸጡ ዝነበሩ ነጋዶ ድሕሪ ምስጓጉ፡ ብድሕርዚ ድማ፡ ብዘሎ እቲ ህዝቢ ኣብ ክንዲ ንየሱስ፡ ነቲ ዝፈልጥዎ ተቓላሳይ ናጽነት ዝበሃል፡ ግና ብግብረ-ሸበራ ፍሉጥ ዝነበረ፡ በርባስ ድሕሪ ምምራጹ፡ ይሁዳ፡ የሱስ ዕልዋ መንግስቲ ጌሩ ናቱ መንግስቲ ኣብዛ ምድሪ ክተክል ከም ዘይመጸ፡ ፈሊጡ ይኸውን እዩ።

ብዓይኒ ይሁዳን እቶም ህዝብን፡ የሱስ፡ ነቲ ግዜ ዓወቱን ንግስነቱን ክኸውን ዝግብኦ ግዜ ኣባኺኑ፡ መከራን ሞትን እዩ መሪጹ። የሱስ፡ ኣብ ልብን ሓሳብን ይሁዳ ዝነበረ ይፈልጥ ኔሩ እዩ። ስለዝኾነ ድማ፡ ድሕሪ እቲ ናይ መወዳእታ ድራር ምስ ደቀ-መዛምርቱ፡ የሱስ፡ ንይሁዳ፡ ነቲ ክገብሮ ዝመረጸ ቀልጢፉ ክገብሮ ከም ዘለዎ ነጊርዎ። ይሁዳ ድማ ናብ ጸልማት ወጺኡ። ገንዘብ ምስኡ ወሲዱ’ዶ ይኸውን፡ እቲ ዝኣለሞ ውዲት፡ ገንዘብ ከም ዘርብሖ፡ ድሮ ገምጊሙ ኔሩ እዩ።

ይሁዳ፡ ነቲ ዝገበሮ እከይ ግብሪ፡ ብቕጽበት ከም ዝተጣዕሰሉ፡ ቃል ኣምላኽ ይነግረና እዩ። እቲ ጣዕሳኡ ግና ኣብ ክንዲ ናብ ንስሓ፡ ናብ ተስፋ ምቑራጽ እዩ መሪሕዎ። ነቲ ንክርስቶስ ድሕሪ ምትሓዙ ከም ዓስቢ ዝተቐበሎ ገንዘብ፡ ናብ እቶም ሓደስቲ ጎይቶቱ ምስ ደርበዮ ድማ፡ ገመድ ወሲዱ ርእሱ ክሓንቕ ፈቲኑ። እዚ ውን ኣይሰለጦን። እቲ ገመድ ወይ እቲ ጨንፈር ናይቲ ኦም ምስ ተቖርጸ እዩ ዝኸውን፡ ናብቲ ታሕቲ ናብ ሰንጭሮ ወዲቑ፡ ብኣፍ ርሕሙ ተደፊኡ፡ ኣብ ክልተ ተጨዲዱ፡ ብዘሎ ኣምዑቱ ወጺኡ’ ዝሞተ። (ማቴ 27.5፡ ግብ 1.18) ። እቲ ይሁዳ ወዲቑ ዝሞተሉ ቦታ፡ እቲ የሱስ ከም ተምሳል ገሃነም እሳት ዝጥቀመሉ ሂኖም ወይ ገሀና (ገሃነም) ተባሂሉ ዝፍለጥ፡

ኣብ ጫፍ የሩሳሌም ዝርከብ፡ ኩሉ ሳዕ ዝነድድ፡ ቦታ መእከቢ ጎሓፍ እዩ። ሬሳ ዝተቐትሉ ገበነኛታት ከይተረፈ ዝድርበየሉ ቦታ ድማ እዩ፡ (ዮሴፍ በዓል ኣርማትያስ፡ ስጋ የሱስ ወሲዱ እንተዘይቀብሮ፡ ስጋ የሱስ ኣብዚ ቦታ ምተደርበየ ኔሩ) ። (ግብ 1.19) ።

ሰብኣዊ ታሪኽ ናይ ይሁዳን ናይቲ ሕማቕ ኣወዳድእኡን እዚ ዝረኣናዮ እዩ። ካብዚ ታሪኽ ናይ ይሁዳ ዝለዓል ብዙሕ ሕቶታት ኣሎ። ይሁዳ፡ ንየሱስ ክርስቶስ፡ ናብ መስቀል ኣሕሊፉ ብምሃብ ክጠፍእ፡ ብኣምላኽ ኣቐዲሙ ተመዲብሉ ድዩ፧ የሱስ፡ ነዚ እንዳፈለጠ፡ ኮነ ኢሉ ድዩ፡ ንይሁዳ ሓደ ካብ ደቀ-መዛምርቱ ክኸውን መሪጽዎ፧ የሱስ፡ ኣቐዲሙ፡ ኣብ ምጅማር ኣገልግሎቱ ንጉድለታት ይሁዳ ይፈልጥ ምንባሩን፡ ንይሁዳ ኣመልኪቱ ንደቀ-መዛምርቱ ክዛረብ እንከሎ ድማ፡ 'ሓደ ካባኻትኩም ግና ድያብሎስ (ማለት፡ ሓሳዊ ከሳሲ) እዩ' ምባሉን፡ ናይ ይሁዳ ታሪኽ፡ ቅድመ-ምደባ ኣምላኽ ከም ዘለዎ ከምስል ይኽእል እዩ። (ዮሃ 6.70) ። ቃል ኣምላኽ ግና፡ ዕጫ (ትዕድልቲ) ይሁዳ፡ ኣቐዲሙ ብኣምላኽ ተመዲቡ፡ ኣይብለናን እዩ።

ኣብ ኩለን ወንጌላት ሓንቲ ገላጺት ጥቕሲ ኣላ። ከምዚ ትብል። 'ወዲ ሰብሲ፡ ከምቲ እተጻሕፈሉ፡ ይኸይድ። ግናኸ ነቲ ወዲ ሰብ ብእኡ ዚተሓዝ ሰብኣይ ወይለኡ። እቲ ሰብኣይ እትስ እንተ ዘይውለድ ምሔሾ ነይሩ።' (ማቴ 26.24፡ ማር 14.21፡ ሉቃ 22.22) ። እዛ ጥቕሲ፡ ክሕደት ይሁዳ፡ ክውገድ ዘይክእል ከም ዝነበረ ተእንፍት ትመስል እያ። ናይ ይሁዳ ታሪኽ፡ ብነብያት፡ ኣቐዲሙ ከም ዝፍጸም፡ ተነጊሩ እዩ። እቲ ፍጻሜ ከም ዝፍጸም፡ ብርግጽ፡ ኣቐዲሙ ተመዲቡ እዩ። ይኹን እምበር፡ እቲ ፈጻሚ ናይዚ ፍጻሜ (ይሁዳ)፡ ነዚ ነገር ንኽፍጽም ኣቐዲሙ ተመዲብሉ ድዩ፧ እዚ ዝረኣናዮ ቃል (ማቴ 26.24) ብንጹር ዘርእየና ዘሎ፡ ነዚ ፍጻሜ ናይ ምፍጻም ምርጫ ናይ ይሁዳ እዩ። ነቲ ዝመረጸ ምርጫ ድማ፡ ብሓላፍነት ከም ዝሕተተሉ ንርኢ።

ካልእ ንጹር ዘይኮነ ነገር፡ መንፈሳዊ ኩነታት ይሁዳ እዩ። ዳግም ተወሊዱ ኔሩ'ዶ፡ ዝተሓደሰ ሰብ ድዩ ኔሩ፧ ነዚ ዝምልሰልና ንጹር ጥቕሰታት ኣይንረክብን ኢና። እዚ ዘርእየና ድማ፡ እዚ ሕቶ ኣገዳሲ ከም ዘይኮነ እዩ። ይኹን እምበር፡ ኣብ መንጎ ጥምቀትን ሞትን የሱስን፡ ካብ ኣቦ ዳግም ዝተወልደ ሰብ ጥራይ ዘርእዮም ነገራት፡ ኣብ ይሁዳ ይረኣዩ ዝነበሩ ይመስሉ።

ነቶም እተቐበልዎ ዘበሉ ዅሎም ብስሙ ንዚኣምኑ ግና ውሉድ ኣምላኽ ኪዀኑ መሰል ሃቦም። ንሳቶም ከኣ ካብ ኣምላኽ እምበር፡ ካብ ደም፡ ወይ ካብ ፍቓድ ስጋ፡ ወይ ካብ ፍቓድ ሰብኣይ ዘይተወልዱ እዮም። ዮሃ 1.12-13

ሓንሳእ ድሒንካ፡ ኩሉ ሳዕ ድሒንካ፤

ይሁዳ ምስቶም ‘ጎይታይ ጎይታይ ብስምካ እተነቤናዶ ኣይኰናን፡ ኣጋንንትስ ብስምካዶ ኣየውጻእናን፡ ብስምካስ ብዙሕ ሓይሊዶ ኣይገበርናን፡’ ዝብሉ እሞ፡ የሱስ ድማ፡ ‘ኣቱም ገበርቲ ዓመጻ ከቶ ኣይፈለጥኩኹምን’ ዝብሎም ክንቆጽሮ ዝከኣል ኣይኮነን። ምኽንያቱ፡ የሱስ፡ ባዕሉ መሪጽዎ ከብቅዕ፡ ንይሁዳ ‘ከቶ ኣይፈለጥኩኻን’ ክብሎ ክትሓስብ ከቢድ እዩ!

ይሁዳ፡ እቲ እንኮ ኣብ ሓድሽ ኪዳን፡ ሽሙ ምስ ኣገልግሎት ሃዋርያነት፡ ሽምግናን ዲቁነትን ተታሓሒዙ ዝተጠቕሰ ሰብ እዩ። ጴጥሮስ፡ ንምትካኡ ዕጫ እንዳውደቑ፡ ንናይ ይሁዳ ኣገልግሎት ክገልጽ ከሎ ሰለስተ ቃላት ይጥቀም፡ ሃዋርያ *(Apostolos)*፡ ሽማግለ *(Episcopos)*፡ ድያቆን *(diakonos)*።

የሱስ ኣብቲ ናይ ሊቀ-ካህን ጸሎቱ (ዮሃ 17) ዝበሎ፡ ብዙሕ ዘማጉት ሓሳብ ኣሎ። የሱስ፡ ሓደ ካብቶም ብኣቦ ዝተዋህብዎ ደቀ መዛሙርቲ[9]፡ ከም ዝጠፍኤ ምስ ተዛረበ፡ ንይሁዳ፡ ‘ወዲ ጥፍኣት’ ኢሉ ጸዊዕዎ ኣሎ፡ (ወን ዮሃ 17.12)[10]። እዚ፡ ይሁዳ፡ ካብ መጀመርታ፡ ብባህሪኡ ወዲ ጥፍኣት ከም ዝነበረ፡ ወይ፡ ጥፍኣት፡ ሕጂ ኣካል ናይ ባህሪኡ ከም ዝኾነ፡ ወይ ከኣ፡ ጥፍኣት፡ ናይ መጻኢ ዕጫኡ ከም ዝኾነ፡ ክትርጎም ይከኣል እዩ። እቲ ‘ወዲ-ጥፍኣት’ ወይ ‘ደቂ-ነጎዳ’ ዝብል ኣበሃህላ (ሳን)፡ ንሕሉፍ ወይ ንህሉው ወይ ንመጻኢ መንነት ክገልጽ ዝኽእል ቃል እዩ፡ ማለት እዩ።

መምሃራን መጽሓፍ ቅዱስ፡ በቲ ሰነ-መለኮታዊ ድርኺቶም ተበጊሶም፡ ኣብ ሓንቲ ካብዘን ሰለስተ መግለጺታት እዮም ዝርዕሙ። ካብ ግምታዊ ትርጉም ምሃብ ግና፡ ኣብ ምግላጽ እቲ ቃል ኣምላኽ ከነድህብ ይሓይሽ። እቲ ዘገርም፡ እዚ ናይ ይሁዳ ታሪኽ፡ ኣብ ኩለን ወንጌላትን ግብሪ ሃዋርያትን ኣተኩሮ ዝተዋህቦ ታሪኽ እዩ። ብርግጽ፡ ይሁዳን እቲ ንክርስቶስ ንምትሓዝ ዝወሰዶ ስጉምትን፡ ኣብ ኣእምሮ ናይቶም ብጽቱ ዝነበሩ ሃዋርያት ይመላለስ ኔሩ እዩ። እቶም ሃዋርያት፡ ታሪኽ ናይ ይሁዳ ካብ ምዝካር ሓሊፎም፡ ንናይ ይሁዳ ታሪኽ መጽሓፊኦም ካልእ ምኽንያት ክህሉ ኣለዎ። ናብቲ ናይ መወዳእታ ድራር የሱስ ምስ ደቀ-መዛምርቱ ምስ እንምለስ፡ እቲ ናይ ይሁዳ ግብሪ፡ ስለምንታይ ኣብቶም ካልኦት ደቀ-መዛምርቲ ክሳዕ ክንድዚ ጦብላሕታ ኣሕዲሩ ክንርዳእ ንኽእል። የሱስ፡ ንደቀ-መዛምርቱ፡ ካብ ማእከሎም፡ ሓደ ከም ዘትሕዞ ብምግላጽ ምስ ኣስንበዶም፡ እቲ ብቕጽበት ንየሱስ ዝሓተተዎ ሕቶ፡ ‘የሱስ፣ ኣነ’ዶ ይኸውን ዘትሕዘካ’ ዝብል እዩ (ማቴ 26.21-25) ። የሱስ እቲ ዘትሕዞ ሰብ ኣብ ማእከሎም ከም ዘሎ ምስ ተዛረበ፡ እቶም ደቀ-

---

[9] እዚ ማለት፡ እቶም የሱስ ዝመረጾም ደቀ-መዛምርቲ፡ ኣቦ ዝመረጾም እዮም።

[10] ከምቲ ንደቂ ዘብዴዎስ፡ ንባህሪኦም ንምግላጽ፡ ቦኣኔርጌስ ወይ ደቂ-ነጎዳ ኢሉ ዘውጸሎም፡ ማር 3.17

መዛምርቱ፡ ንይሁዳ ኣሰቆርታዊ ዘይምሕሳቦም፡ ዘይከም የሱስ፡ ብዛዕባ ውሽጣዊ ድኻማት ይሁዳን፡ ዝመጽእ ጥልመቱን፡ ኣፍልጦ ከም ዘይነበሮም ዘመልክት እዩ። ብኣንጻሩ፡ ነፍሲ ወከፎም፡ 'ኣነ'ዶ ይኸውን' ኢሎም እዮም ሓሲቦም። ነቲ የሱስ ዝበሎ፡ ክገብርዎ ክእለት ከም ዝነበሮም ይፈልጡ ኔሮም እዮም። 'ኣነ'ዶ ይኸውን' ኢሎም ምሕሳቦም፡ ዝነበሮም ሻቕሎት ዝገልጽ እዩ። ስለዚ፡ ደቀ መዛምርቱ ካብ የሱስ ዝደልይዎ ዝነበሩ፡ ዘትሕዝዎ፡ ንሶም ከም ዘይኮኑ ውሕስነት ክረኽቡ እዩ።

እቶም ደቀ-መዛምርቱ፡ መንነት ናይቲ ንየሱስ ዘትሕዞ፡ ምስ ፈለጡ፡ ንይሁዳ ደው ከብልዎ ኣይፈተኑን። ምናልባት፡ ገና ኣብ ሰንባደ ኔሮም ይኾኑ፡ እቲ ዝኸውን ድማ ኣይፈልጡን ኔሮም ይኾኑ። ወይ ድማ፡ ንሶም ከም ዘይኮኑ ምስ ፈለጡ፡ ካብ ሻቕሎት ሃዲኦም፡ ይኺድ ሓዲጎሞ ይኾኑ!

መጽሓፍ-ቅዱስ ንምድሓንና ከለብመና ከም ዝተጻሕፈ እንተድኣ ዘኪርና፡ ናይ ይሁዳ ታሪኽ ብኣተኩሮ ዝተጻሕፈሉ ምኽንያት፡ ንኹሎም ሰዓብቲ ክርስቶስ ንምጥንቃቕ ተባሂሉ ከም ዝኾነ፡ ክንሓስብ ይገብረና እዩ። ሓደ ሰብ፡ ከምቲ ይሁዳ ምስ የሱስ ዝነበሮ፡ ጥቡቕ ሕብረት ክህልዎ ይኽእል እዩ፡ ከምቲ ይሁዳ ዘገልገሎ፡ ኣብ ኣገልግሎት ንጡፍ ክኸውን ይኽእል እዩ። ከምኡ እንዳኾነ እንከሎ ድማ፡ እሙን ኮይኑ ዘይክርከብ ይከኣል እዩ።

ኣብ ሓድሽ ኪዳን ዘሎ ቀጻሊ መጠንቀቕታ ብዛዕባ ገንዘብን ፍቕሪ ገንዘብን፡ ኩሉ ሰብ፡ በዚ (ብሰሰዐ፡ ፍትወት ገንዘብ) ከም ዝፍተን ዘርኢ እዩ። ፍቕሪ ገንዘብን ሰሰዐን ንሓደ ካብቶም ደቀ-መዛምርቲ የሱስ ኣጥፊኡ እዩ። ንዝኾነ ካልእ ወደ-መዝሙር ድማ ከጥፍእ ይኽእል እዩ። ስለዚ፡ ኩሉ ኣማኒ፡ መዓልታዊ፡ ክዝክሮ ዝግባእ ሕቶ፡ እቲ፡ 'ጎይታ፡ ኣነ'ዶ ይኸውን፧' ዝብል ሕቶ እዩ።

ተፈጸመ።

Printed in the USA
CPSIA information can be obtained
at www.ICGtesting.com
CBHW050454220524
PP15200400003B/17

9 781913 472825